インカ帝国の成立

先スペイン期アンデスの社会動態と構造

渡部森哉

南山大学学術叢書　春風社

インカ帝国の成立——先スペイン期アンデスの社会動態と構造　**目次**

終章　先スペイン期アンデスにおける社会動態と構造　431

序章

〇・一　はじめに――本書の目的

一五世紀から一六世紀にかけて、南米大陸西部のアンデス地帯に台頭した巨大な政治組織。それは後にインカ帝国と呼ばれた。

スペイン人一行が到着した一六世紀はじめ、インカ帝国は南米大陸の広大な範囲の住人を支配下に治めていた。クスコを首都として、その範囲は、北は現在のエクアドルとコロンビアの国境付近から、南はチリの首都サンティアゴまで南北四〇〇〇キロにおよぶ。インカ帝国はわずか一人の王の治世下に中央アンデスの主要な地域を征服し、統治基盤を確立。整然とした支配体制を敷いた。アンデスでは、先スペイン期、すなわちヨーロッパ人到来以前の時代には一万年以上にわたる人類の歴史があり、インカ帝国はその最終期に登場した。

アンデスとは南アメリカ大陸を南北に縦断する山脈の名前であり、その周辺の文化領域を示す名称である。文化領域という概念は、その範囲内を貫く共通性を前提とした共時的な枠組みである。例えばゴードン・ウィリーは南アメリカを図０－１のように分類している。広大なアンデス地域は、エクアドルからチリの中央部までに対応し、一五世紀から一六世紀にかけて台頭したインカ帝国の地理的範囲とほぼ一致する。自然環境が多様なアンデスに生活する人間集団がインカ帝国という一つの政治組織の下に組み込まれ攪拌《かくはん》された結果、文化的等質性が認められるようになった。文化領域としてのアンデスは政治的儀礼的活動に伴う人間の動きの範囲に対応する。そのためインカ帝国よりも前の時代を扱う場合、より狭い地理的地域となる。それに先立つ諸社会の栄枯盛衰の結果、インカ帝国は成立し、アンデスにおける文化的共通性が形成され存在するようになった。

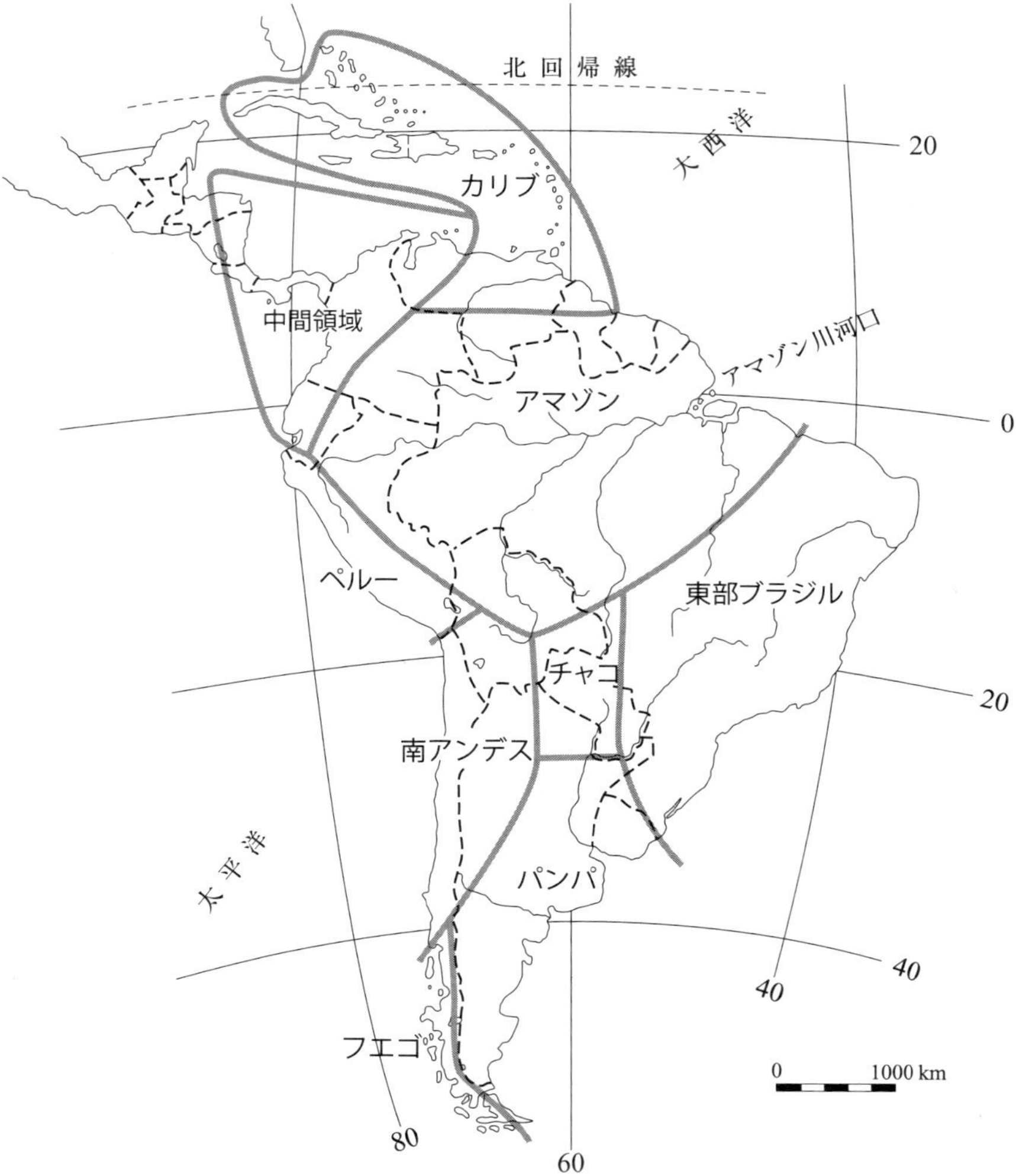

本書でいう「アンデス」はペルー領域（中央アンデス）を中心として、中間領域の一部と南アンデスの一部を含む。

図０−１　南アメリカの文化領域（Willey1971を改変）

インカ帝国をはじめとする先スペイン期アンデスの諸社会を事例とし、社会動態と構造の相互関係を人類学的観点から考察すること、それが本書の目的である。

社会動態の議論は、ある時代から次の時代への通時的社会変化、即ちあるタイプの社会が瓦解《がかい》し異なったタイプの社会が繁栄するのは一体どのような要因によって起こりうるのか、あるいは起こったのかを問題にする。先スペイン期アンデスにおける社会、文化の展開を説明するいくつかの時期区分がこれまで提唱されている。時期区分は研究者によって設定された説明の枠組みであって、時期を分けるのはそこに大きな変化を認めるからである。社会動態を研究する場合、それぞれの時期の社会の特徴だけではなく、ある時期から次の時期への変化を引き起こしたメカニズムが問題となる。本書では、具体例として先スペイン期の最後に繁栄したインカ帝国に焦点を当て、その拡大過程の実態を解明する。それが第I部にあたる。インカによる征服に伴い生じた変化の実態を、インカ帝国内の一地方社会を事例として、考古学データを基に明らかにし、他地域の研究成果と比較検討する。

インカ帝国成立の背景を理解するためには長いタイムスパンで先行諸社会の興亡の軌跡を追う必要があり、また逆に、時間的に後に起こった出来事には、それ以前の流れを押さえるための鍵があるとも考えられる。そのためインカ期の社会動態を明らかにすることは、インカ期だけでなく、それ以前の諸社会がたどってきた軌跡を大局的に捉えることにも繋がる。インカ期の社会動態を解明することを通じて、先スペイン期アンデス諸社会の展開を考察することが本書を構成する第一の軸である。

第II部では、インカ帝国の首都クスコに注目する。地方社会を扱う際には、インカによる征服という外来の要因によって、どのような変化が起こったかが問題とされる。しかし、首都であるクスコにおいて生じた変化を論じる際には、その要因を外に求めることはできない。そのため、インカが首都を据え突然拡大を開始し拡張を続けた理由、背景を説明するため、インカ王権の構造に注目し議論を展開する。構造という分析概念はクロード・レヴィ＝ストロースによって広められたが、本書でもその定義に則って用いる（本書二〇四頁参照）。第I部と第II部では、周縁／中心（首都）、と焦点を当てる地域が異なるだけでなく、考古学データ／構造分析と、アプローチの方法も対照的である。しばしば構造分析は静態的な枠組みとされるが、本書ではそれを通じて変化を論じることを目指しており、その意味で第Ⅰ部と第Ⅱ部の議論は連続的に接合している。

インカ王権の構造を議論するためには、植民地時代に残された各種の史料が基本となり、それらはこれまで様々な角度から分析されてきた。史料に基づき構築されたインカのモデルは、インカ期のみならず、先インカ期の諸社会の考古学データを解釈するためにしばしば援用されてきた。しかし本書では逆の手順を踏む。つまりはじめに先インカ期に認められる構造を抽出し、その構造モデルを基にインカ王権の構造を分析する。具体的には、先インカ期の石彫に施された図像などの構造を解明し、それを参照モデルとしてインカ王権の構造を分析する。先スペイン期の構造を解明することが本書の第二の軸である。

構造分析では対象を静態的に扱うことが多い。しかし構造自体は変化しないが、構造上における要素間の関係には変化が生じ、また構造が単独ではなく重層的に認められる場合がある。インカ王権の場合でも、構造上の要素の変化、あるいは構造の組み合わせの変化がインカ帝国の拡大の要因を説明する手がかりとなり、社会動態の議論に繋がる。さらに、インカ期を含む複数の時期の構造を抽出し、それらを互いに比較することによって、通事的変化を捉えることができる。社会動態と構造という二つの軸を設定し、両者をかみ合わせ、その相関関係を考察することが本書を貫く大きなテーマである。

〇・二　インカ研究の歩み

スペイン人がインカ帝国の内部に進入してから、インカ帝国について二つの異なった歴史が平行して残されていった。スペイン人は紙とペンを用い、文字を媒介として情報を書き記していった。一方文字を持たなかったアンデスの民は、口頭伝承によって語り伝え、また、キープカマーヨと呼ばれる専門集団はキープ（縄の結び目や色によって情報を記録するアンデス独自の記録装置）に様々な情報を結んでいった（Quilter and Urton, eds. 2002; Urton 2003）。

当然ながら、現在我々が手にすることができるのは、紙という媒体に残された記録である。これまでインカ研究は、史料批判に基づいた歴史学の主導によって、精力的に進められてきた。クロニカ(1)と総称される記録、あるいは巡察記録、裁判記録といった、植民地時代の様々な時点で異なった目的のために作成された記録が、現在我々がインカ研究を行う際の最も重要な情報源となっている。

史料はインカ帝国について豊かなイメージを我々に与えてくれる。しかしながら、そうしたイメージは幾重ものフィルターを通って形成されているということを忘れてはいけない（網野 1995: 128）。いかなる状況で、どのようなプロセスを経て残された記録であるかを考慮せずには、史料というコーパスに含まれる内容について適切に評価を下すことはできない。クロニスタ（クロニカの作者）間の参照関係の解明、未公刊文書の発掘、あるいは巡察記録の利用という新たな研究方法の導入などに認められるように、史料批判に基づくインカ研究は、ゆっくりと、だが着実に進んできた。しかしながら、史料の内側では情報が錯綜しており、その記述をつなぎ合わせるだけでは整然としたインカ史を再構成することは難しい。

当時のアンデス先住民の記憶は、スペイン人に語られ、それらが紙に残された場合を除き、現在まで伝えられることはない。キープに詰め込まれた情報も同様に、キープカマーヨが朗唱し、スペイン語に翻訳され記録されたごくわずかな部分が現在まで伝えられているに過ぎない（Pärssinen and Kiviharju 2004）。インカ帝国の公用語とされたケチュア語はスペイン語と全く違う。先スペイン期にアンデスで行われていたキープを用いた記録法は、文字を媒介としたヨーロッパの伝統とは異なる。そのため、アンデスの社会についてスペイン語で記すという作業は、言語の翻訳であると同時に、キープから紙へという記録媒体の変換作業でもある。当然ながら、スペイン人の文化的背景はアンデスの人々のそれと同じではないため、文化の翻訳という根本的な問題も内在しており、史料を残したスペイン人たちが、アンデスの歴史、社会をどのように理解したかを常に問う必要がある。

伝統的な歴史学の分野において精力的に進められてきたインカ研究は、一九六〇年代に大きな転換点を迎えた。それは、クロニカをはじめとする史料の利用に対する構造人類学からの問題提起によって引き起こされた。そうした動きの嚆矢《こうし》となったのはオランダの人類学者トム・ザウデマの博士論文『クスコのセケ体系――インカの首都の社会組織』（Zuidema 1964）である。

ザウデマはセケ体系というインカ独自の特徴に注目し、首都クスコの社会構造と空間構造とを絡み合わせて論じた。その際、厳密な史料批判に基づくインカの「歴史」の再構成を放棄し、構造という新たな視点からインカ社会の特徴を浮かび上がらせた。史料に記された記録の一部を用いて構造モデルを構築し、それを全体に当てはめて解釈するザウデマの方法は究極的な演繹的議論であり、史料の綿密な分析に基き複数の記録の断片をつなぎ合わせ全体像を構成する従来の帰納的方法とは一線を画す。

ザウデマの議論のなかで、一例として取り上げられたのは、インカ王の系譜についてである。従来インカの王朝史は、初代王マンコ・カパックから、スペイン人に征服された最後のインカ王アタワルパまで、一三人の王が即位したと説明されてきた。こうした王朝史は多少の違いはあるものの、複数のクロニカに共通して記されている。アメリカのジョン・ロウが一九四六年に発表した古典的論文「スペイン人征服時におけるインカ文化」（Rowe 1946）で採用したのをはじめ、多くの研究者が踏襲している解釈である。

しかしザウデマによれば、インカには西欧的な意味での歴史的思考は存在せず、現在我々が扱う史料に記されたインカ王朝の歴史は、ある構造の表象された形が、紙の上に再配列された結果である。そのためその内容を字義通りに受け止め、インカの歴史を再構成することはできない。換言すれば、インカには通時的に物事を記録する歴史的思考よりも、共時的な構造が強く支配する神話的思考が顕著に認められる（Zuidema 1989: 255）。また、一人の王が連続的に王位を継いでいく長子相続の伝統はヨーロッパのものであり、同じ制度がアンデスに存在したという保証はあるのか、という問題提起に繋がった。

ザウデマの主張は、いかなる方法を用いインカ研究に取り組むべきかという、基本的な問題を如実に示している。

神話的思考／歴史的思考という類型は、しばしば人類学（構造主義）／歴史学というディシプリンの対立図式に置換されるが、二つを二者択一的な方法としてではなく、補完的に用いていく必要があろう。

ザウデマの博士論文の出版年と同じ一九六四年、ティティカカ湖沿岸のチュクイート地方で一六世紀に実施された巡察記録が公刊された（Diez de San Miguel 1964[1567]）。巡察とは植民地体制下、徴税の効率化を図るため、人口をはじめとする各地の状況の把握を目的として実施された調査である（Cook 2003）。詳細な聞き取り調査が行われたため、記録は各地の実態を示す貴重な情報に満ちており、その利用により、アンデス社会の定性分析のみならず、定量分析が可能となった。その後一九六七、一九七二年に現在のペルー北高地南部のワヌコ地方にあったチュパイチュ族に関する巡察記録が刊行された（Ortiz de Zúñiga 1967/1972[1562]）。いずれの巡察記録の公刊にも携わったジョン・ムラは、従来のクロニカ一辺倒の研究に、巡察記録の分析という新たな研究方法を導入し、アンデスにおける環境の相互補完性など、数多くの重要な論点を提示した（Murra 1972, 2002）。

インカ研究におけるもう一つの新たな流れは、歴史史料に基づき再構成されたインカ像の考古学データからの検証である。ムラは、ワヌコ地方に関する総合プロジェクトを立ち上げたが、その主要調査目的の一つは文書記録と考古学データの比較検討にあった。考古学調査を担当したクレイグ・モーリスらが出版した『ワヌコ・パンパ』（Morris and Thompson 1985）は、インカ研究における考古学からの重要な貢献の一つである。

これまでインカ考古学は、歴史史料の情報を補う形で進められてきた。現在も多くの発掘調査が実施され各地の状況が明らかになりつつあるが、事例研究という性格が強く、考古学の分野から積極的に議論をリードしてきたとは言い難い。現在、これまで蓄積されたデータを総合し、考古学の視点からインカ帝国を理解するための新たな枠組みを提示する段階に掛かっている。

以上のように、構造主義理論の導入、巡察記録の利用、そして文書記録と考古資料の総合、といった新しい研究方法が始まった一九六〇年代がインカ研究における一つの転換点であり、その後現在までその流れに沿って、地道に調査研究が積み重ねられてきた。

〇・三　本書の構成

本書の構成は入り組んでいるため、読み進めるための大きな見取り図を描きたいと思う。本書は全一〇章、二部構成である。第一章から第四章まではインカ期（一五、一六世紀）、特にその始まりの時代に注目する。その後、第五章ではそれよりも約二二〇〇年遡り、形成期後期前半（前八〇〇－五〇〇）の時代を扱う。第六章の舞台はティワナク期（後六〇〇－九〇〇）になり、第七章で再びインカの時代に戻ってくる。古い時代から読み進めるスタイルに慣れている読者には少し分かりにくいため、第I部各章の考察部分だけを先に読み、そのまま第II部に進んでいただいてもかまわない。

第I部の議論はインカ帝国の地方社会の征服についてである。従来インカ帝国は先行社会からの連続線上に位置づけられていた、つまり既存の枠組みを踏襲したと解釈されてきた。しかし、地方社会の変化を入念に検討してみると、そうではなく、かなり大規模に改変されたことが分かる。急速に拡大したのならば、既存の枠組みを最大限再利用した方がスムーズであろう。しかし、インカ帝国の場合そうではなかった。それがなぜなのか、そもそもインカはどのように帝国的拡大を開始したのか。そのような問題提起を受け、第II部の議論に続いている。逆に言えば、第II部の議論はインカ帝国が急速に拡大した背景、そのメカニズムを説明することに繋がる。結論を先取りしていえば、広範囲に拡大したインカをはじめとする諸社会においては同一の構造が認められ、アンデス社会の社会動態は、同一基本構造における要素の変換、および構造の重層性によって説明できる。構造分析は静態的であるが、要素の変換や構造の重層性に注目することによって、社会変化を理解できるのである。

次に各章の要旨を簡潔に述べておきたい。

第I部では、インカ帝国の支配下で起こった社会変化の実態を、ペルー北部高地カハマルカ地方に焦点を当て解明する。そしてカハマルカ地方の事例研究を他地域の研究成果と照らし合わせ、インカ期の社会動態の一般的特徴について考察する。具体的には、インカ帝国の支配下における行政単位が、征服以前にそれぞれの土地に存在した政体とどのような関係にあったかを検討する。従来、インカ帝国は各地の地方政体を征服し、手をあまり加えずにそれらを支配下に取り込み、ある場合には間接統治を行ったというイメージが抱かれてきた（c.f. 網野 2008: 67）。つまり、ある程度のまとまりがあらかじめ形成されていたならば、それらを一つ一つ併合すれば短期間に広大な地域を支配下に治めることができるという想定である。本書ではそうした解釈の妥当性を検討する。

第一章では、カハマルカ地方に関する植民地時代初期の各種の史料に基づき、インカ期、先インカ期のカハマルカ地方の状況を再構成する。これまで歴史史料を基にカハマルカ地方にあった王国がそのままインカ帝国に併呑《へいどん》され、行政単位となったと説明されてきたが、続く第二章、第三章で、そうした解釈を考古学データから批判的に検討する。インカ期カハマルカ地方にあった行政単位は先インカ期に遡るか、連続性はあるのかを、二つの大遺跡の発掘データを基に検証した結果、少なくともそれ以前別々であった二つの社会集団が分断統合されカハマルカ地方の行政単位が構成された、と考えられる。第四章では、カハマルカ地方を他の地域の事例と比較し、インカ期の社会動態の一般的特徴を抽出する。史料と考古学データの整合性を保ちつつ、インカ帝国の各地方の行政単位が、それ以前の政体とどのような関係にあるかに注目すれば、インカ帝国においてはかなり大規模な社会変化が生じたと考えられる。むろんこれには程度の差があり、インカ帝国が用意した青写真に近かったところでは連続性が相対的に強くなり、インカの支配の仕組みからかけ離れていたところでは突然の変化、断絶として捉えられる。重要なのは、連続性があるかどうかは各地にあった地方政体の強さに連動するのではなく、インカが持ち込み、画一的に適用した仕組みに近かったかどうかの結果である、ということである。インカ帝国全体にとてつもなく大きな社会変化が均一に生じたわけではない。従来はインカ帝国の地方ごとの多様性が強調されてきたが、多様であったのは、各地の支配のあり方ではなく、インカ帝国に取り込まれるプロセスである。

インカは独自の支配原理を全域に当てはめたという意味でかなり強力な政治組織であり、既存の支配構造を援用しなかったのであれば、なぜ急速な拡大が可能になったのかを問う必要がある。第Ⅰ部ではインカ帝国の地方支配が議論の対象となっているが、そもそもインカ帝国はどのように成立したのか。つまり首都クスコではどのような変化が起こったのであろうか。そしてインカが突然各地に征服を開始し、拡張を続けたのはなぜか。こうした問題提起を受け、第II部の構造に関する議論が展開される。第I部の終わりに発した問いには、終章で第II部の構造の議論を踏まえて答えを提出する。本書が全体として一つの問題意識で繋がっていることを強調しておきたい。ただし第I部、あるいは第II部の議論だけを単独に読んでいただいてもかまわない構成となっている。

第五章ではペルー北高地に位置する形成期の大神殿、クントゥル・ワシの構造分析を行う。形成期後期前半（前八〇〇－五〇〇）には図像、墓の配置、建物の配置に、二項対立の二重の適用によって属性の組み合わせが三つ形成されるという規則が存在することを示す。また同様の規則がチャビン・デ・ワンタル神殿にも存在する蓋然性を提示する。

第六章では前章の議論を引き継ぎ、ティワナク遺跡の石彫の構造分析を行う。ティワナク遺跡はティティカカ湖南岸の高地に位置し、後六〇〇－一一〇〇年に繁栄した社会の中心であった。ティワナク遺跡は建築の特徴においてクントゥル・ワシをはじめとする形成期の諸神殿と類似し、また切石《きりいし》技術の表面的特徴や土器の器形の共通性から後の時代のインカの起源を探る上でも鍵となる。資料は断片的ながら、図像の配置の規則が、三分制に従っていた可能性を指摘する。それらはピューマ・コンドル・魚の三種類のキャラクターを用いて示された。

第七章ではインカ王権の構造の解読を行う。第五章、第六章とは異なり、構造分析に耐えうる考古学データが存在しないためここでの議論はクロニカの分析によって行う。先インカ期の構造モデルを援用して、これまで刊行された史料を分析し、インカ王権の構造が四分制と三分制に同時に従っていることを示す。

第八章では先スペイン期アンデスに認められる構造について理論的考察を行う。第五章で抽出した二項対立の二重の適用によって属性の組み合わせが三つ形成されるという規則、第六章で提示したティワナク遺跡の図像が三分制に従っているという可能性、第七章で示されたインカの構造が三分制と四分制に同時に従っているという規則、これら全てを説明できる、汎用性のあるモデルを提示する。それを四面体モデルと呼ぶことにする。四面体は射影する角度によって四角形や三角形に見える。また、二項対立は四面体の二辺の関係や二点の関係に対応すると説明できる。次に四面体モデルによって、翻って形成期後期からインカ期までの構造分析で未解決となっていた問題を検討する。さらにアンデスの通時的な流れを同一構造上の要素の変換として捉え、説明を試みる。

終章では、第I部、第II部の議論を総合し、構造に注目し先スペイン期アンデスの社会動態モデルを構築する。まず、インカ帝国が各地に拡大を開始し、短期間に広大な範囲の人間集団を支配下に治めた後も拡張を続けた原理をインカ王権の構造上の要素の変換から理解する。そしてインカなどの広範囲に台頭した政治組織には同一構造が認められることを確認し、構造上の要素の配置の関係、構造の重層性に注目して、拡大の背景を説明する。アンデスの大きな流れを捉えれば、中央集権的社会の連続的な入れ替わりや王朝の交代ではなく、中央集権的社会が出現する時期とそうでない時期が繰り返し現れる振り子のような展開をし、その振幅が次第に増大していったといえる。振り子のような現象は同一構造の保持と連動していると考えられ、その現象を構造と社会動態を組み合わせる議論の一つの事例として実験的に考察し、それを通じてアンデスの特徴を浮かびあがらせる。

なお政治組織としての「インカ帝国」を指す他の言葉として、「タワンティンスユ」がある。[2] ケチュア語で「タワ」は数字の「四」、「ンティン」は「一緒に」、「スユ」は「部分」を意味する。全体で「一緒になった四つの部分（地域）」という意味である（渡部 2007a）。四つのスユとは即ちチンチャイスユ、アンティスユ、コリャスユ、クンティスユのことを指している（第七章）。本書では読みやすさを考慮し、慣例に従って「インカ帝国」、あるいは単に「インカ」と呼ぶことにする。

註

（1）本来クロニカは年代記のことを指すが、中南米では征服者の記録、歴史書、地誌など多様なジャンルが含まれる。その作者はクロニスタ（記録者）と呼ばれる。

（2）「インカ帝国」という名称は、一五五二年にフランシスコ・ロペス・デ・ゴマラ（染田 2008）、一五五三年にペドロ・デ・シエサ・デ・レオン（熊井 1996）によって用いられている。「タワンティンスユ」が現れるのはそれよりも遅く、例えば一五七〇年にティトゥ・クシ・ユパンキがロペ・ガルシア・デ・カストロ宛にしたためた文書（ティトゥ・クシ・ユパンギ 1987[1570]: 53）、一五九〇年にホセ・デ・アコスタが記した『新大陸自然文化史』（1966[1590]: 下 292）などで用いられている。インカ・ガルシラソ・デ・ラ・ベガは「彼らは各地域をそれぞれ固有名詞で呼んではいたものの、王国全体を一括して意味するような固有名詞は持っておらず、それにはタワンティンスユという名をあてていたが、タワンティンスユとは『世界の四つの地域』を意味した」（ガルシラーソ・デ・ラ・ベーガ 2006[1609]:（一）39）と述べている。歴史学者マリア・ロストウォロフスキは、「インカ国家は、住民たちによって、ひとつの国家を形成するものとは捉えられなかった。タワンティンスユ、すなわち連合した四つの地方という統合の観念を含むことばが、スペイン征服以前に知られ使われていたかどうか、われわれは知らない。なぜなら、このことばは、一六世紀末以降にあらわれるからである。おそらく、昔から存在していたが、統一の意図は表していない空間区分を表現するために、スペイン人の進入以後使われるようになったことばであろう」（ロストウォロフスキ 2003[1988]: 304）と書いている。

第Ⅰ部

社会動態

第Ⅰ部では、先スペイン期アンデスの最後に登場したインカ帝国の拡大過程を、帝国内の一地方に焦点を当て論じる。ペルー北高地カハマルカ地方におけるインカ期の変化の具体的様相を、考古学データを基に明らかにし、それを他の地域の事例と照らし合わせ、インカ帝国の地方征服過程および地方支配の実態について、より整合性の高いモデルを構築する。また、インカ帝国の成立過程を解明するだけでなく、先スペイン期アンデスにおける社会動態をより長い時間幅で考察することを念頭に置いている。

例えば最初の神殿の建設が始まった前三〇〇〇年頃からインカ帝国最後の王アタワルパが捕縛された後一五三二年までの四〇〇〇年以上という長い時間幅でアンデス文明の展開を捉える場合と、それよりも短い期間に焦点を当てる場合では、当然ながら、社会動態に関する議論は性格が異なる。しかしここではインカ帝国の成立過程という、ほんのわずかな期間に起こった出来事に注目することによって、大きな流れを解釈するための一つの視座を定めることをめざしている。時間的に最後に起こった出来事には、それ以前にアンデス文明がたどってきた軌跡を再構成するための鍵があるという前提は、インカのモデルを出発点としてそれ以前の社会の性格を考察するという、しばしば採用される方法と表面上類似する。しかし第Ⅰ部の議論はインカ帝国を完成形として静態的に捉えるのではなく、あくまでインカ帝国の成立のメカニズムという動態的側面に注目していることを明記しておきたい。

第一章では関連する歴史史料を整理し、インカ期カハマルカ地方の状況を再構成する。続く第二章、第三章では、史料から再構成されるインカ期の状況が先インカ期に遡るかどうか、換言すれば先インカ期からインカ期にかけてどれだけの連続性があるかを考古学データに準拠して検証する。

各種の文書の記述から再構成されたインカ期の状況が、考古学データとどのように合致するかを確認するという研究は多くの地域で実施されている。第四章では、カハマルカ地方における調査成果を他地域における事例研究と比較検討し、インカの征服過程、地方支配に関する汎用性のあるモデルを構築する。

第一章　クイスマンク王国とは？——歴史史料からみるカハマルカ地方

カハマルカは現在ペルー共和国の北高地に位置する県、郡、および県庁所在地の町の名になっている（図1－1）。インカ帝国内にはインカ道が張りめぐらされた（Hyslop 1984; 図1－2）。カハマルカは山地を南北に貫く主要道路上に位置する交通の要所であり、タンプと呼ばれる地方行政センターが設置された。またそこから西の太平洋岸、東のアマゾン方面へ道が出ていた。カハマルカは一攫千金の夢を抱きはるばる大西洋を渡ってきたスペイン人と、当時南米大陸最大の規模を誇っていた政治組織、インカ帝国の王アタワルパが邂逅《かいこう》した場として世界的に知られている。一五三二年一一月一六日、カハマルカの広場で征服者フランシスコ・ピサロ一行とアタワルパ軍が相まみえた状況については、その場にいた征服者が記録を残している（無名征服者 1966[1534]; ヘレス 2003[1534]）。

アタワルパは輿《こし》に担がれて広場に入場し、ピサロ側から遣わされたビセンテ・デ・バルベルデ神父が近づき、聖書を片手に彼らがスペイン国王の御名の下、アンデスの民にキリスト教を布教するために来た旨を告げる。聖書を手にしたアタワルパはそれに耳を近づけ、何も聞こえないのでそれを放り投げてしまう。聖書を侮辱されたピサロ軍は暴力に打って出る。合図によって建物の中に隠れていたスペイン人は一斉に流れ出て攻撃を開始し、ピサロ自身が駆け寄ってアタワルパを輿の上から引きずり降ろしてしまう。インカ王は無惨にもピサロの手中に落ち、その瞬間、アンデス地帯を舞台に栄華を極めたインカ帝国は機能を停止することになった。

ピサロ一行によりインカ王アタワルパが捕縛されたことによって、インカ帝国は実質的に崩壊したといってよい。しかしその後インカの王族の残党はクスコの北西のウルバンバ川沿いにアマゾン方面へ下り、ビルカバンバに拠点を構えスペイン人支配に抵抗した。これらインカ王族の残党が最終的に壊滅させられたのが一五七二年である。第五代ペルー副王フランシスコ・デ・トレドが組織した討伐軍によってビルカバンバの最後の王トゥパク・ア

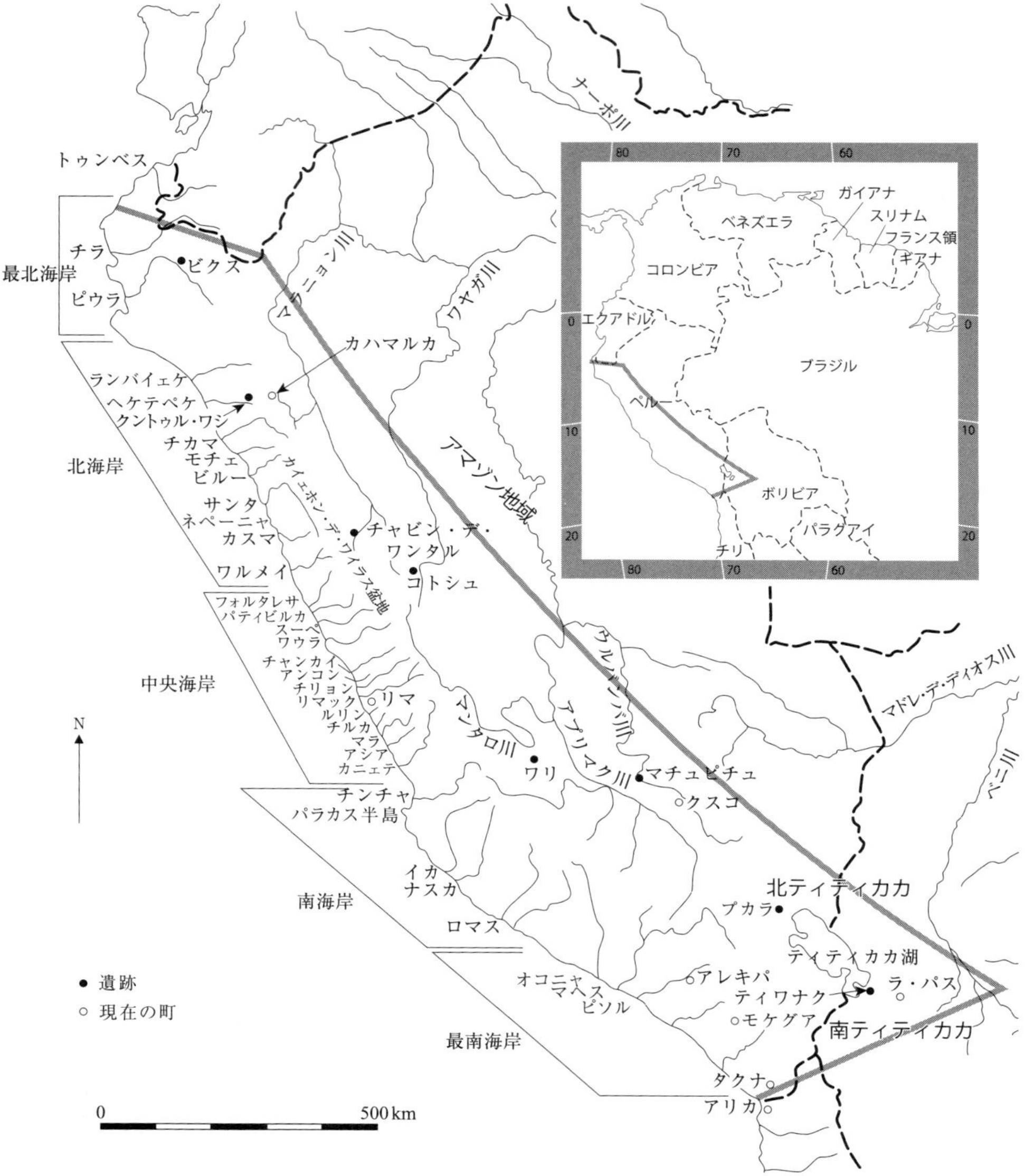

図1－1　ペルー領域（中央アンデス）の地域区分、カハマルカの位置（Willey 1971 を改変）

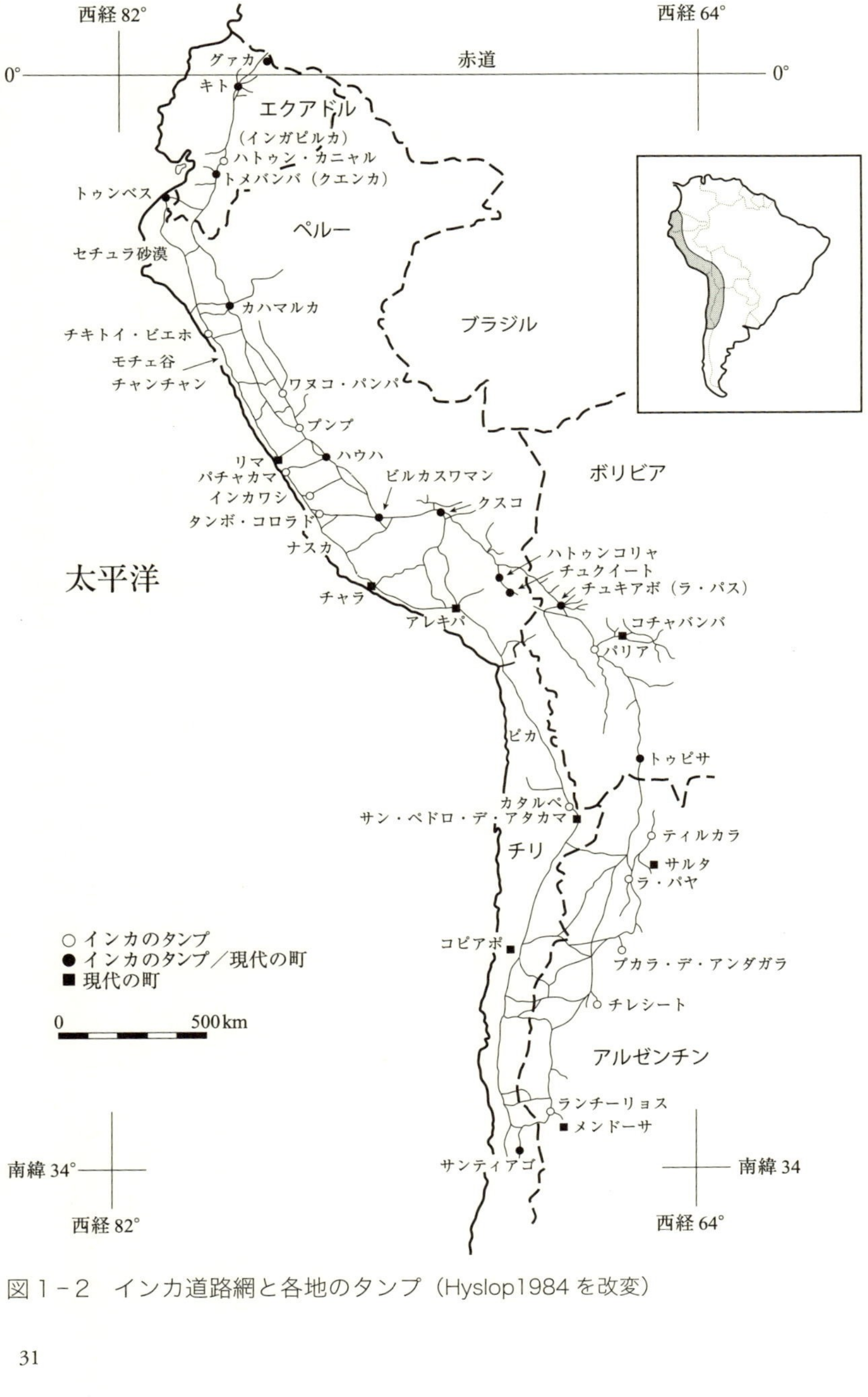

図１－２　インカ道路網と各地のタンプ（Hyslop1984 を改変）

マルは捕縛され、クスコの広場で公開処刑された。ここに四〇年近くにわたって展開したインカの抵抗は幕を閉じ、政治組織としてのインカ帝国は完全に終焉を迎えたのである。

アタワルパの捕縛からトゥパク・アマルの処刑まで、インカの末裔《まつえい》が細々と古くからのしきたりを守り、インカ王朝の再生を目論《もくろ》んでいた一方で、スペイン人征服者の内部では政治抗争が起こり、それはアンデス先住民を巻き込んだ大規模なものへと発展していった。

スペイン人の内乱は、フランシスコ・ピサロとディエゴ・デ・アルマグロという征服の二人の立役者の間に争いが惹起したことから本格化していった。インカ帝国征服後、ピサロと同等の権利を有していたはずだったアルマグロは、カハマルカにおけるインカ軍との戦いの後に到着したことなどが原因で、ピサロ一派に出し抜かれ、十分な分け前を得ることができなかった。そのためもう一つの黄金郷の発見を期待し南のチリ方面に向かうが、結局何も得られず失望してクスコに戻った。

クスコ到着後にピサロ派とアルマグロ派の対立は顕在化し、激化した。一五三八年四月二八日ラス・サリナスの戦いにおいて、前者が勝利し、アルマグロは斬首刑となった。ところがその後一五四一年にピサロはアルマグロ派によって暗殺され、アルマグロの遺児ディエゴを担ぎ上げたアルマグロ派に一時実権は移る。しかしディエゴはスペイン国王から正式な役職に任命されたわけではなかったため、その権力基盤は脆弱であった。

一五四一年に、カルロス五世の許可を携え、ペルー総督クリストバル・バカ・デ・カストロが赴任した。一五四二年のチュパスの戦いにおいてアルマグロ軍とバカ・デ・カストロ率いるスペイン王室軍が対決したが、後者の勝利に決着し、アルマグロ派は失墜することとなった。

征服者内部の抗争が一段落すると、今度は征服者たちと彼らの権利を押さえようとするスペイン政府側との間に緊張が高まっていった。一五四二年に「インディアス新法」が発布され、バカ・デ・カストロは過剰なエンコミエンダの再査定、分割を開始した。それにはエンコミエンダの世襲を禁じ、エンコミエンダ保有者であるエンコメンデーロの力を削ぐ目的があった。

スペイン領植民地で導入されたエンコミエンダとは、キリスト教の布教とインディオの保護を条件に一定数のインディオの管理を委託する制度である。それは、奴隷制のような人間の所有制度でもなければ、土地の所有制度でもない。エンコミエンダは初期にはインディオを労働奉仕させることもできる制度であったが、一五四九年には定められた物資を貢納させるのみのシステムとなった。

征服事業に参加した者たちには報奨として、このエンコミエンダが分け与えられ、先住民が分配されていた。そのため当然ながらエンコメンデーロとなった征服者たちは、権利を維持するためインディアス新法に反対し反乱を起こした。エンコメンデーロとスペイン政府側との対立は、ゴンサーロ・ピサロ軍によるスペイン国王に対する反乱へと発展し、一五四六年には初代ペルー副王ブラスコ・ヌーニェス・ベラ軍が戦いに敗北し、副王が殺害されるという事態に至った。

その後ペドロ・デ・ラ・ガスカがリマのアウディエンシア(1)の議長としてペルーに到着し、ゴンサーロ・ピサロに対する不満分子を吸収。ワリーナの戦いとサクサワナの戦いにおいて、スペイン国王に対する反乱軍を壊滅させ、ようやく征服者たちによる反乱が沈静化した。それは一五四八年のことであり、それ以降ペルー副王領は安定化の方向に進み、植民地体制の礎《いしずえ》は着実に据えられていった。

一・一　クロニカ

征服後の動乱が沈静化してようやく、ペルーの歴史、文化に興味関心を抱き、アンデス各地を回り見聞し、あるいはインカの末裔に聞き取りを行い、それらの情報を基にインカの歴史を編み上げていった人々が登場する。こうした一群の歴史書はクロニカ（記録文書）、その作者はクロニスタ（記録者）と呼ばれる。当時のヨーロッパにおける歴史書は、王の治績について延々と書き連ねた書物であり、アンデスにおいてもそうした流れの延長上でインカの歴史が再構成されていった。インカの末裔たちなどアンデス先住民が語った内容がクロニスタの筆を通じ再編成され、インカの「歴史」として紙に記されたのである。

一・一・二　ペドロ・シエサ・デ・レオン

ガスカ軍に兵士として参加したペドロ・デ・シエサ・デ・レオンは、アンデスをくまなく踏破し、詳細な記録を残した。当代一との誉れ高い観察力の鋭さと繊細さのため、歴史学者マルコス・ヒメーネス・デ・ラ・エスパーダが「クロニスタのなかの王子」と呼んだほどである（Pease 1995: 27）。

ガスカの命を受けシエサ・デ・レオンが残した記録は、『ペルー誌』第Ⅰ部から第Ⅳ部で構成される。インカの時代に繁栄したカハマルカは、インカ帝国の征服後わずか二〇年ほどの間に灰燼《かいじん》に帰し、その上にスペイン式の町が建設され、シエサ・デ・レオンが訪れた時には面影もなくなっていた（シエサ・デ・レオン 2006[1553]: 423-424）。インカ帝国時代のカハマルカについては『ペルー誌』第Ⅰ部第七七章に次のように記されている。

この地方は、ここでアタバリパ［アタワルパ］が捕縛されたことで有名になり、また、土地が広くて豊かだということでも王国中に知られている。カハマルカの住人たちが言うところでは、彼らは昔、インガたちに支配される以前、近隣の人々にとても尊敬され、丘の高い所に神殿や礼拝堂をもち、衣服を身にまとっていたが、身なりは［インガたちに征服されて］以後や、現在ほど、立派なものではなかった。インディオの中には、彼らを初めて征服したのはインガ・ユパンゲ(2)［インカ・ユパンキ］だというものもいれば、そうではなくて、その息子のトパインガ・ユパンゲ［トパ・インカ・ユパンキ］だと主張するものもいる。どちらにせよ確かだと言われているのは、そのいずれかがカハマルカの支配者になる前、戦いが繰り広げられ、インガは配下のインディオたちを大勢失い、結局、力づくというより、策略と甘言や巧言を弄してカハマルカの住民を自分の支配下におさめたということである。（シエサ・デ・レオン 1993[1553]: 183-184; Cieza de León 1995[1553]: 225）インカ・ユパンキとは伝統的インカ王朝史に従えば第九代王にあたるパチャクティの即位前の名前である。クロニカに従えば、クスコに攻め入ったチャンカ族を父ビラコチャ・インカに代わって撃退し、インカ王として即位し、「世界を覆す者」を意味するパチャクティと改名したという。

インカ族がクスコの外へ大規模な征服活動を開始したのは、第九代王パチャクティの時代である。その後、第一〇代王トパ・インカ・ユパンキ、第一一代王ワイナ・カパックの治世にさらに支配域を広げた。ワイナ・カパックの死後、その子供であるワスカルとアタワルパが王位継承をめぐって骨肉の争いを展開していた間にスペイン人一行が到着したが、その時もまだインカ帝国は拡大の途中であった。各インカ王とその征服範囲との対応関係については様々な議論が重ねられてきたが、現在ではフィンランドの研究者マルッティ・ペルシネンの説が最も整合性が高い（Pärssinen 1992; 図1－3）。

カハマルカ地方の制圧は、パチャクティ王の治世下に完遂されたが、その時すでに息子のトパ・インカ・ユパンキも征服活動の前線に加わっていた。そのためシエサ・デ・レオンの記録に、カハマルカ地方の征服者として両者の名前が挙げられていることは矛盾ではない。問題は征服の過程である。カハマルカ地方にはインカの到来以前、どういった政体がありどのように征服されたのであろうか。

一・一・二　ペドロ・サルミエント・デ・ガンボア

一五六九年に着任した第五代ペルー副王トレドは、ペドロ・サルミエント・デ・ガンボア（以下サルミエントと略す）という部下にインカの歴史の編纂を命じた。

インカの時代、キープカマーヨと呼ばれる集団が、キープを媒介として、王の治世を語り継いでいた。サルミエ

図1-3 インカ帝国の拡大過程（Pärssinen1992を改変）

ントに招集されたクスコ周辺の老キープカマーヨたちは、手にキープを携えてはせ参じ、それを読んでインカの歴史を語って聞かせた。サルミエントはそうした情報を基にインカの歴史を編み上げた。

トレドが編纂した一連の書物の第II部に当たるサルミエントの報告の第三八章に、カハマルカ地方の征服に関して次のようなくだりが含まれている。

> （カパック・ユパンキは）その後を追い、インガ・ユパンキ「パチャクティ」が通過するなと命令した境界を越えカハマルカまで着いた。そしてインガの命令を思い出したけれども、すでにカハマルカ地方にいた。そこにはグスマンゴ・カパックと呼ばれる偉大なるシンチがおり、大変な暴君でカハマルカ周辺の多くの地域を略奪した。しかし彼のおかげで多くの人々が住み、金銀が豊富だったので、兄「パチャクティ」からの委任はなかったがそこを征服することに決めた。そしてカハマルカの地に入り始めた時、それはグスマンゴ・カパックの知るところとなった。彼は兵を備え、彼の納税者であるもう一人のシンチ、チモ・カパック「チムー・カパック」と呼ばれる、現在ペルー海岸のトルヒーヨの町のある地域のシンチを呼んだ。そして両者の兵力が集結しカパック・ユパンキを探しに行ったが、彼は仕掛けた罠や賄賂によってグスマンゴ・カパックとチモ・カパック「チムー・カパック」の二人のシンチを敗り、壊滅させ、捕らえ、無数の金銀製品や、当時その土地の者が銀や金よりも大切にした貴石や赤色の貝などの貴重品を手に入れた。（Sarmiento de Gamboa 1943[1572]: 108）

この記述によれば、カハマルカ地方においてグスマンゴ・カパックと呼ばれるシンチがもう一人のシンチであるチムー・カパックと手を組みインカ軍に対抗したが、最終的にはその軍門に降った。シンチとは「強い、勇敢な、逞《たくま》しい、その人」（González Holguín 1989[1608]: 82）という意味である。またグスマンゴは現在カハマルカ県南部にある地名、チムーはインカによる征服以前ペルー北海岸モチェ川流域にあるチャンチャンを首都として繁栄した王国の名前である。カパックとはスペイン語ではしばしば「王」と訳される称号であるから、それぞれ「グスマンゴの王」、

「チムーの王」という意味である。インカによる征服以前、カハマルカ地方に偉大なる支配者グスマンゴ・カパックが存在したという。

しかしながらクロニスタたちが「カパック」などの名称の意味を正確に理解していたかどうかは明らかではない。キャサリン・ジュリアンは、カパックとはインカの王族の中でも選ばれた人物だけが名乗ることのできる称号であったことを指摘し、サルミエントがシンチとカパックをほぼ同義語として使用していると述べている（Julien 2000）。とすると、インカ族以外の地方首長にカパックを使用するのは不適切である。

またパチャクティの命を受けクスコよりも北の地方の制圧に当たったのは、その弟カパック・ユパンキとなっている。この人物は伝統的王朝史における第五代インカ王と同じ名前であり、それが同一人物だとしたら明らかな矛盾である。インカ王による各地の征服過程についてはクロニカによって食い違いがあり、情報が錯綜している。これについては第七章で考察する。

一・一・三　ミゲル・カベーリョ・バルボア

やや時代が下がり、一五八六年にミゲル・カベーリョ・バルボアが『南米雑録』というクロニカを残している。他の多くのクロニカはクスコを中心として記述されたが、この書物はペルー北海岸における伝承を多く採録しているという点で異彩を放っている。この『南米雑録』とサルミエントのクロニカの間には詳細な点に至るまで対応する部分があるため、カベーリョ・バルボアがサルミエントの作品を直接引用したか、あるいは両者が共通の情報源をもっていたことは確かである。とりわけ、カパック・ユパンキによるカハマルカ地方の征服過程については、次のようにほぼ同じ内容が現れる。

彼らから勝利を収めグァマチュコ［ワマチュコ］へ、そしてそこからカハマルカへ抜けた。そこではその土地のクスマンゴ〔グスマンゴ〕・カパックと呼ばれる首長から激しい抵抗を受けた。その人物は、クスコのインガが到着し、重武装の軍隊を連れてきた、という知らせを受けたので、すべての土地に召集をかけ、チモカパス〔チムー・カパック〕――グァルメイ〔ワルメイ〕からトゥンベスに至るペルーの海岸部、砂漠地帯に帝国、領主国を持っていた――にその強力で残酷な敵に対抗するために助けを求めた。常備軍を保持していたチモカパック〔チムー・カパック〕は兵の半分を送り、隊長として彼の親戚である威勢のよい一人の若者を派遣した。その者はカハマルカの人々を守り、すばらしい幸運に恵まれたが、最後には敗北し、土地は占領され、クスマンゴ〔グスマンゴ〕は死去し、砦の上に晒《さら》された。征服した土地で行う習慣に従い、インガ族によって統治が行われた。（Cabello Valboa 1951[1586]: 317）

サルミエントとカベーリョ・バルボアのクロニカには、グスマンゴ・カパックとチムー・カパックが手を組んでインカ軍に対抗したが、戦闘の末インカの軍門に降ったという、共通の事件が記されている。グスマンゴ・カパックとはカハマルカ地方にいた王、あるいは首長の名称であり、グスマンゴとはそこの地名もしくはある民族集団の名前と考えられる。しかし、グスマンゴがどこにあったのかは、しばらく研究者の間で問題になっていた。というのも、前述の二人の記述とは矛盾する情報が流布していたからである。

一・一・四　インカ・ガルシラソ・デ・ラ・ベガ

インカ・ガルシラソ・デ・ラ・ベガ（以下ガルシラソと略す）はスペイン人の父とインカ王族の母イサベル・チンプ・オクリョとの間に生まれたメスティーソ（混血）である。インカ帝国の首都であったクスコにて一五三九年に生を享け、二〇歳を迎えるまでクスコで暮らした。その後スペインに渡り、若い頃の記憶を基にインカの歴史についての書物、『インカ皇統記』を執筆し、一六〇九年に出版した（ガルシラーソ・デ・ラ・ベーガ 2006[1609]）。インカの公用語であったケチュア語を操りインカの文化に精通しているため、記述は微に入り細を穿《うが》ち、また彼自身がインカ王族の血を引いているため、先住民側の視点から記述された記録と評価された。しかし、そのインフォーマントの系譜の特殊性を意識する必要がある。

先述のようにワスカルとアタワルパは共にワイナ・カパックの子供であり、スペイン人侵入時に帝国を二分し、王位継承を争っていた。この背景にぞれぞれの母親の属するパナカの間の確執があったと考えられている。アンデスにおける親族集団は通常アイユ（アイリュ）と呼ばれるが、インカ王の場合はパナカと呼ばれる。インカ王は即位時に親のパナカから離脱し、独自のパナカを創始した。それはインカ王の死後も存続し、王のミイラ、財産を管理した。ワスカルの母ラウラ・オクリョは第一〇代王トパ・インカ・ユパンキのパナカであるカパック・アイユに属する。一方アタワルパの母は第九代王パチャクティのパナカであるハトゥン・アイユに属している。(3) この二つのパナカが競合し、王位継承争いを展開していたのである。ガルシラソの母は第一〇代インカ王トパ・インカ・ユパンキの孫であるため、ガルシラソはトパ・インカ・ユパンキ寄りの見方で記述した、数少ないクロニスタの一人である。

『インカ皇統記』第I部第六の書第一五章に、カハマルカ地方の征服について記されている。パチャクティ王によって派遣された息子トパ・インカ・ユパンキと弟のカパック・ユパンキが、好戦的なカハマルカの民に降伏勧告をしたがそれは受け入れられなかった。そのためインカ軍とカハマルカの人々との間に激しい戦闘が起こり、前者が後者の兵力を徐々に弱めていった。カハマルカの民の態度は次第に軟化し、結局のところ、和平を受け入れインカ軍に屈服したという。

同第三〇章にクイスマンクという名が登場する。ケチュア語にはGの音がなく、グスマンゴはクイスマンクのスペイン語化した名称である。先に検討したサルミエントやカベーリョ・バルボアの記述からは、それはカハマルカ地方の地名、あるいは民族集団名であると考えられる。ところがガルシラソによれば、クイスマンクとはカハマルカ地方ではなく、現在のペルー中央海岸を流れる、パチャカマック［ルリン］、リマック、チャンカイ、バランカ（ワマン）

［パティビルカ］の河川流域一帯を治めていた首長であるという。その北を治めていたのが前述のチムーの王（首長）であり、一方それよりも南の、ルナワナック［カニェテ］、ワルク、マリャ、チルカの谷を治めていた首長がチュキマンクと呼ばれていた。そのさらに南のチンチャ川流域にも有力な首長がいた。つまりガルシラソによれば、ペルー北海岸から南海岸にかけてチムー、クイスマンク、チュキマンク、チンチャの四つの政体があった。チムーと隣接しているという点ではカハマルカと共通するが、ペルー北高地と中央海岸とでは両者の地理的分布は全く異なる。クイスマンクはカハマルカ地方かあるいはペルー中央海岸にあったのか。それを解明するためにはクロニカとは性格の異なる史料を検討する必要がある。

一・二　巡察記録

スペイン植民地体制下においては、徴税の効率化を図るため様々な工夫がなされた。まず、インカ帝国下における行政単位を基本とした地方区分が設定された。インカ帝国の山岳地帯はいくつかのグァマニと呼ばれる行政単位に分割されていた（Guaman Poma de Ayala 1987[ca.1615]; 図1－4）。その単位は形を変えながら植民地体制に引き継がれ、スペイン語で「プロビンシア（地方）」と呼ばれるようになった（cf. Julien 1983）。ただし両者は厳密な意味で対応するわけではない。インカ帝国における各行政単位は人間集団の単位だったのであり、土地の境界によって設定されていたのではなかった。そのためインカ帝国においては、例えばそれぞれの集団が生活する地理的範囲が重なり合うことはごく自然な現象であった（Ramírez 2001, 2005）。そして各行政単位はさらに、ワランガ、パチャカという下位区分に分割された。(4) ワランガは数字の「千」、パチャカは「百」を表し、それぞれ成人男性の納税人口の単位である。

こうしたインカ帝国の行政システムを利用してペルー副王領を複数の地域に分割し、納税人口を正確に把握する

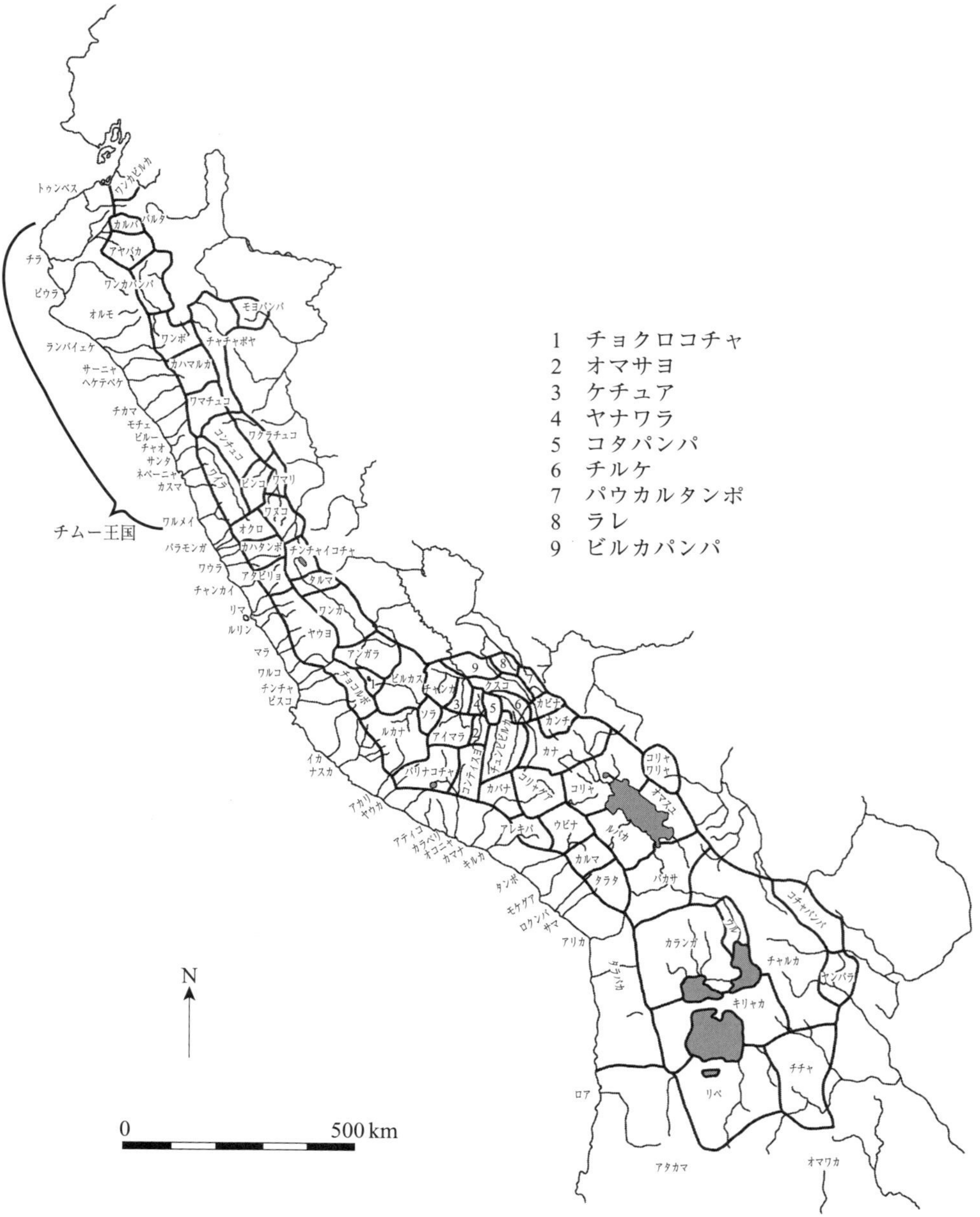

図1－4　インカ帝国の行政単位、民族集団の分布（Rowe 1946を改変）

ため全国規模の巡察（ビシータ）が行われた。初回は一五四〇年にフランシスコ・ピサロの命で、第二回は一五四九年にリマのアウディエンシアの議長ガスカの下で、第三回は一五七一－七四年に副王トレドの下で、第四回は一六八二年に、第五回は一七七九年に行われた（Espinoza Soriano 1986[1967]: 347-348）。

また、全国規模で実施された巡察以外に、納税人口を把握するため地方レベルで行われた巡察もある。例えば一五六七年にはペルー北部に限定した巡察が、グレゴリオ・ゴンサーレス・デ・クエンカによって実施された。(5)そのうちカハマルカ地方については、その巡察記録の一部が知られているが、未刊行のままである。また一五七一－七二、一五七八年の巡察は、エンコミエンダの相続をめぐる訴訟のため実施された。

カハマルカ地方についてはこれまで一五四〇年に実施された巡察記録と、一五七一－七二、一五七八年の裁判に関わる巡察記録が刊行されている。一五六七年の巡察記録は一部の所在が確認されている。一五七二－七四年の巡察については、カハマルカ地方の巡察使フランシスコ・アルバレス・デ・クエトの名が知られているが、記録自体は断片が知られているにすぎない（Cook 2003）。次に刊行された二つの巡察記録、および一五六七年の記録を詳しく検討する。

一・二・一　一五四〇年およびそれ以前の巡察

一五四〇年以前に行われた巡察はいくつかあるが、それらはいずれも各地の先住民人口を把握し、エンコミエンダとして征服者に分け与える目的で実施された（Espinoza Soriano 1986[1967]: 343）。カハマルカ地方における最初の巡察は一五三五年の一月か二月に行われ、その結果に基づき、カハマルカ地方はメルチョル・ベルドゥーゴに託され、彼は最初のエンコメンデーロとなった（Urteaga 1942: 13）。一五三五年の文書には、以下のように九人の首長の名前が記載されており、ワランガ・チュキマンゴのカルナアライコ［カルアライコ］が全体の筆頭首長だったという。

ワランガ名	首長名
クイスマンゴ	エスパルコ（あるいはオトゥスコ）
チュキマンゴ	カルナアライコ［カルアライコ］
チョンダ	カラナサス
マンバマルカ	グァイギ
カハマルカ	コルキエンスマ［コルケクスマ］（あるいはタンタグァタ）
プママルカ	パリンティンゴ
イチンカ	ポエンリ

その後一五四〇年には最初の全国規模の巡察が、エンコミエンダの再査定と納税の効率化を図る目的で行われた（Barrientos 1986[1540]）。カハマルカ地方の巡察記録はペルー最古の記録であり、先スペイン期の実態を知る上で非常に貴重な史料である。カハマルカ地方では、その北隣のワンボス地方と南隣のワマチュコ地方を合わせて巡察を行うよう、フランシスコ・ピサロとバルベルデ神父が、巡察使としてクリストバル・デ・バリエントスを派遣した。

一五四〇年八月半ばに、巡察使バリエントスは公証人と司祭とともにトルヒーヨを出発した。巡察使一行はチカマ川を遡り、現在のカスカス、コントゥマサー付近を通り、チカマ川よりも北を流れるヘケテペケ川中流域のチケレテ（現在のチレテ）という村に下りた。しかしそこから先には進まず、そこにカハマルカ地方の各首長を召喚し巡察を行った。一五四〇年八月二四日、実際に納税者全員がチケレテに集まり三四九三人の成人男性納税人口が記録された（Espinoza Soriano 1986[1967]: 349）。またワンボス、ワマチュコには訪れず、結局巡察を行ったのはカハマルカ地方のみとなった。

チケレテに集まった各ワランガの首長は以下の七人である。巡察使バリエントスは通訳のホアンとともに、各ワランガ、パチャカの首長の名を記録した（表1－1）。

ワランガ名	首長	成人男性人口
グスマンゴ	カルバライコ〔カルアライコ〕	八五〇
チュキマンゴ	コルケクスマ	七五六
チョンダル	タンタクヨ	四二二
バンバマルカ	カルグァリキラ	三〇八
カハマルカ	トマイ	四五一
ポママルカ	クキリマンゴ	三九八
山地ミティマ	プクリャ	三一九
	納税人口合計	三五〇四(6)

わずか五年の間にワランガの首長の多くは代わってしまっている。これは征服期に蔓延した疫病による結果か、あるいは後述するように征服期の混乱に乗じて生じた首長職をめぐる先住民間の争いの結果であろう。

またワランガ・イチンカの代わりにワランガ・ミティマが入っている。ミティマ〔複数形はミティマエス。本来ケチュア語でミトマ、複数形はミトマクーナ〕というのは、インカ帝国下で国家の政策により、出身地から他の地域へ強制的に移動させられた集団である。カハマルカ地方にはミティマとして、カハマルカよりも北、現在のピウラ県の山地にいた民族集団であるグァユクンド、現在のエクアドルのクエンカ周辺にいた民族集団であるカニャリ、南のコンデスヨ(7)、そしてカハマルカの四つの集団(8)が記録されている。さらに、パカスマユ、サーニャ、コリーケ（チクラーヨ）、チュスポ、シント、トゥクメなど現在のペルー北海岸地帯から送られてきたミティマが存在したが、彼らはカハマルカ地方では登録されず、インカ帝国の直接管理下に置かれるか、あるいは出身地で登録された。

この巡察記録の発見者であるワルデマル・エスピノサ・ソリアーノは、カハマルカ地方には「旧カハマルカ王

バンバマルカ（首長カルバリカ［カルグァリキラ／カルナリケラ］）

パチャカ名	別のスペル	首長名	別のスペル
バンバマルカ		タンタヤリ	
スリュチ	グクチョ	リュカ	ルカ
グァンカマルカ	グァマナロ	チョロコ	ソロコ
タカババンバ	タシブンバ	グァマンヤリ	
アニマテェ	イムチェ	ランポキヒエ	
キベン		タンタクンドル	
クソ	クポ	マルカカコン	マルココン
アンバガイ	アンバゴル	コリ	

カハマルカ（首長トマイ）

パチャカ名	別のスペル	首長名	別のスペル
カバ		カルワクリ	
グァカス		マチラオ	マリチアダス
チンチン		パリアイリョカ	ピリアイリョン
クリ	カライン	トマイ	
カハマルカ		クルキコンドル	
ホコ		アドゥケウィンダ	
フリケ	パラキ	プヌンカノタ	
ポマパモル	ポパマ	リャカカラリャ	リュパカリャ
ヤオクフルカ		タンタカハ	

ポママルカ（首長リキリャ・マンゴ［クキリマンゴ／リキルマンゴ］）

パチャカ名	別のスペル	首長名	別のスペル
グァンボ		タンタコンドル	
カパイン		タンタチュロ	
グァタイン		パリア	パニアス
ヤナマンゴ		キリャマンゴ	
チュキラル		フルカポマ	
アコマルカ		コルケライコ	
カリャオ		タンタリャハ	
ヤウロス		チュキオケス	

ミティマ（首長プクリャ［プシエリャ］）

パチャカ名	別のスペル	首長名	別のスペル
コンデスーヨ		?	
カハマルカ		チュキグァクチャ	
グァユクンド		マチュランパル	ムチャンパル
カニャリ		ポルコン	

表1－1　1540年の巡察記録

グスマンゴ（首長カルバライコ［カルアライコ］）

パチャカ名	別のスペル	首長名	別のスペル
アコマルカ		カプア	カンティナ
ハバダ	マチャダベ	カルナンセル	カルナンチェル
マチャダン		カハカサ	
チョンダ		リベ	リベス
アヤマロマ		タンタトゥンゴ	
リュントゥメ		チナア	
リャクワス		クルキ	クルケ
リャマバリ	エスナボリ	リュリサン	リュリサナ
クルキマルカ		ポマビルカ	
カスカス	カフカス	キキポマ	
タウリマルカ	タブリマルカ	アストコチコ	アストチコ

チュキマンゴ（首長コルケクスマ［コルキシグア］）

パチャカ名	別のスペル	首長名	別のスペル
マルカダン	マスガデン	タンタスカン	タンタスクイ
チャラガダン		キスピトンゴ	
チョルロ		チュキポマ	
チョカレス	チョチョカデン	チキコピ	ルルキエピ
ヤオデ	ヤオ	コンティ	コニル
チュンド	チエンド	タンタ	
スコス	グカ	プチョス	
カサブル	カサ	カチャン	
ナワルピ	ナワスピ	セリャマタン	セリュトン
			リャマタ

チョンダル（首長タンタクイェ［タンタクヨ／タンタプイェ］）

パチャカ名	別のスペル	首長名	別のスペル
リャパ		タンタカカス	
ポロマルカ	ポロキアラ	ルチョル	
ピンコマルカ		カルナトンゴ	
ケサン	キスピ	マフキセ	マイキシ
アンダマルカ		キスペ	

国」が存在し、インカ帝国に征服され、グァマニと呼ばれる地方行政単位として併合されたと述べている（Espinoza Soriano 1986[1967]: 349）。また、カハマルカ王国を「チュキマンク・クイスマンク（グスマンク）王国」、あるいは単に「クイスマンク王国」とも呼んでいる。そして七つのワランガ間には序列があり、クイスマンク［グスマンゴ］、チュキマンク［チュキマンゴ］、チョンダル、バンバマルカ、カハマルカ、ポママルカ、ミティマの順に高く、クイスマンクの首長が七つのワランガ全体の筆頭首長であったという。

先に取り上げた一五三五年の巡察記録ではワランガ・チュキマンゴの首長カルアライコが全体の筆頭首長として登場する。しかしカルアライコは一五四〇年の巡察記録ではワランガ・グスマンゴの首長となっている。エスピノサ・ソリアーノは、後の時代の巡察記録との整合性から一五三五年の記録に混乱が認められると判断している。しかしグスマンゴの首長であるカルアライコが、一五四〇年の時点でカハマルカ地方全体の長であるとは巡察記録に明記されていない。

またカロリン・ノアックは一五三五年にカルアライコがチュキマンゴの首長として記録されていることは偶然ではなく、本来グスマンゴではなくチュキマンゴの首長が全体の筆頭首長であったという説を唱えている（Noack 2001）。ノアックの解釈は興味深いが、コルケクスマという同名の人物が、一五三五年にはカハマルカの首長として、一五四〇年にはチュキマンゴの首長として現れることなどから、やはり一五三五年の記述に混乱が見られるとも解釈できる。

エスピノサ・ソリアーノは一九七三年に、クイスマンクはペルー中央海岸ではなく、カハマルカ地方にあった王国の名であると述べ（Espinoza Soriano 1986[1973]）、ここにおいて、ガルシラソの『インカ皇統記』以来混乱していた、クイスマンクの所在地に関する問題は解決する。さらに先インカ期から存在したクイスマンク王国の中心地はヘケテペケ川とチカマ川の間にあり、インカの支配下に入ってからは、カハマルカが新たに要衝地として建設された、と主張する。また、カハマルカ地方の本来の名はクイスマンクであったのが、スペイン人によって間違ってカハマルカと呼ばれるようになったという（Espinoza Soriano 1986[1973]: 151）。

エスピノサ・ソリアーノによるクイスマンク王国という概念は、その後一部の歴史学者によって採用されている（Noack 2001; Remy 1986; Silva Santisteban 1982）。また、彼の解釈を前提として議論している考古学者もいる（Julien, D.G. 1988, 1993）。カハマルカ地方における植民地時代初期の多くの史料はエスピノサ・ソリアーノによって刊行されおり、彼の説を評価せずにはインカ期カハマルカ地方について論じることはできない。

一・二・二　一五六七年の巡察（表1－2）

一五六七年にゴンサーレス・デ・クエンカによって行われた巡察の記録は一部の所在が知られているが、刊行されていない[9]。それによれば納税男性人口は計五一六九人で、既婚三八二三人、未婚一三四六人となっている（Ramírez 2002: 30）。一五四〇年の時点より一六六五人増加している。判明しているワランガごとの徴税人口に関しては、バンバマルカ五七三人、ポママルカ三九五人、チョンダル九五三人となっている[10]。

また各ワランガの首長の名は次のようになっている（Remy 1983）。

ワランガ名	首長名
カハマルカ全体	アロンソ・チュプリンゴン
チュキマンゴ	フランシスコ・キスピトンゴ
カハマルカ	サンティアゴ・リャハガリャン
ミティマエス［ミティマ］	ミゲル・ティキラカチ
チョンダル	メルチョル・カハハス
バンバマルカ	フランシスコ・タンタグァタイ
ポママルカ	アントニオ・コンドルポマ

7	38	2	1	3	50	42	43	44	45	46	47	48	39	49	37	
サンタ・クルス・デ・ソチャバンバ	サン・エステバン・デ・チェティリャ	トドス・サントス・デ・リャウカン	サン・ルカス・デ・セレンディン	サンタ・クララ・デ・ヤマバンバ	サン・ルカス・デ・アナチャパンパ	サン・ヘロニモ・デ・バンバマルカ	サン・マルコス・デ・イチョカン	ヘスス・デ・ヤナマンゴ	ラ・アスンシオン・デ・チキエト	ラ・コンセシオン・デ・ヤマデン	サン・ブエナベントゥラ・ポママルカ	サン・ホルヘ・デ・オリョムンチョ	サン・クリスポバル・デ・チュマラ	サン・フアン・デ・ヤナク	サン・セバスティアン・デ・カサデン	小計
																336
																142
																144
82	1															331
82	1															953
		38	7	29												104
		44		4	7											75
	4	32				1										78
		18	1	20			2									68
		10		25				2								49
		47		12	1			3								75
		32			26											67
		11		11				1								30
		21														27
	4	253	8	101	34	1	2	6								573
						1	1	2	11	20	9	19				72
						53			2			1	1			61
								1						22		31
	17							20					38		7	102
							26		21			25				80
								45								49
	17					54	27	68	34	20	9	45	39	22	7	395

表１－２　1567 年の巡察記録（納税人口のみ）

No.	10	11	40	4	16	15	14	9	18	6	8	41	13
集住村の名称	サン・フアン・デ・ピンゴマルカ	サン・ホセ・デ・チャンチャン	サン・アントニオ・デ・カハマルカ	サン・バルトロメ・デ・タカバンバ	サン・ベルナルド・デ・チュンビル	サン・アンドレス・デ・リャパ	サン・ミゲル・デ・カタムチェ	サン・ラファエル・デ・ニポス	サン・パブロ・デ・チャラケス	サン・マティア・デ・パヤク	サン・アグスティン・デ・カタンス	サン・グレゴリオ・デ・グァイリャバンバ	サン・ペドロ・デ・リビス
ワランガ・チョンダル													
ピンゴマルカ	70	102	7	10	2	10	28	31	2	3	70	1	
ネポス	1	3	4	8	8		34	78	2			3	1
ポリョケス	9		1	6	2	2	41	2		1			80
パヤク			8	2	45	69	55			45	24		
小計	80	105	20	26	57	81	158	111	4	49	94	4	81
ワランガ・バンバマルカ													
イチカン			6	23	1								
バンバマルカ			14	4					1			1	
タカバンバ			4	33		4							
ティンゴマヨ			17	3	1				6				
キデン			9			2			1				
グァンガマルカ			9							3			
スロチュク			5			4							
アンバガイ			3			4							
ピッソ			5	1									
小計			72	64	2	14			8	3		1	
ワランガ・ポママルカ													
ポママルカ			3						6				
コリャナ			2									2	
チュキラル			8										
カリャッド			18						1			1	
グァンボ			8										
ヤナマンゴ			4										
小計			43						7			3	

*No. は図１－５の地図上の番号を示している。

バンバマルカ、ポママルカ、チョンダルの三つのワランガの巡察記録では、村ごとに納税対象となる成人男性の名前と年齢が記録されているのみで、妻や子供、老人については記録されていない。次に検討する一五七二－七二、七八年の記録に現れる村と同一名もあるが、いくつかの村は一五六七年の記録でのみ確認できる。

一・二・三　一五七一－七二、一五七八年の巡察（図1－5、表1－3、表1－4、表1－5、表1－6）

一五七一－七二、七八年の巡察は全国規模で行われたのではなく、訴訟のためにカハマルカ地方でのみ実施された（Rostworowski and Remy, eds. 1992[1571-72/78]）。

征服者の一人ベルドゥーゴは征服活動における功績に見合った報奨として一五三八年にカハマルカのエンコミエンダを受け取った。ところが一五四二年、インディアス新法に基づき、ペルー総督バカ・デ・カストロによってエンコミエンダの再査定が実施された。一五四〇年の巡察記録を基に、それまでベルドゥーゴ一人に委託されていた広大なエンコミエンダはベルドゥーゴとエルナンド・デ・アルバラードの二人の間で分割されることになった。一一二八人の徴税人口を有するポママルカ、バンバマルカ、チョンダルの三つのワランガが分離され、アルバラードにエンコミエンダとして委託され、その後ディエゴ・デ・ウルビナに、さらにガルシ・オルギンへと引き継がれた。一五四〇年の巡察の時点で、七つのワランガ全体の納税人口は三五〇四でありそこから一一二八人減ったのだから、ベルドゥーゴにとってそれまで保持していたエンコミエンダ全体の約三分の二になったわけである。

当然ながらこの査定に対してベルドゥーゴは異議申し立てをし、三つのワランガの返還を要求した。そしてオルギンの手に渡った際に、訴訟をおこしたのだが、解決をみず、それぞれの死後は、ベルドゥーゴの未亡人ホルダーナ・メヒーア、そしてオルギンの未亡人ベアトリス・デ・イササガが訴訟を引き継いだ。(11) 一五七一－七二、七八年の巡察は未亡人同士の訴訟の解決を図るものであり、裁判書類は一五七〇年に始まり、一五七九年に終結している。

一五七一－七二年の巡察を担ったのはディエゴ・ベラスケス・アクーニャである。クスコから派遣されたが、与えられた期間が一五〇日間と短かったため、巡察を完遂することはできなかった。三九の村を一つ一つ訪れたが、残りの四つについては一五七八年にディエゴ・デ・サラサールが巡察を行い終結した。

短期間で終わらせることを優先していたらしく、この巡察記録は納税者、子供、老人といったカテゴリー別に人間を登録したのみの非常に簡素な内容となっており、そこから引き出せる情報は、徴税人口数、全体人口数、人口比率、首長の名、村の名などに限られる。また、この巡察記録から直接先スペイン期の人口の地理的分布を再構成することは難しい。というのもすでに一五六五年にカハマルカ地方でインディオを集住させるレドゥクシオン政策が実施されていたからである。それは、インディオに対するキリスト教布教と徴税の効率化を目的とし、それまでアンデスの山々に散在して暮らしていたインディオたちを、碁盤目状に区画を組んだスペイン式の村に強制的に閉じこめる政策であった。集住村ではカビルドと呼ばれる役場が設置され、教会が建ち、インディオたちはスペイン式の生活を送るよう期待された。レドゥクシオン政策は第五代ペルー副王トレドの指揮下で、一五七二年に本格的に実施されたが、それ以前にもそうした試みはいくつかの地域でなされていた。その一つがカハマルカであった。

一五六五年のレドゥクシオン政策はカハマルカ地方の最初のコレヒドール[12]であるファン・デ・フエンテスおよびフランシスコ会の司教ファン・ウルタードの主導によって行われた（Espinoza Soriano 1986[1977]: 121, 1986[1973]: 158）。スーザン・ラミーレスは、カハマルカ地方では一五六五年に五五三あったリャクタがわずか四三の集住村にまとめられてしまったと述べている（Ramirez 2002: 33）。リャクタとはスペイン語で「プエブロ（村）」と訳されたケチュア語の単語であり、インカ期の共同体の単位を意味する（cf. 渡部 2007a）。しかし、一五六七年の巡察記録には一五七一－七二、七八年の記録には現れない村の名前もあることから、一五六五年に最初のレドゥクシオン政策が行われた際に設置された集住村は四三よりも多かったであろう。またレドゥクシオン政策が全国的に始まった一五七二年以降にも新たな集住村が設置されたようである。

（b）1578年の巡察行程表

No.	日付（日/月/年）	集住村の名称	現在の地名
40	10-14/03/1578	サン・アントニオ・デ・カハマルカ	カハマルカ
44	18-20/03/1578	ヘスス	ヘスス
43	07-08/04/1578	サン・マルコス・デ・チュンデバンバ	サン・マルコス
45	14-16/04/1578	ヌエストラ・セニョーラ・デ・ラ・アスンシオン	アスンシオン
30	27/04/1578	サン・ガブリエル・デ・カスカス	カスカス

（c）1567年の巡察記録にのみ現れる集住村

No.	集住村の名称	現在の地名
41	サン・グレゴリオ・デ・グァイリャバンバ	グァイヤバンバ
42	サン・ヘロニモ・デ・バンバマルカ	バンバマルカ
46	ラ・コンセプシオン・デ・ヤマデン	リャガデン？
47	サン・ブエナベントゥラ・ポママルカ	グァンガマルカ？
48	サン・ホルヘ・デ・オリョムンチョ	サン・ホルヘ
49	サン・フアン・デ・ヤナク	サン・フアン
50	サン・ルカス・デ・アナチャパンパ	不明

インカ期のリャクタの位置を同定できないため、一五七一－七二、七八年の巡察記録から再現できるのは、ワランガの大まかな地理的分布にすぎない。レドゥクシオン政策において建設された集住村には、古くからの名称とスペイン式の名称を組み合わせた名前が付けられた。例えば、カハマルカは、サン・アントニオ・デ・カハマルカという。そして現在の町名は、いずれか一方を用いているものが多い。グスマンゴ、チュキマンゴ、コントゥマサーなどは前者の例であるし、サン・パブロ、サン・マルコス、サン・ベルナルディーノなどは後者の例である。

各集住村では複数のワランガ、パチャカの成員が登録されたため、その成員がどの集住村に分布しているかを把握すれば、レドゥクシオン以前のワランガ、パチャカの大まかな地理的を再構成できる。一五七一－七二、七八年の巡察記録を分析したピラール・レミーは、巡察使が訪れた村の分布、および村ごとの人口比率を基に各ワランガの地理的分布を再構成している（Remy 1986, 1992）。

ペルシネンは一九八七年に車、ロバ、あるいは徒歩で巡察使が通った同じルートをたどり、巡察記録に現れる集住村の位置を同定し、ワランガの分布を再構成した（Pärssinen 1992, 1997: 45）。単に地図と照らし合わせるだけでなく、実際に歩いて文書に現れる地名を同定する方法は、村間の距離とその移動時間を確認することで地名の同定が容易になり、また地図上に現れない地名を聞き取り調査で調べることが可能

表１－３　1571-72、78 年の巡察行程表、および 1567 年の巡察記録にのみ現れる集住村

(a) 1571-72、78 年の巡察行程表

No.	日付(日 / 月 / 年)	集住村の名称	現在の地名
1	16/10/1571	サン・ルカス・デ・セレンディン	セレンディン
2	20-23/10/1571	トドス・ロス・サントス・デ・リャンカン	リャンカン
3	25/10/1571	サンタ・クララ・ヤナバンバ	サンタ・クララ
4	27-29/10/1571	サン・バルトロメ・デ・タカバンバ	タカバンバ
5	01/11/1571	エスタンシア・デ・チョタ	チョタ
6	03/11/1571	サン・マティア・デ・パヤカ	不明
7	06/11/1571	サンタ・クルス・デ・ソチャバンバ	サンタ・クルス
8	08/11/1571	サン・アグスティン・カタハ	カタチェ
9	12/11/1571	サン・ラファエル・デ・ニポス	ニエポス
10	14/11/1571	サン・フアン・デ・ピンゴマルカ	不明
11	16/11/1571	サン・ホセ・デ・チャンチャン	サン・ホセ
12	17.18/11/1571	サント・グレゴリオ・デ・メシケ	サン・グレゴリオ
13	20/11/1571	サン・ペドロ・デ・リビス	リビス
14	22-24/11/1571	サン・ミゲル・デ・カタムチェ	サン・ミゲル
15	26/11/1571	サン・アンドレス・デ・リャパ	リャパ
16	28/11/1571	サン・ベルナルド・デ・チャンビル	チュンビル
17	01/12/1571	ヌエストラ・セニョーラ・デ・ラ・コンセプシオン・デ・リャマデン	不明
18	03-04/12/1571	サン・パブロ・デ・チャラケス	サン・パブロ
19	06/12/1571	サン・サルバドル・デ・モリェバンバ	不明
20	10/12/1571	サン・ベルナルディーノ・デ・ネアシア	サン・ベルナルディーノ
21	11/12/1571	サン・ルイス・デ・タンボデン	サン・ルイス
22	13/12/1571	エスピリトゥ・サント・デ・チュキマンゴ	チュキマンゴ
23	15/12/1571	サンタ・カタリーナ・デ・ロス・アンヘレス	サンタ・カタリーナ
24	18/12/1571	サン・ロレンソ・デ・マルカダン	サン・ロレンソ
25	20/12/1571	サン・ニクラス・デ・ヤストン	不明
26	22/12/1571	サン・フランシスコ・デ・グスマンゴ	グスマンゴ
27	24/12/1571	サンティアゴ・カタサボラン	サンティアゴ
28	31/12/1571	サン・ベニート・カダチョン	サン・ベニート
29	02/01/1572	サンタアナ・デ・シンバ	サンタ・アナ
30	03/01/1572	サン・ガブリエル・デ・カスカス	カスカス
31	05/01/1572	サン・ホアキン・ポキオ	不明
32	07/01/1572	サン・フェリペ・カンチャデン	サン・フェリペ
33	09/01/1572	サン・マルティン・アゴマルカ	サン・マルティン
34	11/01/1572	サン・マテオ・デ・コントゥマサ	コントゥマサ
35	13/01/1572	サン・イリフォンソ・チャタ	不明
36	14/01/1572	サンタ・マリア・マグダレーナ・デ・ラチャン	マグダレーナ
37	15/01/1572	サン・セバスティアン・デ・サラデン	カサデン
38	17/01/1572	サンティステバン・デ・チェティリャ	チェティリャ
39	19/01/1572	サン・クリストーバル・チュマラ	不明（サン・クリストーバル）
40	23-26/01/1572	サン・アントニオ・デ・カハマルカ	カハマルカ

*No. は図１－５の地図上の番号を示している。

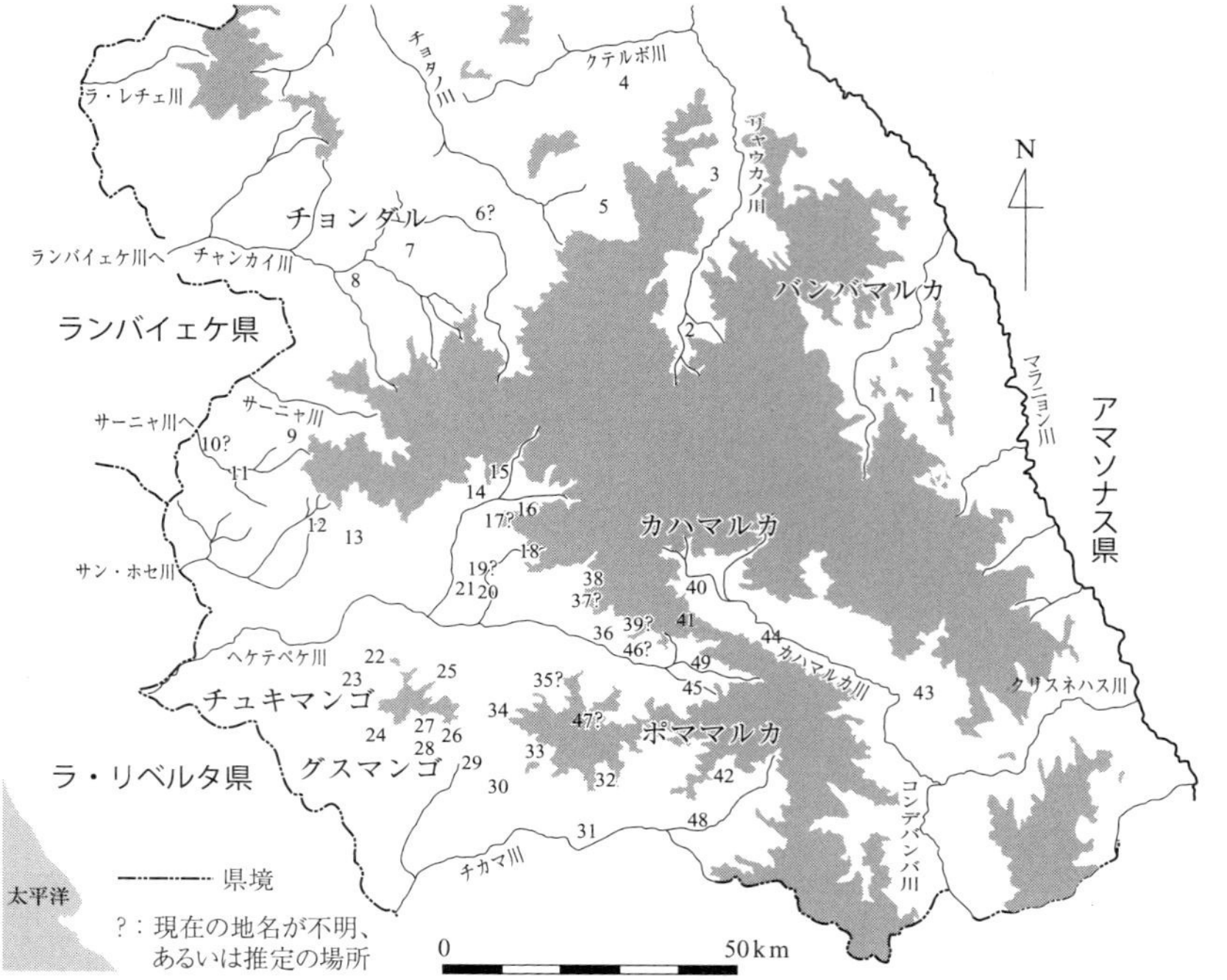

図1－5　1571-72、78年の巡察で訪れた集住村の位置、および各ワランガの分布

であるという利点があり、模範的である。筆者は一〇万分の一地図で地名の同定を行ったが、ペルシネンの解釈とほぼ合致する。その結果は表1－3、図1－5のようになる。[13]

ペルシネンは一五六七、一五七一－七二、一五七八年の巡察記録を基に、四九の集住村を同定しているが、そのうち一から四〇番までは一五七一、七二年に巡察使が通った集住村である。四一から四九番は一五六七年の記録に現れる集住村であり、そのうちサン・マルコス、ヘスス、アスンシオンの三つは一五七八年の巡察記録にも現れる。また一五六七年の巡察記録にはサン・ルカス・アナチャパンパという集住村も現れるが、ペルシネンは言及していない。これを合わせると、一五六七、七一－七二、七八年の巡察記録に現れる集住村はちょうど五〇になる。集住村の位置を地図上にプロットしてみると図1－5のようになり、標高三〇〇〇メートル以下の地域に大部分が分布するという明確なパターンが認められる。

巡察記録の分析から七つのワランガのおおまかな分布範囲を再構成できる。最も序列の高かったワランガと考えられるグスマンゴとチュキマンゴは、アンデス西斜面のヘケテペケ川とチカマ川流域の山岳地帯に分布し、インカ期にタンプが設置されたカハマルカとは離れている。また、グスマンゴ、チュキマンゴに続いて序列が高いチョンダルもアンデス西斜面に位置する。そして残りのポママルカ、カハマルカ、バンバマルカはそれらよりも東に位置する。またワランガとは別にパルシアリダという単位が二つ記録されている。一五四〇年の巡察記録と照らし合わせれば、コルケマルカ［クルキマルカ］、マルカダンの二つのパルシアリダはそれぞれグスマンゴ、チュキマンゴのワランガから分離して設立されたと考えられる。それは集住村の分布からも明らかである。

パチャカごとの人口は表1－6のようになる。しかし、巡察記録に登録された数は全人口ではない。[14] 植民地時代に共同体に帰属せずスペイン人の生活する町に移り住んだ、あるいはスペイン人の使用人となったインディオはヤナ（複数形はヤナコーナ）と呼ばれ、彼らは巡察記録に登録されなかった。また各首長が徴税の負担を軽減させるため特定の人間集団を隠蔽することもあった（Espinoza Soriano 1986[1977]）。納税人口は首長の申告によって登録されたため、そうした操作が行われる余地が十分にあった。

また同時に、巡察記録に登録された人々が全てその集住村に生活していたと考えることもできない。徴税を逃れるため、生まれ故郷の村を捨て他の村へ転がり込んでそこで生活するフォラステーロと呼ばれる人々が存在したためである（網野 1997b）。この場合、それらの人々は登録された集住村における納税義務を果たさないため、徴税の役割を負う首長たちは逃亡者を捜し出すか、彼ら自身が埋め合わせをしなければならなかった。

以上のように巡察記録を解釈する際には様々な注意点があるが、当時の実態を理解するために貴重な史料であることにかわりはない。次に問題にしたいのは、一五七〇年代の時点でワランガ・グスマンゴにパチャカ・ハハデンが二つあり、セバスティアン・ニナリンゴンとメルチョル・カルアライコがそれぞれ首長として登場するという状況である。この両者の関係を理解するために、他のジャンルの史料に目を向けてみたい。

No.																										計
15	16	17	18	19	20	21	22	23	24	25	26	27	28	29	30	31	32	33	34	35	36	37	38	39	40	
19																										329
	4																									629
																										317
2			4																							389
7			5																							250
	4		35																							304
28	9																						28			454
																										150
15			1																							278

No.																										計
15	16	17	18	19	20	21	22	23	24	25	26	27	28	29	30	31	32	33	34	35	36	37	38	39	40	
																								154		164
		144	31														12						25			212
			5																			35	112	54		206
																	14									14
																							4			4

No.																										計
15	16	17	18	19	20	21	22	23	24	25	26	27	28	29	30	31	32	33	34	35	36	37	38	39	40	
58	9		7																							1520
3	48		9																				8			707
4	7																									1005
374	270	7		27																			4			1847
																				1						1

No.																										計
15	16	17	18	19	20	21	22	23	24	25	26	27	28	29	30	31	32	33	34	35	36	37	38	39	40	
			10																							18
			6																							43
			15																			10	6		670	711
			10																				4		379	403
			2																						317	321
			20																						339	363
			5																							5
																									101	101

表 1－4a　1571-72 年の巡察記録（全人口）

ワランガ・バンバマルカ

パチャカ名	首長名	No.													
		1	2	3	4	5	6	7	8	9	10	11	12	13	14
スルチュコ	フランシスコ・リャタ	100	206				4								
イスカイ	フランシスコ・タンタグァタイ	53	246	220	106										
グァンカマルカ	ロレンソ・タンタフルカ	11	293				13								
バンバマルカ	**マルティン・キリチェ**	49	296	22	16										
キディン	フェリペ・アスナサペ	12	74	145	7										
ティンゴマヨ	ドミンゴ・マヨ	2	106	127	20		10								
タカバンバ	セバスティアン・キスペグァマン		181	18	180		10								
ピッソ	フアン・チャビル		145								5				
アンバガイ	アンドレス・リャンガ		91	154	17										

ワランガ・ポママルカ

パチャカ名	首長名	No.													
		1	2	3	4	5	6	7	8	9	10	11	12	13	14
カリャダ	ディエゴ・カイレ				10										
アスカペ	エルナンド・チュキコンドル														
ヤウロス	アロンソ・タンタモノエス														
グァンポ	**パブロ・グァマンリクラ**														
ヤナマンゴ	パブロ・ゴンサーレス・コラル														

ワランガ・チョンダル

パチャカ名	首長名	No.													
		1	2	3	4	5	6	7	8	9	10	11	12	13	14
ピンゴマルカ	**サンチョ・タンタチャノン**				74		14		272	201	309	264	149		163
ニポス	フランシスコ・タンタハハス、セバスイティアン・タンタカルワ				57				8	328	11	22			213
ポリョケス	マルティン・グァクチャパイコ				55		16			15	9	39	189	505	166
パヤカ	ゴメス・チュキンチャンチャス、クリストバル・カルワルクレス				10		332	496	102						225
不明															

ワランガ・カハマルカ

パチャカ名	首長名	No.													
		1	2	3	4	5	6	7	8	9	10	11	12	13	14
コリャナ	**サンティアゴ・リャハグァリャン**				8										
ナモガラ	フランシスコ・グァクチャ				33					4					
カヤオ	ロドリーゴ・ニノ				10										
バカス	フランシスコ・モスケラ				6		4								
チンチン	コスメ・タンタトクト、ドミンゴ・リャクハコスマ				2										
オトゥスコ	クリストバル・カルワグァタイ		4												
サンバ	ディエゴ・グァカイコンドル														
チャウピス・デ・ヤナヤコ	サンティアゴ・リャクハグァリャン														

* No. は図 1 － 5 の地図上の番号を示している。
** 太字の人物はワランガの首長でもある。

No.																										計
15	16	17	18	19	20	21	22	23	24	25	26	27	28	29	30	31	32	33	34	35	36	37	38	39	40	
			220	69	101				1		107	7		27					89	18	272	2		1		972
					25				3	49	347	289	27	169	7				139	8				6		1083
3			123	14	23		3		20	380	29	351	126	60					28	29		128				1317
		44	126	8	146									160	12			3	292	280	21	54		15		1161
			17		2				1					2	263			9	240							534
											201	267	222	17					26	51	23			9		816

No.																										計
15	16	17	18	19	20	21	22	23	24	25	26	27	28	29	30	31	32	33	34	35	36	37	38	39	40	
		27	28		74	4	26	299									4					8	3			636
		178	2			54	435	23		5												109	9			1011
		147	5				129															4	14			334
		29					52	53														92	42			268
																								44		44
																								2		2

No.																										計
15	16	17	18	19	20	21	22	23	24	25	26	27	28	29	30	31	32	33	34	35	36	37	38	39	40	
			43		2																		5		169	281
																							5		149	183
																						53	4	4	209	347
																							3		53	56

No.																										計
15	16	17	18	19	20	21	22	23	24	25	26	27	28	29	30	31	32	33	34	35	36	37	38	39	40	
															51		61	149		33				29		394
															280	31	20	236		7				42		616
																161	324			18		3		7		513
																43	85	136		25				33		322

No.																										計
15	16	17	18	19	20	21	22	23	24	25	26	27	28	29	30	31	32	33	34	35	36	37	38	39	40	
3		90				70			112														23	26		364
		99	2						166													13		39		331
		33	86	262	13	248		42	314												15	48	41	15		1117
		190	5			9			45													11	27	38		325

表１－4b　1571-72 年の巡察記録（全人口）

ワランガ・グスマンゴ

パチャカ名	首長名	No.													
		1	2	3	4	5	6	7	8	9	10	11	12	13	14
ハハデン 1	セバスティアン・ニナリンゴン				49										9
アヤンブラ	フアン・アストマロン						14								
パウハン	ホアン・カチェス														
コリャナ、ナチェドン	アロンソ・カハバレン［コサバレン］														
ハハデン 2	メルチョル・カルアライコ														
チュサン	フランシスコ・チュキミタス														

ワランガ・チュキマンゴ

パチャカ名	首長名	No.													
		1	2	3	4	5	6	7	8	9	10	11	12	13	14
チョア	サンティアゴ・タンタ													163	
チトン、ビトン	**アントニオ・カハピチャン**												8	188	
チャラケドン	エルナンド・タンタチコン				35										
フカン	アントニオ・カハピチン														
コリャナ	アンドレス・ポテ・アンガスリンゴン														
不明															

ワランガ・ミティマ

パチャカ名	首長名	No.													
		1	2	3	4	5	6	7	8	9	10	11	12	13	14
グァイヤクンド	**ミゲル・ティラカチェ**						56		6						
コリャスユ	ルイス・パリャ						29								
カニャレス	メルチョル・タニナラ						73								4
キチュア	アロンソ・キチョアナンガ														

パルシアリダ・コルケマルカ（グスマンゴから分離）

パチャカ名	首長名	No.													
		1	2	3	4	5	6	7	8	9	10	11	12	13	14
リェデン	クリストバル・マハタンタ				71										
アゴマルカ	**マルティン・グァクチャタンタ**														
コルケマルカ	クリストバル・パリョ														
リャクアス	ドミンゴ・グァクチャタンタ														

パルシアリダ・マルカダン（チュキマンゴから分離）

パチャカ名	首長名	No.													
		1	2	3	4	5	6	7	8	9	10	11	12	13	14
フルカ	バルタサル・チュキナポン				40										
チャンチャナボル	エルナンド・アスト（死亡）				12										
マルカダン	**パブロ・マルカダン**														
チオン	ペドロ・ゴンサーレス・ベラ														

* No. は図１－５の地図上の番号を示している。
** 太字の人物はワランガの首長でもある。

ワランガ・チョンダル

1571-72		1578		No.				
パチャカ名	首長名	パチャカ名	首長名	40	44	43	45	30
ピンゴマルカ	**サンチョ・タンタチャノン**	ピンコマルカ	パブロ・タンタパラ	39			12	
ニポス	フランシスコ・タンタハハス、セバスイティアン・タンタカルワ	ネポス	フランシスコ・タンタハハス	14				
ポリョケス	マルティン・グァクチャパイコ	ポリョケス	マルティン・グァチャパイコ	17				
パヤカ	ゴメス・チュキンチャンチャス、クリストバル・カルワルクレス	パヤク	ゴメス・チュキチャンチャス	59				

ワランガ・カハマルカ

1571-72		1578		No.				
パチャカ名	首長名	パチャカ名	首長名	40	44	43	45	30
コリャナ	**サンティアゴ・リャハグァリャン**	コリャナ	ミゲル・クリャフルカ	10				
ナモガラ	フランシスコ・グァクチャ	ナモガラ	フランシスコ・グァクチャグァマン	83				
カヤオ	ロドリーゴ・ニノ	← 1571-72 のみ						
バカス	フランシスコ・モスケラ	グァラス（ミティマ）	フランシスコ・モスケラ				4	
チンチン	コスメ・タンタトクト	チンチン（ユンガのミティマ）	ドミンゴ・ティキリャグァマン				5	
オトゥスコ	クリストバル・カルワグァタイ	オトゥスコ（ユンガのミティマ）	クリストバル・カルワグァタイ				104	
サンバ	ディエゴ・グァカイコンドル	サンバ	バルトロメ・アニァイクヨ	233				
チャウピス・デ・ヤナヤコ	サンティアゴ・リャクハグァリャン	チャウピス・デ・ヤナヤコ	ディエゴ・グァマンキリチェ	70	15		6	
		1578 のみ		40	44	43	45	30
		ハリケ（チリク）	アントン・プハ	10				

表 1 − 5a　1578 年の巡察記録

ワランガ・バンバマルカ

1571-72		1578		No.				
パチャカ名	首長名	パチャカ名	首長名	40	44	43	45	30
スルチュコ	フランシスコ・リャタ	スルチュコ	フランシスコ・リャタ	47				
イスカイ	フランシスコ・タンタグァタイ	イチュカン	フランシスコ・タンタグァタイ	45				
グァンカマルカ	ロレンソ・タンタフルカ	グァンカマルカ	グァスパル・タンタフルカ	73	12			
バンバマルカ	**マルティン・キリチェ**	パンパマルカ	パブロ・グァマントンゴ	71	4			
キディン	フェリペ・アスナサペ	ケデン	フアン・グァマン	55				
ティンゴマヨ	ドミンゴ・マヨ	ティンゴマヨ	ドミンゴ・モル	88		9		
タカバンバ	セバスティアン・キスペグァマン	タカバンバ	セバスティアン・キスペグァマン	32	6			
ピッソ	フアン・チャビル	ビソック	フアン・チャベル	25				
アンバガイ	アンドレス・リャンガ	アンバガム	アロンソ・ロチェ	21	13			

ワランガ・ポママルカ

1571-72		1578		No.				
パチャカ名	首長名	パチャカ名	首長名	40	44	43	45	30
カリャダ	ディエゴ・カイレ	カリャ	ディエゴ・カイレ	79	110		15	
アスカペ	エルナンド・チュキコンドル	アスカプ	ゴメス・チュキグァマン	22	12	5	93	7
グァンポ	**パブロ・グァマンリクラ**	グァンポ	**パブロ・グァマンリクラ**	32		6	291	81
ヤナマンゴ	パブロ・ゴンサーレス・コラル	アナマンゴ	ペドロ・ゴンサーレス・コラル		343	9	13	
ヤウロス	アロンソ・タンタモノエス	← 1571-72 のみ						

1578 のみ		40	44	43	45	30
コリャナ	ドミンゴ・ミゲル・トント	11			302	62
チュキナス	アントニオ・カルワナウパ、ディエゴ・アムヤイポマ	70			97	

* No. は図 1 − 5 の地図上の番号を示している。

** 太字の人物はワランガの首長でもある。

パルシアリダ・コルケマルカ（グスマンゴから分離）

1571-72		1578		No.				
パチャカ名	首長名	パチャカ名	首長名	40	44	43	45	30
リェデン	クリストバル・マハタンタ	リェデン	アンドレス・リマ（マンドン）				38	
アゴマルカ	**マルティン・グァクチャタンタ**	アグマルカ	フアン・キラデン				58	
コルケマルカ	クリストバル・パリョ	コルケマルカ	アンドレス・タンタモロ	76			45	
リャクアス	ドミンゴ・グァクチャタンタ	リャケス	ゴンサロ・グァマンヤリ				72	

パルシアリダ・マルカダン（チュキマンゴから分離）

1571-72		1578		No.				
パチャカ名	首長名	パチャカ名	首長名	40	44	43	45	30
フルカ	バルタサル・チュキナポン	フカ	バルタサル・チュプナポン			9	44	
チャンチャナボル	エルナンド・アスト（死亡）	チャンチャナボル	ペドロ・ゴンサーレス・タンゴチョバン	19			25	
マルカダン	**パブロ・マルカダン**	マルカダン	**パブロ・マルカダン**	23	65	20	37	
チオン	ペドロ・ゴンサーレス・ベラ	チェウン	ペドロ・ゴンサレス・ベカ	22			16	

ワランガ不明

1578のみ		No.				
パチャカ名	首長名	40	44	43	45	30
アンバル（ランバル）	ミゲル・デ・ラ・クルス				66	
オハマルカ	ディエゴ・タンタリャハ				6	
不明				1		

表1－5b　1578年の巡察記録

ワランガ・グスマンゴ

1571-72		1578		No.				
パチャカ名	首長名	パチャカ名	首長名	40	44	43	45	30
ハハデン	セバスティアン・ニナリンゴン	ハハデン（チャルチャデン）	セバスティアン・ニナリンゴン	225			115	6
アヤンブラ	フアン・アストマロン	アヤンブラ（ミティマ）	フアン・アストマロン	96		5		
コリャナ	アロンソ・カハバレン	コリャナ	アロンソ・カハバレン	29	16		10	
ハハデン	メルチョル・カルアライコ	チャルチャデン（ミティマ）	メルチョル・カルバライコ	60			6	
パウハン	ホアン・カチェス	プイサン	フアン・カチャス	82		5	86	
チュサン	フランシスコ・チュキミタス	チュサン（ミティマ）	フランシスコ・チュキミタス	11		7		

ワランガ・チュキマンゴ

1571-72		1578		No.				
パチャカ名	首長名	パチャカ名	首長名	40	44	43	45	30
チョア	サンティアゴ・タンタ	チョア	サンティアゴ・タンタ			2	18	
チトン、ビトン	**アントニオ・カハピチャン**	チトン	フアン・コサピチョン	30		36	15	
チャラケドン	エルナンド・タンタチコン	チャラクトン	エルナンド・サチンチョン			23		
フカン	アントニオ・カハピチン	フカン	アントニオ・クスキピチャン			3		
コリャナ	アンドレス・ポテ・アンガスリンゴン	コリャナ	クリストバル・アンガスリンゴン	20				
		1578のみ		40	44	43	45	30
		パチャカ不明	エルナンド・クスキチュチャン		24			

ワランガ・ミティマ

1571-72		1578		No.				
パチャカ名	首長名	パチャカ名	首長名	40	44	43	45	30
グァイヤクンド	**ミゲル・ティラカチェ**	グァヤコンド	ミゲル・トゥリクラカチェン		312		1	
カニャレス	メルチョル・タニナラ	← 1571-72のみ						
コリャスーユ	ルイス・パリャ							
キチュア	アロンソ・キチョアナンガ	キチュア	アロンソ・キチョアナンガ			513	1	

* No.は図1－5の地図上の番号を示している。
** 太字の人物はワランガの首長でもある。

表１－６　1571-72, 78 年の人口分布

1571-72 年

	成人男	成人女	老人男	老人女	子供男	子供女	合計
バンバマルカ	424	538	168	329	865	776	3,100
ポママルカ	97	112	26	46	150	169	600
チョンダル	927	988	263	339	1,346	1,217	5,080
カハマルカ	362	397	84	170	452	500	1,965
グスマンゴ	1,063	1,158	239	392	1,470	1,561	5,883
チュキマンゴ	431	465	112	110	572	606	2,296
ミティマエス	142	175	34	96	192	228	867
コルケマルカ	373	376	95	135	423	443	1,845
マルカダン	452	420	108	124	525	508	2,137
合計	4,271	4,629	1,129	1,741	5,995	6,008	23,773

1578 年

	成人男	成人女	老人男	老人女	子供男	子供女	合計
バンバマルカ	60	96	30	41	123	151	501
ポママルカ	245	324	94	160	397	440	1,660
チョンダル	22	24	13	12	28	42	141
カハマルカ	73	101	36	50	143	137	540
グスマンゴ	116	132	47	65	203	196	759
チュキマンゴ	23	28	14	12	36	58	171
ミティマエス	124	152	62	92	198	199	827
コルケマルカ	44	49	27	47	54	68	289
マルカダン	29	51	22	31	70	77	280
不明			1				1
パチャカ・オハマルカ	1	1	0	0	3	1	6
パチャカ・アンバル	11	13	3	8	18	13	66
合計	748	971	349	518	1,273	1,382	5,241

一・三　訴訟記録、遺言書

これまでカハマルカ地方に関する重要な裁判記録がいくつか公刊されている。これを先に検討した巡察記録と組み合わせることによって、当時の状況について多角的に分析することができる。特に重要なのは、オラシオ・ビジャヌエバ・ウルテアガが公刊した、カハマルカの首長職に関する三つの記録である（Villanueva Urteaga 1955）。

一つは『ルイス・カルアライコのリネージの系譜、先祖、子孫』という文書である。ビジャヌエバ・ウルテアガによれば一六世紀終末か一七世紀初頭の史料であり、[15] エスピノサ・ソリアーノは一六〇六年にルイス・カルアライコが残した文書であると同定している。カハマルカ地方の首長職に関するきわめて重要な史料であり、多くの歴史家が信頼するに足る史料として扱っている（Espinoza Soriano 1986[1967]; Ramírez 2002; Villanueva Urteaga 1975）。

二つ目は、セバスティアン・カルアライコを首長職に任命する旨を記した一六三七年の文書である。興味深いことに「ハナン・サヤ、ウリン・サヤの七つのワランガの筆頭首長として」（Villanueva Urteaga 1955: 17）任命するというくだりがある。[16] ハナンとは「上」、ウリンとは「下」を意味し、両方組み合わさって双分制を表す（第八章を参照）。

三つ目の文書は、ルイス・カルアライコ二世の正統性に関する文書で、日付は一六八九年となっている。

ここでは一つ目の史料を検討し、植民地時代のカハマルカ地方の首長職をめぐってどのような争いが繰り広げられていたのかを把握し、翻って植民地時代に残された史料の政治性を明らかにしたい。

一・三・一　『ルイス・カルアライコのリネージの系譜、先祖、子孫』

この文書はカハマルカ地方の首長職に関する記録で、巡察記録との対応関係から、その内容はかなり信憑性の高いものと評価されている。カルアライコ家の歴史について古い時代から二八項目にわたって箇条書きに記されており、それを総合するとカハマルカの首長職の系譜を次のように再構成できる（Caruarayco 1955[ca.1606]; 図1－6）。

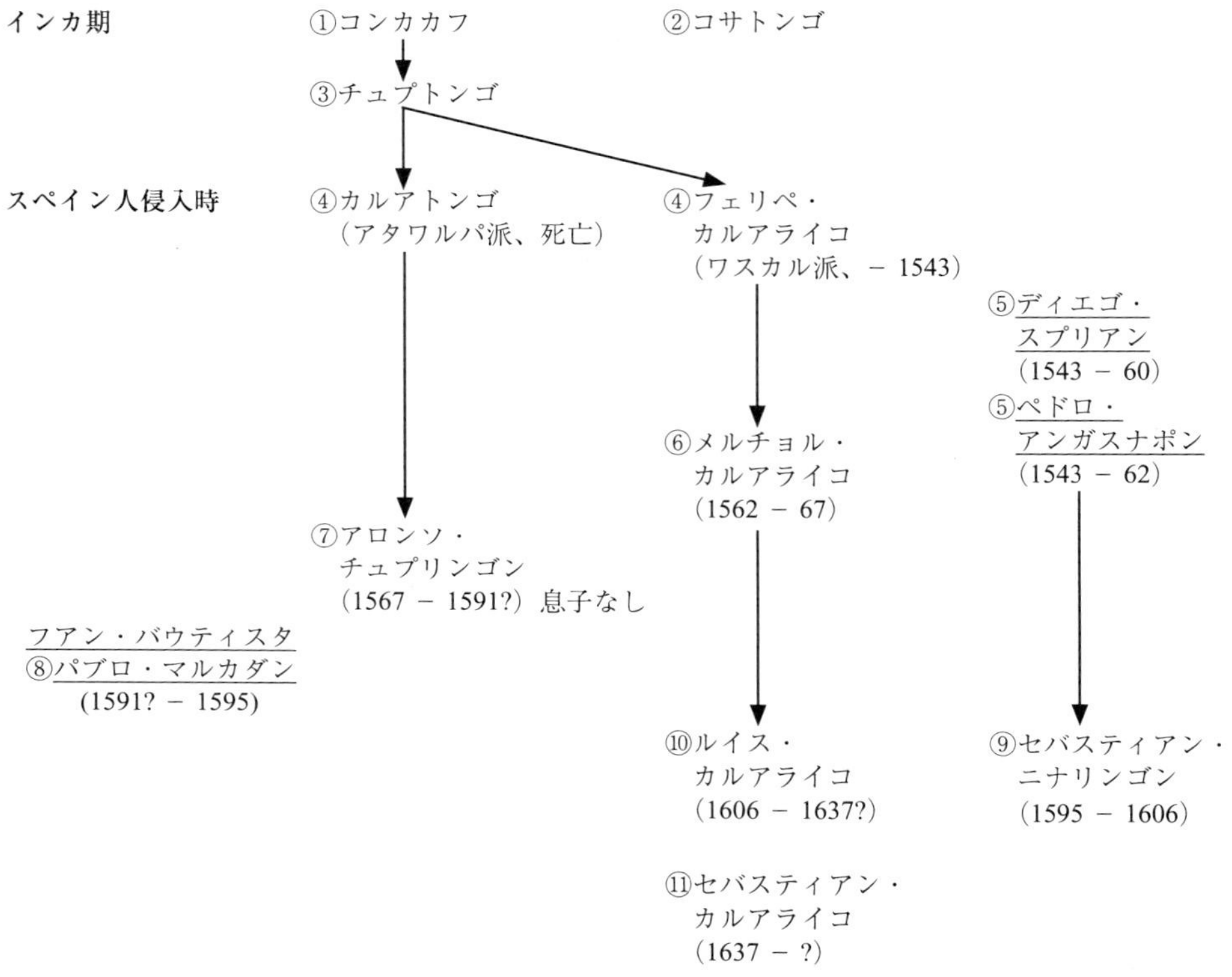

図1－6　カハマルカ地方の首長職の系譜（①－⑪は即位順序、括弧内は首長職の期間。下線はゴベルナドールを指す）

カハマルカ地方の最も古い首長はコンカカフ[17]であり、それはインカがこの地に支配を敷いた時の首長であった。そして彼の息子はチュプトンゴと呼ばれ、父の死後第一〇代インカ王トパ・インカ・ユパンキによってクスコに連れて行かれた。その間、カハマルカに首長として残ったのがコンカカフの兄弟で、チュプトンゴのおじにあたるコサトンゴである。

チュプトンゴはクスコの宮廷で教育を受け、成績が抜群だったので、トパ・インカ・ユパンキが亡くなる前に彼を息子のワイナ・カパックの個人教師として指名したという。そしてまた、ワイナ・カパックの若年時における帝国のゴベルナドール（首長が幼少時あるいは不能の時にその代理に当たる役）として指名された。そして現在のエクアドルの首都キトへの遠征の際にもワイナ・カパックに同行したという。

その後チュプトンゴは帰郷の希望を伝え、クスコからカハマルカ地方に戻った。その際ワイナ・カパックから一〇〇人の女性を下賜されている。グスマンゴ・エル・ビエホ[18]に家と宮殿を建て、多くの女性との間にたくさんの子供をもうけた。第一子がカルアトンゴ、第二子がカルアライコという。

父の跡を継いでカルアトンゴとカルアライコは共同統治を行っていたが、ワスカルとアタワルパとの間のインカ帝国の王位継承争いでは、カルアトンゴはアタワルパ側、カルアライコはワスカルの側に立った。さらにスペイン人のカハマルカへの入場に際しては、前者はアタワルパ軍に立って参戦し死亡したが、後者はスペイン軍に服従し、ピサロによってカハマルカの首長として認知された。その後カルアライコはキリスト教に改宗し、フェリペという洗礼名を受ける。

フェリペ・カルアライコの死後、首長職継承者は息子のメルチョル・カルアライコであったが、幼少のため親戚であるディエゴ・スプリアン、ペドロ・アンガスナポンの二人がゴベルナドールとして任に当たった。一五四三年のことである（Noack 2001: 194; Ramírez 2002: 27）。そして後者は一五六二年に亡くなるまでその要職にあった（Villanueva Urteaga 1955: 3）。彼の死後、当時のコレヒドールであったペドロ・ファアレス・デ・イリャーネスのところに住人のインディオたちから働きかけがあり、その要請通りメルチョル・カルアライコが首長として任命された。

メルチョル・カルアライコが首長職に就いて約二年後、彼の従兄弟であるサンチョとクリストバル・フルカポマが首長職を奪おうと訴訟を起こした。しかし、この時はコレヒドールであるフエンテス（本書五三頁参照）の判断により、結局メルチョル・カルアライコ側の勝利に終わっている。しかし彼らは、判決がゴンサーレス・デ・クエンカ[19]に提出される前に、再び行動を起こした。

サンチョとクリストバル・フルカポマは、アタワルパ側について参戦し、スペイン人との戦いで殉職したカルアトンゴの息子、アロンソ・チュプリンゴン[20]を正統な首長職継承者として担ぎ上げ、訴訟を開始した。その結果、ゴンサーレス・デ・クエンカは彼らの主張通り、アロンソ・チュプリンゴンを正統な首長として認め、その時すでに年老い疲労していたメルチョル・カルアライコは失脚した。[21]

しかしアロンソ・チュプリンゴンには能力がなかったため、ファン・バウティスタが、そして彼の死後はコレヒドールのディエゴ・デ・サラサールにより任命されたパブロ・マルカダンがゴベルナドールとして統治に当たった。

アロンソ・チュプリンゴンの死後、再び問題が起こる。メルチョル・カルアライコの親戚であり、幼少時のゴベルナドールであったペドロ・アンガスナポンの息子、セバスティアン・ニナリンゴンが現れ、アロンソ・チュプリンゴンに彼を甥と認知し、遺言を残すように頼んだ。そして古いしきたりに従って、つまり「実力によって」、首長職を奪取しようとした。しかしこの陰謀は失敗に終わり、パブロ・マルカダンがアロンソ・チュプリンゴンの死後しばらく統治に当たった。後述のようにアロンソ・チュプリンゴンの遺言書が一五九一年に作成されているので、亡くなったのはそれ以後のことである。

この時、すでに老いた身となっていたメルチョル・カルアライコは息子のルイス・カルアライコを首長職に立てようとし、また、パブロ・マルカダンもそれに賛同した。しかしながらその意図とは裏腹にパブロ・マルカダンの死後、一五九五年六月三〇日にセバスティアン・ニナリンゴンが首長として任命された（Espinoza Soriano 1986[1970]: 275-6）。その時、体調不良のためルイス・カルアライコがリマに行けず、セバスティアン・ニナリンゴンが交渉して首長職を得たのである。

考察

この文書は、セバスティアン・ニナリンゴンが首長職にあった時期、あるいはその死の直後に、ルイス・カルアライコがそれに不服を申し立て、自らの首長職の権利の正統性を主張した文書である。ルイス・カルアライコはセバスティアン・ニナリンゴンに対し敵意を剥き出しにし、政府に対し交渉したとしてあからさまに非難している。文書の内容から、カルアライコ家とセバスティアン・ニナリンゴンとの間に首長職をめぐって激しい駆け引きがあったことは明白である。

セバスティアン・ニナリンゴンの死後、ようやく首長職はカルアライコ家に戻った。一六〇六年九月二一日付けの文書に本人の署名があるため、セバスティアン・ニナリンゴンが亡くなったのは、早くとも一六〇六年以降である（Espinoza Soriano 1986[1970]: 266; Villanueva Urteaga 1955）。カルアライコ家から首長職が剥奪された一五六七年から約四〇年後のことであった。そしてルイス・カルアライコは一六三五年に副王より正式に首長職に任ぜられている。

この文書は、メルチョル・カルアライコ以前の状況について言及したほとんど唯一の史料といってもよい。それは一五四〇年の巡察記録にカルアライコという名が現れるという事実と整合性が保たれていることなどから、史実を反映しているかのように受け止められてきた。その内容を反証する文書が発見されない限り、その価値が減ぜられることはないが、常にその内容の信憑性を検証する必要があろう。植民地期においてはインディオ首長も、自らの権利を拡大するため訴訟という手段に訴え、政治的意図から事実が歪曲されることもあった（網野 1995, 1997a）。カハマルカ地方についても同様であり、特にカルアライコの宿敵として登場するセバスティアン・ニナリンゴンは、植民地期カハマルカ地方における政治抗争の渦の中心にいた人物である。

巡察記録との対応関係

一五七一—七二年の巡察記録ではアロンソ・チュプリンゴン（註20参照）、メルチョル・カルアライコ、セバスティアン・ニナリンゴン（それぞれワランガ・グスマンゴのパチャカ・ハハデンの首長）、パブロ・マルカダン（パルシアリダ・マルカダンの首長）の名前を確認できる。これら四人の人物が同時期に存在していたことはルイス・カルアライコが提出した文書の内容とつじつまが合う。またルイス・カルアライコはアロンソ・コサバレンの娘と結婚したというが（Caruarayco 1955[ca.1606]: 15）、コサバレンは一五七一—七二年の巡察記録ではコントゥマサーに住む、ワランガ・グスマンゴのパチャカ・コリャナの首長である。

ルイス・カルアライコの文書からは、複数の人物がカハマルカ地方の筆頭首長職をめぐって争う、当時の混沌とした状況が垣間見られる。ワランガ・グスマンゴの首長が七つのワランガ全体の筆頭首長であったことはすでに事実となっていたようであり、他のワランガの首長が七つのワランガ全体の首長として名乗りをあげることはなかった。

こうした政治的争いから、一五七一—七二、七八年の巡察記録において七つのワランガ全体の長として誰も特定されていないことや、グスマンゴのパチャカ・ハハデンが二つあり、それぞれメルチョル・カルアライコ、セバスティアン・ニナリンゴンが首長であったという状況の背景を知ることができる。一五六七年にゴンサーレス・デ・クエンカがアロンソ・チュプリンゴンを首長に指名することによって生じた一種の混乱状態に、二つのパチャカ・ハハデンの成立の要因を求めることもできるだろう。しかし、スペイン人侵入時にカルアトンゴとカルアライコが共同統治を行っていたことと関係があるのかもしれない。

またワランガ・グスマンゴからマルカダンがパルシアリダとして分離したことは、パブロ・マルカダンという特定の個人の政治的駆け引きに起因する、と推測することもできる。先述のようにこの人物は、アロンソ・チュプリンゴンのゴベルナドールまで務めた実力者である。

争奪の対象となっていた首長職にはどのような特権が与えられていたのであろうか、そして実際にどれだけの富を有していたのだろうか。巡察記録にはワランガの首長、パチャカの首長が、免税の特権を得ていたことが記されている。七つのワランガ全体の筆頭首長にはより大きな権限が認められていたことは容易に想像できる。その実像を知るために、他の種類の史料を検討したい。

一・三・二　遺言書

一五六二年にカハマルカ地方の首長職に就いたメルチョル・カルアライコの遺言書が発見、公刊されている(22)（Ramírez 1998; Rostworowski 1993[1977]）。メルチョル・カルアライコはトルヒーヨに下りた時に重い病気を患い、遺言書を残した。日付は一五六五年六月二〇日となっている。ところが、結局体調を回復しカハマルカに戻ったため、この遺言書の内容は執行されなかった。しかし当時の首長職の実態を知る上で非常に重要な史料であることにかわりはない。

遺言書ではまず最初に死後、遺体をどこに埋葬するか、ミサをどうするか、また借金を返すようにという指示が連ねられている。そして次に彼の財産に関する項目が列挙されている。

メルチョル・カルアライコは遺言書の中で、臣民一〇二名と六つの村に対する管轄権を主張している（Ramírez 1998, 2002）。彼自身が居住していたコントゥマサーのみならず、カハマルカ、グスマンゴ、カスカス、チレテ、サン・パブロ、など周辺の村に、土地や臣民などの財産を有していた。この時代にアンデスの伝統がカハマルカ地方に強く残っていたことを示している。というのはアンデスでは富を示すのは物資の量ではなく、その人物の権限の下にある、あるいはその人を助ける人間の数であったからである（Ramírez 2005）。

その他ココと呼ばれる木製容器が四つ挙げられているが、これはケーロのことである。それはインカ時代の祭りの際、トウモロコシで作ったチチャ酒を酌み交わすのに用いられた。ケーロはペアで使用されたため（Cummins 2002）、二組所有していたことになる。

持ち物の一つである輿は先スペイン期においてインカ王や高位の首長など限られた人物のみに許された乗り物であった。もう一つ注目すべきものは銅製トランペットである。トランペットは輿と同じ項目として扱われているように、アンデスの伝統であり、輿に乗って移動する際に用いられた。これらは、馬に乗る権利、銃を所有する権利、スペイン風の衣服を着る権利と同様に首長の特権として認められていた（Ramirez 2002: 31）。

ケーロ、輿、トランペットを所有していたことは、一五六五年の時点において、まだ先スペイン期からの習慣が残存していたことを示している。またメルチョル・カルアライコは読み書きができなかった（Noack 2001: 201）という点でも、アンデス的伝統を担った最後の世代の首長たちの姿を如実に表しているといえよう。

しかし一方でアンデス的生活に変化が訪れていたこともうかがえる。遺言書に馬、羊、山羊といったヨーロッパから導入された家畜が財産として挙げられており、借金返済を指示していることからすでに貨幣経済が普及していたようである。

メルチョル・カルアライコの財産の性格は、その二六年後の一五九一年に残された、同じく七つのワランガの首長を名乗ったアロンソ・カルアトンゴの遺言書と比較すれば明らかである（Rostworowski 1982: 539-543, 1989[1982]: 203-209）。

遺言書では正式な後継者、嫡出子がいないことを述べ、財産の分配について指示している。特筆すべきはメルチョル・カルアライコのように臣民の処遇について触れていないことである。遺言書で所有権を主張しているのは、土地、家畜、物資に限られる。また財産としてあげている物資は、ほとんど全てヨーロッパ起源のものであり、銀の紐で飾られた青い布製の服、半ズボン、羽根飾り、書き物机、カスティーヤの鏡、毛布、などが項目に名を連ねる。アンデスの伝統的なものは、ムリュ貝(23)を象眼したアンタラ(24)、白い羽、リャウトと呼ばれる頭飾りの紐などに限定される。二つの遺言書を読み比べれば、一五六五年から一五九一年の間に、急速にスペイン式の生活に移行したことが容易に理解できる。

しかし、他の史料にはアロンソ・カルアトンゴという名は現れない。メルチョル・カルアライコの後ゴンサーレス・デ・クエンカによってカハマルカ地方の筆頭首長に任じられたのは、アロンソ・チュプリンゴンである。またカルアトンゴは、スペイン人侵入時カハマルカで共同統治を行っていた二人の首長のうち、アタワルパ派の一人の名前である（図1－6）。

なぜアロンソ・カルアトンゴという人物が筆頭首長として遺言書を残しているのか。この遺言書はセバスティアン・ニナリンゴンが添付した書類であることから、その作成には彼の動きが関わっているようだ。先に検討したカルアライコ家の系譜に関する文書には、カハマルカの七つのワランガの首長であったアロンソ・チュプリンゴンの死に際し、セバスティアン・ニナリンゴンが首長職を狙って画策し、アロンソ・チュプリンゴンの甥と彼を認知し、遺言を残すように頼んだことが記されている。断定はできないが、アロンソ・カルアトンゴとアロンソ・チュプリンゴンは同一人物であると考えられ、ホセ・マルティーネス・セレセダも、両者を同一視している（Martínez Cereceda 1995: 51）。系譜の捏造《ねつぞう》だけでなく、アロンソ・チュプリンゴンをアロンソ・カルアトンゴと名前を変え、スペイン人侵入時にカハマルカ地方の首長であったカルアトンゴとの系譜の連続性を強調しようとした意図が読みとれる。

メルチョル・カルアライコは植民地期の動乱の時代を生きた首長であった。彼が首長職を務めた一五六二年から一五六七年の間に、インディオたちはアンデス的生活からスペイン式の生活、納税システムへと強制的に組み込まれた。カハマルカ地方でレドゥクシオン政策が実施されたのは一五六五年、そうした大改革が進行していた最中の一五六七年に、カハマルカ地方の最初のエンコメンデーロであるベルドゥーゴが亡くなった。一五六七年にはゴンサーレス・デ・クエンカが巡察を実施し、この時政治的駆け引きによってメルチョル・カルアライコは失脚し、アロンソ・チュプリンゴンが首長に任命された。

一五四九年、フランシスコ会がカハマルカに修道院を設立した。それ以降一夫一妻制が強制され、一夫多妻制というアンデスの習慣は変更を余儀なくされた。またこれと平行して首長職に関しては、実力で奪いとる、あるいは実力に従って兄弟間で相続するアンデスの伝統に代わり、ヨーロッパ起源の長子相続制が浸透していった。こうした制度の変わり目の混乱に乗じて、首長職を奪取しようと試みる者たちが登場した。現在我々が扱うことができる史料の多くは、首長職を狙う、あるいは権限を維持、拡大する意図の下に残されたものが多く、そのため当時の政治的背景に関して常に注意を喚起する必要がある。

興味深いことにメルチョル・カルアライコは遺言執行人の一人としてセバスティアン・ニナリンゴンを指名しており、二人は義理の兄弟でもあった。しかし先に見たように二人はその後、首長職をめぐって敵対することになり、一五九五年にはセバスティアン・ニナリンゴンが首長に任命された。つまり首長職争いは、実は同一家系、親戚の間での争いであった。そして、このセバスティアン・ニナリンゴンこそがこの時代の鍵となる人物であることが、他の史料の検討から浮かび上がってくる（Espinoza Soriano 1977a; Rostworowski 1993[1977]: 69-78）。

インカ帝国征服直後には、その動乱に乗じ、各首長が力にものをいわせて強奪を行った。そして力ずくで奪った権利を既成事実化するため、訴訟において過去を偽ることも多々みられた。スペイン式の慣習、制度を熟知し、スペイン語を操り、訴訟というただ一つの手段に訴えて自らの地位を向上させていく。それは征服後生まれのインディオが採った新しい選択肢なのであり、その時代にアンデス各地に生きた、スペイン文化に精通したインディオであるラディーノの姿を体現している。

一・三・三　パリアマルカ問題

これまでみたように、七つのワランガの筆頭首長職をめぐって激しい争奪があった。そして各ワランガの首長職についても同様の政治的駆け引きがあり、また、ワランガ間でも争いが生じていた。ここでは、パチャカ・パリアマルカを奪い合う、ワランガ・ポママルカとワランガ・カハマルカの間の訴訟記録を取り上げてみよう（Espinoza

Soriano 1986[1977]）。パチャカ・パリアマルカの納税人数はたった二〇人であったが、当時重宝された黒いリャマを飼っていたため争奪の的となったのである。訴訟は二度行われた。その記録の中に次のような情報があらわれる。トパ・インカ・ユパンキがインカ王であった時代、まだワランガ・ポママルカはなかった。次のワイナ・カパックの時代にワランガ・チュキマンゴとワランガ・カハマルカの二つからポママルカが分離独立して創設され、カルアタンタが首長となった。その際パチャカ・パリアマルカはワランガ・ポママルカに編入された。

本章の前半で触れたように、エスピノサ・ソリアーノは、クロニカと巡察記録に基づき、インカ期カハマルカ地方にはクイスマンク王国という政体が存在し、その起源は先インカ期に遡るという説を唱えた。さらに彼はパリアマルカに関する訴訟記録を根拠に、七つのワランガの一つポママルカがワイナ・カパックの治世時に創設されたと解釈し、またインカ期に創設されたワランガ・ミティマを除いた五つのワランガが本来のクイスマンク王国の形であったと述べている。

巡察記録に現れる集住村の分布からは、ワランガ・ポママルカはワランガ・カハマルカとワランガ・チュキマンゴの間に位置していると考えられる。従ってワランガ・ポママルカがチュキマンゴとカハマルカから分離されて創設されたという解釈を支持する状況証拠ともなりうる。しかし、この解釈を裏付ける他の文書がこれまで発見されていないとして、ジュリアンは異議を唱えている（Julien 1993: 253）。

一・三・四　訴訟記録、遺言書についてのまとめ

検討した記録はいずれも首長職に関する史料であった。先スペイン期の伝統に従えば、首長職は実力者が占めるポストであり、また、名誉職であった。植民地期にそうした伝統的枠組みは歪み、アンデスの民は新たな制度の下へねじ込められていった。インディオたちはレドゥクシオン政策によって従来の生活の場から引き剥がされ、集住村に閉じこめられ、徴税制度の末端に位置づけられていった。次第に植民地制度が所与のものとして、既成事実と

して根を下ろし、インディオ首長たちはその階層的行政構造の下位区分に組み入れられ、植民地政府とインディオ共同体との間の蝶番《ちょうつがい》としての役割を担った。

インディオ首長は徴税の役割を遂行し、徴税不履行の場合それを補塡《ほてん》する義務を負っていた。その代わりに彼らには、免税特権、馬に乗る権利や、銃を所有する権利、スペイン風の服を着用する権利などが与えられた。リスクは高いものの、首長職はインディオ共同体から富を吸い上げ、あるいは植民地政府から利益を受けることのできる立場であり、私有財産を増やす契機を孕《はら》んでいた。一六世紀後半から一七世紀前半にかけては、首長職をめぐる激しい駆け引きが各地で展開され、そこで系譜を偽り、事実をねじ曲げてまでポストを狙う者が現れた。

一六世紀インディオ側からの政治的行動は、インディオ首長のみならずヤナコーナ（本書五七頁参照）にも認められる（網野 1995）。当然ながらエンコメンデーロ、コレヒドール、司祭といったスペイン人側も私利私欲のために動いた。植民地時代初期には先住民、スペイン人がともにがそれぞれの思惑で、自らの権力を増大させ、私腹を肥やそうとしていた。そして植民地体制下においては、それぞれの主張を正当化するためには訴訟が唯一の手段であり、勝つためには偽証することも厭《いと》わなかったのである。

現在我々は、裁判のため提出された書類のなかに、カハマルカ地方の植民地時代初期、インカ期、インカによる征服期の状況を再構成する手がかりを見いだすことができる。しかし、史料を丹念に読めば、複雑に入り組んだ政治的抗争の網、そして錯綜した人間関係が浮かび上がってくる。訴訟記録という特定の文書の記述に基づいて当地の歴史を遡及的に再構成することは非常に危険である。クロニカや巡察記録といった異なるジャンルの史料との整合性の確認、新たな文書の発掘、史料の読み直しなどを地道に進め、その政治性を暴き出して利用すべきである。

一・四　先スペイン期カハマルカ地方

ここまで検討した史料の内容からどのようなことがいえるであろうか。

エスピノサ・ソリアーノはサルミエントとカベーリョ・バルボアのクロニカに登場するグスマンゴ・カパックと、ルイス・カルアライコが提出した書類に現れるコンカカフを同一視し、インカの到来以前、カハマルカ地方を統治していた王と解釈する。また、巡察記録に記録されているワランガ・グスマンゴの首長カルアライコ、およびその末裔に繋がっているという。

さらに、インカ期カハマルカ地方にあった、七つのワランガの総体をクイスマンク王国と呼び、その起源は先インカ期に遡ると述べる。また、ワランガ・ミティマはインカによる征服後トパ・インカ・ユパンキによって創設されたと解釈し、パリアマルカの帰属をめぐる一五六五年の調書を根拠に、ワイナ・カパックの治世下、人口過剰であったワランガ・チュキマンゴ、ワランガ・カハマルカから分離してワランガ・ポママルカが創始されたと述べる。そしてこの二つのワランガを除いた五つのワランガの連合体こそが、インカに対抗したクイスマンク王国の実体であると主張する（Espinoza Soriano 1986[1977]: 114）。

エスピノサ・ソリアーノは、植民地期に残された史料の内容を網羅的に利用し、断片的な情報をつなぎ合わせカハマルカ地方の歴史を再構成している。各史料の記述に明らかな矛盾がない限りそれらの信憑性を問うことはせず、それを基に可能な限り時代を遡って歴史を組み立てる。史料を読み比べた時に感じる不協和音は、彼の論文の中ではかき消され、整然とした正史が提出されている。

これまでエスピノサ・ソリアーノのクイスマンク王国説を批判的に検討した歴史学者はいない。そしてカハマルカ地方を研究対象とする研究者の多くは、クイスマンク王国説をおおむね受け入れ、それを出発点として議論を展開している（Julien, D.G. 1988, 1993; Noack 2001; Remy 1986, 1992; Silva Santisteban 1982, 2001）。カハマルカ地方の植民地時代初期の文書がほぼエスピノサ・ソリアーノ一人の手によって発掘されたため、そしてまたそれをクロスチェックするための史料が発見されないため、三〇年以上にわたり彼の解釈は批判されず残されてきた。ペルー北海岸、中央海岸、あるいは南高地、ボリビアといった地域では複数の研究者が同じテーマについて調査を行っている状況を鑑みれば、カハマルカはかなり特殊であるといえる。

続く第二章、第三章で、インカ期にカハマルカ地方にあった七つのワランガの総体の祖型が果たして先インカ期に認められるかどうかを、考古学データを基に考察する。

註

（1）スペイン領アメリカに設けられた司法、行政機関。複数のオイドールと呼ばれる議員から構成される。副王がいない場合、アウディエンシアの議長が実質的に最高権力者となる（ギブソン 1981[1966]: 103-104）。

（2）この箇所は、増田義郎訳で「トパ・ユパンゲ［トパ・ユパンキ］」となっている（シエサ・デ・レオン 2007[1553]: 418-419）。しかしインガ・ユパンゲ［インカ・ユパンキ］でなければつじつまが合わない。

（3）アタワルパの母については論争がある（シエサ・デ・レオン 2006[1553]: 第63章；ロストウォロフスキ 2003[1988]: 157-158）。ペルシネンは、アタワルパの母はパリャ・コカであり、パチャクティの子孫であったとしている（Pärssinen 1992: 200）。

（4）十進法を示すワランガ、パチャカという行政単位はインカ帝国全土ではなく、ペルーの北、中央、南高地に分布がみられる（Pärssinen 1992）。それは四つのスユの一つ、チンチャイスユに対応する。

（5）アウディエンシアのオイドール（聴訴官、議員）であり、カハマルカ地方およびトルヒーヨ地方の巡察使。

（6）巡察記録では人口の合計は三四九三となっており、一一人少ないが、おそらく計算間違いであろう。

（7）インカ帝国下の四つスユ（地方）の一つであり、クスコから南西に広がり、現在のアレキパ市などが含まれる（Julien 1991）。またロウはクンティスユ内の一地方も同じ名で呼んでいる（Rowe 1946: 190）。後の一五七一－七二年の巡察で、コンデスユとコリャスユが入れ替わることから、スユの名称と判断するのが適切であろう。

（8）一五七一－七二年の巡察ではキチュアという名で現れる。ケチュアはクスコ付近の地域、民族である（図1－4；ガルシラーソ・デ・ラ・ベーガ 2006[1609]:（二）368）。またインカ帝国の公用語の名称でもある。

（9）セビーリャのインディアス総文書館に所蔵されている（AGI, Justicia 458: folio 1479v.; AGI Justicia 415: folio 85）。PDF化されたものをWEB上から参照し、筆写を行った。なお、AGI は Archivo General de Indias（インディアス総文書館）の略。Justicia（裁判）は文書の分類セクションの一つ。Folio は古文書の一枚一枚の紙のこと。Folio の表を r（recto の略）、裏を v（vuelto の略）と呼ぶ。

（10）レミーの計算ではバンバマルカは五七三、ポママルカは三九三、チョンダルは九三一となっている（Remy 1986: 46-47,

1992: 60)。

(11) 一五七八年の時点でベアトリス・デ・イサガは死亡している。その代わりに、フアン・デ・サリナスの名が挙げられている。(Rostworowski and Remy, eds. 1992[1571-72/78]: II-408, 436)

(12) コレヒドールは国王から任命された国王直属の地方官僚で、管轄の市町村(コレヒミエント)で司法、行政権を有する。コレヒミエント制はロペ・ガルシア・デ・カストロがアウディエンシア長官として在任中(一五六四-一五六九年)に導入された。

(13) 図1-5の47番のサン・ブエナ・ベントゥラ・ポママルカは地図上で名前を確認できない。一七世紀の記録に「アシエンダ・デ・サン・ホセ・デ・グァンガマルカ、別名ポママルカ」という記述がある(Espinoza Soriano 1986[1977]: 117)。47番の位置はセロ・グァンカマルカの位置を示している。また50番のサン・ルカス・デ・アナチャパンパは類似した地名を地図上で確認できなかった。

(14) 一五六七年の人口数は納税男性の数のみで女性、老人、子供は含まれていない。

(15) この文書を公刊したビジャヌエバ・ウルテアガは、この文書がどこに保管されているか明記していない。

(16) ペルシネンは一六四二年の巡察記録などを根拠として、ワランガ・ミティマを除く六つのワランガのうち、グスマンゴ、チュキマンゴ、チョンダルはハナンサヤ、ポママルカ、カハマルカ、バンバマルカはウリンサヤであったと考えている(Pärssinen 1992: 306-320; Rowe 1982: 106)。しかし、ハナン/ウリンによる双分制政治組織は一六世紀の巡察記録には現れないため、インカ期カハマルカ地方には存在せず、植民地期に導入された可能性もある。

(17) スペルは“Concacax”。一六世紀にはXはJやSと置換されるため、「コンカカス」と発音した可能性もある。

(18) 現在のグスマンゴ・ビエホ遺跡と同定されている。

(19) 彼は一五六七年にカハマルカ地方の巡察を行ったグレゴリオ・ゴンサーレス・デ・クエンカと同一人物である(Caruarayco 1955[ca.1606]: 12)。

(20) 一五七一-七二の巡察では、ワランガ・グスマンゴのパチャカ・アヤンブラの首長として登録されている(Rostworowski and Remy, eds. 1992[1571-72/78]: I-334)。ただし同パチャカの首長は通常、フアン・アストマロンとされる(表1-4)。

(21) ノアックによれば一五六七年(Noack 2001: 194, 195)、ラミーレスによれば一五六八年(Ramírez 2002: 31)のことである。アロンソ・チュプリンゴンの即位の儀式の模様についてはホセ・マルティーネス・セレセダが記している(Martínez Cereceda 1995: 51)。

(22) ラミーレスによれば、メルチョル・カルアライコは当時、ワランガ・グスマンゴおよびコルケマルカ、マルカダンの責任者であり、管理していた納税人口は五〇〇〇人、人口全体は五万人におよぶ (Ramirez 2002: 27)。しかしコルケマルカ、マルカダンの二つのパルシアリダの責任者であったという解釈の根拠は示されていない。少なくとも一五七一－七二年の時点では、それぞれに首長がいたため、ワランガ・グスマンゴの首長メルチョル・カルアライコが二つのパルシアリダに対し、責任、権利を有していたということはない。

(23) スポンディルス貝のこと。暖かい海に住む赤色の二枚貝で、古くから儀礼に用いられた。

(24) 一列に閉管を並べて束ねたアンデスの楽器。

第二章　サンタ・デリア遺跡の発掘――考古資料からみるカハマルカ地方

本章では、はじめにカハマルカ地方における考古学調査の歴史をまとめ、次にインカ到来以前のカハマルカ地方の状況について、サンタ・デリア遺跡の発掘データを基に論じる。ここで指す狭義のカハマルカ地方は、カハマルカ川周辺に広がる盆地を中心とした範囲であり、それは一六世紀の巡察記録におけるワランガ・カハマルカの分布範囲とほぼ重なり合う。

続く第三章で、ワランガ・チュキマンゴの範囲内に認められる特徴を考古学データから検証する。第二章と第三章でインカ期にあった七つのワランガの総体の起源が先インカ期に遡るかどうかを確認するという構成である。

二・一　カハマルカ地方における考古学調査史

カハマルカ地方には多くの旅行者が訪れ、記述やスケッチを残している。例えば、シャルル・ウィナーは、コヨル遺跡やヤモバンバ遺跡のスケッチを残している（Wiener 1993[1880]: 114-148）。しかし、表面から観察できる建築以外の情報はほとんど何もない。

カハマルカ地方における初の考古学調査は、ペルー考古学の父と呼ばれるフリオ・C・テーヨによって一九二〇年代に行われた（Tello 1942）。テーヨはベンタニーリャス・デ・オトゥスコ遺跡やチョクタ遺跡などを訪れ、カハマルカ地方の文化をマラニョン文化と命名した。しかしながら発掘調査を行わなかったため、共伴する遺物の特徴、あるいはその編年上の位置づけなど詳しい情報は残されていない。

その後一九四七－四八年に、フランス人のレシュレン夫妻によってカハマルカ地方における初の本格的考古学調査が実施された（Reichlen and Reichlen 1949, 1985[1949]）。彼らは遺跡分布調査を行い、九三遺跡を登録し、五遺跡で発掘調査を遂行した。発掘資料を基にカハマルカ地方における初の編年が設定された。古い方からトレシタス＝チャビン期・カハマルカI・II・III・IV・Vの六時期に区分され、各時期に対応する土器タイプも提示された。そしてカハマルカV期がインカ期と平行すると想定された。

レシュレン夫妻の調査以降、カハマルカ文化がこの地域の先史文化を指し示す名称として定着し、テーヨが命名したマラニョン文化という名称は用いられなくなった。そして、レシュレン夫妻の後カハマルカ地方において組織的考古学調査はしばらく行われなかった。

三〇年以上の月日が流れ、一九七九年に東京大学文化人類学研究室の寺田和夫教授が率いる核アメリカ学術調査団がカハマルカ地方において大規模な考古学調査に着手した（Terada and Onuki eds. 1982, 1985, 1988）。その結果を基に形成期は前期ワカロマ期（前一五〇〇－一〇〇〇）、後期ワカロマ期（前一〇〇〇－五五〇）、EL期（前五五〇－二五〇）、ライソン期（前二五〇－五〇）の四時期に区分され、カハマルカ文化（前五〇－後一五三二）についてはカハマルカ早期・前期・中期・後期・晩期の五期から構成される新しい編年が打ち立てられた（松本・寺田 1983; Terada and Matsumoto 1985）。この編年が現在カハマルカ地方において一般に利用されている。

レシュレン夫妻の編年との対応は、大まかにいえば次のようになる。トレシタス＝チャビン期が後期ワカロマ期とEL期、カハマルカI期がライソン期とカハマルカ早期、カハマルカII期がカハマルカ前期、カハマルカIII期がカハマルカ中期、カハマルカIV期がカハマルカ後期、晩期に対応する。またカハマルカV期として分類された土器片の一部はカハマルカ前期に製作されたことが明らかとなった。

カハマルカ文化は、カオリンと呼ばれる特殊な白色粘土を用いた土器製作に特徴づけられ、地方発展期（前五〇－後六〇〇）からスペイン人の侵入時まで繁栄した。アンデスの他の地域においては数百年単位で社会が盛衰を繰り返し、土器様式に限っていえばカハマルカ文化のように一五〇〇年以上という長い期間にわたって連続性が認められるのは例外的である。また、中心と想定される大規模な遺跡の存在が明確でないことも特徴の一つである。

二・一・一　インカ期カハマルカ地方

インカ期直前にカハマルカにはどのような政体があり、それがインカ期になってどのように変化したのか。それを考古学的に検証しなければならない。クイスマンク王国の存在を想定する研究者は、それをカハマルカ晩期の政体と同定している（Julien, D.G. 1988, 1993; Silva Santisteban 1982）。

第一章でみたように、カハマルカは一六世紀にシエサ・デ・レオンが訪れた時すでに、インカ期の面影はほとんどなくなってしまっていた。現在のカハマルカの町の下にインカの遺跡が埋まっているが、それ以外の場所ではインカの証拠はどのように現れるであろうか。

レシュレン夫妻は、カハマルカV期をインカ期と同定し、その土器の特徴にインカの影響が認められず、遺跡も稀であると述べている（Reichlen and Reichlen 1949: 170, 1985[1949]: 54）。インカの遺跡として登録されたのは九三遺跡中三つであり、しかもそのうちの一つタンボ・デ・オトゥスコは現在エル・パラシオと呼ばれ、インカよりも前のワリ期（後六〇〇－一〇〇〇）の遺跡であることが判明している（渡部 2009b）。

日本調査団の調査の結果、レシュレン夫妻によってカハマルカV期として提示された土器片の多くが、実はそれよりも前のカハマルカ前期に属することが確認された。土器タイプとしてはHuacariz Complex の Cajamarca Broad Black[1] に相当する。従って寺田・松本亮三はカハマルカV期に当たる時期を設定せず、カハマルカIV期後半に対応するカハマルカ晩期を先スペイン期の最終期と位置づけ、その時期に製作されたカオリン土器である Amoshulca Complex がインカの到来以後も製作され続けたと考えた。そして、インカ様式土器が確認されない理由について松本・寺田はインカによる征服後「スペイン人が侵入するまでの六〇年ばかりの歳月は、長い伝統をもつカハマルカの土器を改変させるには余りにも短すぎたのだろう」（松本・寺田 1983: 33）と述べている。

しかしインカによる征服期間がせいぜい数十年であることは、カハマルカ地方に限らずどの地域でも同じである。カハマルカ地方においてインカ期に土器様式の変化が認められないことについては、インカによる統治期間の短さに起因すると説明するのではなく、カハマルカ文化の特性、インカ帝国とカハマルカ文化の関係から考察する必要があるだろう。

一九八三－八四年にアメリカの考古学者ダニエル・ジュリアンが博士論文執筆のため、カハマルカ地方において調査を実施し、一一五遺跡を登録し、四つの遺跡で小規模な発掘調査を行った（Julien, D.G. 1988）。インカ様式の土器片が収集できたのはたったの三遺跡であり、やはり土器や建築に注目する限りインカ期の変化はほとんど確認できなかった。

同様に二〇〇一－二〇〇三年に関雄二らがカハマルカ盆地で実施した遺跡分布調査の結果、二四七遺跡が登録されたが、そのうちインカ様式の土器片が確認できたのは四遺跡だけであった（Seki, et al. 2001; Seki and Ugaz 2002; Seki and Tejada 2003）。

以上のように、複数の調査研究の結果、カハマルカ地方においてはインカ期の変化の証拠がほとんど見いだせないというのがこれまでの共通した見解である。また筆者の知る限り、カハマルカ＝インカ様式と呼べるような融合的な土器様式は確認されていない。

本書の目的に従い、インカ到来以前のカハマルカ地方にはどのような政体があり、それがインカとの接触後どのように変化したかを考古学データに基づき把握するには、適切な遺跡を選定し、大規模に発掘調査を実施する必要がある。カオリン土器のみならず土器全体の組成、建築の形態・技術、埋葬形態、人骨の特徴などについて細かくデータを記録し、それがインカ期直前に七つのワランガの範囲内一帯に均一に認めることができるのか、またそれがインカ期にどのように変化したのかを実証的に示す必要がある。

アンデスでは、各社会の中心は明確であるが、その空間的境界を線で引くことはできず、複数の社会間で入り組である。

むしろ社会の中心とそれに帰属する成員の集合と捉えた方がよい。同様の原則が各ワランガにも認められれば、必要なのは各ワランガの境界を画定することではなく、中心を同定することである。各文化が対峙する境界線付近でそれぞれの特徴が明瞭になる、ということはアンデスでは考えにくいのである。

また大規模な遺跡にはその時期の特徴が集中しており、まとまったデータを得やすいため、先行研究が少ない場合にまず調査対象として取り上げるのが適当である。こうした条件を備えたカハマルカ晩期の遺跡がいくつかあるが、筆者はその中でも最大規模を誇るサンタ・デリア遺跡を選定し、発掘調査を実施した。

後述するようにカオリン土器を指標とすれば、サンタ・デリア遺跡は全てカハマルカ晩期（後一二〇〇－一五三二）に比定される。放射性炭素年代測定値は、カハマルカ晩期の範囲内におさまるが、インカ期（後一四五〇－一五三二）よりも古い（表２－１）。インカ様式土器も確認されていないため、インカ期にはすでに放棄されていたと考えられる。つまりインカ到来の直前の状況を示している。ただし、インカ期にカハマルカ盆地において土器様式や建築様式が変化したという証拠は認められない。インカ期に遺跡の分布パターンのみが変化し、サンタ・デリアもそうした動きの中で放棄されたのかもしれないが、それを検証する方法は現在では年代測定のみである。インカ期に利用された遺跡を同定する指標を探し出すことが今後の課題である。他の地域、たとえばペルー中央高地では、先インカ期には高い場所が利用されていたが、インカ期に低い場所に移ることが報告されている（D'Altroy 2002）。それはインカの支配下での農業の集約化と連動していると考えられるが、はたしてカハマルカ盆地でも同様の現象が起こったのかどうか、現在のところよく分からない。

以下では発掘調査データを提示するが、あまりなじみのない読者はまとめの部分だけを読んで第三章に進んでもらってかまわない。さらに詳細な発掘データは渡部 2004b を参照していただきたい。

■表の見方

元素番号6の炭素は、約99%が ^{12}C であるが、その同位体（中性子の数が異なる）として、安定同位体 ^{13}C と放射性同位体 ^{14}C がある。放射性炭素年代は、遺跡から出土する炭化物や骨などの有機物に含まれる炭素に放射性炭素 ^{14}C がどれだけ残っているかにより測定する。^{14}C は空気から光合成によって植物に取り入れられ、それを食べた動物にも含まれることになるが、動植物が死んだ時点でその供給はストップする。そして一定の早さで減少し、5730年で半分になる。つまり11460年で4分の1に、17190年で8分の1になる。よって時間がたてばたつほど、少なくなる。

測定機関に依頼して資料を測定する。例えばTKa-13137の場合、740 ± 100 BPという数値が出る。BPとはBefore Physicsの略で、便宜上1950年を基準としてそこからどれくらい古いかを示す記号である。この場合西暦に直すと1210年、プラスマイナス100年ということになる。

この数値は過去における ^{14}C の濃度が現在と同じであった場合の年代である。ところが、空気中に含まれる ^{14}C の量は一定ではなく、時代によって異なる。そのため例えば現在よりも ^{14}C が多い時代に死んだ場合、実際の年代よりも数値は新しくなる。逆に ^{14}C が少ない時代に死んだ場合、年代は古く出る。そのため、木の年輪などを用いて、当時の ^{14}C の量を復元し、それに従って年代を補正する必要がある。これを年代較正という。

較正するための較正曲線がいくつかあるが、南半球ではSHCal04が一般に用いられる。そして較正年代を推定するためのプログラムがあり、今回はOxCal v.4.0.1を用いた（他にはCALIBというプログラムもある）。較正した結果がCal AD（1σ）、Cal AD（2σ）である。σ（シグマ）は標準偏差のことで、1σは68.2%、2σは95.4%の確率で較正年代が含まれることを示す。

また年代補正をするため ^{13}C を測り、安定同位体比率δ13（デルタ13）を出す。パーミル（‰）の単位で示される。試料中の ^{13}C の値を、標準物質（PDBと呼ばれるベレムナイトの化石）と比較して、その相対的な割合をパーミル単位で表記する。木材の $\delta^{13}C$ 平均値は－25‰であり、試料の ^{13}C 濃度との違いから、^{14}C のずれを計算して、年代の補正に加える。標準物質には多くの ^{13}C が含まれるので通常マイナスの値になり、生物のなかでも植物は比較的小さな値をとる。

表2-1　サンタ・デリア遺跡出土遺物の ^{14}C 年代値

測定機関番号	^{14}C BP	δ^{13}C	Cal AD (1 σ)	Cal AD (2 σ)	登録番号	資料・出土コンテクスト
TKa-13137	740±100	−15.0	1229-1252 AD (9.2%)	1054-1061 AD (0.4%)	01SD-A-C8	炭、A 区第 2 号墓内
			1260-1327 AD (34.3%)	1150-1435 AD (95.0%)		
			1340-1390 AD (24.8%)			
TKa-13138	630±60	−9.4	1310-1360 AD (40.6%)	1290-1435 AD (95.4%)	01SD-A-S2	炭化物、A 区第 2 号墓内
			1379-1414 AD (27.6%)			
TKa-13139	590±70	−9.6	1320-1351 AD (22.3%)	1291-1456 AD (95.4%)	01SD-A-S5	炭化物、A 区部屋 A6 の炉
			1385-1440 AD (45.9%)			
TKa-13140	700±80	−8.9	1284-1329 AD (30.4%)	1223-1422 AD (95.4%)	01SD-A-S8	炭化物、A 区部屋 A6
			1335-1391 AD (37.8%)			
TKa-13141	710±110	−8.0	1235-1242 AD (2.4%)	1151-1452 AD (95.4%)	01SD-A-S10	炭化物、A 区部屋 A2 の炉
			1265-1403 AD (65.8%)			
TKa-13142	810±100	−24.4	1162-1312 AD (62.1%)	1045-1088 AD (6.6%)	01SD-B-C15	炭、B 区部屋 B2 の床面直上
			1359-1380 AD (6.1%)	1105-1395 AD (88.8%)		
TKa-13143	710±60	−24.2	1282-1324 AD (33.4%)	1230-1250 AD (2.9%)	01SD-B-C22	炭、B 区炉 2
			1345-1389 AD (34.8%)	1261-1405 AD (92.5%)		

SHCal04（MaCormac et al. 2004）を用い、OxCal v.4.0.1（Bronk Ramsey 1995, 2001, 2006）較正プログラムにより較正

二・二　サンタ・デリア遺跡の建築

サンタ・デリア遺跡はペルー共和国カハマルカ県カハマルカ郡ラ・エンカニャーダ区に位置する遺跡である（図2－1、図2－2）。これまで核アメリカ学術調査団、ロッヘル・ラビーネス、ジュリアンなどがこの遺跡を訪れ登録している。遺跡の南を流れる川の名を取りキチュアルマーヨ、あるいは遺跡周辺の地名をとってパンパ・デ・ロス・カブリートスとも呼ばれる（Ravines 1985: 103）。寺田・松本はカハマルカ晩期の遺跡（Terada and Matsumoto 1985: 89）、ジュリアンは、カハマルカ前期、晩期の遺跡と時期比定している（Julien, D. G. 1988: 270）。カハマルカ晩期の建築については、これまで発掘データに基づいた報告がないため、他の遺跡と比較検討することはできない。そのためサンタ・デリアが今後カハマルカ晩期の標準遺跡となる。

サンタ・デリアはチュチュマルカの丘から延びる尾根上に位置する三つの丘を中心とし、麓《ふもと》の平地まで建築が連なる遺跡である。標高は海抜三〇〇〇メートル以上あり、全体の広がりは約四〇ヘクタール以上、建築の集中する中核部だけでも二〇ヘクタールある。

調査に当たっては丘の一つを選定し、地表観察に基づき発掘区を設定した。丘の頂上部にA区、そこから二〇メートルほど東に離れ、小部屋状構造が連なる地区にB区、そこから南に下ったところにあった盗掘坑周辺にC区を設定した。丘の麓にも壁は連なっているが、発掘区は設定しなかった。壁は割石を積み上げて建てられており、磨かれた石や切石《きりいし》は利用されていない。壁の残存状態はそれほど良くなく、高さも低い。その理由の一つは、現在の地主が遺構の壁を崩しそれを積み上げて土地の境界としているためである。

サンタ・デリアは建築の集中部だけでも二〇ヘクタールという広がりを有する大規模な遺跡である。しかしながら、それは小規模な部屋状構造の集合であり、明確な設計に従って建設された大規模な建築ではない。テラスを形成する際には自然の地形を利用し、最小限の土留め壁を建てることによって済ませている。部屋状構造の壁は幅が狭く、基礎を深く埋め込まないためもろい。改修も前の時期の壁を利用しつつ、必要最小限の労働力で行っている。

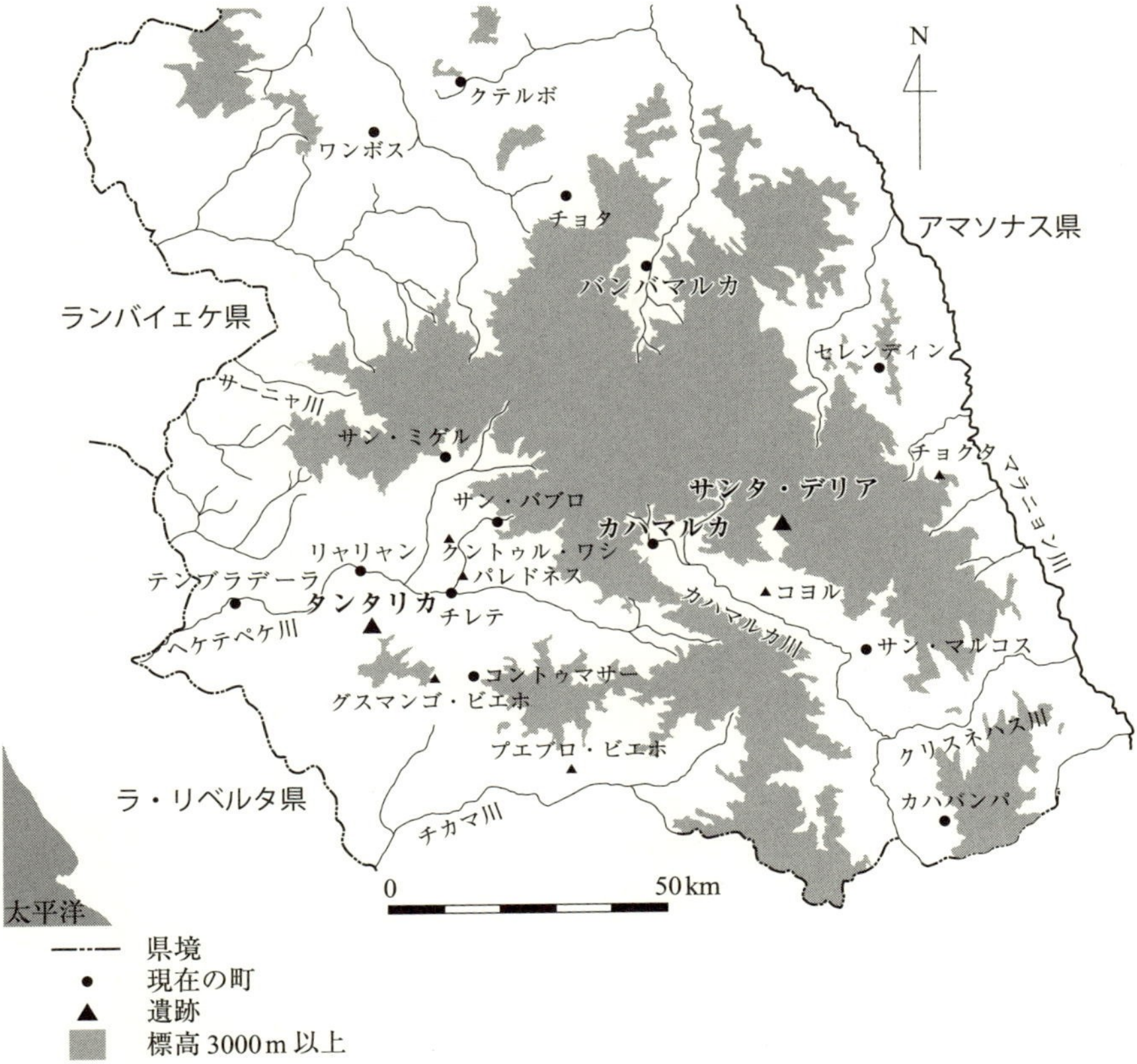

図２−１　カハマルカ地方の遺跡の位置

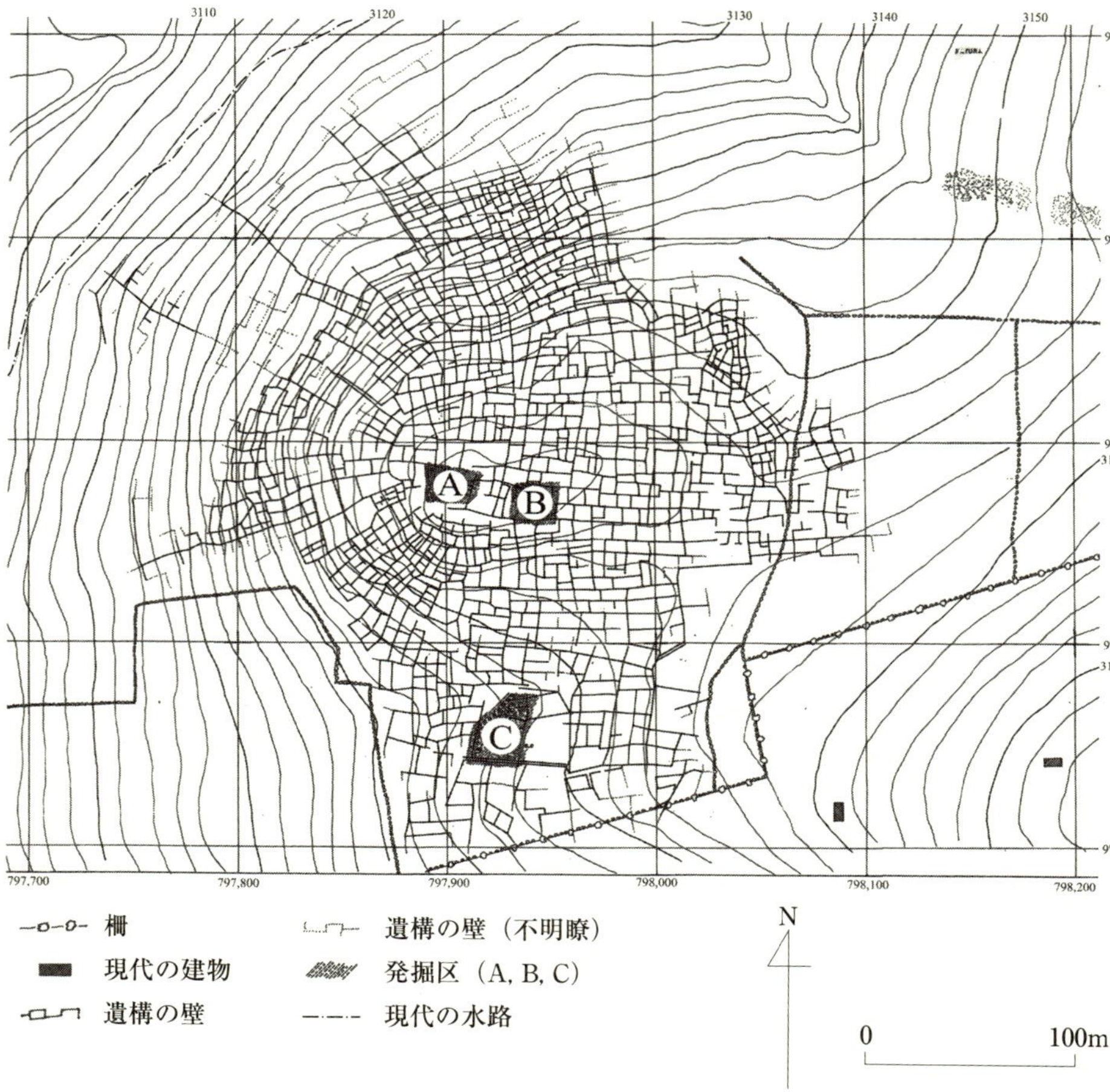

図2-2　サンタ・デリア遺跡の図面

通常、大規模な遺跡は明確なプランを持った、大建築物を伴うことが想定されている。しかし、サンタ・デリア遺跡では、全ての建築物が同時期に建設され、機能したわけではない。二〇ヘクタールという広がりは、人口の集中のみからは説明できない。長時間にわたって拡張、利用された遺跡を、圧縮して共時的に見ているといえよう。いずれにせよサンタ・デリアがカハマルカ晩期の一般的特徴を示しているとすれば、この時期に明確な設計図に従って建設された大規模な建築物は存在せず、多くは小規模な建築の集合である。

以下では各発掘区の建築について記述する。発掘に当たっては、各建築の設計プラン、およびその変遷を把握することを優先した。その結果、建物の改修の証拠はつかめたものの、壁を再利用しつつ新たな壁を付け加えており、またその際床の高さを上げることはほとんどないため、壁の接合部、あるいは壁の重なり合いなどに注目し、建設プロセスを確認する必要があった。また、建築の特徴については、A、B、C区の間に明確な差異は認められなかったが、これは土器の分析結果と合致する。

二・二・一　A区の建築（図2－3）

サンタ・デリア遺跡の建築が集中する三つの丘の一つの頂上部に位置する。表面から観察できる建築の壁は全て小さい割石でできているが、この頂上部には盗掘坑があり、その周辺に平石が散らばっていた。他の箇所では平石は確認できなかったため、そこに特殊な遺構があると想定し発掘区を設定した。

発掘の結果、この発掘区には少なくとも三つの建築時期があり、盗掘坑の平石は最後の時期に部屋状構造の内部を細分するために利用されたことが判明した。建築の改修に際しては、前の時期の建築を埋めたり、床を張り直したりせず、また壁石の一部を抜いて再利用することもあった。改修はいずれも小規模で、壁を付け足したり、方向を変えたりと、小さな変化を繰り返していたため、壁の接合、壁の方向、壁の基礎の深さなどを総合的に判断して、三時期からなる建築の編年を設定した。また、隣接する部屋と壁を共有せず、各部屋間に狭い空間を残すという特

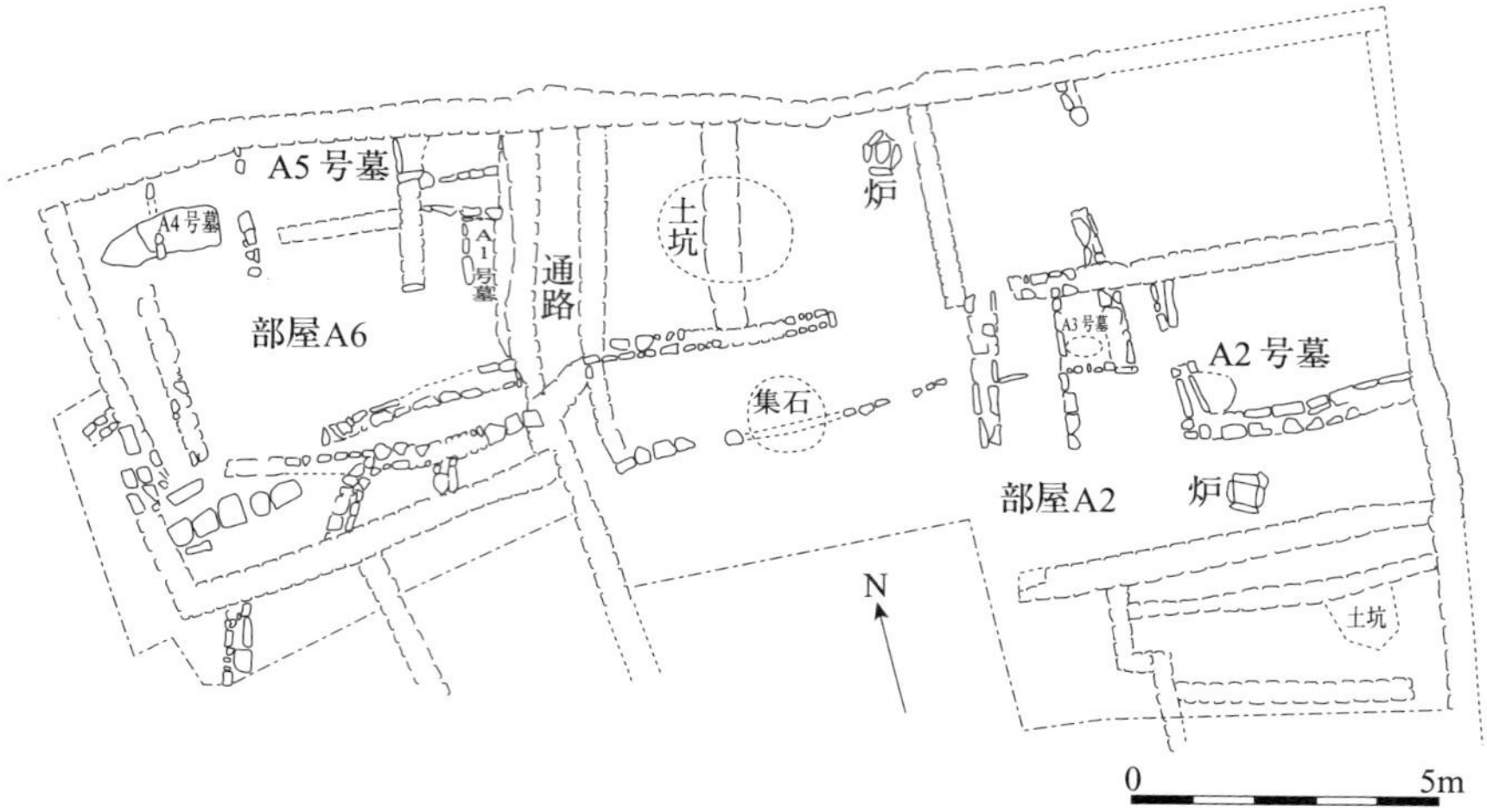

図２－３　サンタ・デリア遺跡Ａ区全体図

徴がみられた。後述するようにこれはB区やC区でも確認されている特徴である。

興味深いのは改修に伴い大きな穴を掘り、それを埋めてその上に床を張り、壁を建てる習慣である。穴内には人骨を伴う場合もある。あるいは廃棄用として掘った穴が、一杯になった時に改修が行われるという解釈も可能である。しかし穴の中の堆積が均一であり、短期間に一気に埋められたと考えられる。こうした改修に伴う掘削活動が他の地域にも認められるか、検証する必要がある。

二・二・二　B区の建築（図2－4）

A区の東には平坦な地形が広がり、多くの部屋状構造が密集している。その中に崩壊した壁石が比較的少ない部屋状構造が確認でき、その周辺にB区を設定した。発掘前には、大きな平石が散乱するA区と、小さな部屋状構造が並ぶB区では、建築の設計が異なり、それに伴い遺構の性格が異なるという可能性を想定していた。

発掘の結果、A区と同様、三つの建築時期が確認できた。しかしながら、改修に伴う床の張り替えはほとんど確認できず、ほぼ同じ高さの床が利用されていた。また、古い時期の

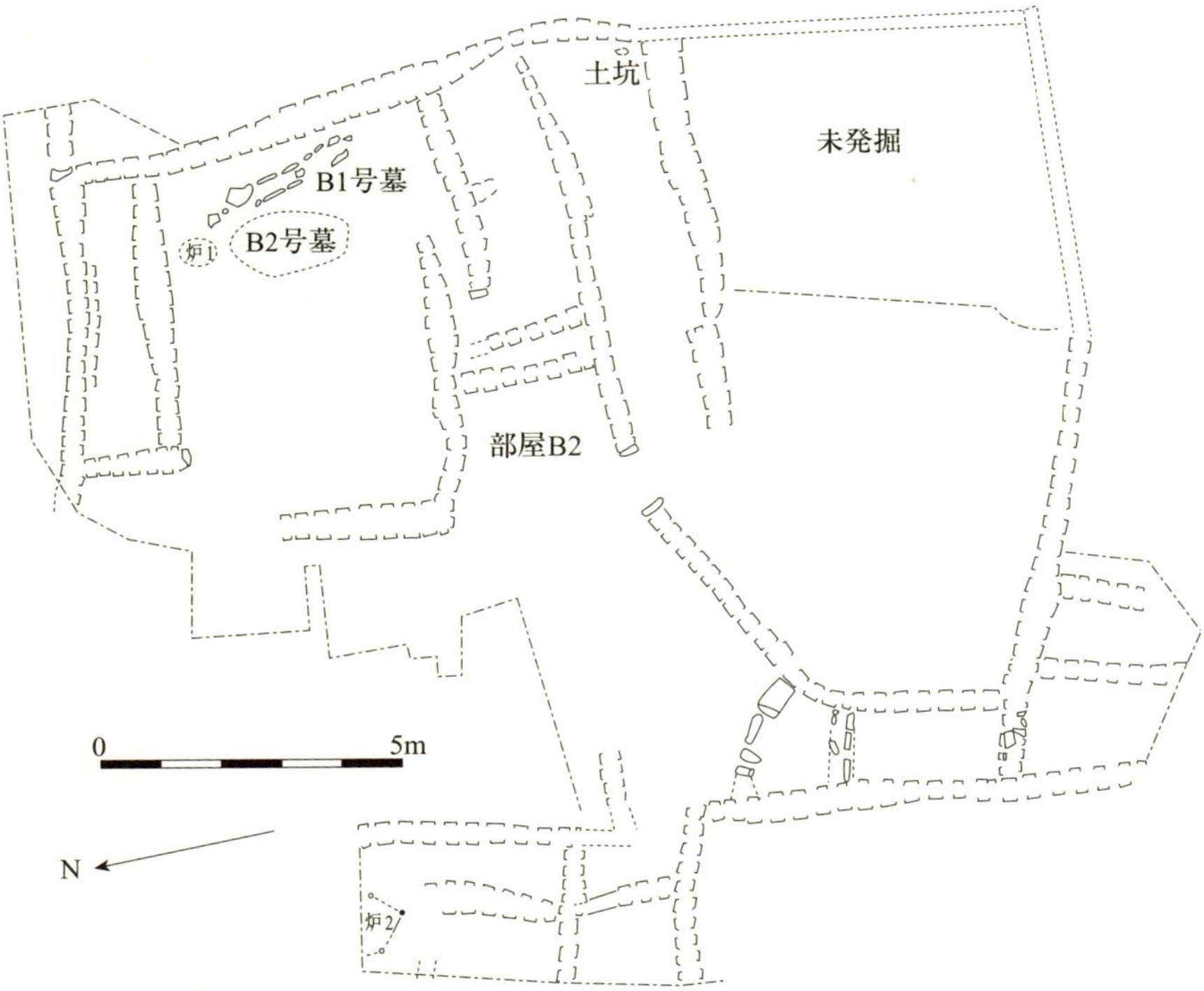

図２−４　サンタ・デリア遺跡Ｂ区全体図

壁石は抜き取られ、基礎さえも残っていない場合が多い。そのため壁の基礎の深さや壁の組み方、壁の方向など、細かい点に着目して建築の編年を設定した。

A区とB区、それぞれで三つの建築時期が確認されたが、それらが一対一で対応するかどうかは不明である。先にも述べたように、サンタ・デリア遺跡は各建築単位が小さく、その改修の規模も小さい。そのため遺跡全体を通じて三つの建築時期があるとは考えにくく、むしろそれぞれの建築単位が独立に、少しずつ改修を行っていったと考えるのが妥当であろう。また、部屋状構造においてそれぞれ個別に壁を建て、隣の部屋と壁を共有しないという特徴は、全時期を通じて認められる。

二・二・三　C区の建築（図2－5）

サンタ・デリア遺跡の中心部の丘の周辺には平坦な地形が広がり、多くの壁が確認できる。表面観察から丘の南側に、比較的保存状態が良い一連の部屋状構造が認められる。また、そこに位置する盗掘坑の内部に地下式の墓室と思われる遺構の一部が確認されたため、付近に墓が分布していると想定し、埋葬形態を調査する目的で発掘区を設定した。

発掘の結果、C区には多数の部屋状構造が並び、その多くが墓を伴っていることが確認された。A区、B区と同様にこれらの部屋状構造は独立した壁を建て、隣の部屋と壁を共有しない。また建物の改修は小規模である。A区、B区では古い建物を壊すか再利用して、同じ場所に垂直方向に建物の改修を行うのに対して、C区では周りに拡張し、建築が水平面に広がっていく。そのため、C区でも三つの建築時期を設定しているが、それは建築の時期差ではなく建設プロセスを示す可能性もある。またA区、B区でみられた三つの建築時期のどこに対応するかを判断するのは難しい。

さらに、岩盤まで掘り込んで壁の基礎を埋め込むA区、B区に対して、C区では岩盤が深く土の堆積が厚いため、

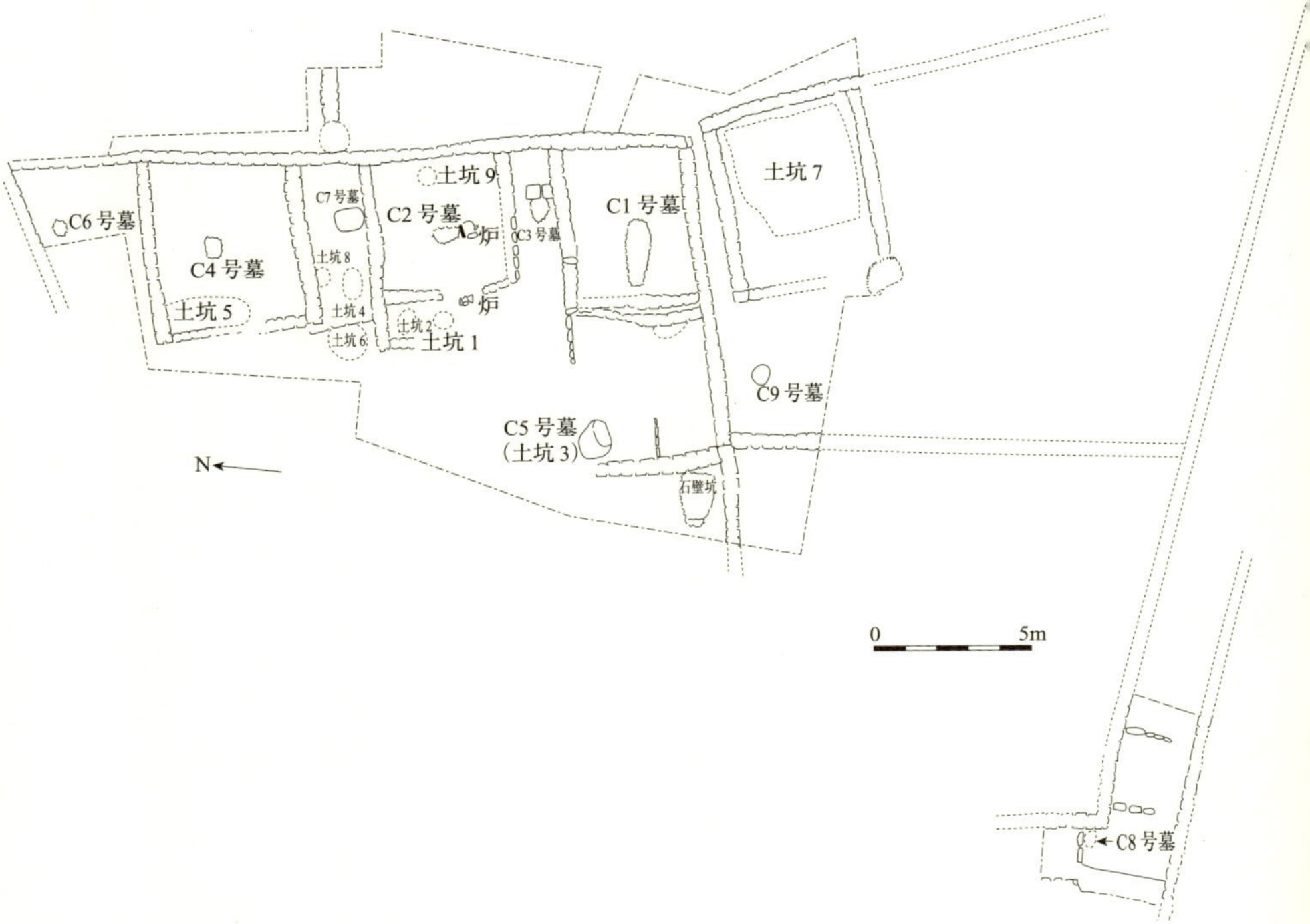

図２−５　サンタ・デリア遺跡Ｃ区全体図

床の上に壁を直接建てるという違いもある。

C区では多くの墓が確認されたが、二次埋葬がほとんどであった。墓の入口は床面付近にあるため、墓に恒常的なアクセスがあり、骨を安置する行為は一回きりではなくその後骨が追加されたとも考えられる。二次埋葬用の処理、即ち骨だけを残し肉を除去するには、おそらく遺体を土の中に一度埋める必要があるため、発掘された地下墓室は二次埋葬専用と考えられる。

二・三　土器

ここでは先行研究を参照しつつ、カハマルカ晩期の標準遺跡として今後の基準となるよう、サンタ・デリア遺跡出土土器の包括的記述を行う。土器のタイプ分類に関しては、様々な方法が提唱されているが、ここでは、日本のアンデス研究者が一九六〇年のコトシュ遺跡発掘以来踏襲している方法を採用する。それは、（1）出土土器全てを分析対象とすること、（2）土器片単位で分析すること、（3）誰が分類しても同じ結果になるよう明確な基準を示すこと、である。

第一点目については、ペルー考古学ではしばしば、特徴的な土器片とそうでない土器片を分け、前者のみを分析の対象とするが、そうした分析では土器の特徴を総体的に捉えることは難しい。特定の土器だけではなく、全体を分析対象とすることによって器種組成を押さえ、編年あるいは遺跡差、地域差を捉えるためのより多くの指標を示すことができる。また本書では、精製土器／粗製土器という区分も採用していない。

第二点目については、理想的には全破片を分析することが望ましいが、大量に土器資料が得られたため、主に口縁部を選定し、優先的に分析した。破片に注目して分類すると、同じ個体でも口縁部と胴部が違うタイプに分類されるという問題が起こりうるが、口縁部の分類を優先し、胴部の分類はそれに当てはめることにした。

最後の点について、誰にでも分かる基準として、肉眼で識別できる特徴を取り上げた。それ以外にも胎土や顔料の化学分析などからさらに情報を引き出すことは可能であるが、それは今後の課題としたい。タイプ分類の基準は、「胎土」、「器面調整・整形」、「色」、「器形」、「施紋」という属性の組み合わせとした。

タイプよりも大きな分析単位として、松本・寺田は「いくつかの属性の細部において相違があるが、同時性が証明でき、しかも全体として共通性の強い複数のタイプを包含する概念」（松本・寺田 1983: 23）として complex という単位を用いている。複数のタイプを包括する土器群を明確に分類する基準を示すことが難しい場合には有効な概念であろう。また、ジュリアンはタイプの下位単位として「バラエティー」を用い、同一タイプで括られる土器群をさらに細分している（Julien, D. G. 1988）。しかし、本書ではバラエティーという単位を採用せず、基本的に土器の分析単位はタイプのみとする。前例を踏襲し Amoshulca Complex を採用するが、それ以外には complex の単位は用いていない。以下に記述する各タイプの土器がさらに細分できる可能性はあるが、明確な基準を提示できない現状を鑑み、各土器タイプの範囲を広く設定した。

カハマルカ文化の土器は、カオリン土器と非カオリン土器に大きく分けられるが、カオリン土器が時期ごとに明確な特徴を示すため編年の格好の基準となっている。以下でははじめにカオリン土器について、次に非カオリン土器について記述を行う。

二・三・一　カオリン土器

寺田・松本はカハマルカ晩期のカオリン土器を Amoshulca Complex と総称する（Terada and Matsumoto 1985）。ジュリアンはこの時期のカオリン土器として、C. White Slipped、Amoshulca Symbolic、Amoshulca Black Geometric、Amoshulca Black-on-Orange の四タイプを挙げているが、そのなかで C. White Slipped 以外の三タイプが寺田・松本の Amoshulca Complex に含まれる(2)（Julien, D. G. 1988）。

しかしながらAmoshulca Symbolic、Amoshulca Black Geometricの二つのタイプを分ける明確な基準が示されず、それが果たして別個のタイプとして設定するのが妥当なのかどうか疑問である。紋様の違いだけであるならばあえて違うタイプとして設定する必要はないであろう。従って、ここでは二つのタイプに細分せずAmoshulca Complexを採用し記述を行う。

また、ジュリアンのC. White Slippedに対応する資料については、寺田・松本はそれらをAmoshulca Complexに含めていると思われる。白いスリップ（化粧土）を施すのは、胎土が粗く色が濃い場合であるが、それは粘土の採集地の違いに起因する特徴であろう。さらに、ジュリアンがC. White Slippedの例として挙げている資料の紋様とAmoshulca Complexとの共通性は明らかであるため、あえて別タイプとして分離させる妥当性はない。従ってジュリアンの分類におけるC. White Slipped、Amoshulca Symbolic、Amoshulca Black GeometricをAmoshulca Complexとして括ることにする。

問題は、ジュリアンがAmoshulca Black-on-Orangeと命名したタイプの土器群である。ジュリアンは、レシュレン夫妻がカハマルカV期に比定した土器片のいくつか（Reichlen and Reichlen: 1949, fig. 13, D-G, I, J）が、カハマルカ前期の土器タイプであるHuacariz Complexに含まれることに関しては、寺田・松本と同意見である。しかし残りの破片（Reichlen and Reichlen: 1949, fig. 13, A, B, C, H）はやはりカハマルカ地方の先スペイン期終末期に位置づけられるという。これらの土器群は単独で現れるわけではなく、Amoshulca Complexと常に共伴して出土する（Julien, D. G. 1988: 115-116）。この共伴関係はサンタ・デリア遺跡でも確認されている。ジュリアンはさらにAmoshulca Black-on-Orangeの有無がカハマルカ晩期を前半と後半に分ける指標となる可能性、換言すればその製作がインカの到来後に始まった可能性を指摘している（Julien, D. G. 1988: 90）。しかしサンタ・デリア遺跡では彼の見解を支持する層位的証拠、放射性炭素年代の証拠は得られなかった。

ジュリアンがAmoshulca Black-on-Orangeと呼ぶ土器群は、器形、施紋の特徴においてAmoshulca Complexとは明らかに異なるため、タイプ名にはAmoshulcaを付さず、異なった名称を付けるのがふさわしい。そのためC.

設定する。

以上のことから、紋様を施したカオリン土器として Amoshulca Complex と C. Black-on-Orange の二つのタイプを Black-on-Orange を採用する（Watanabe 2004a）。

Amoshulca Complex（図2-6、図2-7）

胎土：白い緻密な胎土をもったものが多いが、橙色、ベージュ色のやや粗い胎土を持つものも目立つ。カハマルカの町の近郊では白い緻密な胎土がほとんどで、それよりも東のエンカニャーダ近郊に位置するサンタ・デリアでは橙色の胎土を持つ例が多いのは、おそらく粘土採集地の違いを示すと思われる。今後胎土の微量元素分析から、採集地が特定されることを期待したい。混和材はあまり目立たない。

器面調整・整形：白い緻密な胎土を持つ場合、スリップが施されているかどうかは確認できない。白色への志向は明確であり、橙色、ベージュ色、灰色など、胎土が白以外の場合、白いスリップが施される。スリップが施されない例や、稀に橙色のスリップが施される例もある。内外面は滑らかであるが、内面がより入念に整形され、外面にはやや整形痕が残る。

色：胎土の色にかかわらず、白い器面の上に黒色系、赤色系の二系統の色で施紋される。

器形：低い高台を伴う逆円錐形の碗が主流である。その他、口唇部がやや薄く丸みを帯び、器壁が内湾する碗が数点確認されたが、底部の形は未確認である。なお非カオリン土器の一タイプである C. Brown Polished に典型的な、口唇部が肥厚し平らな面を持つ高台付きの碗はない。

施紋：白地に黒色系、赤色系の二系統の色で施紋される。外面には、重なり合った円弧、V字紋様、交差線が描かれる場合が多いが、何かを模した単純な紋様や、何かの頭のような突起が付く場合もある。内面は、何らかの動物の顔を模したモチーフ、目玉のような円紋、市松紋様、圏点紋などが組み合わされて施紋される。

A.　Amoshulca Complex（外側）

B.　Amoshulca Complex（外側）

C.　Amoshulca Complex（内側）

D.　Amoshulca Complex（内側）

E.　C. Black-on-Orange（底部）

F.　C. Black-on-Orange（上段のみ）

図２－６　Amoshulca Complex、C. Black-on-Orange（写真）

図 2－7　Amoshulca Complex

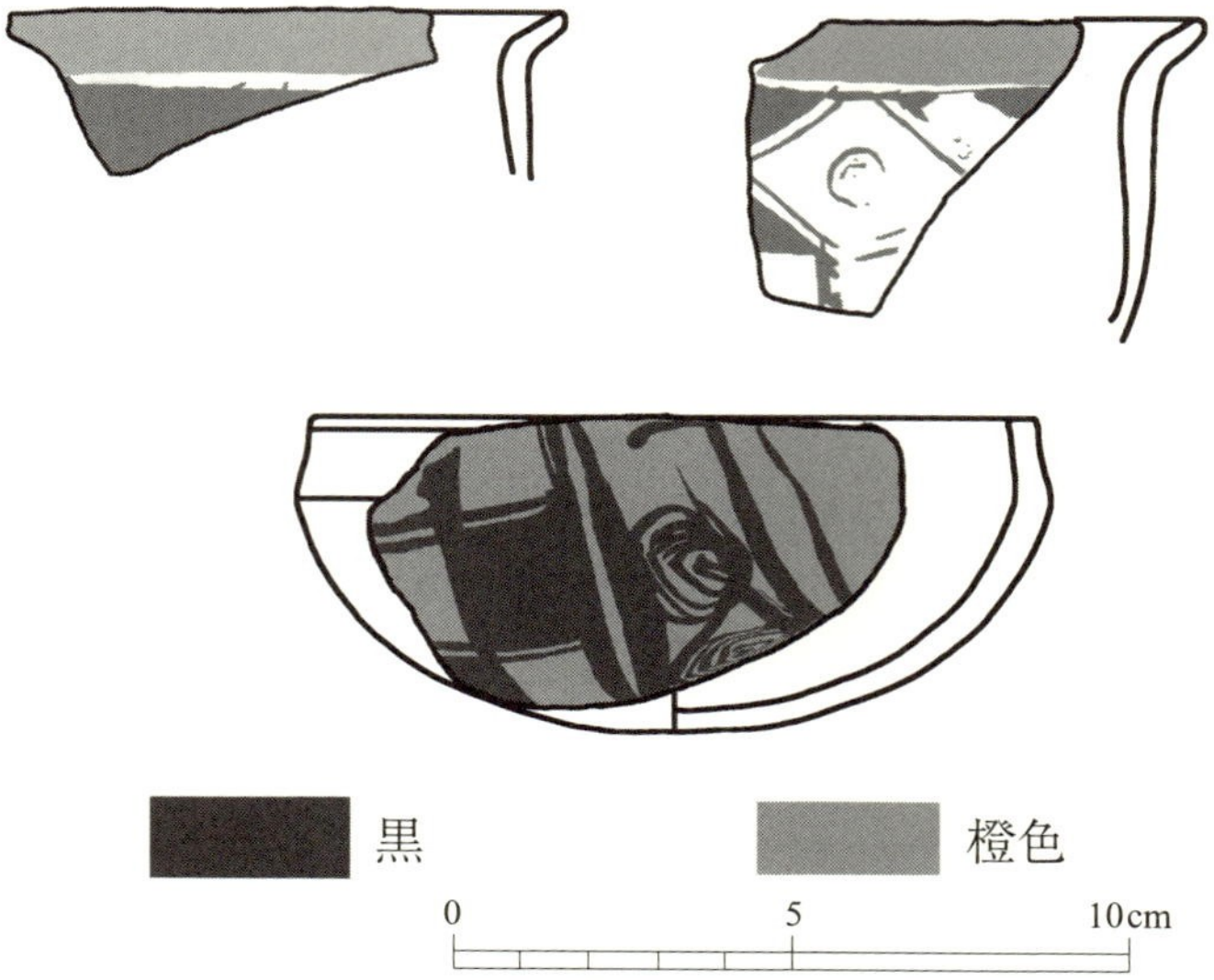

図2－8　C. Black-on-Orange

C. Black-on-Orange（図2－6、図2－8）

胎土：非常に緻密な白色胎土から、やや粗いベージュ色の胎土まである。

器面調整・整形：非常に滑らかに整形され、全体に橙色のスリップが施される。

色：橙色地に黒、暗褐色で紋様が施される。点紋を施すのに白が用いられる場合もある。

器形：半球形の丸底碗と、口縁部が外反した縦長の円筒形土器が確認されている。

施紋：外面のみに紋様が施される。橙色の地に黒、あるいは暗褐色で施紋される。重なり合った円紋、市松紋様などが確認されている。

二・三・二　非カオリン土器

一九七九年のワカロマ遺跡の発掘資料の分析の結果、カハマルカ文化期に関しては、C. Brown Smoothed、C. Light-colored、C. Coarse Red、C. Black Painted、C. Polished の五つのタイプが非カオリン土器として、加えて紋様の施されないカオリン土器は C. Kaolin Unpainted として設定された（Matsumoto 1982）。

良好な層位的資料に基づいたこのタイプ設定は、カハマルカ早期から中期はじめまでの土器組成を適切に捉えている。

ジュリアンは精製土器としてC. Polished、C. Fine Black、C. Fine Red、粗製土器としてC. Brown Smoothed、C. Light-colored、C. Coarse Red、C. Coarse Black、C. Plain White Slipped、C. Black-and-White、Utility Type A、Utility Type B、Utility Type Cを設定している。C. Plain White Slippedから後の五つのタイプはカハマルカ中期よりも後の時期の粗製土器の記述を行うため設定したという（Julien, D. G. 1988: 98）。精製土器についてはC. Polishedはカハマルカ早期から中期まで製作され、その後C. Fine Black、C. Fine Redに取って代わられたという（Julien, D. G. 1988: 117）。また、C. Brown Smoothedは早期から中期まで、C. Light-coloredは早期から前期はじめまで製作され、その後は消滅するという。この観察結果はサンタ・デリア遺跡でこれらの二タイプが確認されなかった事実と合致する。

ここでは、従来の土器タイプ分類を参照しつつ、サンタ・デリア遺跡の非カオリン土器のタイプとしてC. Coarse Red、C. Brown Slipped、C. Porous Brown、C. Black Polished、C. Brown Polished、C. Kaolin Brown Slippedの六つを設定する。これで、サンタ・デリア遺跡出土の非カオリン土器のほぼ全てが網羅される。

ワカロマ遺跡の土器タイプの設定はカハマルカ早期から中期までの資料に基づいているため、それとの対応関係を示すことは難しい。しかし、サンタ・デリア遺跡のC. Coarse Redはワカロマ遺跡のC. Coarse Redと同系統であり、C. Black Polished、C. Brown PolishedはC. Polishedの、そしてC. Kaolin Brown SlippedはC. Kaolin Unpaintedの系統である。残るC. Brown Slippedは中期以前には存在しないタイプであり、ジュリアンの設定したC. Plain White Slippedに対応すると思われるが、おそらくより広い土器群を含むであろう。また、ジュリアンの設定したC. Black-and-White、Utility Type A、Utility Type Bはおそらく、C. Coarse Redに含められる。ここで別タイプとして設定しないのは紋様に違いがあるのみであり、それらを分類するための明確な基準がないためである。そしてC. Porous Brownは、ジュリアンがUtility Type Cとしたタイプと対応する。

C. Coarse Red（図2−9、図2−10）

胎土：白から褐色で、緻密な胎土である。白色の砂が混和材として少し用いられている。比重がかなりある。

器面調整・整形：内外面が指、あるいは何らかの整形具で滑らかにされる。口縁部の内面、あるいは内外面が磨かれ光沢を放つ場合もある。外側全体、および内側の口縁部付近に赤色のスリップが施される。

色：赤色、暗赤色で焼成条件により黒に近い例もある。

器形：丸底の短頸壺《たんけいこ》、口縁部が外側に緩やかに広がる広口の壺が多い。肩の部分に縦あるいは横方向に把手が付く場合がある。また、三脚を伴う例もある。穴のあいた浅皿もみられる。

施紋：アップリケなど立体装飾がみられる。口縁部に彩紋が白色で施される場合がある。

C. Brown Slipped（図2−9、図2−11）

胎土：ベージュ色の非常に気泡が多い胎土である。混和材として細かい砂、白い粒が用いられている。

器面調整・整形：気泡の目立つ器面がまず白いスリップで覆われその上に黄色、褐色のスリップが掛けられる。これらのスリップは非常にはがれやすく、発掘資料の表面にはあまり残存していない。

色：表面は黄色、褐色である。

器形：丸底の短頸壺、口縁部が外側に緩やかに広がる広口壺がほとんどである。大型の壺が多く、肩部分に縦方向の把手が付く場合が多い。

施紋：装飾は施されない。

C. Porous Brown（図2−9、図2−12）

胎土：非常に気泡が目立つ、粗い胎土である。非常に軽い。

器面調整・整形：表面がなでられるのみで、スリップは掛けられない。

A.　C. Coarse Red

B.　C. Coarse Red（穴あき皿）

C.　C. Brown Slipped

D.　C. Brown Slipped（C4 号墓出土）

E.　C. Porous Brown

F.　C. Porous Brown（パレット、外側）

図２－９　C. Coarse Red、C. Brown Slipped、C. Porous Brown（写真）

図2－10　C. Coarse Red

図2－11　C. Brown Slipped

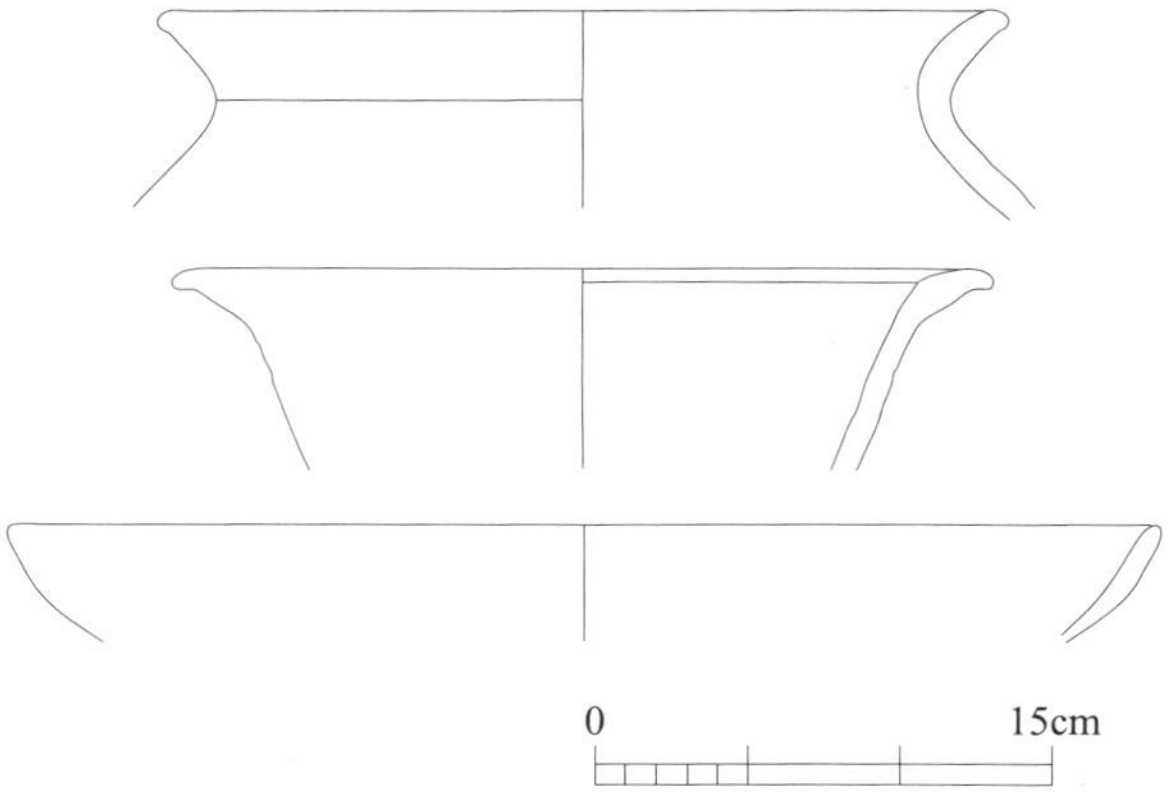

図2－12　C. Porous Brown

色：薄い赤から茶色の胎土である。

器形：短頸壺が多い。外反碗、やや赤みがかった胎土のパレット状土器もある。

施紋：彩紋は施されず、アップリケ、あるいは刻線紋が認められる。

C. Black Polished（図2－13、図2－14）

胎土：非常に緻密な灰色胎土が多く、橙色のカオリンが用いられる場合もある。

器面調整・整形：器面全体に黒色スリップが施され、全体がよく磨かれる。

色：黒。

器形：高台付きの外反碗、丸底、高台付きの半球形碗、口縁下に明確な稜をもった丸底碗が多い。大型の外反鉢もみられる。

施紋：半球形碗の側面に人面、ネコ顔の立体装飾が施される。また、刻線でネコ顔、蛇のような紋様などが施される場合もある。外反鉢の側面に人面装飾が施される。突起が付く場合がある。鳥の頭の立体装飾が確認されているが、どの器形に伴うか不明である。

C. Black Polished は次に記述する C. Brown Polished と多くの点で共通性を示す。

A.　口縁部破片

B.　口縁部破片

C.　人面象形

D.　人面象形

E.　口縁部破片

図２－13　C. Black Polished（写真）

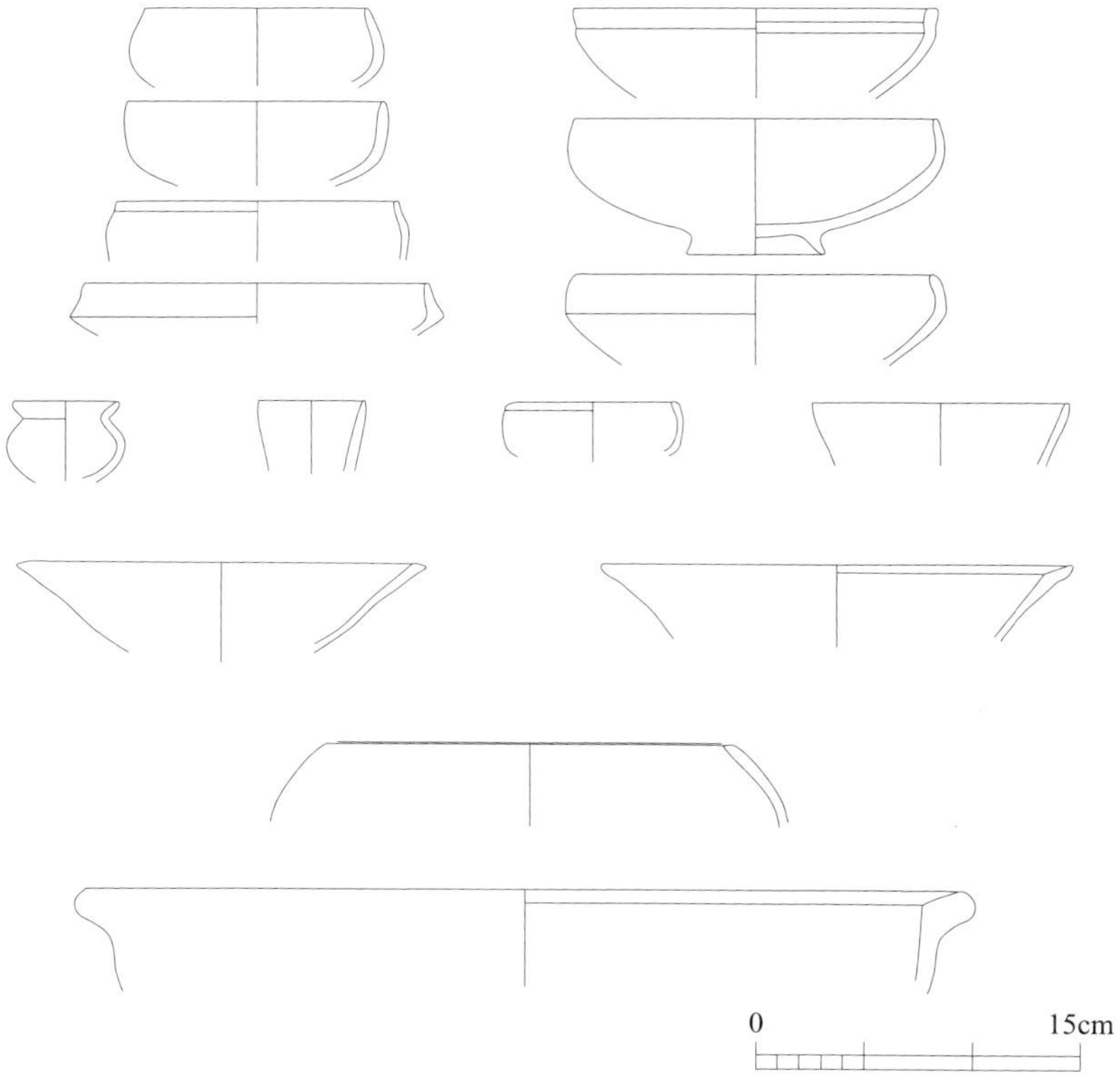

図 2－14　C. Black Polished

C. Brown Polished（図2－15、図2－16）

胎土：灰色、褐色、ベージュの胎土で混和材はあまり目立たず、緻密である。

器面調整・整形：器面全体に褐色のスリップが施され、よく磨かれる。胎土が粗い場合、白で下地を塗る場合がある。

色：褐色、暗褐色が多く、ベージュに近い例もある。ごく少数であるが赤色もみられる。

器形：（1）口縁部が肥厚し、平らな面をもつ、高台付き外反碗、（2）丸底の半球形碗、（3）口縁下に明確な稜をもった丸底半球形碗、（4）大型あるいは小型の平底外反鉢、（5）口縁が外反した大型壺、（6）口縁が緩やかに外反する短頸壺、（7）口縁が肥厚しない高台付き外反碗、（8）口縁が外反する小型の壺。

施紋：（4）の器形には、側面に人面立体装飾が施され、耳のような突起がつけられる場合もある。器形（2）、（3）には屈曲部に突起がつけられる。またネコ科動物の立体装飾の破片が多く確認されているが、どの器形の土器に伴うか未確認である。大型であるため（4）の器形に伴う可能性が高い。

このC. Brown Polishedと次に述べるC. Kaolin Brown Slippedを分ける基準は胎土の違いである。また、カハマルカ文化の特徴的遺物である土製スプーンはC. Brown PolishedとAmoshulca Complexのみで確認されている。

C. Kaolin Brown Slipped（図2－17、図2－18）

胎土：白あるいは橙色のカオリンが用いられる。

器面調整・整形：C. Brown Slippedと同様、器面全体にまず白スリップが施され、その上に褐色スリップが掛けられる。器面はよく磨かれる。

色：橙色から褐色、暗褐色。

A.　口縁部破片

B.　口縁部破片

C.　耳状突起

D.　ネコ科動物象形

E.　人面象形

F.　スプーン

図２－15　C. Brown Polished（写真）

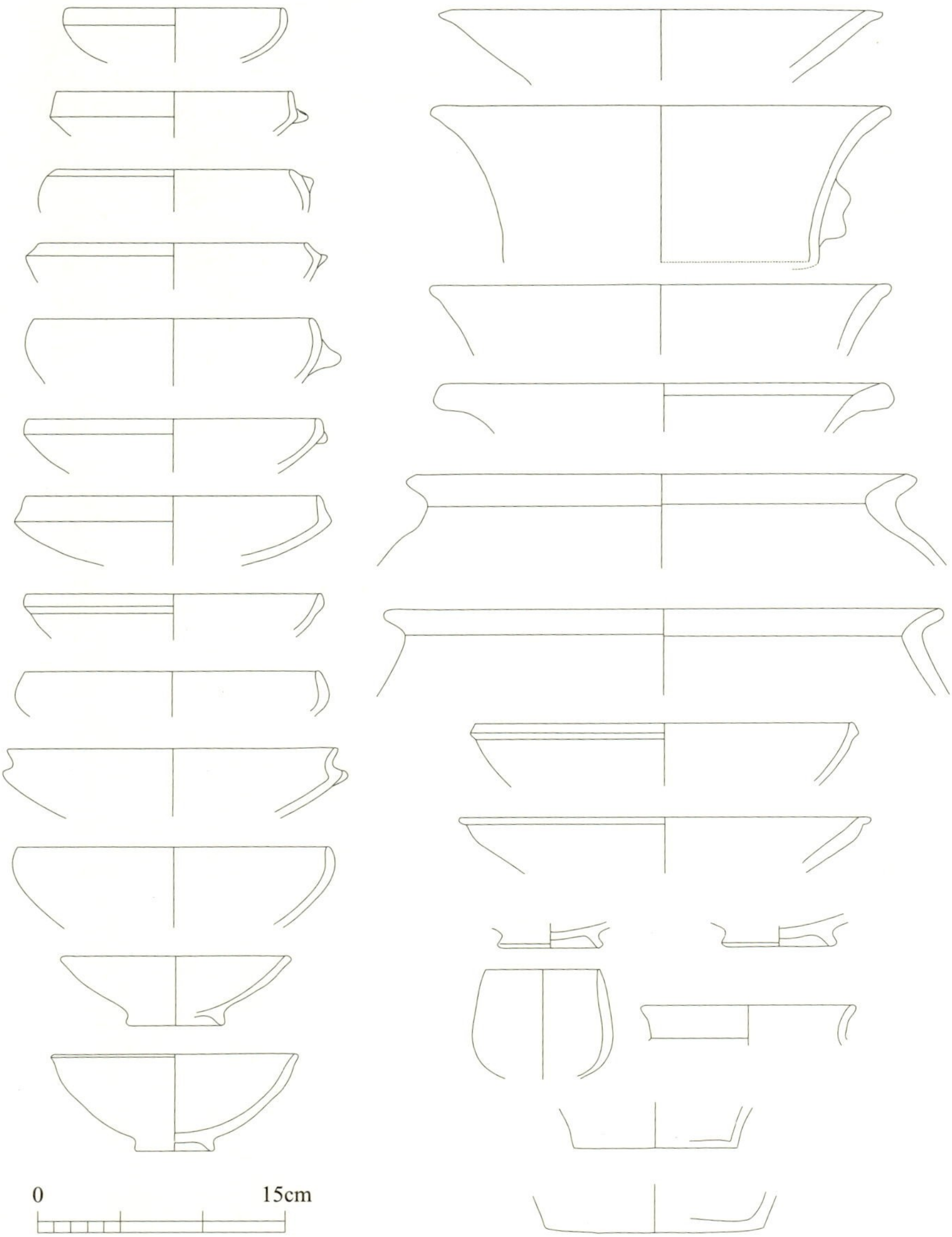

図2－16　C. Brown Polished

A.　C. Kaolin Brown Slipped

B.　スプーン（カオリン土器）

図２－17　C. Kaolin Brown Slipped（写真）

図２－18　C. Kaolin Brown Slipped

器形：C. Brown Polished と共通する器形が多い。（1）口縁部が肥厚し、平らな面をもつ、高台付き外反碗、（2）丸底の半球形碗、（3）口縁下に明確な稜をもった丸底半球形碗、が主な器形である。その他、口縁が外反、内湾する小型の壺がみられる。

施紋：C. Brown Polished と同様、器形（2）、（3）の屈曲部には突起がつけられる。小型の器形（2）には、ネコ科動物の顔が刻線、アップリケで施される場合がある。彩紋は施されない。

二・三・三　土器の分布傾向

A、B、Cの各発掘区間に土器の出土傾向の違いは認められない。しかし墓の副葬品として伴う土器には明確なパターンが認められる。

Amoshulca Complex は墓とは関係のないコンテクストで出土する場合がほとんどである。墓からもごく少数出土しているが、特に作りが良いわけではない。人面や大型のネコ顔の立体装飾を伴う C. Black Polished や C. Brown Polished は墓では確認されていない。しかし、ネコ顔装飾を施した C. Brown Polished の小型碗は、副葬品として二点確認されている。

C. Brown Slipped の壺が墓の副葬品として多く確認されている。一方 C. Coarse Red は一点も確認されていない。その他、墓では C. Brown Polished、C. Kaolin Brown Slipped の高台付き碗、丸底碗が出土している。また、墓ではスプーンは一点も確認されていない。

出土状況の傾向を類型化すると次のようになる。墓の副葬品として、C. Brown Slipped、高台付き碗・丸底碗（C. Brown Polished、C. Kaolin Brown Slipped）がある。Amoshulca Complex、C. Coarse Red、人面や大型のネコ顔の立体装飾（C. Black Polished、C. Brown Polished）、土製スプーンは墓以外のコンテクストにほぼ限定される。

墓の副葬品として、紋様や造形表現を施した土器はきわめて少なく、むしろ装飾を伴わないものが多い。カハマルカ晩期では、カオリン土器は、墓の副葬品として製作されたわけではなかったようだ。それ以前の時期でも、カオリン土器は墓に限定されるわけではなく、地表で多く収集できる。

二・四　埋葬形態

サンタ・デリア遺跡の特徴の一つとして、多くの部屋状構造の内部に伴う墓が挙げられる。墓は地下式墓室、地上墓、土坑墓（一次埋葬、二次埋葬）、その他に分類できる。部屋が放棄された後に墓として再利用されたのではなく、あらかじめ墓が組み込まれていたと考えられる。一般の住居と墓地が明確に区別されておらず、死者、より特定すれば祖先と共に生活していたともいえる。C区の部屋状構造の中心に地下式の墓があり、その中に人骨が安置されていた（渡部 2007a: 図2－19）。骨の出土状況や部位の比率から、それらが二次埋葬であることは明らかである。墓の形や人骨の数と部位、あるいは副葬品の種類は、墓ごとに違いがある。

二次埋葬はいったん遺体を埋め、肉を腐食させてから骨だけを取り出し、別の場所に安置する埋葬形態である。サンタ・デリア遺跡では一次埋葬の墓も確認されている。そのうちいくつかは、平石で囲った地上式の墓で、二次埋葬用の地下墓室に、骨を移す前に一時的に遺体を埋めるための墓だったかもしれない。カハマルカ地方における二次埋葬の起源がいつまで遡るかは、現在のところ不明である。

カハマルカ地方ではインカによる征服後、土器や建築に目立った変化は起こらず、カハマルカ文化の伝統を保持したと考えられる。この解釈の妥当性を、埋葬形態に注目して検証してみたい。

A.　C3 号墓

B.　C4 号墓

図２－19　サンタ・デリア遺跡の二次埋葬

二・四・一　ミイラ製作とチュルパ

インカ期にはミイラ製作が行われたことが知られている。しかし一般に考えられるような、内臓を除去する習慣があったわけではない。高地の寒冷な気候、あるいは海岸の乾燥した気候を利用して、自然に乾燥させ、表面に防腐処理を施す技術である。インカ期の場合、遺体は手足を折り曲げ屈葬の状態にして布を巻き付けた。

興味深いのはミイラの安置の仕方である。海岸地帯では地下に埋葬されることが多いが、高地ではチュルパと呼ばれる塔状の地上墓、あるいは洞窟や岩陰に遺体が安置された。一つのチュルパに遺体は一つではなく複数安置される。そして、インカ王のミイラは祭りの時など、重要な場には、輿《こし》に載せられ担ぎ出され、あたかも生きているかのように傅《かしず》かれたという。

チュルパは、円形あるいは方形の塔状の形態を有し、階層をもつ例も多い。そして多くの場合東に窓を有する。チュルパの起源に関しては、定説はないが、ワリ期の後半の後八〇〇年頃にはペルー北高地のカハマルカ地方（渡部 2007b）やカイェホン・デ・ワイラス地方（Lau 2000: 192, 2002: 292）に現れる。またカハマルカ地方北部のクテルボ、チョタのチュルパは地方発展期の前半に遡るという説もある（Isbell 1997）。ボリビアからチリ北部にかけてチュルパが多く分布するが、一三、一四世紀頃の年代である（Pärssinen 2003）。インカ帝国の首都クスコ周辺にはインカ期の一五、一六世紀の多くのチュルパがあるが、建設年代が先インカ期に遡るチュルパがあるかどうかは不明である（Isbell 1997: 174-181）。

チュルパとミイラ製作の習慣はインカ期の一つの時期指標になる。例えば、チャチャポヤス地方で発見されたラグーナ・デ・ロス・コンドレス遺跡のチュルパ群がそれを如実に示している（図2－20；Guillén 2002; Hagen 2002a, 2002b; Hagen and Guillén 1998; Urton 2001）。調査者らは、先インカ期にすでに建てられていたチュルパがインカ期に再利用されたと主張するが、筆者はチャチャポヤス地方の紋様が取り入れられているものの、インカ期に建設されたと考えている。

図2－20　ラグーナ・デ・ロス・コンドレス遺跡のチュルパ

図2－21　チョクタ遺跡のチュルパ

カハマルカ地方ではインカ期に埋葬形態に変化が生じたのであろうか。これまで土器や建築の特徴にインカ期の変化の明確な証拠をつかめなかった。埋葬形態に関しては、カハマルカ盆地においてはその開始時期は不明であるが、二次埋葬の習慣がカハマルカ晩期まで存続していた。そのため、ミイラ製作、およびチュルパ建築はインカ期の指標となりうる。ただし、ワリ期のチュルパもあるため今後、ワリ期のチュルパとインカ期のチュルパを区分する指標を精緻化する必要がある。

カハマルカ地方においてこれまで確認されているチュルパは、クテルボ地方、チョクタ遺跡（図2－21）、プエブロ・ビエホ遺跡（図2－22）、タンタリカ遺跡などカハマルカ文化の中心部から離れた山地の尾根上に位置する（図2－1）。カオリン土器の分布するカハマルカ盆地にはチュルパが存在せず、その範囲外に位置するという地理的パターンは、カハマルカ文化とチュルパの排他的関係を示しているようである。カハマルカ盆地ではインカ期以前から二次埋葬の習慣があり、それがカオリン土器製作と一連のものであるならば、インカ到来後も続いたと考えられる。

図2－22　プエブロ・ビエホ遺跡のチュルパ（下はチュルパ内の人骨）

二・五　まとめ

本章では、考古学データに基づきカハマルカ盆地のインカによる征服以前の状況を再構成した。またインカ期に生じた変化を解明することがサンタ・デリアの調査の目的の一つであったが、同遺跡はインカ期には放棄されていた。しかし、総合的に判断すると、カハマルカ盆地では、カハマルカ晩期の建築、土器、埋葬形態は先インカ期からインカ期にかけて連続的に存続したと考えられる。同盆地ではインカ様式の建築や土器を見つけることは非常に難しい。インカの直接的な証拠は、カハマルカの町のある場所に設置されたタンプ、およびそれをつなぐインカ道であり、既存の地方社会の中にインカの証拠が点と線で現れるのみである。

カハマルカ盆地はインカ期のワランガ・カハマルカに大まかに対応する。他のワランガの範囲でも同じようなパターンが認められるであろうか。もしそうであればエスピノサ・ソリアーノの説は裏付けられるし、そうでなければ違うモデルで説明する必要がある。次の第三章では、もう一つの遺跡の発掘データを提示し、議論を進めていく。

註

（1）以下では記述を簡素化するため土器のタイプ名の頭にCajamarcaがつく場合、C.と略する。

（2）松本からジュリアンへの私信によればAmoshulca Complexの中にこの三つのタイプが含まれている（Julien, D. G. 1988: 90）。また、松本自身も一九九三年の論文ではAmoshulca Complexという名称を用いずAmoshulca SymbolicとAmoshuluca Black Geometricを用いている（Matsumoto 1993: Fig. 13-2）。

第三章　タンタリカ遺跡の発掘——インカの到来

インカ期カハマルカ地方にあった七つのワランガの分布範囲は、北はバンバマルカから南はチカマ川流域までのペルー北部山岳地帯の広大な地域にまたがる（図１－５）。第二章ではサンタ・デリア遺跡のデータからインカ期直前のカハマルカ盆地の状況を明らかにした。カハマルカ盆地を中心とする地域はワランガ・カハマルカに対応する範囲である。七つのワランガのなかでワランガ・グスマンゴの首長が全体の筆頭首長であり、ワランガ・グスマンゴは現在のヘケテペケ川とチカマ川の間の山岳地帯に位置していた。そこはクイスマンク王国の解明のためにきわめて重要な地域でありながら、考古学的情報は皆無に近かった。

先インカ期にクイスマンク王国が存在したと想定する研究者は、それを考古学編年のカハマルカ晩期（カハマルカV期）と同定し、その重要遺跡としてグスマンゴ・ビエホ、タンタリカ遺跡を挙げている（Remy 1992: 68; Silva Santisteban 1982: 298-299）。またジュリアンは、カハマルカ後期以降、カハマルカ文化の勢力の中心はアンデス西斜面のヘケテペケ川、チカマ川に挟まれた山岳地帯に移ると述べている（Julien, D. G. 1988: 231, 242）。地名の分布から判断すると、グスマンゴ・ビエホ遺跡はワランガ・グスマンゴ、タンタリカ遺跡はワランガ・チュキマンゴの中心的遺跡と想定できる。グスマンゴ・ビエホ遺跡は崩壊が激しく、調査は困難であるが、タンタリカ遺跡は非常に保存状態が良く、さらに規模も大きいため発掘調査対象として選定した。また両遺跡は地理的に近接しているため、一つの遺跡のデータからもう一つの遺跡の特徴を想定することは、両遺跡を発掘することが難しい現段階における研究の手続きとしては妥当であろう。さらに、先スペイン期にはカハマルカ地方全体の筆頭首長はグスマンゴではなくチュキマンゴの首長であったというノアックの仮説（Noack 2001）を検証するためにも、タンタリカは鍵となる遺跡である。

次に発掘調査の概要を記す。データの詳細よりも話の流れを優先したい読者は「三・四　考察」を読んで、第四章に進んでいただきたい。要旨は次のようにまとめられる。七つのワランガのうちワランガ・チュキマンゴに対応するタンタリカ遺跡では、土器、建築、埋葬形態の特徴などがサンタ・デリア遺跡と異なる。これは七つのワランガがインカ以前に存在した政体に基づき形成されたという解釈と齟齬《そご》を来す。つまり、クイスマンク王国はエスピノサ・ソリアーノが想定するような形では存在していなかった。

三・一　タンタリカ遺跡

タンタリカ遺跡はカハマルカ県コントゥマサー郡に位置する同名の山に位置する（図2－1）。頂上部の標高は三二八九メートルあり、山の南東斜面に主要建築が連なっている（図3－1）。

このタンタリカ遺跡に関する最古の記録は、一八世紀にトルヒーヨの司教、バルタサル・ハイメ・マルティーネス・コンパニョンによって残されている（Martínez Compañon 1991[1789]）。当時はこの遺跡はワカ・タンタリュックの名称で呼ばれ(1)、司教が訪れる前の一七六五年に、同遺跡の墓が発掘された（Ballesteros Gaibrois 1994）。マルティーネス・コンパニョンが残した墓に関するスケッチとメモによれば、山の中腹部から張り出した尾根部に人工的な盛り上がりがあり、その下に地下式の墓があった（図3－2）。彼は層位ごとに記述を残しており、幾層もの土の堆積の下の墓室に遺体が安置され、多くの金製品、銅製品を伴っていたという（Jiménez de la Espada 1896）。

その後、ドイツ人考古学者ハンス・ホークハイマーが一九四〇年にタンタリカ遺跡を訪れ、簡潔な報告を残している。彼は表面観察から「盗掘者によって発見された黄金製品の記述（小トカゲの表現、鳥形の笛）は、チムーの冶《や》金《きん》を思わせる。しかしタンタリカ遺跡がインカによって利用され、最終的には部分的に建設されたことを示す他の証拠がある。建物の一つに、角材を備えた台形の壁龕《へきがん》が三つある」（Horkheimer 1985[1941]: 148）と述べ、金属製品

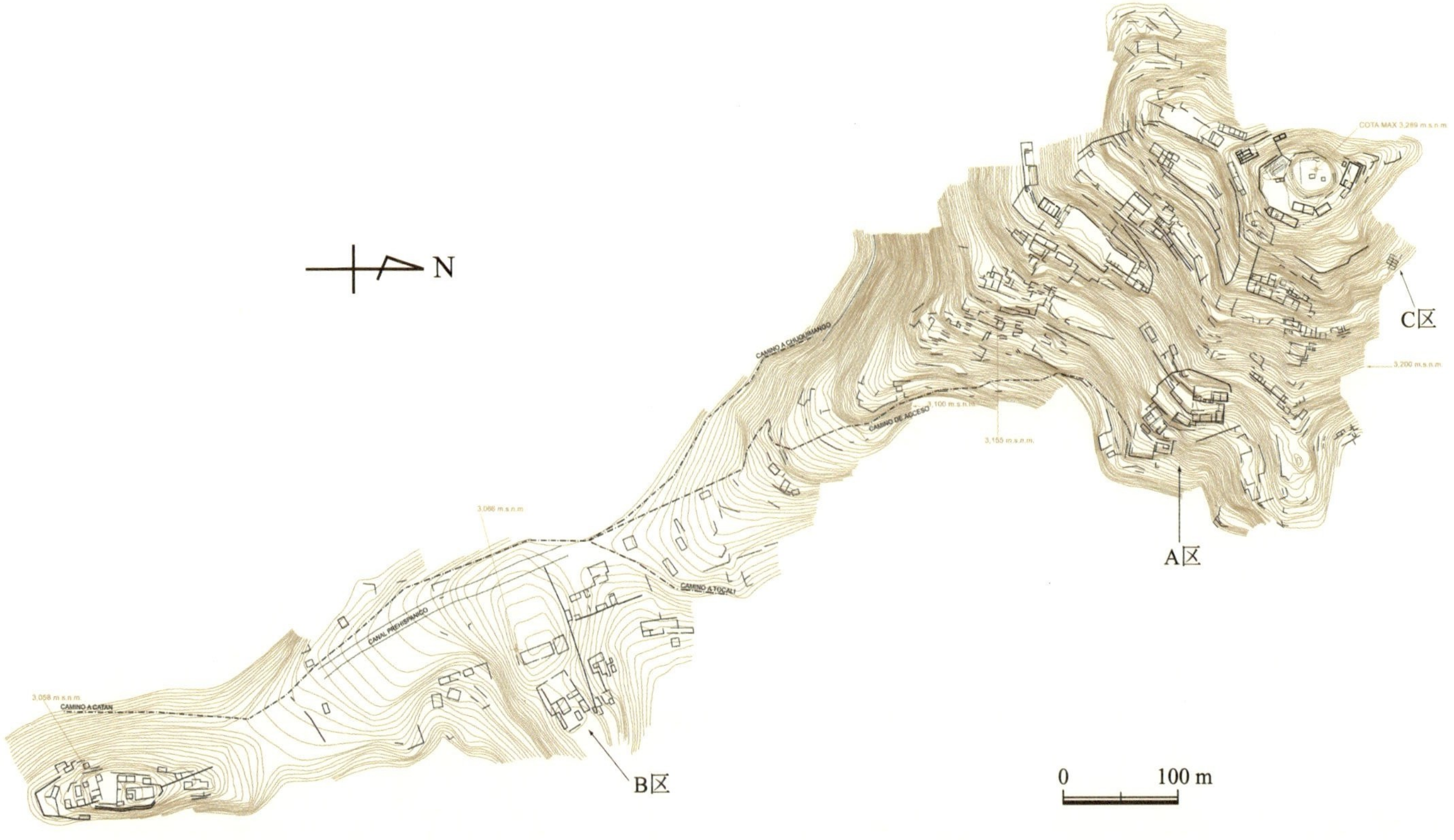

図3－1　タンタリカ遺跡の全体図（Instituto Nacional de Cultura-Cajamarca 1997 を基に作成）

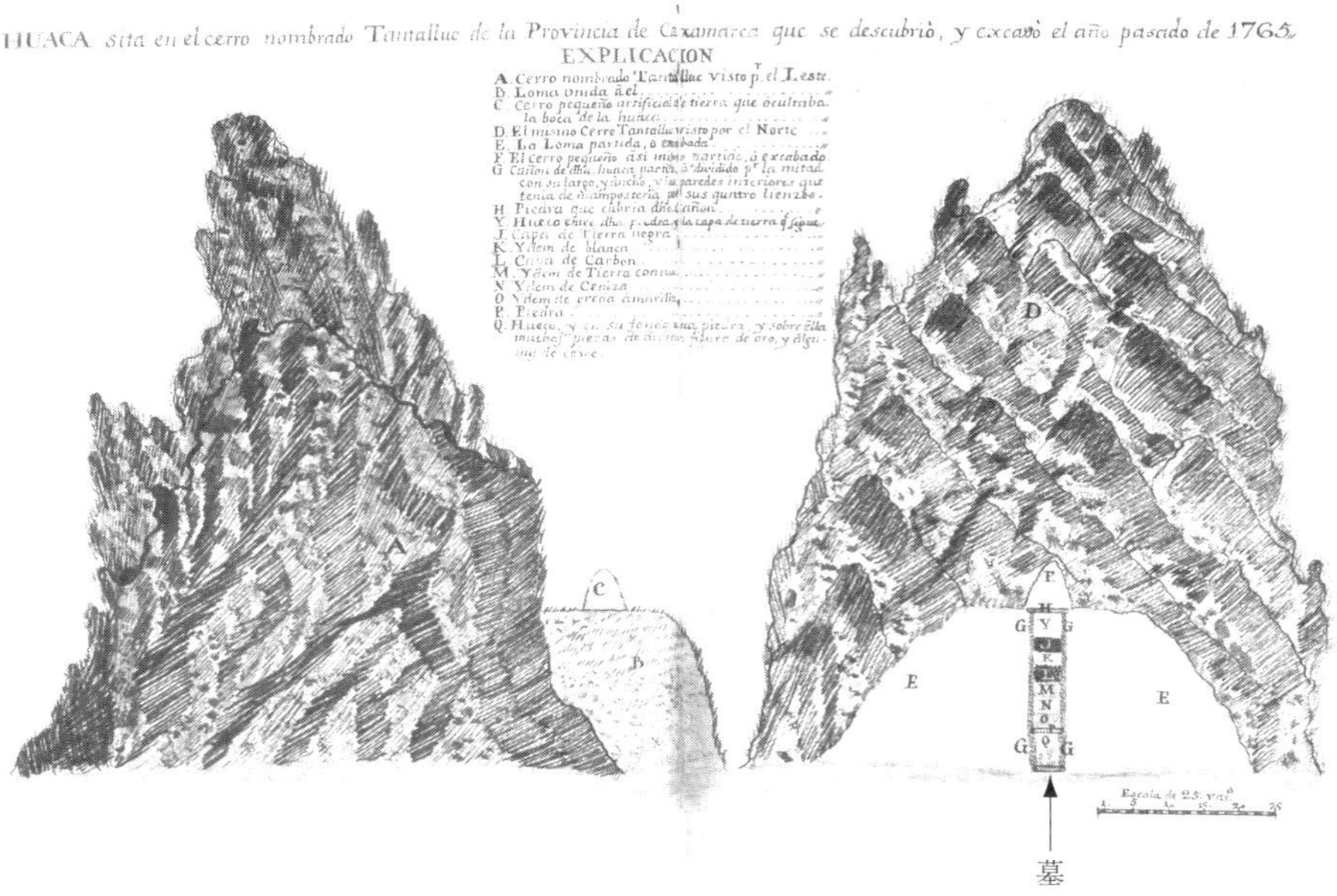

図３－２　ワカ・タンタリュック（Martínez Compañon 1991[1789]）

の特徴からタンタリカ遺跡をインカ到来以前にペルー北海岸を中心に勢力を誇ったチムー王国（後九〇〇－一四七〇）と同時期と考えているようである。また、上方が狭まった縦長台形の壁龕はインカ建築の特徴であり、それが確認できればインカの存在を示す有力な手がかりとなる。

一九八四年にハーバード大学の大学院生であったポール・ジャッケルらがタンタリカ遺跡を訪れ簡潔な報告を残している。後期中間期、インカ期の遺跡と述べており、表面採集された土器片の中に、カハマルカ晩期の土器、チムー文化の黒色土器、地方インカ様式土器、カハマルカ＝インカの土器が含まれるという（Jaeckel and Melly Cava 1987）。

その後、一九九七年に文化庁カハマルカ支局が、州行政暫定評議会（CTAR: Consejo Transitorio de Administración Regional）の援助を得て、タンタリカ遺跡の地形測量、および地表から確認できる建築の図面作成を行った。同時にいくつかの盗掘坑周辺部の清掃が行われた。プロジェクトを担当した考古学者ビビアン・アラウホは、南のワマチュコ地方のマルカワマチュコ遺跡との類似性を指摘し、タンタリカ遺跡をインカ期以前に比定し、地方発展期まで遡ると解釈している（Instituto Nacional de Cultura - Cajamarca 1997: capítulo IV）。

一九九八年に筆者らはタンタリカ遺跡を訪れた。建築の規模は大きく、斜面に巨大な土留め壁を設ける建築の特徴は、カハマルカ盆地の建築と明確に異なることが容易に理解できた。そして地表には大量の土器片が散布しており、チムー様式、およびインカ様式の土器片数点を収集できた。この遺跡がインカ期カハマルカ地方の社会動態解明の鍵となると想定し、翌一九九九年に発掘調査を実施し、二〇〇〇年に第二次調査（Watanabe 2004a, 2004b）、二〇〇四年に第三次調査を遂行した（渡部 2005）。

タンタリカ遺跡へのメインアクセスは南東方向にある。ヘケテペケ川とチカマ川の分水嶺から北方向に延びる尾根沿いに進むと、尾根の先端部に位置する遺跡に到着する。道沿いにはアクセスをコントロールするためと思われる出入口の痕跡を確認できる。また道に平行する尾根上にも遺構が連なっていることから、古くから利用されていたルートであることが分かる。

第一章で検討した一五四〇年の巡察では、巡察使バリエントスはチカマ川沿いに遡り、コントゥマサー付近を通り、ヘケテペケ川中流の町チレテに下りたが、古くからそのルートはトルヒーヨとカハマルカを結ぶ重要なルートであった（Cobo 1964[1653]: 127）。グスマンゴ・ビエホ遺跡、タンタリカ遺跡の立地の重要性は、当時の道の経路を考慮に入れれば明らかである。

建築は南東側の斜面に集中し、残り三方には表面から確認できる建物は多くはない。北面と南面は、傾斜のきつい斜面となっているが、西面はゆるやかである。タンタリカ遺跡からは北にヘケテペケ川を直接見下ろし、その支流のサン・ミゲル川を正面に望むことができる。西には一九八〇年代にできたダム、ガジート・シエゴを遠望することができ、ヘケテペケ川中流域のテンブラデーラ村方面から直接タンタリカに至るルートがある。後述するようにタンタリカ建設には海岸の人々が関わっているため、むしろ西方向（海岸方面）から上るのが普通であり、来《きた》る敵に備えるため南東方面（山地方面）からのアクセスが制限されていると考えることもできる。また現在でも北の

B.　タンタリカ遺跡（南東側より）

D.　A 区全景（北側より撮影）

A.　タンタリカ遺跡（北東側からの遠景、奥の三角形の山。クントゥル・ワシ遺跡から撮影）

C.　タンタリカ遺跡より北側を望む

図3－3a　タンタリカ遺跡

F.　屋根が残存した壁（A 区の周壁）

G.　大広場

図３－3b　タンタリカ遺跡

へケテペケ川沿いのリャリャン村付近へ直接下るルートが利用されており、毎週水曜日にチレテで開かれる市に行くために、タンタリカ周辺の住人はそのルートを歩いて下りる。標高差約二四〇〇メートルのそのルートは急げば登り五時間、下り三時間である。

タンタリカという名称の起源について、ケチュア語で「束の間の憩い」を意味するという説をホークハイマーは引用し、周囲の地名の中で唯一のケチュア語であり異質であることを、タンタリカ遺跡がインカ期にも利用された論拠の一つとしている。しかし、一八世紀当時はタンタリュックという名称で、「タンタ」は共通するため、「リュック」がスペイン語の単語「リカ（豊かな）」に置き換わったと考えられる。また植民地時代から現在までカハマルカ地方にはタンタという名字も存在する。

現在、チレテから車で約一時間半でコントゥマサーに到着する。そこからへケテペケ川とチカマ川の分水嶺を通りカタン村方面に向かってさらに車で二時間行き、車道との分岐から徒歩約一時間でタンタリカ遺跡に到着する。周辺に人はほとんど住んでおらず、最寄りの村カタンまで徒歩で一時間かかるため、テント生活をして調査を実施した。

遺跡全体はカラカシュアと呼ばれるトゲの生えた木やサボテンで覆われている。水は丘の麓《ふもと》からさらに下りなければ汲むことができない。気温の日較差は大きく、昼間は半袖で生活できるが、夜はセーターが必要となる。

三・二　建築および埋葬形態の特徴

地表の建築の観察、および図面の検討から一九九九年には山の中腹部（Ａ区）と麓部（Ｂ区）に発掘区を設けた。続く二〇〇〇年には二つの発掘区での調査を継続すると同時に、山頂部付近の墓があったと思われる地区（Ｃ区）の調査も行った（図３－１）。その結果、この遺跡が先インカ期に建設され、インカ期、植民地時代初期まで利用さ

測定機関番号	^{14}C BP	$\delta^{13}C$	Cal AD (1 σ)	Cal AD (2 σ)	登録番号	資料・出土コンテクスト
TKa-12106	340±70	−25.3	1497-1648 AD (68.2%)	1450-1675 AD (87.7%) 1738-1799 AD (7.7%)	99TC-B-C38	炭、A 区水路内
TKa-12017	310±100	−	1484-1674 AD (55.0%) 1740-1798 AD (13.2%)	1447-1815 AD (86.3%) 1830-1892 AD (35.9%) 1921-1952 AD (3.1%)	99TC-A-C2	炭、B 区植民地期の墓の覆土
TKa-12822	480±90	−	1402-1510 AD (52.8%) 1577-1621 AD (15.4%)	1320-1351 AD (3.7%) 1385-1644 AD (91.7%)	00TC-A-C10	炭、部屋 A1 の床下第 6 層
TKa-12823	640±80	−	1301-1367 AD (44.6%) 1374-1410 AD (23.6%)	1271-1450 AD (95.4%)	00TC-A-C12	炭、部屋 A1 の床下第 6 層
TKa-12824	700±130	−	1230-1250 AD (5.8%) 1261-1413 AD (62.4%)	1045-1087 AD (2.3%) 1107-1481 AD (93.1%)	00TC-A-C31	炭、部屋 A2 の床下第 4 層
TKa-12825	630±100	−	1300-1421 AD (68.2%)	1221-1490 AD (95.4%)	00TC-A-C33	炭、部屋 A2 の床下第 4 層
TKa-12826	440±70	−	1436-1510 AD (45.2%) 1575-1621 AD (23.0%)	1416-1636 AD (95.4%)	00TC-C-C5	炭、C 区炉内
TKa-12827	830±80	−	1162-1292 AD (68.2%)	1045-1088 AD (6.4%) 1106-1321 AD (83.1%) 1350-1387 AD (5.9%)	00TC-C-X18	炭化物（梁？）、C 区墓内

表３－１　タンタリカ遺跡出土遺物の ^{14}C 年代値

測定機関番号	^{14}C BP	δ^{13}C	Cal AD（1 σ）	Cal AD（2 σ）	登録番号	資料・出土コンテクスト
TKa-12015	340±60	−24.2	1500-1597 AD（50.8%）	1453-1672 AD（92.1%）	99TC-B-X3	木製梁、A 区回廊の部屋
			1611-1646 AD（17.4%）	1745-1755 AD（0.9%）		
				1764-1770 AD（0.5%）		
				1780-1797 AD（1.9%）		
TKa-12016	430±120	−	1432-1632 AD（68.2%）	1301-1366 AD（3.8%）	99TC-A-X4	木材、B 区植民地期の墓内
				1375-1696 AD（85.3%）		
				1726-1807 AD（6.2%）		
TKa-12105	420±70	−24.3	1448-1512 AD（36.5%）	1425-1644 AD（95.4%）	99TC-B-C32	炭、A 区回廊の部屋の床下
			1549-1562 AD（5.5%）			
			1571-1622 AD（26.2%）			
TKa-12102	330±60	−25.6	1500-1597 AD（48.8%）	1457-1673 AD（88.9%）	99TC-B-C24	炭、A 区回廊の部屋の床下
			1611-1650 AD（19.4%）	1742-1773 AD（3.5%）		
				1778-1797 AD（2.9%）		
TKa-12104	290±80	−25.0	1503-1592 AD（27%）	1458-1712 AD（64.3%）	99TC-B-C31	炭、A 区回廊の部屋の床下
			1615-1677 AD（22.1%）	1719-1813 AD（23.2%）		
			1735-1800 AD（19.1%）	1836-1890 AD（4.9%）		
				1923-1952 AD（3.0%）		
TKa-12103	440±70	−25.2	1436-1510 AD（45.2%）	1416-1636 AD（95.4%）	99TC-B-C30	炭、A 区階段の上
			1575-1621 AD（23.0%）			

SHCal04（MaCormac et al. 2004）を用い、OxCal v.4.0.1（Bronk Ramsey 1995, 2001, 2006）較正プログラムにより較正

れたことが明らかとなった（表3－1）。しかも建築、土器、埋葬形態などの特徴はサンタ・デリア遺跡をはじめとするカハマルカ晩期のものとは全く異なっていた。土器から判断するとタンタリカはペルー北海岸を中心に繁栄したチムー王国と密接な関係にあったことが判明した。ただし海岸のチムー文化の建築はアドベ（日干しレンガ）製であるが、タンタリカの建築は石製である。設計図に類似点があるかどうかを確認することが今後の課題である。

B区の調査は、山の麓に連なる建築群と山腹付近の主要建築群とがどのような関係にあるかを解明する目的で実施したが、調査の結果、それらは全て植民地期に属することが明らかとなった。インカ期直前の状況を把握するという目的に合わせ、ここでは先スペイン期の建築があるA区とC区について記述を行う。二〇〇四年の第三次発掘については別稿（渡部 2005）を参照していただきたい。

三・二・一　A区の建築（図3－4）

タンタリカ遺跡は山の頂上部から麓まで建築が連なる大遺跡である。特に山の中腹部の建築の残存状態は良好である。部屋状構造を載せるためのテラスを建設するのに用いられる土留め壁、部屋状構造の壁あるいは建物を区画するための周壁の両面壁が高さ四メートル以上も残っている。また周壁には一部屋根が残存している（図3－3b・F）。中腹部には様々な設計の建築が並んでいるが、開いた広場状構造と、閉じた部屋状構造に大別できる。また、表面から壁龕、水路、通風口などの特徴が確認できる。

壁龕、水路が集中している区域が一つあり、そこを発掘区として選定し、A区と命名した。A区は五つの大きなテラスから構成されており、さらにその上の場所に周壁がめぐっているため他の建築群と明確に区別できる。表面から確認できる壁龕は二〇以上におよび、水路の出口はテラスの側面に少なくとも三つ確認できる。所々に通風口も認められる。タンタリカ遺跡の他の地区と比較すれば特殊である。

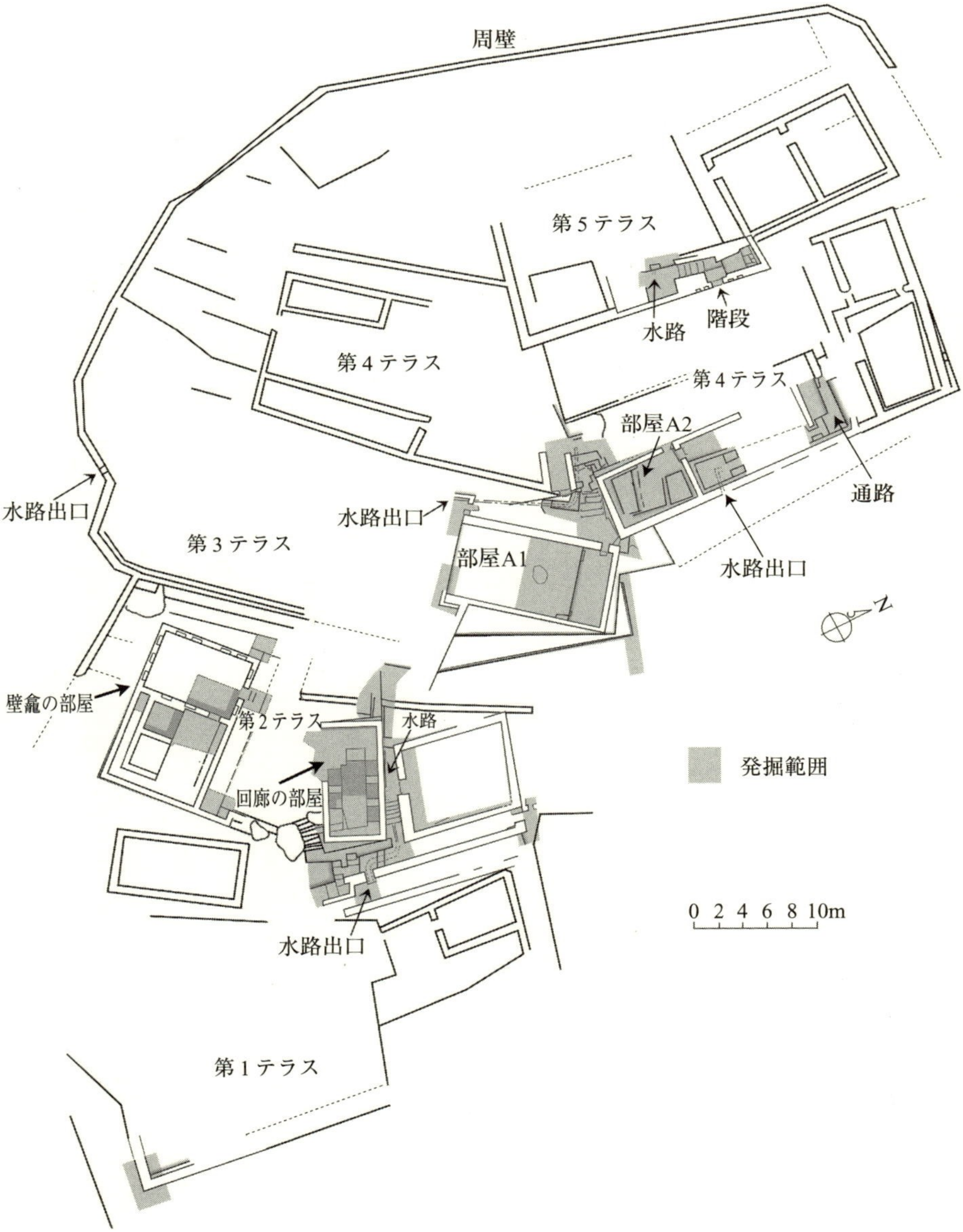

図3-4　タンタリカ遺跡A区の建築

五つのテラスの中で下から二番目の第二テラス周辺の建築を一九九九年に発掘し、翌二〇〇〇年にその他のテラスの発掘を行い、全体の構造を把握した。調査に当たってはこの五つのテラスが同時に建設され機能したのかを知るため、それぞれのテラス間のアクセスの確認作業を行ったが、第二テラスと第三テラスとの間のアクセスは確認できなかった。従って、A区の建築は第一・第二テラスと、第三・第四・第五テラスに大きく二つの建築単位に分かれていると考えられる。

A区の建築は非常に計画的に設計されており、短期間に造られた。高度な建築技術が認められ、テラスの強度を高めるための様々な方法が確認できた。土留め壁を岩盤の上に直接建てる、テラスの内部を仕切壁によって細分する、土留め壁の方向を途中で変える、土留め壁の高さが高い場合途中で一段引っ込める、土留め壁を二重にする、などである。こうした大テラスを建設する技術はカハマルカ盆地のサンタ・デリア遺跡や同時期の他の大遺跡では現在まで確認されていない。

A区では少なくとも四つの水路があり、非常に計画的に作られている。いずれも入口と出口を有しており、儀礼的機能を備えていたと考えられる。また多くの壁龕が確認されているが、ホークハイマーが報告するインカ建築の典型的な特徴である台形の壁龕は確認できなかった。

インカ様式の土器がまとまって出土したため、タンタリカがインカ期に利用されたことは明らかである。そして土器と建築の対応関係は明確である。インカ様式の土器は床上の覆土からしか出土せず、床下からは一点も確認されていない。チムー様式の土器も同様である。ただし第二テラスの回廊の部屋では「古い部屋」が埋められその直上に「新しい部屋」建設されたが、改修の際に古い部屋を埋めた砂からチムー様式土器が数点出土している。従って土器の出土状況のみからは、A区の建築がインカ期以前に遡るかどうかは確定できない。

第二テラスの回廊の部屋の新しい部屋の床下から採集した炭化物（表3－1：Tka-12105, Tka-12102, Tka-12104）、および壁龕の部屋の壁龕の一つの木製梁の放射性炭素年代はほぼインカ期に対応する（表3－1：Tka-12015）。一方、第三テラスの建築、第四テラスの建築の床下から出土した炭化物の放射性炭素年代（表3－1：Tka-12822, Tka-12823, Tka-12824, Tka-12825）はインカ期以前の値を示す。そのため、A区の建築は第一・第二テラスと第三・第四・第五テラスの大きく二つに分かれ、前者のグループの全体あるいは一部がインカ期に建設、改築され、後者は先インカ期に建設されたと解釈できる。つまりインカ期以前の地方王国期にタンタリカ遺跡は建設され、インカ期に再利用されたと考えられる。今後他の地区において発掘調査を行い、建築と土器の対応関係、建築の建設年代を確認する必要がある。

三・二・二　C区の建築（図3－5、図3－6）

C区はタンタリカの山頂から北側に少し下ったところに位置する。そこからはヘケテペケ川を直接見下ろすことができる。大きな盗掘坑があり、内部に地下室が観察でき、周囲に梁石、平石や人骨が散乱していたため、墓であるという想定で発掘区を設けた。

急な斜面に土留め壁を建て形成されたテラスの上に小基壇状の建築が載っている。壁で囲まれた一〇×八メートルの大きさの空間の中央に五・五×四メートルの建築が位置し、その周囲は回廊状の開けたスペースとなっている。南北にそれぞれアクセスがあり、周囲にも同様の建築が繋がっている。そのためC区の建築は一連の埋葬建築の一部にすぎない。隅には直径一一〇センチ、深さ四四センチの炉があり、中からは大量の炭以外に、焼けた骨、石製紡錘車、銅製ピンなどが出土した。出土した炭はインカ期の年代を示した（表3－1：TKa-12826）。

中央に位置する建築は盗掘によってひどく損傷していたが、慎重に清掃した結果、地上と地下に分かれる二層構造の建築であることが明らかとなった。

地上建築

五・五×四メートルの小基壇上には小さい部屋状構造が二つある。R1は二五〇×一三〇センチ、R2は二二〇

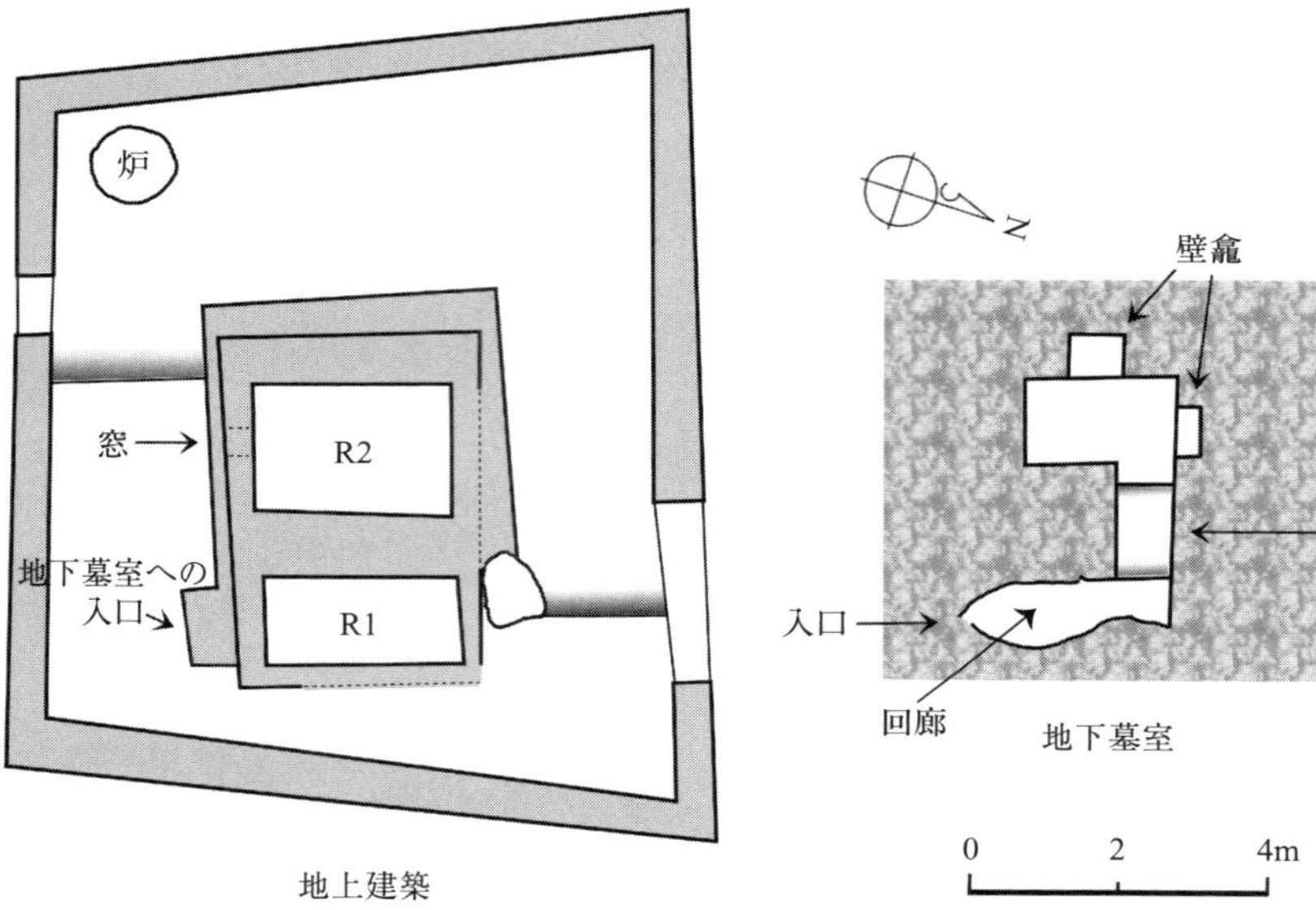

図3－5　タンタリカ遺跡C区の建築

×一八〇センチの大きさである。R1内部には何も発見されなかった。R2は大部分破壊されていたが、内部では数体分の人骨が発見された。少なくとも八個体分はあり、全て屈葬であった。おそらくインカに典型的なミイラ埋葬であろう。銅製トゥプ（女性が纏うマントを留めるためのピン）が二点確認され、遺体の一つは口の中に銅製ピンセットを伴っていた。アリバロスと一般に呼ばれるインカ様式の土器が二点原位置で確認された（図3－19、左上の2点）。また盗掘による排土中には多くのインカ様式の土器片が含まれていた。またR2内で屋根に伴う梁《はり》の断片と思われる炭化物が確認され、先インカ期の年代を示した（表3－1：TKa-12827）。埋葬は明らかにインカ期のものであるため、埋葬建築が先インカ期から存在したか、木材が再利用された可能性を考慮する必要がある。この埋葬建築はチュルパと呼ばれる塔状墳墓である。

R2の南側の壁には五〇×五〇センチの大きさの窓があり、その外側では広口短頸壺《たんけいこ》の完形品二点、棘を取り除かれ磨かれたスポンディルス貝の破片一点が出土した（図3－6E）。

また、地上建築物の外側南東隅の壁際の床下から黒

A.　C区（西側上方より）

B.　地下室へ通じる回廊の天井

C.　地上建築

D.　C区被葬者（インカ期）

E.　スポンディルス貝の加工品

F.　黒色碗の出土状況

図3-6　タンタリカ遺跡C区

色碗が一二点出土した（図３－６Ｆ）。全てが完形品、半完形品であった。これらが地上建築の建設時に床下に埋納されたものであることは明らかである。胎土がもろく整形が粗いのは、実用を目的として製作されたのではなく、単に埋納のために製作されたことを示唆している。

Ｒ２内部では床面から七五センチの高さに平石が渡されていた証拠があり、その平石に遺体がもたれ掛かっていた。そのためＲ２内部は二層構造になっており、遺体のいくつかが上から落ちてきた可能性がある。しかし、この建築は盗掘によって大部分破壊されていたため、部分的なデータから結論を導くのは危険である。他に類似した多層構造の建築が存在するか確認する必要がある。

地下墓室

以上の地上建造物の下に地下式の建築がある。中心部はＲ２の真下に位置する。二・一×一・二四メートルの広さで、高さは一・八メートルある。内部の壁には壁龕が二つあり、西側の壁龕は高さ七〇センチ、幅六五センチ、奥行き六〇センチの大きさである。北側の壁龕は損傷がひどく本来の大きさは確認できないが、奥行きは三六センチある。

この地下墓室への入口は、Ｒ１の南に位置する。入口を通ると石を敷き詰めた回廊に出る。回廊は岩盤を削って作られており、天井には石の梁が渡されている（図３－６Ｂ）。回廊は幅八〇－一一〇センチ、高さ一六〇センチ、長さ一八〇センチである。回廊を抜けると左（西）に曲がる。そこで高さ一〇〇センチの段を上り、高さ一一〇センチの空間を通り、次に高低差一一七センチの段を下り地下室に通じることができる。こうした建築の特徴から判断すると、地下室への入口は閉じられており、恒常的なアクセスはなかった可能性が高い。残念ながら、地下室にどのような人物が埋葬されていたか不明である。入口付近の回廊から人骨の一部と半完形のチムー様式土器片が出土したためチムー期に利用された可能性がある（図３－15Ａ）。

地下室の建設年代の解釈には二通りある。一つは地下墓室が地上の建築と同時にインカ期に建てられ、チムー様式土器は後から入り込んだという解釈。もう一つは地下墓室がインカ期以前に建設され、その上に地上建築がインカ期に付け加えられたという解釈である。[2] 建設年代は今後他の事例と比較検討し解決すべき問題であるが、この墓は、マルティーネス・コンパニョンが報告する一八世紀に発掘された墓と類似しており、タンタリカの起源を解明するのに鍵となるであろう。いずれにしても、チムー様式の土器や金属製品の特徴は、北海岸との密接な関係を示している。

三・三　土器

土器分析はサンタ・デリア遺跡出土土器の分析と同様の手法に従って行った。先スペイン期の土器は、主に遺跡中腹に設定されたA区出土土器の分析に基づきタイプ分類を行った。C区の出土土器も全てA区出土の土器タイプの中におさまる。しかし、C区の墓の副葬品には、A区には見られない良質な胎土の特殊な土器が多い。チムー様式土器やインカ様式土器といった紋様を施した識別しやすい土器のほかに、四つのタイプを設定した。**Tantarica Coarse** と **Tantarica Orange** は大粒の砂を混和材として用い、しばしば格子状の敲打紋《こうだもん》を表面に伴うため、明らかにペルー北海岸の土器製作伝統の系譜である。また、大型瓶や広口短頸壺といったカハマルカ盆地には全くみられない器形が主流である。残りの **Tantarica Black Painted** と **Tantarica Red Smoothed** の二つのタイプは、カハマルカ盆地におけるカハマルカ晩期の **C. Black Polished**、**C. Coarse Red** と共通の特徴を示す。

Tantarica Coarse（図3－7、図3－8）

胎土：非常に大量の砂の混和材を含む。混和材の粒は大きく、その直径は一－三ミリにおよぶ。胎土はおおむね褐色、灰色である。

器面調整・整形：外側、および口縁部内側をなでて整形している。口縁部は横方向に線状の整形痕が目立つ。外側には褐色、橙色のスリップが掛けられる。

色：外側はスリップの褐色、橙色が目立つが、内側はほとんどが黒、暗褐色である。これはおそらく焼成条件に由来する特徴である。

器形：直径四〇－六〇センチの口縁部と胴部が接合した大型の瓶がほぼ唯一の器形である。口縁部と胴部の接合部の角度はあまりきつくなく、なだらかである。厚さは口縁部で一・五－二・〇センチ、胴部で〇・七－一・〇センチ程度である。短頸壺に近い例もある。口縁部が平らで肥厚した、広口内湾壺もある。なお北海岸の大型瓶は無頸壺で口縁が内側に傾いており（Cf. Hayashida 1999: Figure 8-c）、Tantarica Coarse とは異なった器形である。

施紋：胴部に格子状、網状の敲打紋を伴う場合がある。また、管のような道具で円紋が施された例がある。

図３－７　Tantarica Coarse（写真）

図３－８　Tantarica Coarse

Tantarica Orange（図3－9、図3－10）

胎土：橙色から褐色で、やや粗い。直径二ミリ以下の混和材を大量に含むため、表面はざらざらである場合が多い。大きい混和材を含み Tantarica Coarse の胎土に近い例もある。

器面調整・整形：外側全体と口縁部内側をなでて調整し、橙色、明褐色のスリップを施している。口縁部では横方向に線状痕が目立つ。

色：橙色が多く、明褐色、暗褐色、赤褐色の例もある。焼成条件により、黒い場合もある。

器形：カンタロと呼ばれる短頸壺がほとんどである。(3) 胴部の器壁の厚さは二－五ミリで薄く、口縁部は厚手である。縦方向に把手が付く場合がある。口縁部中央部が外側に張り出す例(4)もある（図3－10、右下の3点）。口縁部に縦方向の把手を伴う小型の長頸壺、あるいは口縁部が外側に開く大型の長頸壺もある。(5) また少数ではあるが、碗もある。

施紋：器面にスリップを施した上に、口縁部内外面、あるいは屈曲部（口縁と胴部の接合部）や口縁部のみに横方向に白線を彩紋する。胴部中央に黒線を描く場合もある。大型長頸壺の屈曲部に、縦方向にアップリケで縄状粒紋様が付く例、胴部に格子状の敲打紋を伴う例もある。

このタイプの土器の胴部には煤《すす》が付着している例があるため、煮沸用として使用されたものが多いようだ。また、胎土、整形の特徴から、Tantarica Coarse と同じ海岸系統の土器であることは確実である。

また、C区にこの土器の完形品が多く確認されており非常に磨きがよい例もあることから、副葬品としても使用されていたことが推測される。C区の地上建築の南側の窓の外側からこのタイプのカンタロが二点出土した。

図3－9　Tantarica Orange（写真）

図3－10　Tantarica Orange

図３－11　Tantarica Black Painted（写真）

Tantarica Black Painted（図3－11、図3－12）

胎土：あまり緻密ではない。直径一ミリ以下の混和材を含む。褐色の胎土もあれば、灰色の胎土もあるが、同一個体で灰色や褐色といった焼き斑《むら》があるため、焼成条件による可能性が高い。いずれにせよ、Tantarica Coarse、Tantarica Orange と異なり混和材は表面で目立たない。

器面調整・整形：内外面に黒のスリップが施される。磨かれ光沢を放つ例もあるが、平滑化されるだけの場合が多い。外側は口縁部付近のみ磨かれる場合がある。

色：黒がほとんどであるが、褐色に近い例もある。

器形：碗のみである。多くは高台を伴うが、平底、丸底の場合もある。逆円錐形の場合必ず高台がつくが、器壁が途中で屈曲する場合平底（丸底）となる。

施紋：紋様は施されない。

このタイプにはサンタ・デリア遺跡の土器タイプ、C. Black Polished と同様、高台付きの外反碗が多い。カハマルカ盆地の土器製作と類似しているが、海岸にも似た土器群が存在する。

C区において、床下から一括出土した一二個の碗は、墓の建設時に意図的に埋められたものである（図3－6F）。しかし全て胎土が非常に粗く、もろい。磨きも口縁部のみで、残りの部分はマット面のまま残してある。三つが丸底、残りが高台付きで、一つを除いて全てが黒色である。

図3-12　Tantarica Black Painted

Tantarica Red Smoothed（図3－13、図3－14）

胎土：橙色、赤褐色の胎土である。比較的緻密で、直径一ミリ以下の細かい砂が混和材として用いられる。

器面調整・整形：赤褐色のスリップが器面全体に施されている。壺の場合口縁の内外面を横方向に整形し、胴部外側は縦方向に調整され、一方内面は磨かれずマット面のまま残される。いずれの場合も光沢を放つが整形痕は明瞭である。

色：赤褐色、暗赤褐色。

器形：口縁部が外反する壺が主要な器形である。底部は、平底、丸底である。直径一〇センチ前後のものが多いが、四－五センチの小型土器もある。高台付き、あるいは丸底の小型の碗も確認されている。水筒形の壺や短頸壺もある。また、穴あき皿も製作された。

施紋：胴部に刻み目をともなった帯状貼付紋様を伴う場合がある。

このタイプの土器群は、カハマルカ盆地のC. Coarse Redと同じ系譜である。しかし、整形の特徴などにおいて、カハマルカ晩期に認められるC. Coarse Redとは異なる特徴を示す。また、同盆地に特徴的な穴あき土器が出土している。破片が小さいためその全体の器形は不明であるが、把手付きの浅皿であろうと思われる。一方で、水筒形の土器はカハマルカ盆地ではなく、北海岸で認められることに留意する必要がある。

以上設定したタイプの土器の他に、チムー様式土器、インカ様式土器が存在する。チムー様式土器と共伴する場合はインカ期以前の地方王国期、インカ様式土器が含まれる場合はインカ期以降と判断できる。ただし、チムー様式土器はインカ期になっても製作され、より広い範囲に分布した（Moore and Mackey 2008: 801）。チムー様式土器の有無だけではなく、年代など全体的な状況を踏まえ時期比定をすることが必要である。一方で、インカ様式土器、チムー＝インカ様式土器が出土すればインカ期であることは間違いない。

図３－13　Tantarica Red Smoothed（写真）

図３－14　Tantarica Red Smoothed

A. （C 区地下墓室出土）

B. 壺

C. 胴部破片

D. 鐙形注口部

E. 鐙形注口部

F. ジャガイモをかたどった壺の胴部
（c.f. 山本 2004: 135）

図３－15 チムー様式土器（写真）

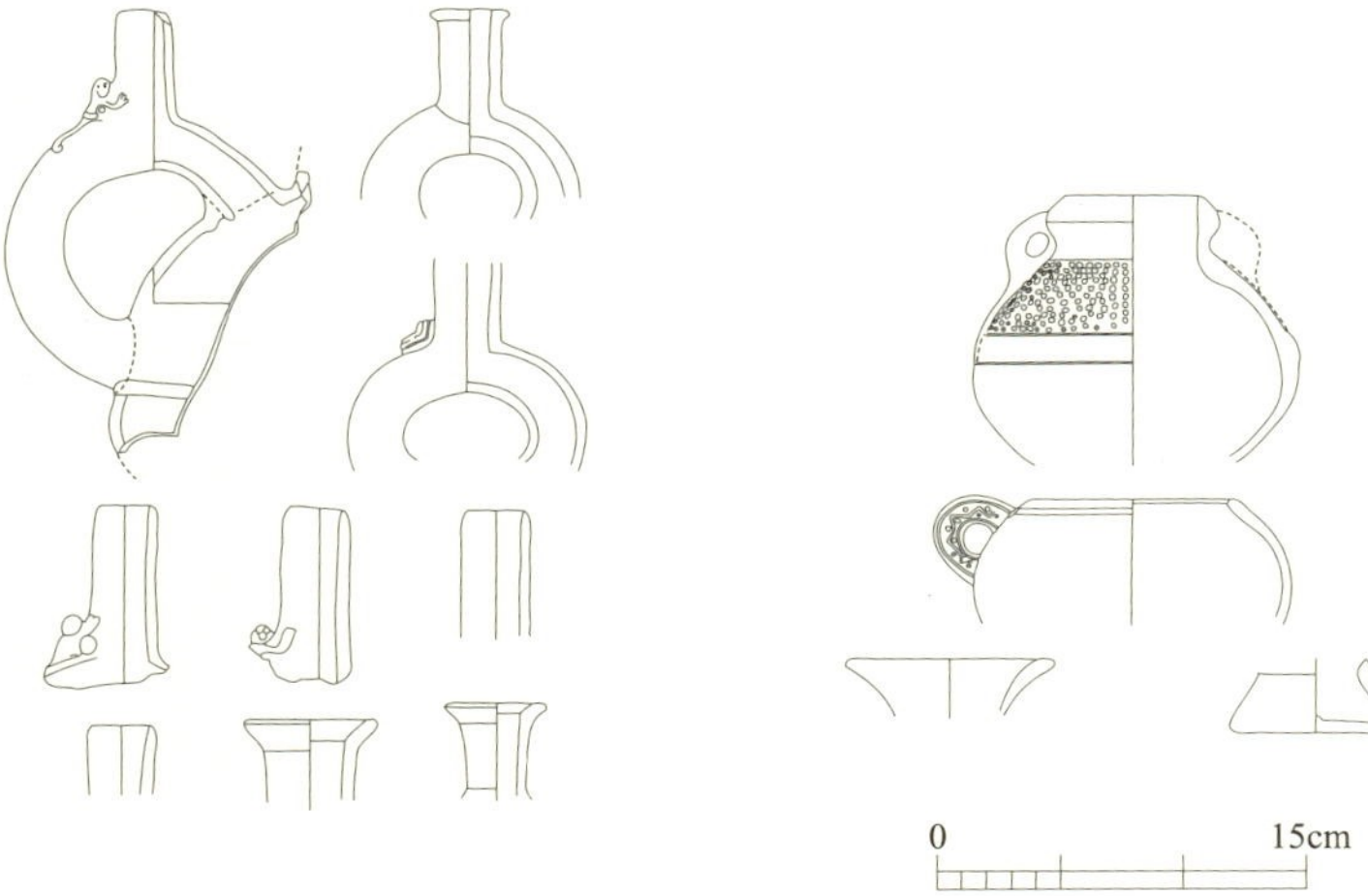

図３－16　チムー様式土器

チムー様式（図3－15、図3－16）

チムー様式土器とはペルー北海岸に栄え、インカ帝国に征服されたチムー王国で製作された土器である。黒色の鐙形壺《あぶみがたつぼ》が特徴的で、型を用い大量生産された。立体装飾で人物や動植物を表現する例も多く見られる。数は少ないが橙色の土器も見られる。

胎土：明らかに前述のタイプの土器群とは異なる。明灰色の緻密な胎土で、直径〇・五ミリに満たない細かな砂が混和材として含まれる。表面が摩耗している場合、混和材が浮き出てざらざらとなる。褐色の胎土もある。

器面調整・整形：壺の外側が非常に丁寧に磨かれる。

色：ほとんどが黒、灰色である。少数だが橙色もある。

器形：鐙形壺が主流で、様々な立体装飾を伴う。装飾付きの碗もある。他に広口内湾壺もある。

施紋：鐙形注口部と胴部の接合部に猿などの形の突起がつく場合が多い。動物や植物を象形した壺の胴部がある。ピエル・デ・ガンソ（ガチョウの皮）と呼ばれる、複数の粒状突起紋が付く場合がある。

インカ様式（図3－17～図3－19）

インカ様式の土器の特徴は、器形の画一性にある。クスコ近隣地帯の出土土器を例に、インカ様式土器の器形を分類すると図3－17のようになる（Valcárcel 1934a, 1934b, 1935a, 1935b）。それ以前には存在しない独特の器形が多く、規格性が高いため、明確な時期指標となる。例えば、アリバロスと呼ばれる尖底壺（図3－17A）、底から数センチ上に稜を有する底部（図3－17H～O）、縦長の把手（J、K、Q）、胴部に対し斜め方向に付けられた把手（J～L、N～P）、外反する口縁など、土器の一部だけでインカの土器と同定できる特徴が多い。ただし、クスコで製作された全ての器形がみられる地域は他になく、支配下のそれぞれの地域でいくつかの器形が選択的に製作された。タンタリカも例外ではなく、現在まで確認されている器形は、図3－17のA、J、MまたはNの人面付き長頸壺、P（蓋も一点出土）、Q、U、V、Zもしくはaである。しかし、独自の器形を維持した地域もある。その一つがペルー北海岸であり、鐙形壺はインカ期に多少変化をしながらも存続した。

土器には幾何学紋様、シダ植物状紋様（図3－17E、J）などが描かれる。鳥やネコ科動物も見られるが、総じて写実的表現は少ない。器形や紋様の特徴が各地の土器製作伝統と融合したインカ様式土器は地方インカ様式と総称される。ペルー北海岸のチムー＝インカ様式が代表例であり黒色のアリバロスが製作された。首都クスコから離れた地域では、紋様を忠実に模倣、反復する傾向は弱く、地方独自の紋様が施された。

器形の画一性とは反対に、インカ様式土器は胎土に多様性がある。タンタリカ遺跡出土のインカ様式土器については、胎土の特徴に注目すると、肉眼で観察した結果大きく四つのグループに区別できる（図3－18）。ただし、これらのグループに当てはまらない資料も多い。胎土の特徴の差異には紋様の差異が平行し、各グループが土器製作者集団の違いを示す可能性がある。

（1）クスコ・タイプ

胎土：非常に緻密な濃い橙色胎土である。

器面調整・整形：非常に滑らかに磨かれ、スリップが施される。
色：橙色で、その上に黒、白、赤で施紋される。
器形：アリバロスは確認されていない。把手付きの壺、把手付き皿、突起付きの皿がある。
施紋：クスコで確認される植物のシダに似た紋様や幾何学紋様が確認されている。
土器自体がクスコから搬入されたのか、あるいは土器製作者が粘土を携えやってきて、タンタリカで製作したのかどうかは不明である。

（2）チムー＝インカ
胎土：灰色の比較的緻密な胎土。
器面調整・整形：外側が磨かれる。
色：灰色、暗灰褐色。非黒色系の橙色土器もある
器形：アリバロス、人面付き長頸壺が確認されている。
施紋：なし。

（3）白色胎土
胎土：比較的緻密な、白色、乳白色胎土。黒色、橙色の混和材が確認できる。
器面調整・整形：スリップが掛けられる。
色：白、乳白色。
器形：アリバロス、人面付き長頸壺、大型の把手付きの広口深鉢がある。
施紋：クスコで認められる幾何学紋様を模倣している例がある。
白色胎土のインカ様式土器はチムー＝インカと同様に明らかに北海岸の土器製作伝統に則って製作されている。

M

N

O

P

Q

R

S

T

U

V

W

X

Y

Z

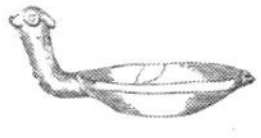

a

b

図３－17　インカ様式土器の器形（Varcárcel 1934a, 1934b, 1935a,1935b を基に作成）

A.　クスコ・タイプ（皿）

B.　クスコ・タイプ（壺）

C.　チムー＝インカ（尖底）

D.　チムー＝インカ

E.　白色胎土

F.　橙色胎土

図３－18　インカ様式土器（写真）

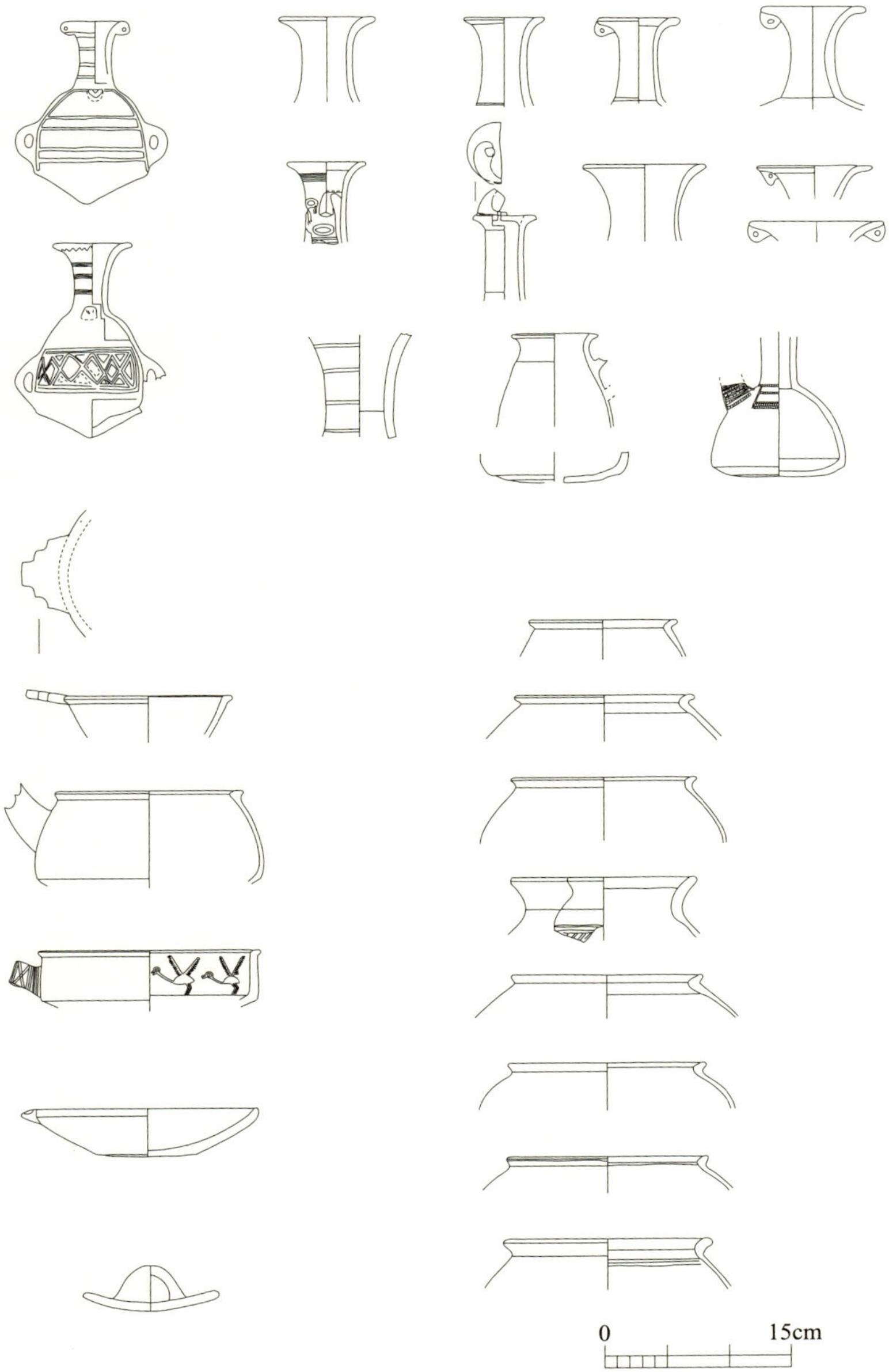

図３－19　インカ様式土器（タンタリカ遺跡出土）

（4）橙色胎土

胎土：Tantarica Orange と同様、混和材を多く含む橙色胎土。白に近い場合もある。

器面調整・整形：外側が磨かれる。

色：橙色、暗灰褐色。

器形：アリバロス、壺などがある。中央に穴のあいた高坏が出土している。⑹

施紋：クスコで認められるシダ状紋様を模倣している。

タンタリカ遺跡におけるインカの土器製作の特徴をまとめてみよう。まず、ペルー北海岸の製作伝統の土器である **Tantarica Orange** と同じ胎土のインカ様式土器がある一方で、カハマルカ盆地の土器と類似した **Tantarica Black Painted** や **Tantarica Red Smoothed** と胎土の特徴が同じインカ様式土器は確認できない。このことはカハマルカ盆地でインカ様式土器を見つけることが困難であることと平行している。また白色粘土にはカハマルカ盆地のカオリンが多く含まれている可能性があるが、インカ様式土器以外に白色粘土が用いられた例はない。そのためカオリン粘土はカハマルカ文化の担い手ではなく、ペルー北海岸出身の人たちによってインカ様式土器に利用されたということが考えられる。また地方のインカ遺跡では必ず出土するアリバロスについてであるが、タンタリカではクスコ・タイプの胎土の例は確認されていない。単にまだ見つかっていないのか、あるいはそれに何か意味があるのかどうか、今後の検討課題としたい。

三・四　考古学データについての考察

タンタリカは、ヘケテペケ川とチカマ川に囲まれた山地において初めて本格的発掘調査が行われた遺跡である。タンタリカの時期比定のためには北海岸のチムー王国の動きを踏まえる必要がある。モチェ川流域のチャンチャンを首都としたチムー王国は南北に拡大した。北のヘケテペケ川流域まで征服したのは後一二〇〇年頃と以前は考えられていたが、最近の調査結果によれば後一三二〇年頃である（Moore and Mackey 2008）。タンタリカをチムーが山地に拡大する際の拠点と捉えるのであれば、その建設は早くとも後一三二〇年以降と考えるのが妥当である。放射性炭素年代も矛盾しない（表3－1）。いずれにせよチムー文化がカハマルカ地方の西部に広まっていることは確かである。

ペルシネンも、ワランガ・チョンダルに対応するカハマルカ地方北西部において、ペルー北海岸のチムー様式やランバイェケ（シカン）様式の土器が支配的であることから、カハマルカの領域内において異なる民族集団が複数存在した可能性を指摘している（Pärssinen 1997: 45-46）。それはワランガ・チョンダルで、海岸起源の名前が多いというロストウォロフスキの主張とも合致する（Rostworowski 1992）。

つまりこれまで七つのワランガの範囲全体にカオリン土器製作に特徴付けられるカハマルカ文化が認められると想定されていたのであるが、そうではなくその西部は海岸系の文化が支配的なのである。

サンタ・デリアはインカ期直前の後一二〇〇－一四〇〇年頃に中心的に利用され、タンタリカの利用時期のはじめの部分と重なり合う。両者の間では建築、土器などの特徴は全く異なる。また、インカ期における変化の様相もまったく異なっている。サンタ・デリアはインカ期には放棄されていたと考えられ、タンタリカにおいてはインカの特徴は遺跡全体に覆い被さるように現れ、インカによる征服を如実に示している。

インカは首都クスコから四方にインカ道を敷き、各地にタンプを設置し、地方支配の拠点とした。ペルー北部高地におけるそうしたタンプの一つがカハマルカにあった。遺跡の分布パターンは変化した可能性があるが、土器や建築に注目すればカハマルカ文化は外来要素を中心部に内包しつつも、大きな変化を被ることなく存続したといえる。一方、チムー王国と密接な関係を持つタンタリカは、インカ期に再利用された。インカの要素が出現する様子の違いは、それを受容する社会、即ちインカ以前に存在した社会、つまりカハマルカ文化とタンタリカの社会組織の特徴がそれぞれ全く異なることを示している（渡部 2009a）。

インカ期カハマルカ地方に存在した七つのワランガの範囲は、ヘケテペケ川とチカマ川間地域からカハマルカ盆地、そして北はバンバマルカ、チョタまでを含む広大な地域におよぶ。発掘調査の結果、少なくともアンデス東斜面のカハマルカ盆地と、西斜面のヘケテペケ川・チカマ川間の山岳地帯には、インカによる征服以前にはまったく別個の特徴を有する社会が存在したことが明らかになった。この異質性、多様性は何を意味するのか。

現在のデータからは、インカ期カハマルカ地方にあった七つのワランガというまとまりがインカ期以前のクイスマンク王国に遡るという解釈を支持することはできない。カハマルカ盆地とタンタリカ周辺にはインカ期以前全く別個の社会、政体があったと想定することが妥当である。つまりインカ帝国の支配下で、カハマルカ盆地の人間集団とカハマルカ地方西部の海岸系の人間集団が統合され、新しい行政単位が創出されたと考えられる。エスピノサ・ソリアーノが指摘するように、ワランガ・ポママルカ、ワランガ・ミティマが他の五つのワランガよりも後で形成されたものだとしても（本書七七頁参照）、それはインカ期のなかでの変化を示しているといえる。

タンタリカ遺跡が位置するコントゥマサー地域は、これまで「山のチムー」と呼ばれてきた（Florián 1977; Horkheimer 1985[1941]: 150）。タンタリカ遺跡の発掘調査の結果、その仮説を支持する結果が得られた。タンタリカ遺跡出土土器の中に海岸系の土器が占める割合が高いことは、海岸から一定数の人間集団の移動があったことを示唆している。タンタリカは先インカ期のチムー王国の支配下で建設され、そこに山地系の人々が取りこまれ、新たなまとまりが形成されたと筆者は考えている。インカと同様、チムーの拡大過程においても、新たな行政単位が創出されたことになる。また、タンタリカはインカへの抵抗の拠点であった可能性もあり、その防御的立地、アクセスのコントロールといった証拠とうまく合致する。また、A区で武器である石製の棍棒頭の破片が二点出土していることもそれを示唆する。

従来インカの考古学研究は、インカの遺跡の発掘データの提示が主流であった。あるいは一定地域における遺跡の分布パターンを通事的に把握する研究の中でインカ期の状況が解釈されたに過ぎなかった。本研究はインカを理解するのに、インカの遺跡そのものではなく、むしろインカの征服以前の状況を復元し、そこからインカ期にかけてどのような変化が生じたのかを議論するという手続きを踏んでいる。従来のスタンダードなインカ研究とは異なったアプローチである。二つの遺跡の調査結果はそれ自体が先駆的な意味を持つが、二つを合わせることでより大きな問題設定となっている。

七つのワランガというまとまりが成立したのはインカ期になってからであり、それ以前には遡らない。つまり従来は先インカ期からインカ期への連続性が無批判に想定されることが多かったのであるが、少なくともカハマルカ地方のようにインカ帝国の下で社会の再編成がかなり大規模に行われた場合もある。

これまで多くの考古学者はインカ期以前の状況を解釈するのに、歴史史料から再構成されたインカ期の状況を投影し、地方王国期という時期名称でこの時代を呼んできた。史料に依拠しインカ期から先インカ期に遡及的にアプローチするのであるから、その間に連続性が想定されることは当然である。しかし、第一章で検討したように、植民地時代の史料の政治性を注意深く読み解き、先住民側からの歴史表象を検討せずには建設的な議論に繋がらない。

インカ期以前の状況を復元するためには、植民地期に残された史料のみを手がかりにするのではなく、つねに考古資料からの検証が必要である。はじめにすべきことは、考古学データを集め、その範囲内で整合性のある解釈を導くことである。歴史史料との突き合わせは、次の段階のステップであり、質の異なったデータを始めからつじつまを合わせて解釈すべきではないであろう。

次章ではこうしたカハマルカについて行った考察を、アンデスの他の地域の事例と比較検討し、インカ期に起こった社会動態について汎用性のあるモデルを構築する。

註

（1）ラビーネスはこれを、カハマルカ盆地のアグア・タパーダ遺跡（別名コンチョルコ遺跡）と同定している（Ravines 1985: 54）。しかしこの同定は明らかな間違いである（Julien, D. G. 1988: 21）。

（2）インカ期よりも古い時代であるが、カイェホン・デ・ワイラス盆地でも地方発展期の地下式の墓の真上にワリ期のチュルパが建設された例が確認されている（Lau 2000: 193, 2002: 292）。

（3）この器形は北海岸に多くみられる。例えばカニョンシーリョ地区出土の資料を参照（Donnan 1997: Figure 5: a-d, h, Figure 10, Figure 11: a-g）。しかし同時に、タンタリカにはみられない器形もあり、インカ様式から派生したと考えられる（Donnan 1997: Figure 12）。

（4）英語では“cambered”、“carinated”、“recurved”、“angled” rim と呼ばれる（Cf. Hayashida 1999:345-6）。ペルー北海岸の土器に特有の器形である。

（5）この器形はカハマルカ盆地において C. Brown Smoothed、C. Coarse Red に認められるが、海岸で製作されたかどうかは不明である。

（6）この穴のあいた高坏が北海岸の土器製作伝統との融合形式である可能性もある。

第四章　インカ期の社会動態

インカ帝国における地方支配の特徴として、しばしば地域差が挙げられ強調される。土器や建築に現れる特徴は地方によって差異が顕著であるし、古文書から再現される各地の民族集団の様相も多様である。南北約四〇〇〇キロという広い地域を一つの政治組織の下にまとめ上げたのであるから、地方ごとにインカ期の状況が異なることは当然である。それぞれの土地におけるインカの支配の実態、およびインカ期の指標については各地で地道に調査を続けている研究者の手に委ねることとし、ここではそうした地域差を認めつつも、それではインカ帝国が一体どのように統一されたのか、インカの征服に伴いどのような変化が生じたのか、その共通点を抽出し、汎用性のあるモデルを提示することを目的とする。比較対象として取り上げる地域は、ティティカカ湖周辺とペルー南海岸のチンチャ川流域である。カハマルカ地方と同様に、史料の内容と考古学データの整合性に注目し、先インカ期からインカ期にかけて連続性があるのか、あるいは大きな動きが認められるのかを検討する。

シエサ・デ・レオンによればインカによる征服以前ティティカカ湖周辺には、ルパカ社会、コリャ社会が勢力を誇っていた。ルパカはスペイン人による征服後に実施された詳細な巡察記録が残存していることで有名である（Diez de San Miguel 1964[1567]）。コリャはインカ帝国の四つのスユの一つコリャスユという名称の起源となっている。

チンチャはペルー南海岸のチンチャ川流域（図１－１）に勢力を誇った社会であり、大首長国と捉えられることが多い（ロストウォロフスキ 2003[1988]）。コリャと同様、四つのスユの一つチンチャイスユの名のもととなっている。

ルパカ、コリャ、チンチャというまとまりは植民地体制下においても地方行政区分として存続した。また、ルパカ、チンチャはともに植民地期にスペイン王直轄エンコミエンダとなったことが知られている[1]。インカ期の社会動態を研究する際には、先インカ期の政体とインカ帝国における行政単位との間にどのような対応関係が認められるのかが一つの焦点となる。

四・一　ティティカカ湖周辺（図4-1）

シエサ・デ・レオンは、ティティカカ湖周辺の地域について多くの記述を残している。例えば『ペルー誌』第I部第一〇〇章では次のように述べている。

　このコリャスの多くのインディオの話によると、インガが支配する以前に、この地方にはふたりの大首長がいて、ひとりはサパナ、もうひとりはカリという名であった。彼らはこの地方の砦であるプカラをたくさん征服し、一方の首長はティティカカ湖に入って、その湖上の最大の島に髭を生やした白い人間たちがいるのを発見し、彼らとはげしく戦って皆殺しにしてしまった。さらに伝えられるところによると、その後、カナス人、カンチェス人とも大戦闘をおこなった。そして、注目すべき事績を果たしたのち、このコリャオに擡頭したふたりの暴君ないし首長は、互いに相手に向かって武器をかまえ、当時クスコで治めていたビラコチェ［ビラコチャ］・インガの友情と好意を得ようとして交戦したが、［インガは］チュクィートでカリと和平を結び、たくみに術策を弄して、戦わずにそのコリャスの多くの民の上に君臨することとなった。（シエサ・デ・レオン 2007[1553]: 236-237）

また『ペルー誌』第II部第四章にも同様の記述がある（シエサ・デ・レオン 2006[1553]: 22-23）。それを総合すると次のようにまとめられる。先インカ期ティティカカ湖北西岸には、ルパカ、コリャが勢力を誇っていた。前者の首

図４－１　インカ期ティティカカ湖周辺の民族分布（Stanish 2003 を改変）

長はカリで、首都はチュクイートにあった。後者の首長の名はサパナで、ハトゥンコリャが中心であった。ティティカカ湖周辺ではアイマラ語が話されているため、これらの一連の地方社会をアイマラ王国と呼ぶ研究者もいる（Murra 1968）。

これまで多くの研究者は、シエサの記述を植民地期の状況と重ね合わせ、ルパカ、コリャがインカ以前に割拠していた政体であり、インカ期、植民地期の動乱を生き延び、連続的に発展してきたと解釈してきた。そして長い間、考古学者もそうした解釈を受け入れてきた（cf. Moseley 1992）。しかし、カハマルカ地方と同様、史料から再構成されるルパカ社会、コリャ社会の実像を考古学データから解明するという流れが起こってきた。

四・一・一　ルパカ王国

インカ考古学において画期的な研究を残し夭折したジョン・ヒースロップが、博士論文のテーマとして選択したのはルパカ王国であった（Hyslop 1976）。ヒースロップは史料の分析から想定されるルパカ王国の範囲内において、遺跡の表面調査を行った。五二遺跡を登録し、採集した土器片と建築の特徴から、ティワナク期およびそれ以前（後一一〇〇以前）、アルティプラノ期（後一一〇〇－一四五〇）、インカ期（後一四五〇－一五三二）の三時期に時期区分をした。ただし発掘調査は行っていない。

ヒースロップは他の研究者の例に漏れず、シエサ・デ・レオンなどのクロニカに現れる記述を議論の出発点としている。ここでは、ルパカ王国の起源の認定方法、およびアルティプラノ期からインカ期にかけての変化に注目し、ヒースロップの見解をまとめてみたい。

インカ以前のアルティプラノ期においては、クティンボ、タンカ・タンカ、プカラ・チュクイートなど、丘の上に要塞化した遺跡が多く存在し、そこにその土地の王が住んでいた。しかし、壁の作りに統一性が認められないため、それらの要塞化した遺跡を多数包含する広域政体は存在しなかった。そして、複数の要塞間に存在した同盟がルパカ王国に発展したと考えられる。またティワナク期以降建設が開始されたチュルパと呼ばれる地上墳墓は、エリート（支配者層）に関係したものであるという。

インカ期のルパカ王国の中心はチュクイートにあった。それはインカ道によって結びつけられたタンプの一つである。しかしながら、チュクイートの建設時期がインカ期以前に遡る証拠は認められない。それでは先インカ期にルパカ王国の王族がどこに住んでいたのかというと、それはクティンボ遺跡だろう、という。クティンボ遺跡はチュクイートの南西一八キロに位置する。住居跡と墓地に分かれており、住居跡はインカ期の始まりに放棄されたが、墓地はインカ期にも利用され続けた。

インカ期にはインカ様式とチュクイート様式の土器が製作され、後者はルパカ王国のエスニシティーを示す。これらの土器はアルティプラノ期の要塞的遺跡には分布しない。インカ期には丘の上の遺跡よりも平地の遺跡が増加する。そしてルパカ王国はインカ帝国の属国となったが、インカによる庇護の下、かつてないほど繁栄した。つまりルパカ王国の形はインカの影響によって作られたという。また、アンデス西斜面の遠隔地に存在する飛び地は、インカ期のみならずアルティプラノ期にも存在した。

ヒースロップは、史料に現れるルパカ王国が形成されたのはインカ期であるが、それ以前にも王国としてのまとまりはあり、その中心はクティンボ遺跡であり、アンデス西斜面に飛び地をもっていたと主張する。こうした解釈は、彼の論文が提出された一九七〇年代という時代背景に照らし合わせれば、無難なものであった。一九六四、一九六七、一九七二年にチュクイート地方、ワヌコ地方に関する巡察記録を刊行したムラは、一九七二年にはアンデスの環境利用についての論文を提出し一世を風靡《ふうび》した（Murra 1972）。一九七〇年代はその余韻が冷めやらぬ時代であった。

ムラの理論

アンデスの自然環境は多様で、高度差によってめまぐるしく変化する。ムラは一六世紀に行われたルパカ族、チュパイチュ族についての巡察記録を分析し、各々の集団が異なる環境帯に人を送り込み多角的に開発し、自給自足経済を志向する、というアンデス経済の特徴を鮮やかに描き出して見せた。中核地から人を送り込む場所へは、日帰りできる距離から片道で一五日かかる場合まである。そして各集団が異なった環境帯に人を送り込んだため、隣接した土地を複数の民族集団が利用した。こうしたムラのモデルは垂直統御、あるいは環境の補完性モデルと呼ばれる。その後アンデス研究においては、世界の他の地域で編み出された概念を適用してアンデス社会を説明するのではなく、むしろ独自性を強調する方向性が顕著になる。既存の概念を当てはめることで生じていた歪みは矯正されていったといえる。

アンデスにおいては、食料生産を他の集団に依存する形での職業の専門化は起こらず、基本的には半農半職人であった。自給自足経済が基本であり、それ以外に各集団ごとに土器製作などの活動も行った。交換という方法によって物資を獲得することは、活発ではなかった。またアンデスにおいては、ヨーロッパで認められるような土地の所有制度は存在せず、あったのは土地の用益権と、労働力を投下して栽培した作物や飼っている家畜に対する権利であった（Ramírez 1996）。そのため隣接した土地を複数の民族集団が利用するという状況が生じたのである。

ムラは、ルパカ族が高地では栽培、入手できない物資を獲得するため、異なった環境帯にその社会の一員を送りこみ、自給自足経済を維持するというモデルを提示した（図4－2）。その際アンデスの東斜面や太平洋側の河谷地帯といった遠隔地に人を送り込む場合、片道数日の距離にあるため「飛び地」という形態をとり、そうした土地利用のあり方は「垂直列島」とも呼ばれる。ムラは飛び地という生業、土地利用の形態は、ある程度の規模を有する社会、あるいは安定した政治組織の下でなければ維持できないのではないかという問題提起を受けつつも、飛び地がインカ以前から連続的に発展してきたという可能性を認めている（Murra 1972: 464-465）。それは、シエサ・デ・レオンが語るような、ルパカが先インカ期から続く政体であったというモデルと表裏一体の解釈である。ルパカ王

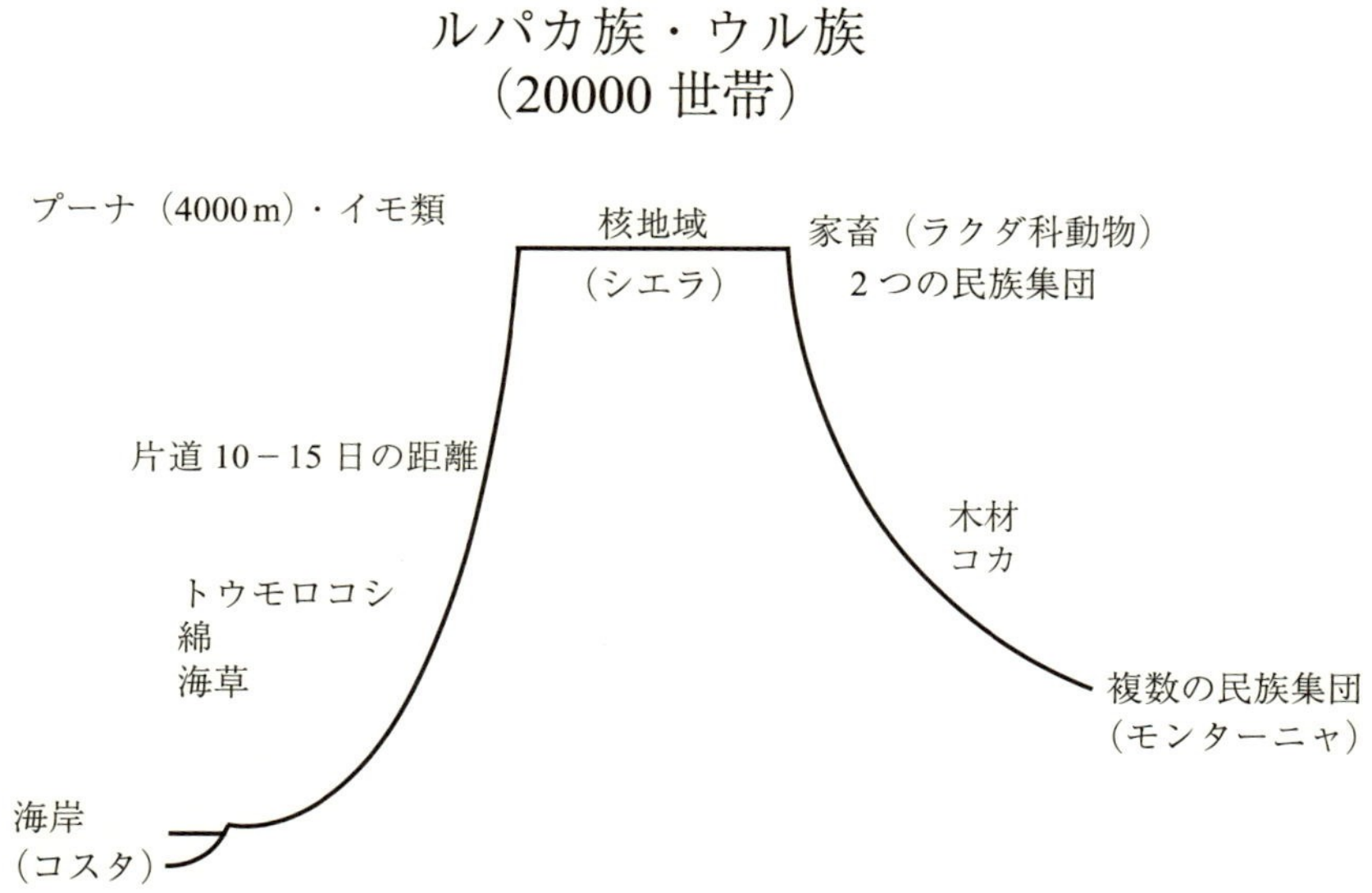

図 4－2　ルパカ族の垂直統御モデル（Murra 1972 を改変）

国は、先インカ期から相当の規模の社会であったとされ、例えばフランクリン・ピースも「王国」としてのまとまりの連続性を想定している（Pease 1978）。

ヒースロップはアルティプラノ期においていくつかの要塞を横断する政体が存在したと想定し、それをインカ期におけるルパカ王国の原型とみなし、飛び地が先インカ期に存在したと解釈する（cf. Rostworowski and Morris 1999: 798）。しかし同時に、ルパカ王国がインカ期になってそれ以前に認められないほど繁栄し形作られた、と指摘する。つまり、アルティプラノ期からインカ期にかけての変化は大きいといえる。これまではルパカ「王国」と呼称されることによって、ある程度中央集権的な政体が想定され、先インカ期からインカ期への連続性が強調されてきた。しかしアルティプラノ期の政体がどのようなものであったか、十分に分かっているわけではない。先インカ期にあった地方政体がそのままインカの支配下に取り込まれたと解釈することが適切なのかどうかもデータに即して検証する必要がある。

飛び地の調査

史料に基づき提示された飛び地に関するモデルは、実際に飛び地の考古学調査を実施しなければ説得力を持たない。そしてムラが提出した理論を、考古学の立場から批判的に検討しようとする流れが起こった。

一九八二年に発足した大規模考古学プロジェクト、プログラマ・クンティスユは、ペルー南海岸のモケグア川流域を調査対象として、一河谷における通時的変化を徹底的に捉えることを目的としていた。ティティカカ湖沿岸地域との関係を視野に置き、特にムラのいう垂直列島型の土地利用、即ち飛び地の形成がいつから始まりどのように機能したかを調査目的の一つとした。実際に飛び地に関わる調査は、アメリカ合衆国の考古学者チャールズ・スタニッシュによってモケグア川の支流オトラ谷において実施された（Stanish 1992, 2003: 270-271）。

スタニッシュはティティカカ湖周辺に割拠した政体の飛び地と想定されるトラタ・アルタ遺跡を選定し発掘調査を行った。その結果、先インカ期の飛び地ではなくインカ期のルパカ族の飛び地遺跡であることが明らかになった。それ以前のアルティプラノ期には飛び地といえる明確な遺跡はないという。またアルティプラノ期のエストゥキニャ遺跡ではシリュスタニ様式の土器片が多く収集された。シリュスタニ様式は、コリャ王国と結びつけられる土器群であるため、モケグア川流域は、先インカ期にはルパカではなくむしろコリャとの繋がりが強かった。そのため巡察記録に現れるルパカ族が先インカ期から飛び地を所有していたという主張は、植民地支配下で土地の権利を要求するために作り上げられた話であると解釈している（Stanish 2003: 271）。

植民地期に残された巡察記録に基づいて提唱されたムラの垂直列島モデルは、それが植民地期、インカ期に当てはまることが、考古学データから支持される。しかし飛び地という土地利用の形態がインカ期以前のアルティプラノ期に存在したという確実な証拠はない。それは、単にまだ発見されていないからかもしれず、例えば隣の川の流域に人を送っていたかもしれない。しかしこれまで近隣の川ではモケグア川流域に匹敵する質と量のデータは蓄積されていない。

飛び地に人を送り込むことが可能なのは一体どういった政体なのであろう。慢性的な闘争状態にあった時期には、遠隔地に人を送り込むことは困難である。またある程度の規模を有する社会でなければ遠隔地に恒常的に一定数の人間を送り込むことは難しいであろう（c.f. Murra 1980[1955]: xxiii）。そのため飛び地の解釈のためには、本拠地、つまり人間集団を送り出す側であるティティカカ湖周辺の状況を明らかにすることが必要である。

ルパカ王国の首都は、チュクイートにあったという。チュクイートは現在の町の名であり、まさにその下にインカの遺跡が埋もれている。町の一角では現在でもインカの石組みの建築を目にすることができる。問題はこのチュクイート遺跡がいつ建設されたのかである。先インカ期のルパカ王国の首都であるチュクイートの上に、インカによる征服後インカのタンプが建設されたという可能性がある。しかしヒースロップはチュクイートがインカ以前に利用された痕跡はほとんどないと解釈し（Hyslop 1976: 122-130）、スタニッシュも、それがインカ期に建設された可能性が高いという（Stanish 2003: 243）。他の地域でもインカ帝国のタンプは、既存の遺跡を再利用するのではなく、更地に新たに建設される場合が多い。

ルパカの首都チュクイートの建設、飛び地の存在はともに、ルパカ社会が先インカ期にいかなる政体であったかという問題に関わっており、それらを別々に議論すべきではない。仮に先インカ期に大規模な政体が存在しないならば、アンデス西斜面の太平洋側にある飛び地という土地利用の形態は、インカという大規模な政体の下でルパカ族が人間集団を送ることによって成立したという解釈が妥当であろう。

次に、ルパカ王国の北隣のコリャ王国を比較検討し、両王国の共通点を浮かび上がらせることにしよう。

四・一・二　コリャ王国

キャサリン・ジュリアンは、史料で言及されるコリャ王国の首都ハトゥンコリャを発掘調査し、そこにおける通時的変化を押さえようとした（Julien 1983）。

ハトゥンコリャはティティカカ湖の西北、ウマヨ湖の北東に位置する町の名前である。インカ道の途中に配置された、地方統治のためのタンプであったが、スペイン人による征服後、インカ期の遺跡の上に新しい町が建設された。ジュリアンは調査前には、史料の内容を裏付けるように、先インカ期のコリャ王国の首都の上にインカのタンプが建てられたことを示すデータが入手できると想定していた。

遺跡は現在の町の下に埋まっているため広く発掘することは難しい。いくつかの試掘坑があけられたのみであり、調査は非常に小規模であったが、そこで得られたデータは興味深い。この地域でインカ期前のアルティプラノ期に製作されたと考えられるシリュスタニ様式土器が全く出土せず、収集された土器片はほとんどがインカ様式、植民地期の土器片であった。従って少なくとも土器の特徴に注目する限り、ハトゥンコリャの起源がインカ以前に遡る証拠はないという（Julien 1983: 3, 94）。

データを総合的に解釈しジュリアンは、現在の町ハトゥンコリャの下に埋もれている遺跡がインカ期に新たに建設されたタンプであることは間違いないが、インカ期以前のコリャ王国の首都ハトゥンコリャは別のところにあるはずである、と結論づけている（Julien 1983: 107, 245）。

本書第二章、第三章のカハマルカ地方の事例研究では、こうした先インカ期の地方政体の首都を考古学的に同定するという手法ではなく、インカ期の行政単位が先インカ期の政体との連続性を示すかどうか、というより広い視野で検討した。その結果、七つのワランガという行政単位はインカ期に形成されたという結論に達した。コリャ王国についてはどうであろうか。ジュリアンは次のように述べている。

数年後にスペイン行政当局が行ったのとまさに同じように、インカの地方区分もティティカカ湖地方の既存の組織を利用した。インカの地方は、スペイン人がナシオン（ネイション）と呼んだものにゆるやかに基づいている。初期のヨーロッパ人記録者が見たナシオンは、一世紀あるいはそれ以上のインカの統治の間、存続した。そのため、初期のヨーロッパ人記録者が見た組織はインカ行政によって作り出されたものかもしれず、その場合インカ以前の政治組織という問題は未解決のままになる。(Julien 1983: 35; 傍線は引用者)

ジュリアンは、インカ帝国下の地方区分とそれ以前の政治組織との間に対応関係を認めている。そしてティティカカ湖周辺地域を統治していた世襲制の王朝が存在したと想定している (Julien 1983: 36-37)。そしてこの想定を支持する史料のいくつかの記述を抜粋し、遡及的に先インカ期の状況を復元している。確かに王国があったことを示唆する証拠が史料のなかに散見されるが、それを断定できるだけの確証はない。また、史料の記述においてコリャは独立した存在として現れるが、考古学的にはコリャとインカの間の類似性はかなり高いという (Julien 1983: 244)。とするると、インカとコリャを分ける基準さえ曖昧で、インカ期以前にコリャというまとまりを認定する指標も不明である。

四・一・三　ルパカ社会、コリャ社会についての考察

シエサ・デ・レオンの記述を引用し、スタニッシュは次のように述べている。

これらの歴史において、ルパカとコリャは世襲的親族関係を有し、かなりの数の人間を動員することができる政体として表されている。労働力を動かす力については考古学踏査によって支持されている。プカラ・フリやタンカ・タンカなどの遺跡は莫大な量の労働組織と労働投下を示している。現在のところ、先インカ期の政治組織について二つのモデルがある。一つは、ムラやピースなどが提唱しているのであるが、ディエス・デ・サン・ミゲルの巡察や他の史料に示されているように、ルパカ、コリャ、そしておそらくパカヘスがインカの侵入以前国家レベルの社会であったという説である。第二のモデルは、先インカ期の領主国は国

家レベルの社会として統合されておらず、ディエス・デ・サン・ミゲルの巡察に示されるような政治組織は大部分がインカによって創られたというものである。(Stanish 2003: 14)

そしてスタニッシュは第二の説を支持し、大規模なチュルパは全てインカ期以降に比定されるという。ルパカ、コリャというまとまりはインカ期以前に遡る、という解釈が現在主流である。しかしながら、それらが一体どのような政治組織を有していたかについては、意見が分かれている。歴史史料に描かれるように強力な権力を有した政体なのか、あるいは王国と呼べるようなまとまりはインカの支配下で形成されたのか。ここでは考古学データから検討したい。

これまで、便宜的に慣例に従って「王国」という用語を用いてきた。しかし多くの研究者は、それを認定する明確な基準を示しておらず、文化人類学の議論を踏まえて使用しているわけではない。また、考古学の分野では先インカ期の地方王国期に関して、史料分析から導かれる解釈を批判的に検討するというよりも、むしろそれを出発点として、王国という中央集権的な政体が想定されてきた。しかし王国かどうかではなく、対象とする社会がどれだけ中央集権的であったかを問うべきである。

考古学的に中央集権性を判定する有効な基準の一つは墓であり、もう一つは建築の規模とその分布パターンである。たとえそれを伝える史料がなかったとしても、巨大な首都、インカ道、タンプという広範囲にわたる支配の物質的証拠から、インカが中央集権的社会であったことは容易に推測できる。ただしインカの場合、インカ王は死後ミイラにされ、死後も生前と同様に臣下に傅《かしず》かれたため、墓の発見によって中央集権的社会の存在を示すことは期待できない。ルパカ社会とコリャ社会ではどうだろうか。

ティティカカ湖周辺では、ミイラを安置するためのチュルパがインカ期以前から建設されていた。チュルパには複数の遺体が安置され、その大きさは収められている遺体の数にも比例する。そのため、チュルパの規模から単純に中央集権的指導者の存在を同定することは難しい。

では中央集権性を示すような中心的遺跡があるだろうか。スタニッシュは、ルパカ社会の首都であるチュクイートがプカラ・チュクイート遺跡、コリャ社会の首都とされるハトゥンコリャはエストゥリ／アレ遺跡である可能性はあるが、考古学データに基づく限り両遺跡ともインカ期に時期比定され、それ以前に遡らないという（Stanish 2003: 216）。しかし重要なのは、人口が集中し、諸活動が行われる場と想定される遺跡があるかどうかである。それら二つの遺跡は、砦としての機能を担っていたようであり、たとえそれが先インカ期に遡るにしても、それをもって首都と判断することは果たして適切であろうか。スタニッシュはルパカ、コリャが国家レベルの社会ではなかったと主張しつつも、史料で言及される地名の同定に関心を寄せている。そして、シエサ・デ・レオンの記述に登場するハトゥンコリャ、チュクイートの候補を、現在知られている遺跡から選定した。それは、ルパカ王国の先インカ期の中心はクティンボ遺跡であったというヒースロップの解釈、ハトゥンコリャが現在の町の下ではなく別の場所にあったというジュリアンの解釈の延長上にある。ここに文字で残された情報の拘束力の強さを見ることができる。

まず考古学の立場からすべきことは、先インカ期の状況を実証的に復元することである。つまり史料のバイアスから抜け出すため、史料の記述に縛られず、考古学データを独立して評価する必要がある。それがより整合性のある解釈に至る一つの方法であろう。あくまで考古資料からどのような社会が想定できるかを再構成し、次にそれが文書の記述とどのように合致するのか、あるいは齟齬《そご》が生じるのかを検討する必要があり、質の異なるデータを強引につじつまを合わせて解釈すべきではない。

スタニッシュによれば、インカ期にはシリュスタニ様式の土器群がコリャ王国と、チュクイート様式の土器群がルパカ王国と地理的に対応するという（Stanish 2003: 268-270）。こうした考古学的指標を提示し、それらが先インカ期にも認められるかどうか検討することが、両王国の成立過程を解明する一つの方法である。土器様式と民族集団が一対一で対応するかは不明である、という批判は当然避けて通ることができない。しかし今後、建築、埋葬形態のデータを重ね合わせ、解釈の整合性を高めていくための作業仮説、叩き台として有効であることはいうまでもない。インカ期の土器様式と先インカ期の土器様式の系統関係を押さえることによって、ルパカ王国、コリャ王国の成立、変容過程について、より実証的に議論することができる。もし先インカ期の土器にそうしたまとまり、差異が認定できない場合、本来インカ、コリャ、ルパカは同じ系統の土器を製作しており、インカ期において土器様式を差異化していった可能性もあろう。

ルパカ、コリャの両王国がインカ期に形成されたのか、あるいは先インカ期に遡るのか、を解決する決定的な証拠は史料にはない。一方で、ルパカ、コリャが先インカ期に大規模な中央集権的社会であったと解釈できるだけの十分な考古学データもない。ルパカ、コリャといったまとまりが先インカ期に認められるとしても、一体それがどのような社会であったのか、そしてインカ期にどのように統治下に組み込まれたか、そのプロセスを常に念頭に置くべきである。ペルー北部の事例のように人間集団の合併、分断の可能性を排除せず、解釈の幅を広げる必要がある。そして移民の可能性も考慮すれば、問題はさらに複雑になる。

アイマラの移民モデル

スタニッシュはアルティプラノ期の状況を説明する二つのモデルを提示している（Stanish 2003: 220-223）。一つはティワナク（本書第六章参照）という中央集権的政体が崩壊した後一一〇〇年頃以降、複数の集団に分裂した状況となり、多数の小さい要塞型遺跡が次第に大きな砦、要塞型遺跡に合併され、アイマラ王国（領主国）の興りとなった、というモデルである。この説は多くの考古学者が支持している。

もう一つは他の地域からの移民というモデルであり、アイマラは比較的新しい時期、つまりティワナクの崩壊後の時期に南からティティカカ湖周辺にやってきた移民であり、それ以前にその地域で話されていたプキナ語集団の中に入っていったという説である。これは言語学者の側から提出されている。アイマラ語の地域差が小さいことが最近移民としてやってきたことを示唆しているという。

移民の可能性を検討する場合、扱う問題系は非常に広い。それはいつ起こったのか。つまりティワナクの崩壊直後であれば、アルティプラノ期に比定される遺跡がアイマラ語を話す集団によって建設されたことになり、移民モデルと在地発展モデルは両立しうる。しかし、一五世紀前半のクスコ建設とほぼ同時期、あるいはその直前に移民があったのならば、要塞型遺跡はインカ期のルパカ王国、コリャ王国と系統関係がないことになる。

いずれにせよアイマラの移民の可能性は非常に難しい問題と絡んでおり、アルティプラノ期からインカ期にかけて、いったいどのような人の動きがあったのか、総合的に解釈する必要がある。というのは、インカの起源を論じる際にはティティカカ湖周辺は避けて通ることのできない地域だからである（渡部 2008）。たとえばヒースロップは、少なくともクスコの住人の一部はティティカカ湖からやってきたと明言している（Hyslop 1976: 204-207）。

次に、カハマルカ地方、ティティカカ湖周辺といった山地における事例から検討してきたインカ期の社会動態を、海岸の事例と比較することによって、より広い枠組みの中で評価したい。

四・二　チンチャ社会（図4－3）

チンチャはペルー南海岸に位置する河川の名である（図1－1）。この川周辺にはインカ期に強大な勢力を誇る社会があった。カハマルカにおいてピサロ一行と相まみえるためアタワルパが輿《こし》に乗って広場に入場する際、チンチャの首長が同様に輿に乗って後に続いたことが知られている（ピサロ 1984[1571]: 59）。

チンチャについて、シエサ・デ・レオンは『ペルー誌』第II部第六〇章で次のように記している。

> 過去において、チンチャ地方は、このペルー王国でも偉大な存在であり、人口もひじょうに多く、この［物語に述べられている］時代の以前に、彼らは部将に率いられて出陣し、コリャオ地方に行って大掠奪をおこな

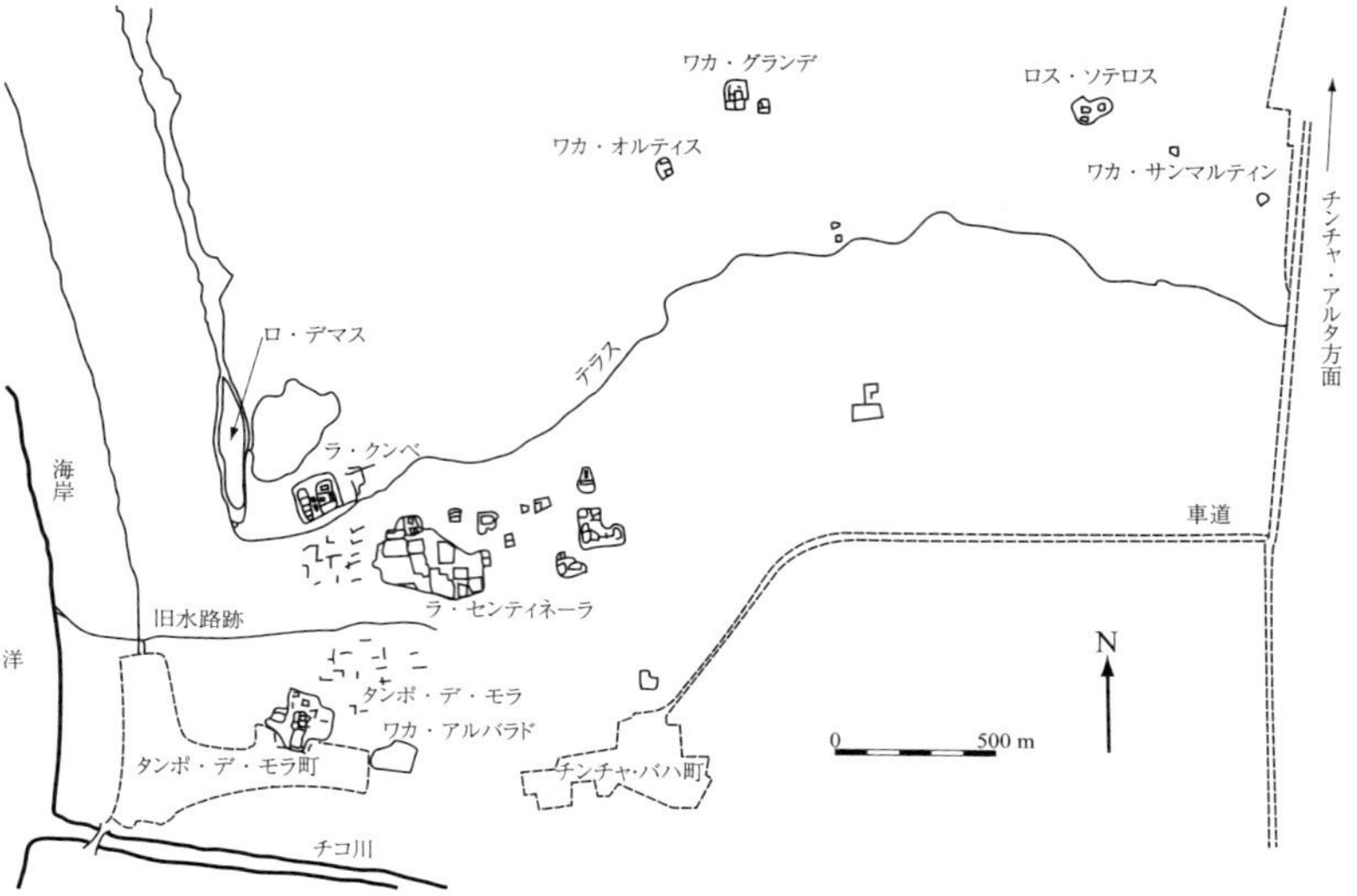

図４－３　チンチャ川流域の遺跡分布（Lumbreras 2001 を改変）

い、また帰還したほどであった。その地方ではつねに隣人たちから尊敬され、おそれられていた。
（シエサ・デ・レオン 2006[1553]: 316）

『ペルー誌』第Ｉ部第七四章では次のように記されており、先インカ期のチンチャに強力な政体があり、それが戦闘の末インカの軍門に降ったとされる。

その川の流域に住む人々の数はひじょうに多く、侯爵およびその他の人々がこの王国を征服したとき、二万五〇〇〇人以上の人口があった、と多くのエスパニャ人が言っているが、今は五〇〇〇人もいないと思う。それほど多くの戦争や難儀に見舞われたのである。

彼らの領国は、ずっと安泰に栄えたが、勇猛なインガ・ユパンゲ［パチャクティ］がその領土を大拡張して、この王国の大部分を手中にしたとき、チンチャの首長たちも服属させようとした。そして、みずからの血統の一武将、カパインガ・ユパンゲ［カパック・ユパンキ］という者を派遣した。彼は、多くのオレホンその他の人々より成る軍隊をひきいてチンチャに到着し、土地の人々と何度か遭遇したが、完全に彼らを屈服させることができず、そのまま先に進んだ。グァイナカパ［ワイナ・カパック］の父トパインガ・ユパンゲ［トパ・インカ・ユパンキ］の時代に、［チンチャ人たちは］ついに彼らの臣下とならざるを得なくなり、その時以来、主君インガの法を取り入れて、川の流域の人々を、その法にしたがって治め、［インガ］王たちのために、川の流域に大きく豪奢な宿泊所や倉庫をたくさん作り、そこに戦争のための糧食・補給品を収めた。（シエサ・デ・レオン 2007[1553]: 406-407）

他にもチンチャ社会の勢力の大きさを伝える史料がある。それは一五五八年の日付の文書で、一般に『報告』と呼ばれる（Castro and Ortega Morejon 1974[1558]）。その内容を大まかにまとめると次のようになる。

今から約一五〇年前、カパック・ユパンキが大勢の人間を引き連れてやってきて、この地を征服した。その後北に向かって征服を続けたが、グァルコ［現カニェテ川流域］で抵抗を受けた以外、困難なく達成した。その後息子のトパ・インカ・ユパンキ、ワイナ・カパックの時代が続くが、その間にクスコと同様に谷が二つに分けられそれぞれハナン、ロリン（あるいはルリン、ウリン）と呼ばれた（第七章参照）。そして十進法制度などが導入され、インカ帝国の支配が体現された。

インカによる征服以前の状況については、チンチャの谷にグァビア・ルカナ、南のイカの谷にアランビルカ、北のルナワナ（現カニェテ）の谷にカシア・ルカナという首長がいたという情報に限られる。

またチンチャを有名にしている文書がもう一つある。それはチンチャの商人について記した文書で、一般に『通知』と呼ばれる(2)（Anónimo 1989[ca.1575]; Rostworowski 1989[1970]）。その内容によれば、チンチャには納税人口三万人がおり、その内訳は農民一万二〇〇〇人、漁民一万人、そして商人が六〇〇〇人だったという。残り二〇〇〇人については触れられていない。商人は、金のビーズ珠、貴石などの獲得のため、エクアドルまで船を出していたという。

この文書を根拠にロストウォロフスキは、植民地期に船に乗って物資を交換する商人がインカ期にも存在したと考え、さらに先インカ期まで遡る可能性を示唆している。しかしラミーレスは、先スペイン期の伝統に従って首長の管轄の下で物資を運び交換していた集団を、スペイン人が商人と呼んだのであり、フルタイムの専門商人集団が存在したのではないと主張する（Ramírez 1982, 1997）。また『通知』よりも古い一五五八年の『報告』に商人についての言及がないのは不自然であると指摘する。

以上の二つの文書から、植民地期、インカ期にチンチャ社会は非常に豊かであったことが分かる。そこに中央集権的社会があったことを前提として、インカが南海岸では間接統治をしたと考える研究者がいる（Rostworowski and Morris 1999: 810）。ではチンチャ社会の実態は考古学データからいかに再構成されるのだろうか。

チンチャの谷にはインカ期の遺跡ラ・センティネーラをはじめとする遺跡が多くある。しかしながら表面観察に基づきそれらをインカ期、先インカ期、あるいは連続的に利用された遺跡と区別することは非常に難しい。大規模建築を内部まで調査することによって、先インカ期からインカ期にかけての通時的変化を押さえることが必要であるが、残念ながら現在参照できるデータは少ない（Lumbreras 2001; Menzel 1959, 1966; Menzel and Rowe 1966; Morris 1998; Morris and Somtillana 2007）。

ここでは、ロ・デマス遺跡の発掘調査を検討する。それはチンチャがいったいどのような社会であったのかを直接解明する目的で行われた調査ではないが、漁民集団を事例としてチンチャにおける職業の専門化をテーマとしているため、必然的にどのような政体であったかという問題に結びついている。

四・二・一　ロ・デマス遺跡の調査

ダニエル・サンドワイスは、文書に現れるチンチャの漁民集団の実態を考古学データから明らかにするという目的で、ラ・センティネーラ遺跡の西約七〇〇メートルに位置する遺跡ロ・デマスで発掘調査を実施した（Sandweiss 1992）。

調査は非常に小規模で、発掘面積は計二〇平方メートルに過ぎない。入手されたデータによれば、漁民の遺跡であり、人間活動の証拠が全てインカ期に限定され、先インカ期に遡る証拠が見いだせなかったという。しかし、サンドワイスはこのデータを海岸の他の地域の事例と比較して、専業化した漁民集団はインカ期以前から存在し、インカはそれを大きな変更を加えずに支配下に組み込んだと解釈している（Sandweiss 1992: 147-148）。

また、専門集団に関しては、独立専業と従属専業という二つのモデルを提示し、後者がチンチャの事例に当てはまるという。独立専業とは専業集団が政治組織から独立しているということである。従属専業とは、ある政治組織に組み込まれ、そのリーダーの指示の下で分業する形態である。さらにサンドワイスは、特定の職業の従属専業集団が存在するには、それを支える政治組織が必要であると考えており、インカ期以前からそうした政体が存在したことを暗に示している。

はたして漁労の専業集団を抱える政体はインカ期以前に認められるのであろうか。ロ・デマス遺跡のデータはインカ期に限定されるため、サンドワイスの解釈の裏付けにはさらに調査が必要である。

チンチャには多くのマウンド型の遺跡があり、そのいくつかが先インカ期に建てられた可能性はある。しかし、少なくとも大規模遺跡ラ・センティネーラはインカ期に比定されるように、チンチャの政体がインカ期に繁栄し大規模化したことは明らかである。現在の段階の考古学データでは、文書に現れるような形のチンチャ社会、および専業化した漁民集団の起源が、先インカ期に遡るかどうかはよく分からない。

チンチャ社会の実態を考古学から検証する場合、大規模な建築群が一体いつの時期に建設されたかが鍵となる。その検証にはまず土器編年の整備が必要である。先インカ期とインカ期を区分する指標を見つけることが先決であり、紋様、器形、あるいは土器の器種組成などを細かく観察する必要がある。しかしカハマルカ盆地におけるカオリン土器のように、インカ期に入ってからも連続的に製作された土器もあり、遺跡の時期決定はそう簡単ではない。

チンチャ社会の勢力を物語る大規模建築が先インカ期に遡るか、それともインカ期に大部分できあがったのか、今後の調査の進展によって決着が付くことが期待される。それによってサンドワイスの従属専業漁民についての解釈を適切に評価することができる。

四・三　インカ期の社会動態に関する考察

コリャとチンチャはインカ帝国の四つのスユの名称となった重要な社会である。それらはインカ期に地方支配の拠点として重視されることによって大規模化したようだ。いずれもインカ期以前にそうした政体の明確な祖型を見いだすことはできず、大規模社会の存在を示す確実なデータのほとんどはインカ期に限定される。インカ期以前に存在していた強大な政体がそのままインカ帝国の支配下に取り込まれたのではない。しかしそれは、ルパカ、コリャ、チンチャというまとまりがインカ期以前には存在しなかった、ということではなく、少なくとも史料に現れるような大規模社会が成立したのが、インカ期であるということである。これまで「王国」という用語で捉えてきたため、先インカ期の大規模な中央集権的な政体が想定されてきたが、今後その使用については再考が必要であろう。

考古学の分野では大遺跡が注目されがちである。しかし大建造物が建設されるのはいかなる条件の下で可能となるのであろうか。大遺跡をそのままそれを作り出した社会の規模や成熟度を反映していると想定することもできる。チンチャ社会が先インカ期から存続した社会と考えられてきたのは、文書の内容のみならず、大遺跡があるからである。

大規模遺跡は、人間活動が集中する場であるという意味において、その時代、社会の特徴を集約している。しかしこうした遺跡が全て、長期間にわたり連続して利用されたわけではない。チュクイートやハトゥンコリャはインカの重要なタンプとして建設された。しかし、前の時代からの連続性を示す証拠はない。高地におけるタンプは、ワヌコ・パンパ遺跡やプンプ遺跡が例証するように、それまで利用されなかった土地に新たに建設されるのが一般的である。[3] その分布パターンから判断すれば、チュクイート、ハトゥンコリャは典型的にクスコから外部に拡張を開始した後のインカ期の遺跡である。一方海岸のマウンド型遺跡については、既存の建築を再利用し改修することがあり得るので、より慎重な調査が求められる。インカ期に古い建物を内部に埋め込み拡張した場合、先インカ期の証拠をつかむことは難しいのである。

インカ期にはインカの秩序の下で社会は安定し、成熟の方向に向かった。その結果、それまで分かれていた小規模な複数の集団が一つの政治組織の下に組み込まれることによって、大量の労働力が供給され、大規模建築ができあがった。しかしインカ期の遺跡を通じてそれ以前の地方政体の勢力の実態を復元することは難しい。実は、史料の分析においてのみではなく、考古資料の解釈においても、インカ時代のデータを基にそれ以前の状況を遡及的に再構成しようとしてきたともいえる。インカ期の大規模遺跡をそれ以前からの連続的繁栄の証拠とアプリオリに見なすことは危険である。

ヒースロップが述べるように、クスコ以外に典型的なインカ様式の建築と土器が認められるのは、ペルー南海岸、ティティカカ湖周辺、エクアドル高地（キト、クエンカ）の三つの地域である（Hyslop 1993: 344）。つまり考古学的に見て、本章で検討した三つの事例の特殊性は明らかである。インカ帝国の支配下で、とりわけティティカカ湖周辺とチンチャ社会が繁栄したのはなぜであろうか。それを理解するためには、インカ期においてそれぞれの地域がどのような機能を備えていたかを、帝国全体を俯瞰して考察する必要がある。

『報告』によれば、インカ期には、チンチャイスユの物資とコリャスユの物資が互いに交換されるように意図されていたという（Castro and Ortega Morejon 1974[1558]: 103）。高原に繁栄したコリャ社会と、海岸に勢力を誇ったチンチャ社会は、インカ期に物資をコントロールするための、クスコの巨大な飛び地と見なすこともできるだろう。つまり、環境の補完性に基づく自給自足経済は、インカ帝国全体、ルパカ社会などの各行政単位、さらにより小規模な単位で重層的に営まれていたといえる。

ここまでいわゆる地方政体に注目してきたが、インカ期の社会動態を論じるためにポイントとなるのは、インカ帝国の地方行政単位に近いまとまりがそれ以前に認められるかどうかである。

一九四六年、ロウはインカ期の地方区分、民族集団の分布図を提示した（図1－4）。これはクロニカでインカによる各地の征服過程を説明するくだりに出てくる地名、民族名を総合したものである。分布図とインカ期以前の民族分布との間には対応関係があると想定され、インカ帝国は、各地の民族集団を一つ一つ征服し、それらを支配下に置いたモザイク状の政治組織と考えられた。同時に、地方王国期の考古学調査が進展せず、こうした文書に依拠した民族分布が無批判に過去へ投影されてきた。

カハマルカの南のワマチュコ地方で調査を続けている考古学者ジョン・トピックは、植民地期の記録に現れるような行政単位であるワマチュコ、そしてそこから敷衍《ふえん》される民族集団としてのワマチュコがいかに形成されたかを問うている。トピックは考古学データを、言語や、民族集団の帰属を示す頭飾りなどのデータと総合し解釈した結果、ワマチュコという民族単位はインカ期に成立したという結論に達している（Topic 1998: 121）。インカ期ワマチュコ地方は四つのワランガから構成されていたが、そうしたまとまりをインカ期以前に見いだすことはできないという。

トピックの見解は、カハマルカの状況を考える上で非常に示唆に富んでいる。カハマルカと同様ワマチュコでも、インカ期に認められる行政単位はインカ期に形成されたものであり、それ以前には遡らない。

インカ期の各地の行政単位は、それまで小規模に分裂していた集団を集め設定された。一つのまとまりを形成することによって、人間、物資のコントロールを容易にすることができる。インカ帝国では制御されたのは物資ではなく、労働力であった。インカは、各地の人々に土器製作、織物製作、橋の建設、あるいは従軍など様々な義務を課し、成人男性人口は十進法によって管理された。そうしてインカ期においては、地方行政単位への帰属によって民族意識が形成された。

　また一方で、ペルー北海岸のチムー王国があった場所などでは、逆にそれまでのまとまりが分断された。インカ帝国においては一ヶ所に人口が集中することなく、各地方がほぼ同じような規模になるよう分割された。そして、人口が少ないところには別の場所から人間が送り込まれ、ほぼ全域に万遍なく人間が配置された。チムー様式の土器がインカ期により広い範囲に分布するようになったのは、インカ帝国の政策の結果として人が移動させられたためと考えられる（Moore and Mackey 2008: 801）。

　また、反抗的な民族集団であった、チャチャポヤス［ペルー北高地北東斜面にいた集団］、カニャリといった人々は、反乱を防ぐため、ミティマ（本書四五頁参照）という形で各地に分散させられた。そして人間の帰属は地方単位で示され、他の地域に送られたミティマは、民族集団名や地方名でその出身を示したのである。人間集団の過去の記憶はこのように操作され、新しいアイデンティティを生み出すことにより、インカによる征服という既成の事実を所与のものと受け止めさせ、反乱を防止する効果があった（Ogburn 2008）。

　シエサ・デ・レオンの記録において、ティティカカ湖周辺の人々はインカに対して反抗的であったとされる。しかしながら予想される事態とは裏腹に、植民地期に非常に豊かで、勢力の大きい集団を形成していた。たびたび反乱を起こしたチャチャポヤスやカニャリに対する処置とは逆に、その民族は分断されることなく、また優遇されたようにも考えられる。さらに土器資料に注目すれば、ティティカカ湖周辺とインカとの間には高い共通性が認められる。ティティカカ湖周辺に関して逆説的に語られているということは、おそらくインカの起源と深く関わっており、今後留意しておく必要があろう。

四・四　第Ⅰ部のまとめ

第Ⅰ部ではカハマルカ地方の事例研究を出発点とし、インカ期の社会動態について論じてきた。第一章の論点の一つは、歴史の政治性であった。ある時点で残された過去についての情報はいかなる状況で、どのような意図の下に残されたのか。文化人類学者川田順造の次の言葉は傾聴に値しよう。

> 過去はそのまま歴史ではない。過去を想起し、現在との関係で表象すること、そこに歴史の成立する最低の条件があるだろう。従って歴史としてとりあげられるのは、ある視点から想起され、解釈されて再提示（represent）された表象（representation）であって過去の事実そのものではない。過去を表象する行為においては、記憶によって直接想起される事象についても、想像力は記憶と分かちがたく結びあわされて働くが、過去の同時代史料に依拠する場合でも、そこに読みとられる過去のしるし――それ自体すでに事象の同時代者による「再提示」であることが多いが――を再提示する者の現在から過去に向って働く想像力が、大きな役割を演じる。（川田 1995: 496）

アフリカの無文字社会を専門とする川田が語る「歴史」像は、それまで無文字社会であったインカについてスペイン人が残した記録を扱う際に重要な視点である。スペイン人がインカの歴史を再構成する際、インフォーマントであるインカの末裔《まつえい》たちがいかに過去を表象したのかを問題にすべきなのである。

従来歴史史料と考古学データに基づきそれぞれ組み立てられたストーリーは、互いに齟齬をきたしそうになりつつも、考古学データを歴史史料から再構成されたモデルに合致させることで解決されてきた。しかし現在、インディオたちが語った内容を文字化することによって残されたアンデスの歴史を、考古資料という別の視点から異なった側面を照射することによって相対化し、その差異を顕在化させる必要があろう。

第I部では先インカ期の状況を考古資料に基づき実証的に再構成し、インカ期に地方社会がいかに変化したかを論じてきた。

これまでインカ帝国はそれ以前にあった各地の政体を取り込み、ある程度温存し、そして改編し、効率よく支配体制を敷いた、モザイク状の政治組織と考えられていた。しかしこうしたイメージは考古学データと合致しない。各地の行政単位、民族集団の祖型を先インカ期に認めにくく、山岳地帯において中央集権的な大規模政体がインカ期以前に存在した確実な考古学的証拠は現在のところ不明瞭である。インカ期の行政単位、民族分布はそれ以前にあった集団が連続的に発展したのではなく、新たにインカ帝国の下で再編成された結果である、と考えられる。インカ帝国は突如拡大を開始し、短期間のうちに広大な範囲を征服し一つの政治組織の下に各地の民族集団をまとめ上げた。

ただしインカ帝国全体で大改編が行われたということではないであろう。インカは十進法に基づく労働力のコントロールなど、画一的な方法で地方を統一した。その際、インカが求める形からほど遠かった場所では、大規模にてこ入れが行われ、急激な変化が生じた。逆にインカの持ち込んだ設計図に近かったところでは、それほど手を加える必要はなかった。後者の場合、従来考えられてきたように、連続性が目立つ。ただしここで強調しておきたいのは、在地の社会が強力であったから、手を加えられずそのままの形で温存されたのではなく、インカの求める姿に近かったから、結果的にそのようになったということである。これまでインカ期の地方支配の多様性が強調されることがしばしばあったが、インカの支配の方法は決して多様ではなく画一的である。多様であったのはインカによる征服以前の各地の状況であり、インカの支配下に組み込まれ改編されるプロセスであった。

全体としてインカ期に起こった社会の再編成の規模は大きく、各地の地方行政単位も、インカ期に行政の目的に沿って再編成、あるいは創造された。また、道路、タンプといった施設を新たに作り出すために大量の労働力が注ぎ込まれた。各地のタンプはインカ期になって新たに建設されたものであり、それ以前にあった建築が再利用されたのではない。

インカ期における地方社会の変化の実態を以上のように捉えたとして、一つ重要な問題が残っている。それは、地方政体を各地に作り出したインカ帝国そのものはどのように成立したのか、そして肝心の首都クスコではどのような変化が起こったのか、というインカ帝国の起源に関わる問題である。つまりインカ帝国の首都クスコはそれよりも大規模な政体の下に組み込まれることによって成立したわけではない。

問題の解明のため、第II部において、インカ帝国の首都クスコ、インカ王権の構造の分析を行う。関連史料はこれまで歴史家によって発掘され、丹念に解きほぐされ、様々な議論が重ねられている。歴史学を専門とするわけではない筆者が植民地時代に残された錯綜した情報を分析するためには、新たな切り口が必要である。

インカを相対化するためには、他の社会のモデルを援用するか、あるいは過去に遡り、異なった座標に視点を据える必要がある。インカはしばしばアンデス文明の集大成として語られる。時間的に後に登場した社会の特徴は、それ以前の社会に依存していることは明らかである。第II部では、インカの特徴をアンデスのそれ以前の時代の社会と比較し、相違点、共通点を整理し、インカの特質を浮かび上がらせる。そうした分析を通じてインカが短期間に南米最大の帝国を築いた背景を説明したい。

註

（1）スペイン王直轄エンコミエンダは合計三つで、残り一つはプナ島である。そこからスペイン人征服時にルパカ、チンチャがいかに豊かであったかをうかがうことができる。チンチャははじめエルナンド・ピサロにエンコミエンダとして下賜され（Anónimo: 1989[ca.1575]: 237; Lumbreras 2001: 25）、その後スペイン王室領となった。

（2）ロストウォロフスキは一五七五年頃、ラミーレスは一五八〇年代半ばに時期比定している（Ramírez 1995）。

（3）ただし、エクアドルのインガピルカ遺跡などの例外もある（Hyslop 1990: 261-264）。

第 II 部

構　造

南米大陸の西をフンボルト海流（別名ペルー海流）が北流する。寒流であるため海の近くの空気が冷やされ上昇気流が起きず、それにより現在ペルー海岸地帯は乾燥が強い砂漠地帯となっている。ところが前三八〇〇年以前、南緯一〇－一二度以北では北から暖流が流れ込み、ペルー中央海岸北部・北海岸地帯は熱帯雨林に覆われていたと考えられる（Sandeweiss et al. 2007）。その時代の遺跡から出土する貝類は暖流産のものが主流であるためである。フンボルト海流の流れが現在のようになり、乾燥した気候に変化したのは、前三八〇〇年頃以降のことである。こうした気候変化が起こった場所がアンデス文明登場の舞台となった。

南米アンデス地帯における文明の始まりの指標は、公共建造物である。それは建築の設計からおそらく祭祀《さいし》に用いられたと考えられ、アンデス先史学の分野では、神殿、あるいは祭祀センターと呼ばれる。現在のところ最古の神殿の一つはカスマ谷に位置するセチン・バホ遺跡であり、円形半地下広場が前三〇〇〇年以前に遡るという（Fuchs et al. 2008）。それはつまり、かつて暖流が流れ、熱帯雨林地帯であった海岸が、気候変化によって現在のように、乾燥の強い場になってからのことである。

スーペ川、パティビルカ川、フォルタレサ川などの河川流域を中心としたペルー海岸地帯に前三〇〇〇年紀の神殿が集中する。その後サンタ川上流域（ラ・ガルガーダ遺跡）、アンデス東斜面のワヌコ盆地（コトシュ遺跡）など山間部の暖かい谷間、あるいは標高三〇〇〇メートル以上の高地（ピルル遺跡）などにも神殿建設が広まる。それらは土器製作開始以前に建設が始まった神殿である。

アンデス地帯においてはこの神殿の出現を嚆矢《こうし》とし、社会が複雑化、大規模化していく。神殿という場で行われる活動を媒介として、土器製作、冶金《やきん》技術が導入され、農耕牧畜が活発化していった。いわば神殿が文明発達のエンジンであったのである。

形成期（前三〇〇〇－五〇）の社会単位は各神殿を中心に祭祀活動を協同する集団であった。次の地方発展期（前五〇－後六〇〇）には、海岸地帯の各河川単位、山地の盆地単位の規模の社会が登場する。そしてその後ワリ期（後六〇〇－一〇〇〇）、地方王国期（後一〇〇〇－一四〇〇／一四五〇）には地理的制約を超え、複数の河川、盆地を統合した、ワリ、ランバイェケ（シカン）、チムーといった社会が現れる。最初の神殿の登場から四〇〇〇年以上という長い時間を経て、先スペイン期最後に登場したのがインカ帝国（後一四〇〇－一五三二）である。

本書が主眼を置くアンデス文明の集大成としてのインカ帝国の性格を解明するには、大きく二つの方法があろう。一つは世界の他の地域の社会との比較に基づく通文化的研究であり、歴史人類学者ムラが一九五〇年代にアフリカの諸社会についての民族誌との対照によって、インカ帝国の経済的側面を考察した博士論文などは、そうした研究の好例である（Murra 1980[1955]）。そしてもう一つは、インカ帝国が誕生するまでの長い軌跡を丁寧に追いかけ、長い時間軸上に位置づけ、インカ帝国の特徴を考察するという通時的視点に基づく方法である。即ち、社会の特徴を分析するために、その比較対象を空間的に隔たった場に求めるか、あるいは時間を過去に遡り、研究対象を相対化するのか。文字史料がない以上インカ以前の社会を研究するためには、必然的に考古資料に依拠せざるを得ず、資料の制約は大きいが、ここではあえて後者の方法を選択し、議論を始める。

インカは先行社会の成果を取り入れた、アンデス文明の集大成なのだと語られる。一方で、先インカ期の遺跡の発掘データを解釈するのに、インカのモデルが援用される。インカがアンデス文明の集大成である以上、そこに過去の社会を解釈する手がかりを見いだす手法に根拠がないわけではない。しかし、インカのモデルと発掘データという点と点を互いに結ぶ作業だけでは、それぞれの社会の本質を何も説明してはくれない。インカが先行社会の集大成ならば、資料を綿密に分析し、インカ帝国が成立するまでの軌跡を丹念に追いかけることが必要であろう。そのため、この第II部ではまずインカ期以前の社会の特徴を検討し、そこからインカ社会を分析する視点を得るという手順を踏む。

先スペイン期には三度、海岸や山地という地理的制約を越え、アンデスの広範囲に遺物や遺構の共通の様式が広まった時期がある。こうした現象は考古学においてホライズンと呼ばれ、それは広大な地域に展開した諸社会を一つの時間軸において結びつけるための概念、即ち同時代性を想定するものであった。最初の様式が形成期中期・後期のチャビン様式・クピスニケ様式、次はワリ期のティワナク様式・ワリ様式、そして最後の様式がインカ期のインカ様式である。それぞれの様式が広まった背景は、発掘データに基づき検討されるべき問題であり、ここでは共通の様式が広範囲に認められる時期が三度あることを指摘するにとどめる。そして、これらの三つの時期以外の時代には、各河川流域、盆地など比較的狭い地理的範囲の中で社会が成熟する方向に向かった。

この第II部では、インカ帝国以前にアンデスの広い地域に共通の様式が広まった時期に注目し、議論を進める。インカ期と同様の現象が認められるそれ以前の時期に着目することで、インカ社会を分析する視座を得ることを意図している。

ここでは時間軸に沿い、第五章でクピスニケ様式が認められる例としてクントゥル・ワシ遺跡について分析を行い、次に第六章でティワナク遺跡をとりあげ、第七章でインカの事例を扱うことにする。そして第八章で構造についての理論的考察を行う。分析する資料は、前二者は図像を中心とした考古学データ、そしてインカに関しては植民地時代に残された文字記録が主であり、質は異なるが、それぞれの社会の構造を解明するという点で、分析の視点は同一である。第I部ではクロニカをはじめとする植民地時代の記録が、政治的な性格をもつこと、そのため考古学資料など質の異なるデータからの突き合わせによって整合性を確認する必要性を指摘した。第II部第七章においてインカ王権の構造を抽出する議論においても、理想的には同様の手続を踏むことが望ましい。ところが残念ながら、インカ王権の構造を議論するための適切なインカ期の考古学データはないので、クロニカなどに依拠して議論を進めざるを得ない。そこで異なる時代の考古学データを参照し、その間に共通性を想定することで議論を進めていく。非常に大胆で奇抜な方法に感じられるかもしれないが、それが筆者が思いついた方法であり、逆にアンデスの特徴を如実に示している。

第II部の議論はアンデスの構造を説明するための四面体モデルを抽出することに収斂《しゅうれん》していく。筆者がこのモデルにたどり着くまでの思考の回路をできるだけ再現し記述していく。記述が入り組んでいるため、迷い込まないようにあらかじめ議論の道筋を簡単に示しておこう。

本書では構造をレヴィ＝ストロースによる定義に従って使用する。彼は構造を次のように定義している。

『構造』とは、要素と要素間の関係からなる全体であって、この関係は、一連の変形過程を通じて不変の特性を保持する。（レヴィ＝ストロース 1979: 37）

構造とは、変換を行っても不変の属性を示す諸要素間と、その諸要素間の関係の総体である。（レヴィ＝ストロース 1979: 123）

アンデスの構造を分析する際に問題となるのは、タワンティンスユ（四つの部分）という名称が示すように四分制が重要であり、かつ同時に三分制が機能していたということである。従来はそれらが別次元で機能しているように説明されていたが、それを同じ構造の異なった表れ方（表象）である、と解釈するのが本書で提示する新しい視点である。そしてアンデスの構造を示すのに四面体モデルを提唱する。四面体は射影する角度によって四角形に見えたり三角形に見えたりする。

四分制が二組の二項対立を組み合わせることで成立することは容易に理解できよう。そしてアンデスにおける三分制も同様に二組の二項対立の組み合わせによってできあがっている。ペルシネンがアンデスの政治組織の事例研究を踏まえ示したように、アンデスにおける三分政治組織は一対二に分かれ、一に対応する方がチュリャと呼ばれる（Pärssinen 1992）。二に当たる方は内部で分かれ互いに対立するのだが、チュリャに対しては互いに統合して対立する。即ち三分制の中に、二重の双分制が認められるということである。これは四面体を三角形に見える角度で射影する場合に対応する。

では構造の四面体モデルへの道へ案内することにしよう。図像の分析では、形や色、位置などに二項対立を見つけ出し、それがどのように組み合わさっているのかを検討していく。

第五章　クントゥル・ワシ——「構造」の生成

前三〇〇〇年頃に神殿の建設が始まり、次第にそれらは大規模化し、洗練されていった。神殿が建設された時期は形成期と呼ばれ、形成期の社会単位は各神殿を中心とした祭祀活動に参加する集団と認定される。形成期は早期（前三〇〇〇–一八〇〇）、前期（前一八〇〇–一二〇〇）、中期（前一二〇〇–八〇〇）、後期（前八〇〇–二五〇）、末期（前二五〇–五〇）の五時期に区分されている（加藤・関編 1998）。建物を飾るレリーフや土器を装飾する豊かな図像表現が登場し、特に、形成期中期にペルー北海岸に認められるクピスニケ様式は、その色使いや器形、紋様の複雑さにおいて際だっている。クピスニケ様式には、ネコ科動物の牙、猛禽類の爪や嘴《くちばし》、蛇の身体的特徴を備えた図像が頻繁に現れるが、そうした動物はペルー北海岸からエクアドルにかけての熱帯雨林に認められる。クピスニケ様式の土器を伴う神殿の発掘例が少ないため、一体このような図像様式を生み出した社会がどのような特徴を有していたのか、多くのことがわかっているわけではない。むしろ、盗掘によって掘り出されたクピスニケ様式土器を中心に研究が行われ、クピスニケ社会が認定されているのが現状である。

ペルー北海岸で繁栄したクピスニケ社会の担い手の一部は前八〇〇年頃を境に活動の中心を山地に移したようである。その原因を説明するため、ペルー北海岸、中央海岸がエル・ニーニョ現象、あるいは津波のような自然災害により被害を被ったという説が出されている（Bird 1987; Elera 1993; Onuki 1993b, 1995）。確かに前一〇〇〇年以降エル・ニーニョ現象の頻度が増しており（Sandweiss et al. 2007）、それが社会変化の一因になったことは容易に想像できる。そして、大貫良夫は形成期後期以降ペルー北・中央海岸では神殿の建設が行われなかったという仮説を提示し、その現象を「海岸空白」と呼んでいる。ただし、ペルー北海岸のクピスニケ文化やペルー中央海岸のマンチャイ文化の神殿群は放棄されたが、その間に挟まれたネペーニャ谷では例外的に形成期後期まで神殿活動が継続した（芝田

2004）。従ってエル・ニーニョ現象の増加と神殿建設の停止を短絡的に結びつけることはできず、両者を説得的に繋げて説明するモデルを今後構築する必要があろう。

形成期後期にクピスニケ様式の土器、石彫などが山地のいくつかの神殿に出現するが、それは形成期中期にペルー北海岸で認められるものと全く同一ではなく、その間の時間差を考慮する必要がある。また山地においては、クピスニケ様式はそれ以前からあった神殿で受容されたため、要素の取捨選択、あるいは融合が生じた。しかしここでは、程度の差はあれ、広い意味でのクピスニケ様式の遺物が認められる遺跡間にある共通性が存在すると仮定することによって、一つの遺跡の事例から全体に当てはまる汎用性のあるモデルを構築するという分析上の手続きを踏む。クピスニケ様式を有する社会の形成期中期、後期の間の時代差、あるいは地域差の問題は研究の次の段階の課題となろう。

形成期後期に山地におけるクピスニケ様式の遺物が認められる代表例として、クントゥル・ワシ遺跡がある[1]（図1－1、図5－1）。クントゥル・ワシ遺跡はペルー北部高地、アンデス山脈西斜面に位置する丘に建設された大神殿である。頂上部の標高は約二三〇〇メートルである。発掘調査の結果、現在ではクントゥル・ワシにおいて活動が認められる時期は、大きく四つに分けられ、古い方から、イドロ期（前九五〇－八〇〇）、クントゥル・ワシ期（前八〇〇－五五〇）、コパ期（前五五〇－二五〇）、ソテーラ期（前二五〇－五〇）と命名されている。最後のソテーラ期において、破壊活動が行われた痕跡があるため、神殿として機能したのは最初の三時期の間である。

クントゥル・ワシ遺跡において、クピスニケ様式の特徴を有する土器がまとまって出土するのは、古い方から二時期目のクントゥル・ワシ期である。この時期に丘の頂上部を囲む三段の土留め壁が建設されるという大工事が行われ、丘全体が神殿として大改造された。

祭祀建築の中心部である頂上部は約一二〇×一四五メートルの広さで、そこに載った建物の基本的配置は「U字形」という特徴を備えている。それは、方形の半地下式広場を中心としてその三方に基壇が配置される設計である。その平面形がアルファベットのUの字と類似しているため、そのように呼ばれており、多くは東に開いている。ま

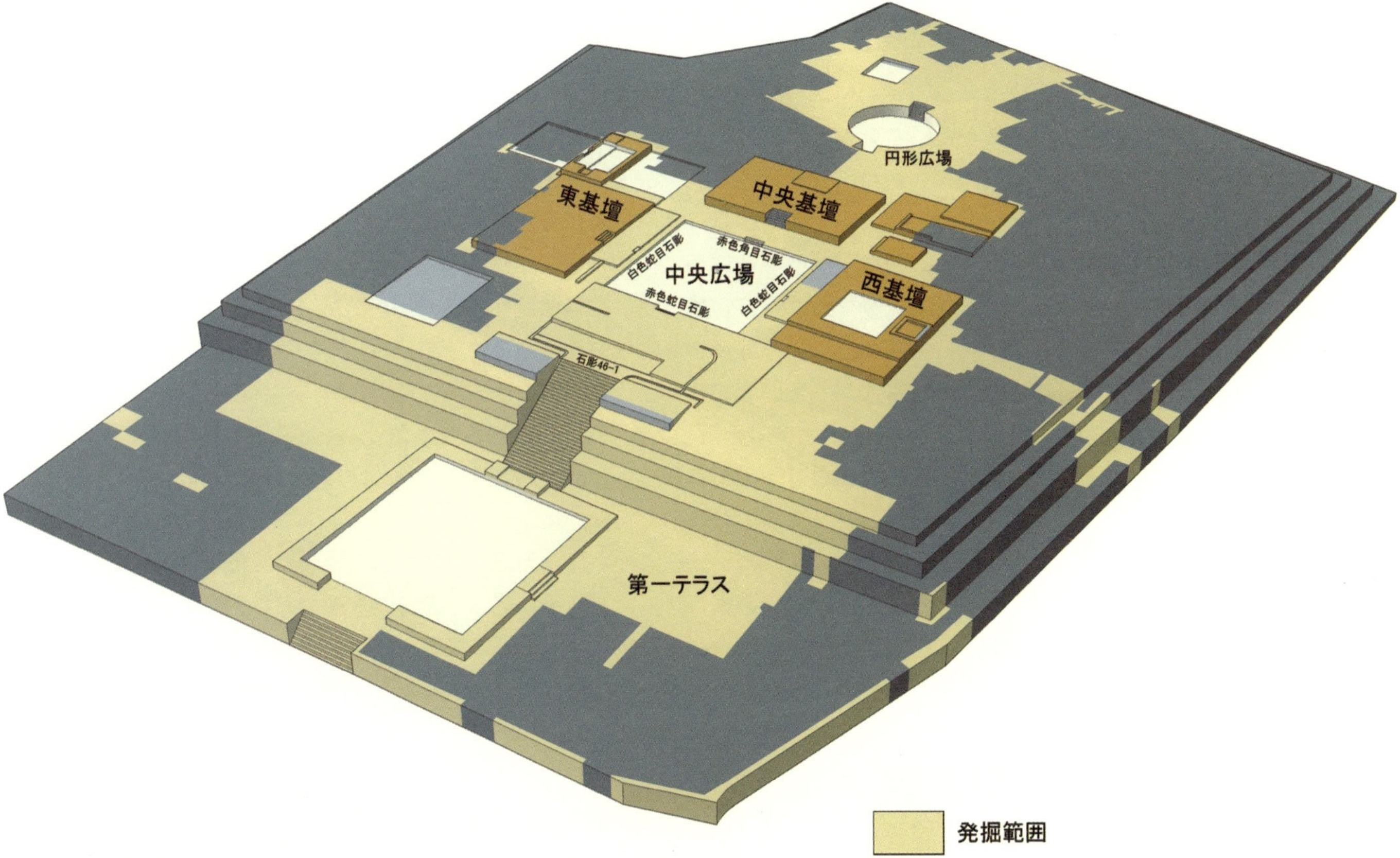

図5-1　クントゥル・ワシ遺跡(前800年)の建築プラン、および石彫の位置(井口 印刷中を改変)

た、同時にU字形基壇配置の南側には円形半地下式広場が建設された。

クントゥル・ワシ期の大工事に伴い、それ以前のイドロ期の建築は新しい建物の下に埋め込まれた。同時に土器様式が一新され、石彫が設置された。先述のようにこれらはそれ以前にペルー北海岸で栄えたクピスニケ様式に起源を持つことはほぼ確実であり、海岸から山地への移民があったと想定される[2]。当然ながらクントゥル・ワシは形成期中期に北海岸で繁栄したクピスニケ社会と全く同じではない。むしろここではクントゥル・ワシ遺跡の事例から、クピスニケ社会を考察する一つのモデルを構築することを目指している。

以下でははじめに石彫と黄金製品の図像を分析し、次に墓のデータ、建物の配置を扱う。そして最後にクントゥル・ワシ社会の理念構造についての仮説的モデルを提示する。

図像分析に当たっては大きく二つの方法がある。それは言語学に喩えていえば意味論と統語論といえよう。意味論的研究法は各図像の意味、内容を研究する方法であり、図像自体が何を表しているか、各紋様、場面を同定する。それは図像の各部分、構成単位の同定から始まり、図像全体の場面の解釈にまで至る。地方発展期にペルー北海岸に繁栄したモチェ文化の土器に描かれた図像解読が代表的な例である。しかしこうした解読を行う場合、図像そのものの分析から整合性のある解釈を導くことは難しく、常に他の参照源を必要とする。特に過去の無文字社会を扱う場合、難しさは顕在化する。現代の絵解きのように、それを解く方法が口頭で、あるいは筆記され残されている場合を除き、図像の意味に蓋然性のある解釈を施すことは難しい。

一方、統語論的研究法は図像を構成する形式、文法を解き明かす方法である。紋様やモチーフの意味そのものを問題にするのではなく、それぞれの単位がどういった規則に従って配置されているか、その関係性を明らかにする方法である。関係性を読みとり、その規則が他にも認められるか確認し、同様の事例を増やすことによって解釈の整合性を高めることができる。

本書では後者の方法に従って分析を行う。ただし記述をするために図像の最小限の単位の同定は行う。それは例えば、手、口、足など議論の余地のない明白な表現である。そして便宜上、ネコ科動物、猛禽類など多くの研究者が合意している同定に従うが、今後動物種の同定が変更になっても、議論の枠組みは変わらないことを断っておく。つまりネコ科動物をA、猛禽類をB、蛇をCとしても同じである。そして、最終的には図像の組み合わせの規則における構造、即ち不変の関係性を抽出することを目的とする。

五・一　石彫の図像

地元農民がクントゥル・ワシ遺跡において石彫を発見したという報が、当時ペルー国立考古学人類学博物館館長であったテーヨに届いた。テーヨは弟子のペルー人考古学者数人を遺跡に派遣し、発掘調査を実施した。その結果、計六点の石彫が確認された（Carrión Cachot 1948: 143）。一九四六年のことである。

特に有名なのは、おそらく北側のテラスから頂上部に上ったところで発見された安山岩の丸彫りの石彫46－1である（図5－2）。両面に図像が施され、表面には左右の目の表現に違いを設けた顔の人物が描かれており、右目が角張った目（以下角目と呼ぶ）、左目が蛇の尾に取り巻かれた目（以下蛇目と呼ぶ）となっている。そして、裏面には両目を円で表現した人物が先端の尖った一本の槍を両手で握って立っている（Roe 2008: 214）。これらの人物は何を表し、どのような規則に従って刻まれたのだろうか。

それから四〇年以上の時間がたち、一九八八年に東京大学文化人類学研究室の大貫教授が率いる東京大学古代アンデス文明調査団がクントゥル・ワシ遺跡の発掘調査に着手した。その後二〇〇二年まで発掘調査が継続したが、[3] その過程においてさらにいくつかの石彫が発見された。

とりわけ重要なのは遺跡頂上部に位置する中央広場の四辺に配置された階段の最上段に据えられた石彫である。これらはクントゥル・ワシ期に設置されコパ期まで利用された（図5－3、図5－4）。中央広場の南と北に配置された石彫は一九四六年にすでに掘り起こされ、地表に放置されていた。二つの石彫は赤色の流紋岩で、そこにはネコ科動物の牙を備え、耳朶《みみたぶ》に円形耳飾りを装着した顔が表現されている。そして、南の石彫は両目が角目で表され、北の石彫は蛇目で表されているという違いがあった。(4) 日本調査団は一九八九年、発掘調査において中央広場東側の階段の最上段に同様の石彫が設えられていたことを原位置で確認した。一九四〇年代当時この石彫は門の上に渡す楣石《まぐさいし》と解釈されていたが、これらの石彫は実は楣石ではなく階段のステップであったことが証明されたのである。

ところで中央広場東に新たに発見された石彫は白色で、彫られていた図像の顔は蛇目であった。そのため、残りの中央広場西の階段のステップには、白色で角目の顔が表現されていると想定された（加藤 1993a: 47; Kato 1993b: 227; 大貫 1993a: 33）。赤と白がそれぞれ二点ずつ、角目と蛇目がそれぞれ二点ずつあるという推測である。

未発掘の西階段にあるはずの白色で角目の石彫を発見すべく、一九九三年に中央広場の西に位置する階段が発掘された。しかしながら出土した石彫には、予想を裏切り、白色で蛇目の顔が刻まれていた（Kato 1995: 22）。

これは現在まで多くの研究者を悩ませ続けている問題である。しかし、中央広場西側で発見された石彫の顔が角目ではなく蛇目なのは、決して間違いや偶然ではなく、それは意図的に製作されたものである。(5) この四つの石彫の配置、色、図像の組み合わせの規則は、最初に触れた丸彫りの石像彫刻46－1と比較することによって、解読する手がかりを得ることができる。

五・一・一　石彫46－1――蛇目・角目ジャガー石彫（図5－2）

石彫46－1の表面には右目が角目、左目が蛇目の顔の人物が、裏面には両目が丸目の顔の人物が表現されている。また、表面の人物の足は交叉しているが、裏面の両目が丸目の人物は、両足が交差することなくまっすぐ伸びている。さらに、角目、蛇目を持つ顔の口は、上下から牙がでており噛み合わさっている一方、裏の丸目の顔は上顎が

表　裏

図 5 - 2　石彫 46-1（Carrión Cachot 1948）

表されているのみで、下顎が欠けている。また、槍を握っている丸目の人物の手の指の配置が解剖学的に異常であることに注目する必要がある。つまり、それぞれ右手と左手がひっくり返っており、手の甲でなく手のひらが表されている。試しに自分の手を握ってそれを自分の目で見てみれば、それは石彫の丸目の人物の手の配置とまったく同じになる。一方、石彫46－1の表側の人物は手の指を開いて、人間の顔のようなものを持っているが、手の解剖学的特徴は正常である。このように表と裏では、目、口、手、足の表現全てにおいて対照化されている。

そして、目の形について次のように考えると、中央広場の石彫との対応関係が浮かび上がる。まず、表と裏に二人の人物が表現されることによって、大きく二つに分かれている。そして表の人物は、左右の目の表現を差異化するが、その裏側では目の形に違いを設けない。その結果、目の表現の仕方は三つ存在することになる。

五・一・二　中央広場の四つの石彫（図5－3、図5－4）

中央広場の四方に配置された石彫のうち、南北軸上[6]に位置するのは赤色の石彫であり、それに直行する東西方向の軸上に位置するのは白色の石彫である。こうして、四つの石彫は軸と色によって大きく二つに大別される。そして、赤色の石彫は南が角目、北が蛇目と、目の表現が差異化される一方、白色の石彫は両方蛇目であり、両者の間に違いは設けられない。こうした二段階による差異化の結果として、赤＝角目、赤＝蛇目、白＝蛇目と、属性の組み合わせが三つ形成される。換言すれば、これら中央広場に配置された四つの石彫は、丸彫りの石彫46－1の図像の構図を展開した形になっている。

四つの石彫の組み合わせは、第一段階で大きく二つに分かれ、第二段階では一つのグループがさらに二つに分かれる一方、もう一つのグループではそうした分化は行われない、という規則に従っている。つまり第二段階においても、片方がさらに分かれもう片方が分かれないという点で、互いが対照化されているといえよう。

次に、中央広場の階段に設けられた四つの石彫を一つ一つ詳しくみてみよう。加藤泰建が述べるように、それぞれ正面向きの顔を表現しているのだが、口の表現に工夫が凝らしてあり、二つの横顔が中央で向かい合っているようにも見える（Kato 1993b: 225, 1995: 21）。また同時に倒立した顔が表されており、石彫を逆さにすれば下顎を欠如した上顎のみの顔が現れる（Burger 1992: Illustration 200; 井口 2001: 404）。中央広場南に位置する赤色で角目の石彫は上部が打ち欠かれているため、倒立した顔の口と牙が不明瞭であるが、筆者による実物の肉眼観察では、牙が表現されているとみてよい。

各石彫の図像の構図は、四つの石彫の組み合わせと同じ規則に従っている。つまり、第一段階で正立した顔と倒立した顔に分かれる。次の第二段階においては、正立した顔は左向きと右向きの二つの横顔が向かい合っているという表現で二つに区別されているが、倒立した顔は口の両端が外側に向かって開いており、横向きの顔を表現する工夫はされていないようだ。

さらに注目すべきなのは、正立した顔は上顎と下顎が両方表されて組み合わさっているのに対し、倒立した顔は上顎の牙だけを持ち下顎が欠けている点である。先に述べたように、この下顎が欠如した上顎のみの表現は、丸彫りの石彫46－1裏面の人物と共通し、上下顎あり／下顎のみ、と口の表現が対照化されている。つまり中央広場の四つの石彫それぞれに認められる「正立した顔」と「倒立した顔」の関係は、石彫46－1の「角目・蛇目の顔」と「丸目の顔」の関係に対応する。

ここまでの議論をまとめ図式化すると図5－5のようになる。

石彫の図像、配置は、第一段階で大きく二つに分かれ、第二段階で一方がさらに二つに分かれるが、もう一方は分かれないという規則に従っている。こうした規則の結果、属性の組み合わせが三つ形成されることになる。単純な三分制ならば石彫や目の数は三つで十分なのが、それぞれ四つ必要であることがポイントである。

一体こうした規則は何に対応しているのか、それを解読する手がかりはあるのだろうか。問題の解明にはまずこの規則が他にもみられるのかどうか、クントゥル・ワシ遺跡の他のデータに注目し、解釈の整合性を高めることが必要である。

南（赤色、角目）

東（白色、蛇目）

西（白色、蛇目）

北（赤色、蛇目）

図５－３　中央広場の４つの石彫

南（赤色、角目）

東（白色、蛇目）

西（白色、蛇目）

北（赤色、蛇目）

図５－４　中央広場の４つの石彫の図面

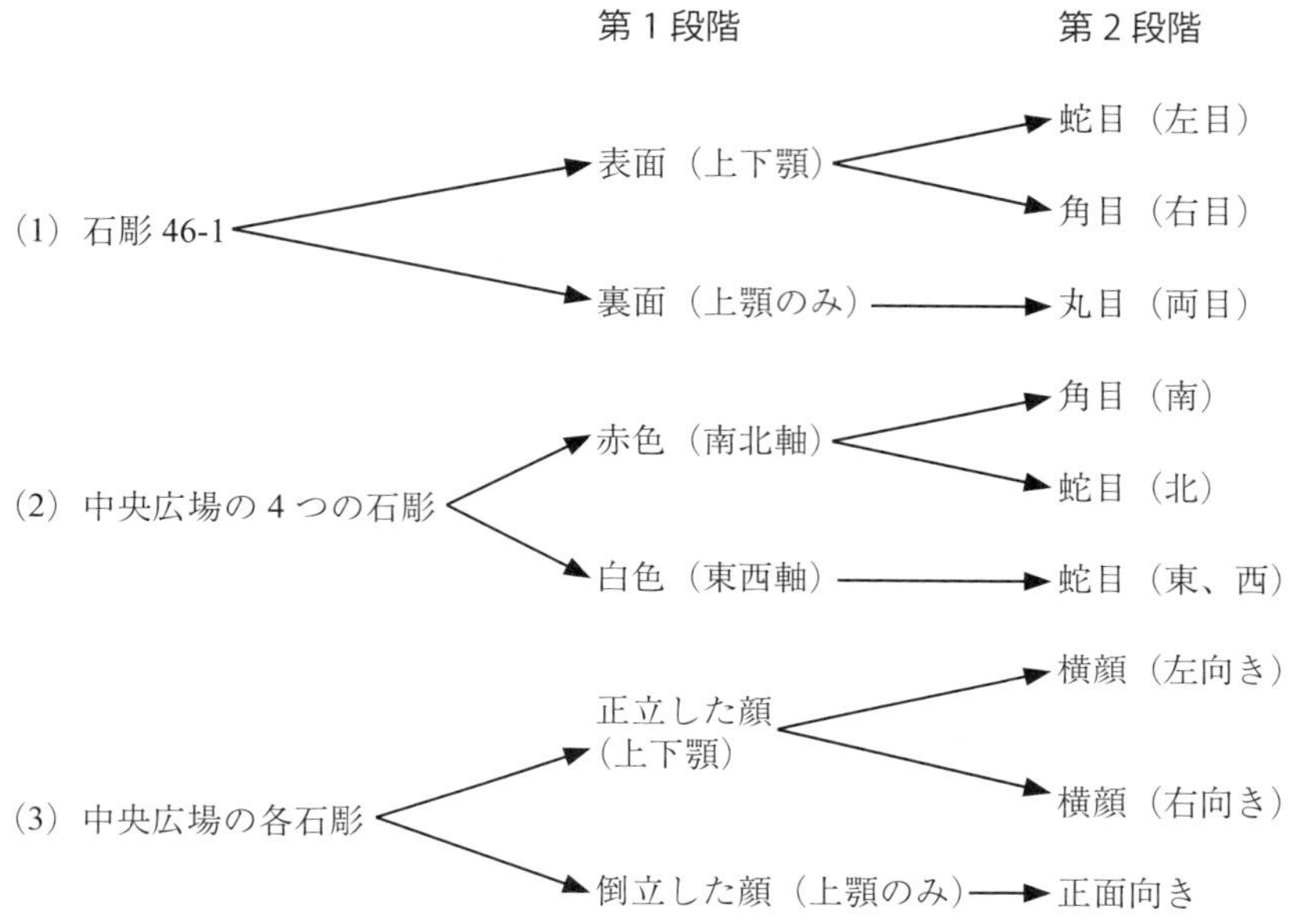

図５−５　クントゥル・ワシの石彫の図像にみられる規則

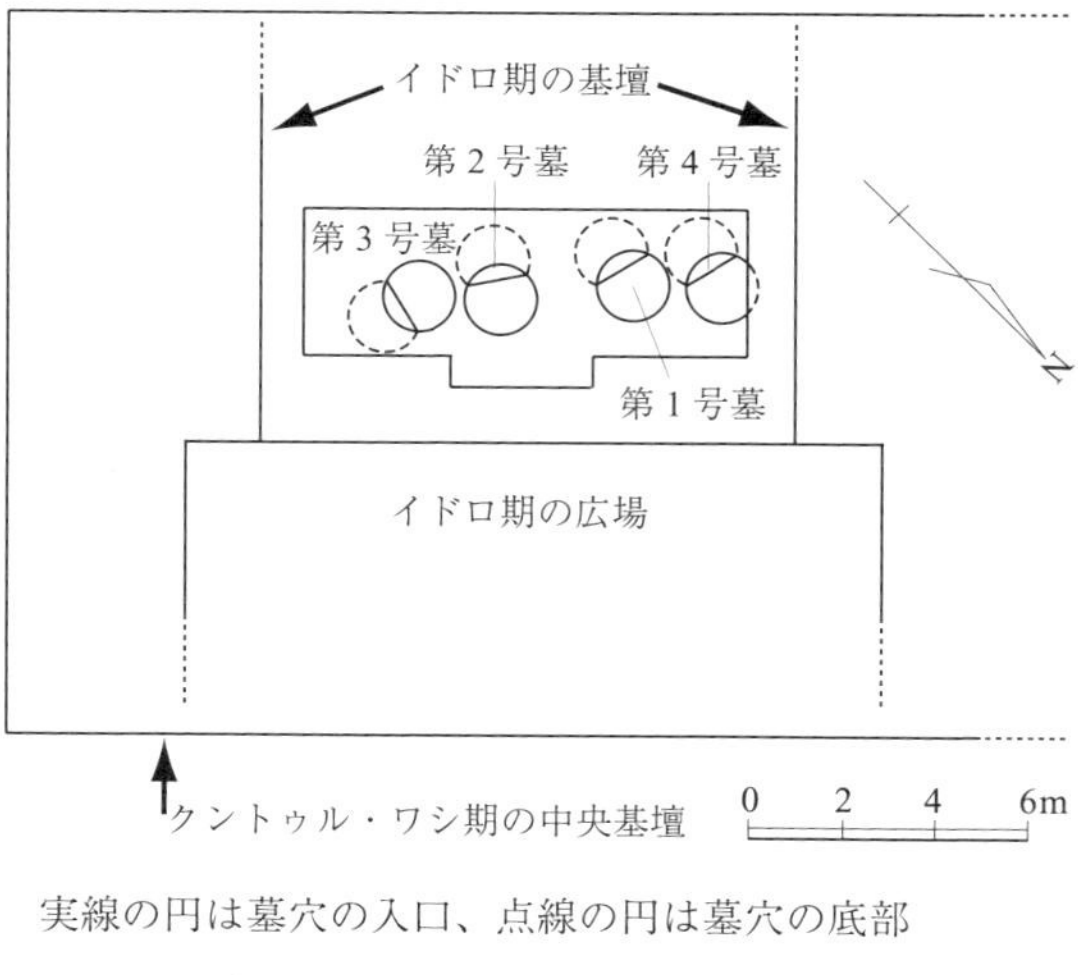

実線の円は墓穴の入口、点線の円は墓穴の底部

図５−６　中央基壇下の４つの墓の配置（加藤・井口 1998を改変）

五・二　黄金製品の図像

アンデス考古学の分野でクントゥル・ワシ遺跡が有名な理由の一つは、多くの石彫が発見されたことにある。アンデス形成期に建設された山地の神殿としては、一〇〇点以上の石彫を有するチャビン・デ・ワンタル遺跡に次ぐ。そして、一九八九年に日本調査団が学術調査で黄金製品を伴う墓を発見し、同遺跡はさらに脚光を浴びることとなった。(7) 一九八九、一九九〇年に発掘された黄金製品を伴う墓は計四基で、いずれもクントゥル・ワシ期に建設された中央基壇の床下に埋め込まれていた（図5－6）。その建設順序を発掘データから再現すると次のようになる。

まずイドロ期の基壇に真下に向かって垂直に穴を掘り、底部で穴を横方向に拡張し、その部分に遺体を安置し石で横穴をふさぐ。こうしたタイプの墓穴は断面の形からブーツ形と呼ばれる。こうした墓を四つ作り、墓穴を土で埋め、さらにイドロ期の基壇全体を埋め込んで、クントゥル・ワシ期の基壇が作られた。こうした墓、基壇の建設は一連のプロセスであり、「大神殿を建立する際に行われた儀式の一つとして埋葬が行われたに違いない」（加藤・井口 1998: 183）と解釈されている。

これら四基の墓には多くの副葬品が伴っていたが、とりわけ第二号墓からは複雑な図像表現を施した黄金製品が五点出土した。「五面ジャガー金冠」と命名された冠、二枚のH字形の鼻飾り、そして対となった長方形の金の板状耳飾り、である。さらに把手付きのコップ形土器、および黒色磨研土器の破片数点、石製ビーズ三点を伴っていた。ここでは、前節での石彫の分析結果を踏まえ、黄金製品の図像について考察を行う。

五・二・一　五面ジャガー金冠（図5－7）

この金冠は「中央に正面像、その左右にまったく同じジャガーの顔の倒立像、両端にはそれぞれ左右半分ずつのジャガーの顔が横顔として表現される」（大貫・加藤 1991: 9）ためにこのように命名された。しかしながら、「五面」

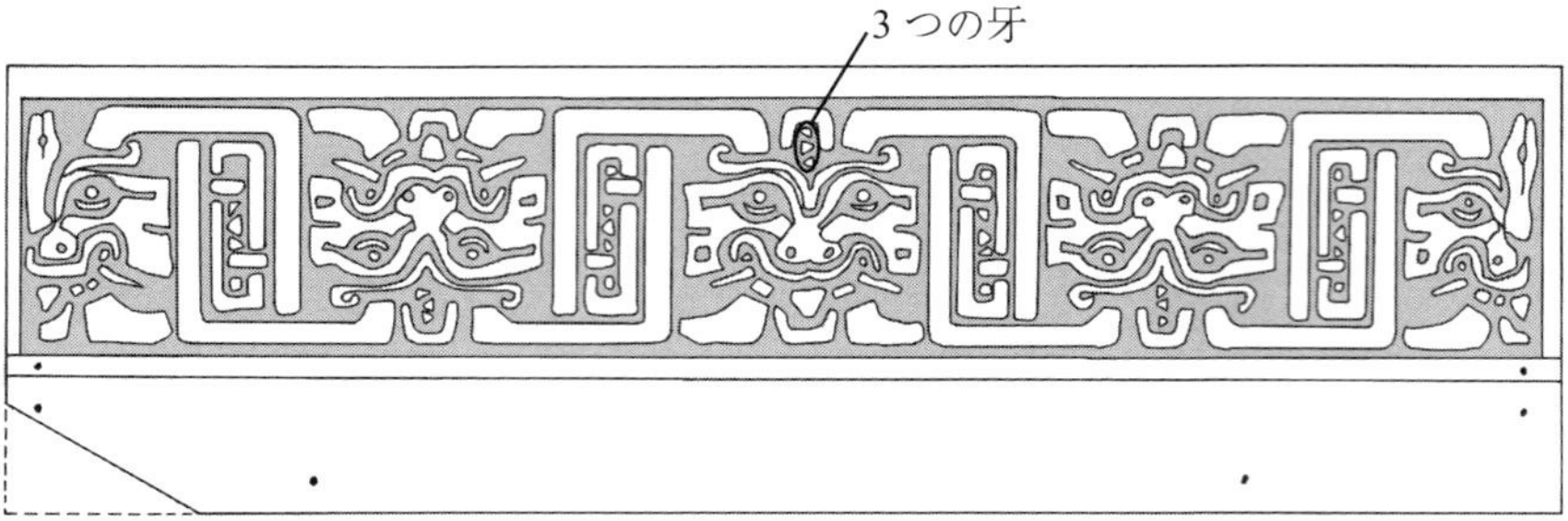

図5－7　五面ジャガー金冠（Onuki 1995 を改変）

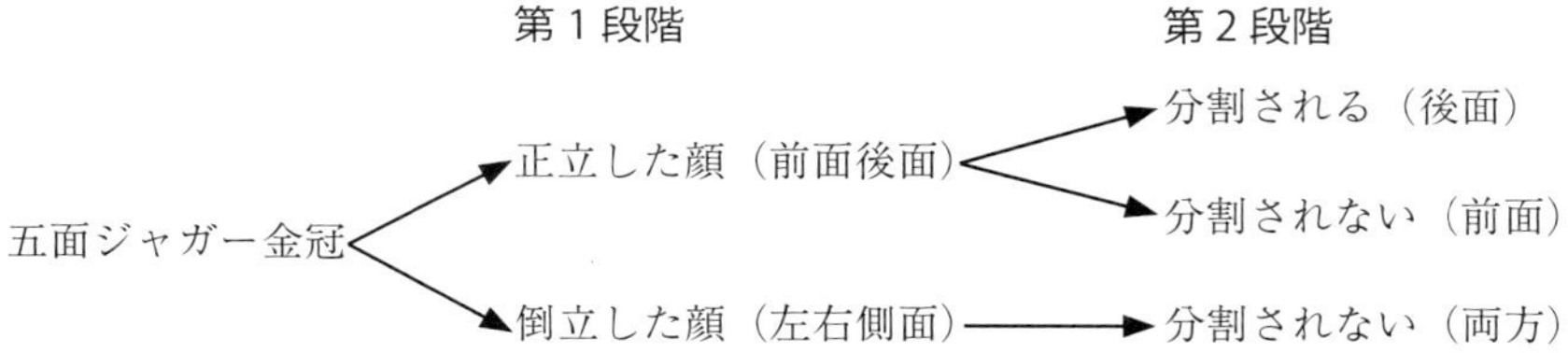

図5－8　五面ジャガー金冠にみられる規則

と解釈してしまうと、この金冠の図像の規則は理解できない。

まず、この黄金製品は平らな板飾りではなく、冠であることに注目する必要がある。冠を頭にかぶる際には、頭の形に合わせて巻き付け、後ろを紐で留める。金冠には後頭部で留める紐を通すための穴が四つ、および顎紐を通すためと考えられる穴が二つ空いている。そして、平らに開いた時には両端に位置する半分ずつの顔は、装着時に組み合わさり一つの顔を形成する。ただし実際には、冠は横幅四八センチと短いため後頭部で冠の両端の間に隙間ができる。

従って冠を装着した時の図像の配置は次のようになる。前面（額）、およびその後面（後頭部）には正立した顔が、左右の側面には倒立した顔が位置する。この位置関係は、一つの軸（南北軸）と、それに直交する軸（東西軸）で二つに分かれる中央広場の四つの石彫の配置と共通する。さらに第二段階においては正立した顔は、前面の顔は分割されないのに対し、後面の顔は左右二つに分割されることによって前と後ろが差異化される。一方、装着時に左右の側面に位置する倒立した顔は同一であり、差異化は認められない。また、分割されない三つの顔には眉間に三本の牙（歯）とUの形をした紋様があるが、後面の分割された顔では眉間に蛇の頭が上を向いている。後面の顔が他の三つの顔よりも牙の数が多いという違いもある。「五面ジャガー金冠」の構図を図式化すると図5－8のようになる。

前後軸か左右軸上に位置するか（正立か倒立かという顔の方向）と、顔が分割される／分割されない、という二つの属性の選択がこの図像の構図を決定し、その結果属性の組み合わせが三つできる。これが「五面ジャガー金冠」の図像の規則である。

五・二・二　金製蛇目・角目ジャガー鼻飾り（図5－9）

次に二つのH字形鼻飾りをみてみよう。より正確に説明すれば、鼻を飾るものではなく、鼻からぶら下がり口を覆うマスクである。なぜ一人の人物がマスクを二枚伴っているのかについては、第八章で検討する。はじめに、「金製蛇目・角目ジャガー鼻飾り」を取り上げる。これについて大貫・加藤は以下のように述べている。

上半分にジャガーの顔（正面とも見えると同時に、横顔を突き合わせたようにも見える）、下半分が大きな口を開けた顔の正面となっている。右目は四角、左目は丸くその周囲を蛇の尾が巻いている。大口は上顎だけで下顎がなく、また牙もない。H字の四つの端には猛禽の横顔が打ち出されている。（大貫・加藤 1991: 9）

この文章に「金製蛇目・角目ジャガー鼻飾り」の図像の規則を解読するために必要な情報がほぼ全て集約されている。これまでみてきた図像とまったく同じ規則に従っているのである。つまり、図像はまず下半分の顔と上半分の顔の二つに大きく分かれる。そして、下半分の顔は、右が角目、左が蛇目と左右の目が描き分けられている一方、

図 5－9　金製蛇目・角目ジャガー鼻飾り（加藤・井口 1998）

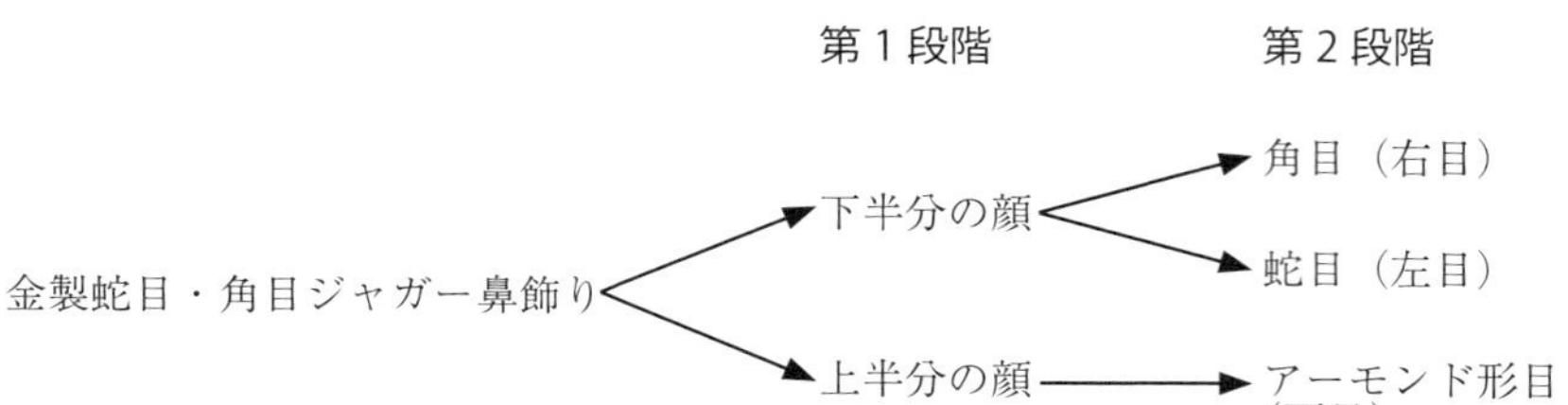

図 5－10　金製蛇目・角目ジャガー鼻飾り（目）にみられる規則

上半分の顔は両目がアーモンド形で、左右の目が差異化されていない。顔の目の表現の差異化／非差異化の規則は石彫46－1と同一である。この鼻飾りの図像の構図を図式化すると図5－10のようになる。

五・二・三　金製ジャガー・双子鼻飾り（図5－11）

この鼻飾りは下部が欠損しているため、全体像は明らかではないが、同様にH字形と考えていいだろう。「五面ジャガー金冠」の顔の表現と比較して破損部を復元すれば、中央部に尖った牙が伸び、その両脇に歯が配置すると考えられる（cf. 大貫・加藤・関編 2000: cat. No. 172）。

この鼻飾りの図像について、大貫・加藤は次のように述べている。

> 中心をなすのは正面を向いたジャガー的な怪獣の顔で、極端にねじ曲がった口からは鋭い牙が伸びている。顔の両端から鋭い爪のある手と足が出ており、手は赤子のような小さな人物の背中をつかんでいる。小動物を表した小さな飾り板が縁を飾っている。（大貫・加藤 1991: 10）

確かに上顎のみの「極端にねじ曲がった口」であるが、これは図像表現の一つの工夫である。時計回りに九〇度回転させせれば左を向いた横顔が、反時計回りに九〇度回転させせれば右を向いた横顔が現れる。つまり正面を向いた一つの顔にも見えるし、同時に、額を突き合わせた横顔が二つ下を向いているようにも見える。これは、中央広場に配置された四つの石彫それぞれに採用された工夫と同じである。それでは中央広場の各石彫と同様、倒立した顔も表現されているのであろうか。確かに鼻飾りを上下ひっくり返せば、眉の上に位置した紋様が上顎の歯となって見える。ただし石彫の場合とは異なりバランスが悪いため、目と口が組み合わさっているようには見えにくい。むしろ、口の表現のみで図像の構図を示しているようだ。この鼻飾りの構図を図式化すると図5－12のようになる。

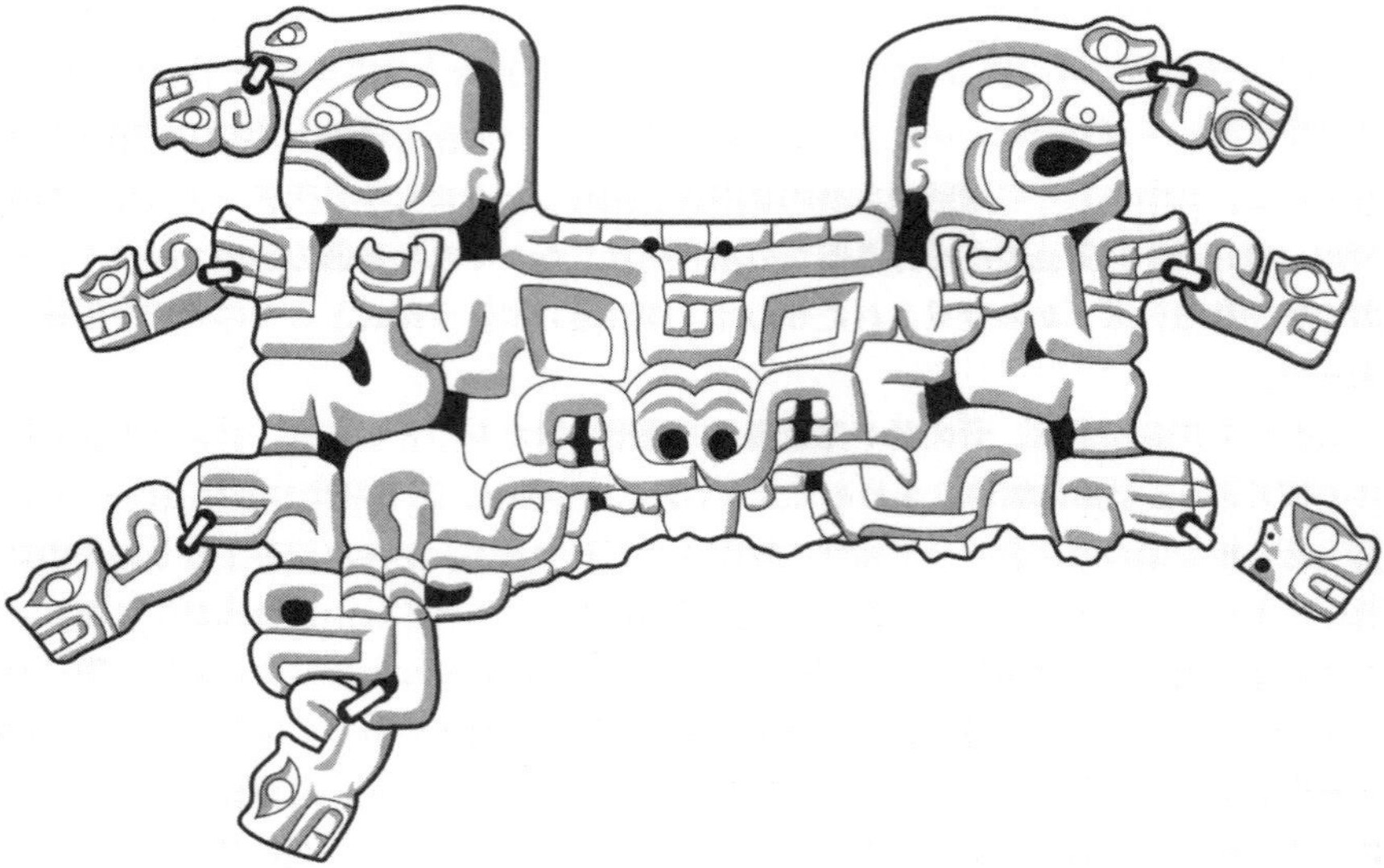

図５－11　金製ジャガー・双子鼻飾り（加藤・井口 1998）

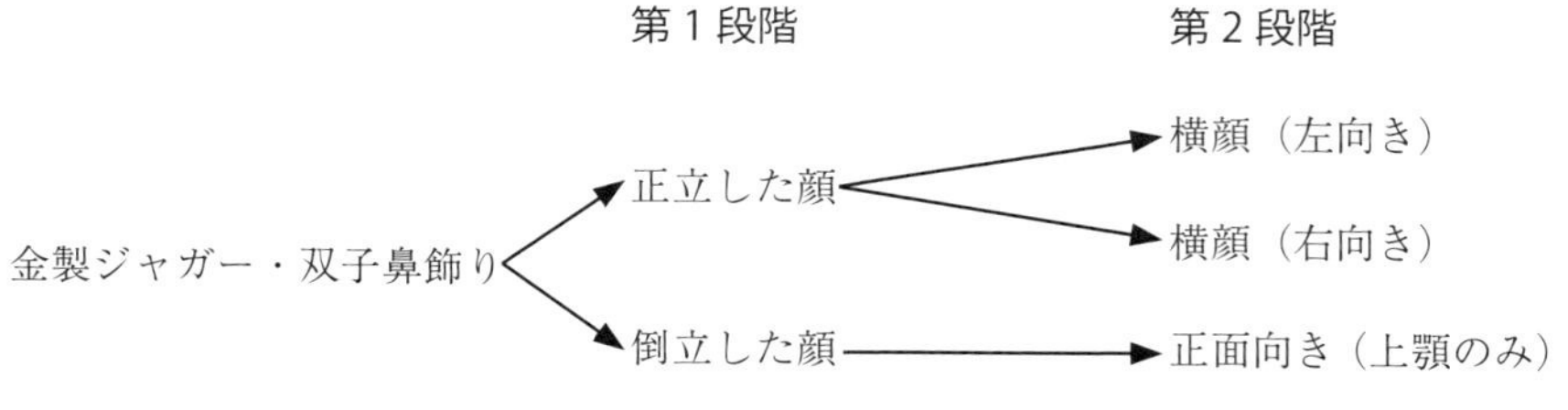

図５－12　金製ジャガー・双子鼻飾りにみられる規則

五・二・四　金製ジャガー耳飾り（図5－13）

第二号墓に伴う金製品として、最後に「金製ジャガー耳飾り」を取り上げる。耳朶にはめ込む耳飾りを装着せず、耳朶に穴をあけそこから紐などで板状耳飾りのみをぶら下げた人物の表現例もあるため（Rick 2008: Figure 1.15.）、耳飾りと解釈して問題ないであろう。

この耳飾りについて、加藤・井口欣也は次のように述べている。

それは、いずれも二つのジャガーの横顔が一つの首でつながれた形の構図になっている。上目遣いの四角い目、大きな牙、鶏冠状に伸びた頭飾りが特徴的なジャガーの顔である。これらは一枚が右の横顔、もう一枚は左の横顔になっており、互いに裏表の関係になっている。つまり、四つの顔が上下や左右の対称性を意識して表現されているのである。（加藤・井口 1998: 187-188）

この記述に付け加えることはない。この二つの耳飾りの図像の構図を的確に言い表している。しかし金冠と二つの鼻飾りに認められる規則がなぜこの耳飾りの図像に認められないのか。どう見ても、この二枚の耳飾りだけでは、属性の組み合わせが三つという原則が見いだせない。そのため、もし同様の規則が存在するとすれば、これら対になった耳飾りは、外在する属性、即ち他の第三の遺物とセットとなって、その関係性を示しているという可能性が考えられる。(8)

以上の分析を経て、黄金製品と石彫という二つの異なる媒体に表現された図像に、共通する一つの規則が認められることが示唆される。全体が第一段階で二つに大別され、第二段階で一つのグループはさらに二つに分かれるが、もう一つのグループは分かれない。換言すれば、二種類の属性の選択の結果、属性の組み合わせが三つできる、と

図5－13　金製ジャガー耳飾り（加藤・井口1998）

いう規則に従っている。

しかし問題が二つある。一つは「五面ジャガー金冠」の四つの顔、「金製蛇目・角目ジャガー鼻飾り」の下半分の顔、「金製ジャガー・双子鼻飾り」の正立した顔、そのいずれもが上顎だけを有し、下顎が欠如していることである。石彫の図像では、下顎を欠如した上顎のみの口は、第二段階で差異化が行われないグループの特徴であるため、黄金製品の図像は石彫の図像の規則と合致しない。

もう一つの問題は、「金製蛇目・角目ジャガー鼻飾り」の上半分の顔が「正面とも見えると同時に、横顔を突き合わせたようにも見える」工夫が十分に説明できないことである。これは石彫の図像の場合、第二段階でさらに分かれるグループ、つまりこの鼻飾りでは左右の目が描き分けられた下半分の顔に伴うべき特徴であるが、そのような対応関係は認められない。

五・三　墓の配置

前節で分析した黄金製品は、クントゥル・ワシ期の中央基壇下に埋め込まれた四つの墓のなかの第一号墓の被葬者が身につけていたものである。これら四つの墓の配置についての大貫・加藤の観察に注目してみよう（図５－６）。

四基の墓は、同じ建物の床下にほとんど同時に作られたとはいえ、墓間の距離は均等ではない。第一号墓と第四号墓との間隔はわずか二〇センチであり、一方第二号墓と第三号墓の間隔も一五センチと狭くなっている。これに対して、第一号墓と第二号墓とは一三五センチとやや広く間隔をあけている。この間隔の違いに何か意味があるかどうか、今後の検討を待ちたい。（大貫・加藤 1991: 7）

その後加藤・井口は次のように述べている。

墓の配置をみると、第一号墓と第四号墓が互いに近接し、やや間隔をおいて第二号墓と第三号墓がやはり近接しており、それぞれ二つの墓が組みになっているかにみえる。（加藤・井口 1998: 185）

そして加藤・井口はさらに墓の位置関係だけでなく、墓の横穴の方向、遺体の方向、副葬品の種類、およびそれらの組み合わせについて検討し、これら四つの墓について次のように述べている。

これらのことから当時の人々の思考方法の一つの特徴がみえてくる。四つの事物を組み合わせて一つの全体を構成するということ、これらの四つの事物はそれぞれ二つに大別され、互いに対立あるいは対照的関係にあること、さらに区分されたそれぞれも内部では相互にはっきりとした違いをもつという考え方である。

（加藤・井口 1998: 187; 傍線は引用者）

発掘データの綿密な分析から得られた仮説は傾聴に値するものの、いかなる解釈も常に新しい視点からの検証が必要であることは論をまたない。自然科学であれ人文科学であれ、物事の本質を見極めるためには、ある程度の抽象化と理想化が必要であろう。また、物事の法則を発見するためには、事実の積み重ねからあるパターンを抽出する帰納的方法と、そうして発見された法則から、あるいは既存のモデルを基に、もう一度データを見返す演繹的方法の、互いのフィードバックが必要である。墓に関して着目すべき特徴は加藤・井口が列挙したように様々あるが、これら四つの墓の関係について、石彫と黄金製品の図像に認められる規則が当てはまるかどうか確認するためには、一体どの要素に注目する必要があるのだろう。(9)

ここではまず、石彫と黄金製品の図像の規則について別の角度から振り返ってみたい。まず第一段階で大きく二つに分かれるという規則を検討しよう。石彫46－1では表／裏、中央広場の四つの石彫では南北軸（赤色）／東西軸（白色）、それぞれの石彫では、正立／倒立、そして「五面ジャガー金冠」では前後軸／左右軸、「金製蛇目・角目ジャガー鼻飾り」では上半分／下半分、と位置関係で二つに大別されている例が多い。

次の第二段階で、一方のグループがさらに二つに分かれる規則はどうであろうか。差異化の工夫には角目・蛇目の描き分け（石彫46－1、中央広場の四つの石彫、「金製蛇目・角目ジャガー鼻飾り」）、横向きの顔が左向きか右向きか（中央広場の各石彫、「金製ジャガー・双子鼻飾り」）、あるいは顔が分割される／分割されない（「五面ジャガー金冠」）、などがある。つまり、第二段階における差異化は位置関係ではなく、形（質）や方向の違いによって行われている。

石彫と黄金製品の図像の規則との整合性から判断すると、中央基壇の四つの墓は位置関係によって、第一号墓＋第四号墓／第二号墓＋第三号墓、と二つに分かれている。そして、次の第二段階で一方が分かれ、もう一方が分かれないという規則を見いだすためには、形や方向の違いに注目する必要がある。そこで、加藤・井口が注目した墓の属性の一つ、墓穴の底部の方向に注目してみよう。第一、二、四号墓が南（南西）に向かって掘られており、第三

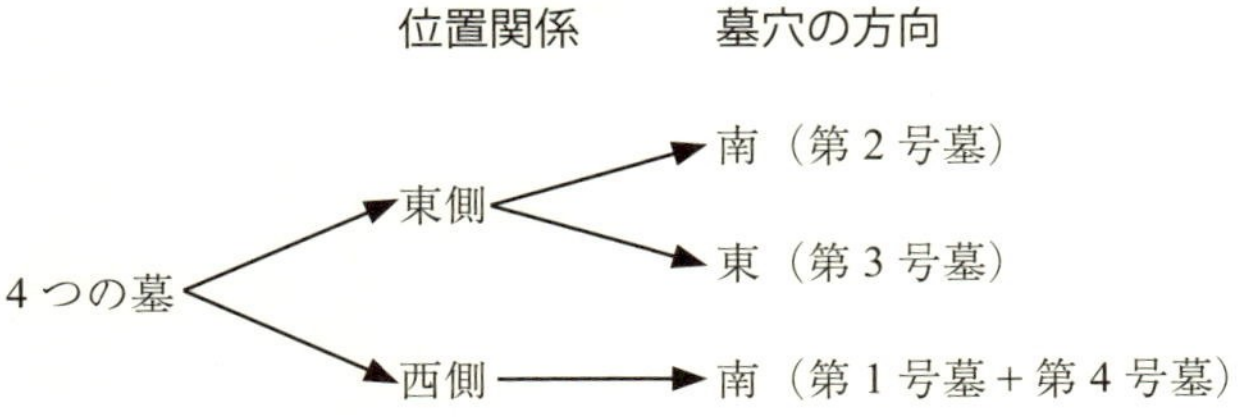

図5－14　4つの墓の配置にみられる規則A

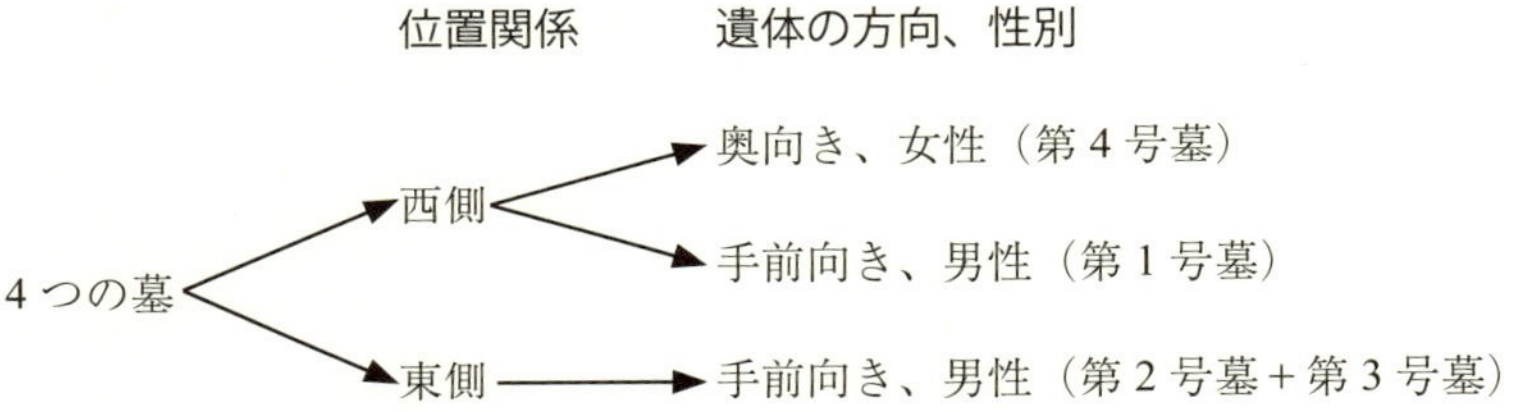

図5－15　4つの墓の配置にみられる規則B

号墓だけが東（南東）に向かって掘られている。これを墓の位置関係と組み合わせて考えると、中央基壇下に埋め込まれた四つの墓の関係性は図５－14のように図式化される。

次に、遺体の方向というもう一つの属性を検討してみよう。遺体は両膝を立てて座った姿勢で安置されていた。四つの墓の間には、遺体が墓室の入口に対して手前向きかあるいは奥向きかという違いがあり、第四号墓の遺体のみが奥向きで、他の三つの墓は手前向きに置かれていた。つまり第一号墓＋第四号墓のグループが手前向きか奥向きかで対立するのに対し、第二号墓＋第三号墓のグループはいずれも手前向きで差異化されていない。また、手前向きは男性で、奥向きは女性という違いも平行している。こう考えると、第二段階の対立が質や方向に違いを設けることによって示されるという規則にぴったり当てはまる。

墓室の入口に対する遺体の方向と性別に注目し中央基壇床下の墓の関係性を図式化すると図５－15のようになる。

しかし、そうすると墓穴の方向の組み合わせと、遺体の方向・性別の組み合わせが一致しないことになる。第二段階では、墓穴の方向に注目すれば第二号墓＋第三号墓が互いに差異化されるのだが、遺体の性別・方向に注目すれば、第一号墓＋第四号墓が分かれる。このずれについては、同様の事例が他にも認められるかを確認し、後で再び取り上げることにする。

さて、墓の配置の組み合わせを遺体の方向・性別に注目し考察すると、ここまでペンディングになっていた問題の一つが氷解する。第二段階で分かれないグループに対応するはずの下顎の欠如した上顎のみの口が、二つの鼻飾りの図像においては分かれるグループに表現されていたという問題である。分析した金製品を身につけていた第二号墓の人物は、四人の被葬者の中では第二段階で差異化されないグループに属する。従って、上顎のみの口という属性を伴わなければならず、それを鼻飾り（マスク）の着用によって示したのではないか。鼻飾りに現れる上顎のみの口は、同鼻飾り内の図像の規則を示すためではなく、装着する人物の属性を示し、四つの墓の被葬者の関係性を示していると解釈できる。また同様に、「五面ジャガー金冠」に現れる顔全ての下顎が欠如していることも理解できる。同じ構造が四つの墓の配置と、一つの墓の黄金製品の図像に入れ子状に繰り返し示されているのである。

五・四　U字形基壇配置

以上にみたような図像や墓の配置の規則は、それを覆うように、もっと大きな枠組みにも表れている。それは、神殿の建物の配置である。

先に述べたように、クントゥル・ワシ遺跡はU字形配置を有する山地の神殿の代表例である。それ以外には、山地における他のU字形配置神殿としては、先に触れたチャビン・デ・ワンタル遺跡などごく少数が知られているに過ぎない。[10] 海岸地帯においては、北海岸のクピスニケ文化の神殿としてはモチェ川流域のワカ・デ・ロス・レイ

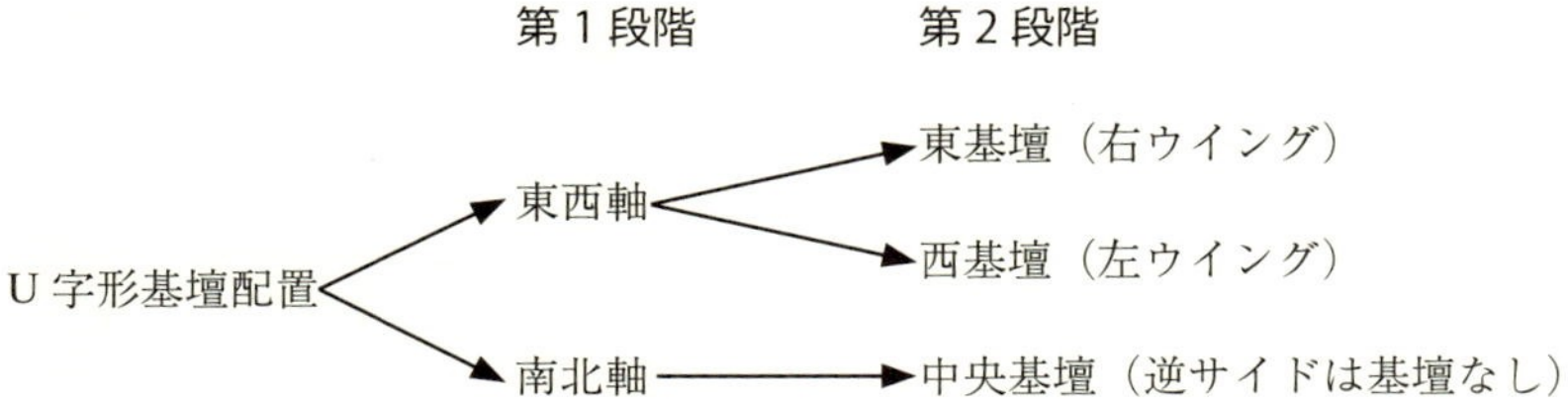

図５－16　U字形基壇配置にみられる規則

エス遺跡、ヘケテペケ川流域のリモンカルロ遺跡など少数だが、中央海岸では、チャンカイ、チリョン、リマック、ルリンの四つの河川流域に典型的U字形の大神殿が集中しており、これらを四つの河川に広まったU字形神殿群を包括するためマンチャイ文化という名称が提唱されている（Burger and Salazar 2008）。U字形配置の神殿として、他にペルー北海岸南部のネペーニャ谷のセロ・ブランコ遺跡がある（芝田 2004）。海岸の神殿の多くが機能していた時期は、クントゥル・ワシ期よりも古い形成期中期である。そしてペルー中央海岸やネペーニャ谷のU字形基壇配置は、神殿全体の設計を規定するが、ペルー北海岸の場合、U字形配置は全体構造の中の一部であり、あまり目立たないという大きな違いがある。そのためリチャード・バーガーはクピスニケ文化のU字形建築設計の起源が中央海岸にあることを示唆している（Burger 1992: 96）。

　クントゥル・ワシのU字形基壇配置は、これまでみてきた図像や墓の配置と同じ規則に従っている。中央広場の四つの石彫と同様、中央広場上で互いに直交する直線を想定し、その上に基壇が位置すると考えるとわかりやすい。南北軸と東西軸で二つに大別されるが、一つのグループはさらに二つの基壇に分かれ、もう一方は分かれず、ペアとなる基壇が欠如する。U字形基壇配置を図式化すると図５－16のようになる。中央基壇から中央広場の方向を見て右の基壇を右ウイング、左の基壇を左ウイングと呼ぶことにする。

　日本調査団は一九八八－九〇年の調査において東基壇の一部を発掘し、その結果を基に、東西の基壇が対称形になると予想し復元図を作成したが、一九九六年以降西基壇の発掘を開始し、東西の基壇が対称形にならないことを確認した。このことはU字形配置がこれまでみてきた規則に従っていると考えれば理解できる。つまり、東西の

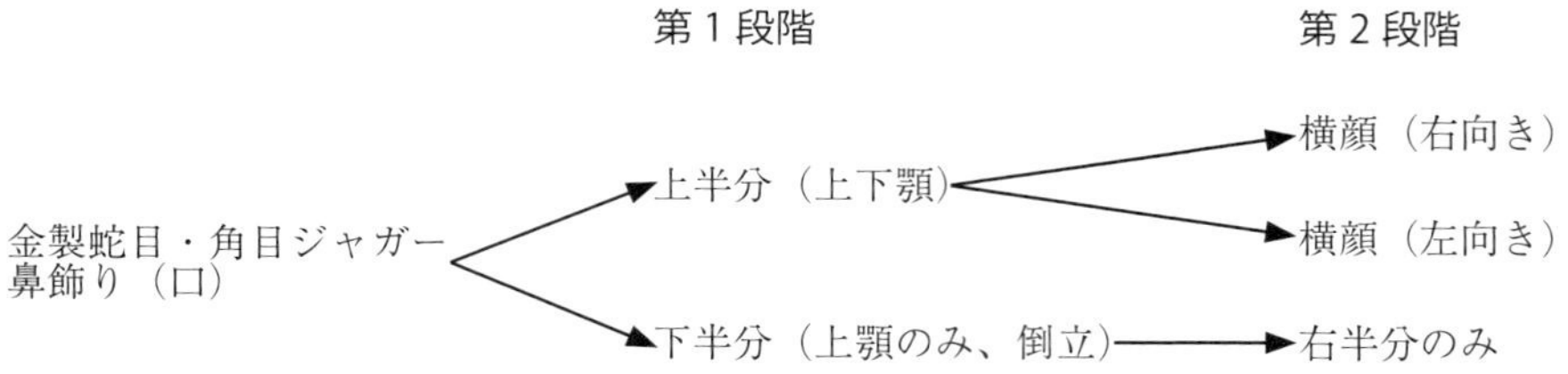

図5-17　金製蛇目・角目ジャガー鼻飾り（口）にみられる規則

基壇は差異化されねばならないのである。それも位置関係ではなく、質・方向の違いによって差異化しなければならない。他のU字形配置神殿のなかにも線対称になる例はない。チャビン・デ・ワンタル遺跡にしろ、中央海岸のU字形配置の神殿にしろ、右ウイングと左ウイングは大きさや形が異なるのである。

中央広場を囲むように三つの基壇が配置されるU字形配置は、中央広場上で直行する軸によって位置関係を設定しているという点で、四つの石彫と共通している。換言すれば、中央広場のまわりの四つの枠上に設置されている。しかし、両者とも、南北軸と東西軸でまず大きく分かれる点は共通するのであるが、第二段階でU字形配置は東西軸が、石彫は南北軸が差異化されるという点で異なる。この問題を解釈するためには、ペンディングになっていた二つの問題を思い出す必要がある。

一つは「金製蛇目・角目ジャガー鼻飾り」の図像において「正面とも見えると同時に、横顔を突き合わせたようにも見える」工夫は、石彫との対応関係から、第二段階でさらに分かれるグループ、つまり左右の目が描き分けられた下半分の顔に伴うべき特徴だが、そうではなく上半分の顔に伴っていた、という問題である。

これは、目の形と口の表現を分けて第二段階の差異化の工夫を考えればすっきりする。第一段階では位置関係によって上半分の顔と下半分の顔に分かれるが、次の第二段階では、目の形は下半分の顔でさらに二つに分かれ、上半分の顔では分かれない。一方口の形は、上半分の顔では二つの横顔が突き合わさったように見える上下顎のそろった口の表現となっており、下半分の顔では右の角目の上に倒立した上顎の歯が表現されている。左側の蛇目の上の表現は、歯や牙とは見えにくい。

鼻飾りが、四つの枠に分割されているとすると、第一段階では上下で二つずつに分かれ、第二段階では目の表現は下半分で左右に分かれ、口の表現は上半分で左右で分かれる。口の表現の構図は図5－17のように図式化できる。

もう一つの問題は、中央基壇下に埋め込まれていた四つの墓の配置において、墓穴の方向と遺体の向き（性別）の組み合わせが一致しないことである。つまり、はじめに第一号墓＋第四号墓／第二号墓＋第三号墓と大きく二つに分かれるが、第二段階では墓穴の方向に注目すれば後者のグループがさらに二つに分かれ、遺体の方向、性別に注目すれば前者のグループが差異化され、一致しない。

以上の事例をふまえ、同じ四つの枠上で、同一規則を二度重ねて示す場合、第二段階で差異化されるグループ／されないグループの位置関係は属性ごとに異なるという規則を抽出できる（図5－18）。

クントゥル・ワシの図像、墓の配置、建物の配置の規則について、ペンディングとなっていた問題をひとまず以上のように整理し、分析を進めたい。

五・五　クントゥル・ワシの構造（表5－1）

クントゥル・ワシにおいては、石彫、黄金製品の図像、墓の配置、そしてU字形配置と分析の対象を「変換」しても、二段階の差異化の結果により属性の組み合わせが三つ形成されるという関係性、すなわち「要素と要素間の関係からなる全体」は、「不変の特性」を保持する。まさにレヴィ＝ストロースがいうところの「構造」そのものである。逆に説明すれば、同一構造に従って図像、墓の配置、建物の配置が決定されている。つまり構造が表象・再提示されている。

ただしクントゥル・ワシの構造の表現方法には、二通りあることに注意が必要である。つまり第一段階で位置関係などによって二つに大別されること、第二段階で質や方向の違いによって片方のグループがさらに分かれること

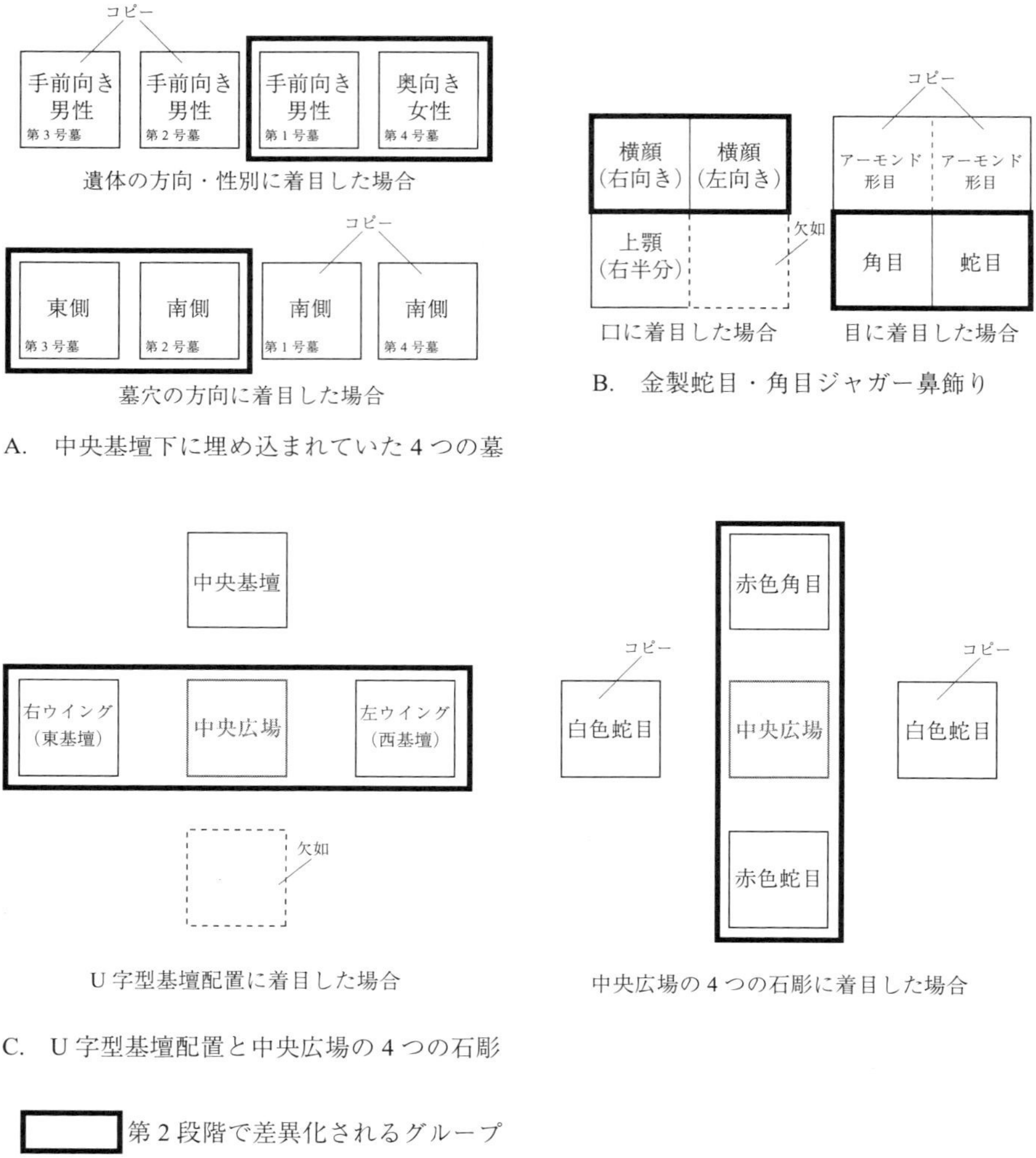
コピー
手前向き 男性 第3号墓
手前向き 男性 第2号墓
手前向き 男性 第1号墓
奥向き 女性 第4号墓
遺体の方向・性別に着目した場合
コピー
東側 第3号墓
南側 第2号墓
南側 第1号墓
南側 第4号墓
墓穴の方向に着目した場合
A. 中央基壇下に埋め込まれていた4つの墓
横顔（右向き）
横顔（左向き）
上顎（右半分）
欠如
口に着目した場合
コピー
アーモンド形目
アーモンド形目
角目
蛇目
目に着目した場合
B. 金製蛇目・角目ジャガー鼻飾り
中央基壇
右ウイング（東基壇）
中央広場
左ウイング（西基壇）
欠如
U字型基壇配置に着目した場合
赤色角目
コピー
白色蛇目
中央広場
コピー
白色蛇目
赤色蛇目
中央広場の4つの石彫に着目した場合
C. U字型基壇配置と中央広場の4つの石彫
第2段階で差異化されるグループ

図5－18　同一規則を同じ4つの枠上で2度重ねて示す場合

表５－１　クントゥル・ワシの構造

分析対象		差異化		第２段階の表現方法
		第１段階［位置］	第２段階［質・方向］	
石彫	石彫 46-1	表面（上下顎）	蛇目（左目）	コピー
			角目（右目）	
		裏面（上顎のみ）	丸目（両目）	
	中央広場の４つの石彫	赤色（南北軸）	角目（南）	コピー
			蛇目（北）	
		白色（東西軸）	蛇目（東、西）	
	中央広場の各石彫	正立した顔（上下顎）	横顔（左向き）	欠如
			横顔（右向き）	
		倒立した顔（上顎のみ）	正面向き	
黄金製品	五面ジャガー金冠	正立した顔（前面後面）	分割される（後面）	コピー
			分割されない（前面）	
		倒立した顔（左右側面）	分割されない（両方）	
	金製蛇目･角目ジャガー鼻飾り（目）	下半分の顔	角目（右目）	コピー
			蛇目（左目）	
		上半分の顔	アーモンド形目（両目）	
	金製蛇目･角目ジャガー鼻飾り（口）	上半分（上下顎）	横顔（右向き）	欠如
			横顔（左向き）	
		下半分（上顎のみ、倒立）	右半分のみ	
	金製ジャガー・双子鼻飾り	正立した顔	横顔（左向き）	欠如
			横顔（右向き）	
		倒立した顔	正面向き（上顎のみ）	
	金製ジャガー耳飾り	属性の組み合わせ見出せず（第三の遺物とセットで考える必要性あり）		
墓	４つの墓（墓穴の方向）	東側	南（第２号墓）	コピー
			東（第３号墓）	
		西側	南（第１号墓＋第４号墓）	
	４つの墓（遺体の方向、性別）	西側	奥向き、女性（第４号墓）	コピー
			手前向き、男性（第１号墓）	
		東側	手前向き、男性（第２号墓＋第３号墓）	
基壇	U 字形基壇配置	東西軸	東基壇（右ウイング）	欠如
			西基壇（左ウイング）	
		南北軸	中央基壇（逆サイドは基壇なし）	

第２段階の表現方法

欠如（ペアが重なって見えない）：一方のグループを差異化する工夫を他方のグループに適用しない

コピー：同じものを作り上げることによって分かれないことを強調

は全てに当てはまるのだが、第二段階でもう一方が分かれないことを示す方法には二つある。

一つは片方のグループ内を差異化する工夫をもう片方のグループに適用しないという方法である。これは、中央広場の各石彫、「金製蛇目・角目ジャガー鼻飾り」の口、「金製ジャガー・双子鼻飾り」、U字形基壇配置、にみられる。この場合、第二段階で内部が分かれないグループは、あたかも「欠如」という属性を備えるように見える。(11) それは、下顎の欠如した上顎のみの口という表現や、U字形基壇配置で中央基壇のペアとなる基壇が欠如する、という状況に認められる。

もう一つは、同じものを二つ作り上げることによって分かれないということを強調する方法であり、「コピー」と記述することも可能であろう。それは石彫46－1の目、中央広場の四つの石彫、「五面ジャガー金冠」、「金製蛇目・角目ジャガー鼻飾り」の目、四つの墓の遺体の方向・性別、などに採用されている。

また同じ四つの枠上で同一の構造を二度表象する場合、第二段階でどちらのグループがさらに分かれるかは属性ごとに異なるという規則が認められる。その例として、U字形基壇配置と中央広場の四つの石彫の関係、中央基壇下の四つの墓における墓穴の方向と被葬者の方向・性別の関係、「金製蛇目・角目ジャガー鼻飾り」の目と口の関係、などを挙げることができる（図5－18）。

中央基壇は、クントゥル・ワシ期のはじめに、四つの墓を掘り込み遺体を安置し、床下に埋め込んだ場所である。全ての墓に黄金製品を含む副葬品が伴っており、その埋葬は、神殿建立の際の重要な儀式と解釈されている。そして同様の埋葬は、東西の基壇においては現在まで確認されていない。そのため、中央基壇はU字形基壇配置が導入される際に建立埋葬という儀礼を行う特別な場所であると考えられる。従来、中央基壇が神殿の真ん中に位置するためそこで建立埋葬が行われたと解釈されてきた。しかしここでは、U字形配置においてウイングの二つの基壇と対峙される中央の基壇が特別な儀式を行う場であるという仮説、さらにそれを敷衍し、クントゥル・ワシの構造において第二段階で分かれないグループは儀礼、祭祀という属性を伴うという仮説を提示したい。

クントゥル・ワシ期の始まりに行われた、黄金製品を身につけた人物の埋葬は一回きりの儀式行為である。そのためU字形基壇配置において、左右のウイングではなく中央基壇が特別な儀礼を行う場である、という解釈の蓋然性を確認するためには、必然的に他の遺跡まで分析の対象を広げなければならない。ここでは第二段階で分かれないグループに祭祀という意味が付与されているという仮説を検討するため、図像の構図、墓の配置を決定している規則を別の視点から再分析してみたい。

まず石彫46－1の丸目の人物の手が解剖学的に異常であること（図5－2）、また中央広場の各石彫、「五面ジャガー金冠」、「金製ジャガー・双子鼻飾り」の構図で、第二段階で差異化されないグループが、倒立した状態で表されていることを思い出したい。顔の方向、あるいは手の特徴をひっくり返すという工夫で、第二段階で分かれない方のグループが正常ではないことを示しているようだ。

図像における対照関係が中央基壇の四基の墓の被葬者の関係にも認められるとすると、第二号墓・第三号墓の人物が正常ではなく、[12]第一号墓・第四号墓の被葬者と対峙されていることになる。第二段階で分かれないグループには祭祀という属性が付与されているという仮説に則って考えれば、第二号墓・第三号墓の人物は祭祀という属性を備えた人物、即ち神官であり、一方第一号墓・第四号墓の人物は神官ではない、という解釈が導かれる。中央基壇の下に埋められていた四人の人物を全員クントゥル・ワシの神官たちと想定すると、第四号墓の女性も神官となり、アンデスにおいては神官の役割は基本的に男性が担うということと矛盾する。[13]しかし、第二号墓・第三号墓の人物が神官、第一号墓・第四号墓の人物は神官ではないと解釈すればつじつまが合う。[14]ここでは四人の被葬者が神官集団、非神官集団それぞれの成員であり、四基の墓がクントゥル・ワシ社会の理念構造と平行関係を示していると仮定してみよう。

第二段階でさらに分かれるグループには非神官集団が対応する。そして蛇目・角目（石彫46－1の表面の人物、中央広場の赤色の石彫、「金製蛇目・角目ジャガー鼻飾り」）、右向き／左向き（中央広場の各石彫、「金製ジャガー・双子鼻飾り」）、男性／女性（第一号墓・第四号墓）という属性の区分によって差異化された。さらに各々の属性の組み合わせには、位

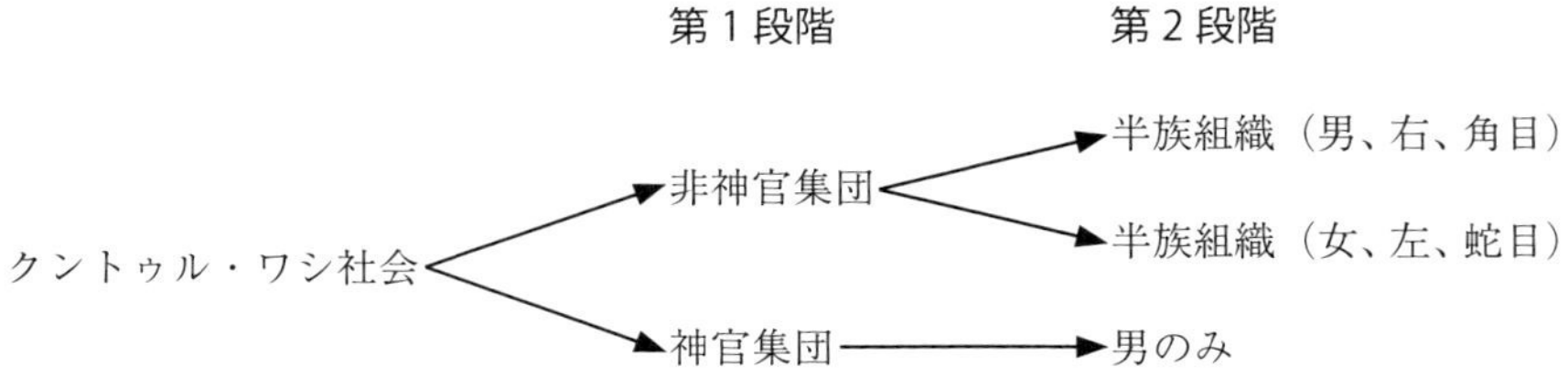

図5－19　クントゥル・ワシ社会の理念構造

置関係から判断すれば、男性＝右＝角目／女性＝左＝蛇目という対応関係が読みとれる[15]。

この分類が、中央基壇下の第一号墓、第四号墓の人物が属する各集団間の関係と平行するとすれば、非神官集団が二つの半族組織に分かれる双分制を示している可能性がある。まだ十分に裏付けられているわけではないが、クントゥル・ワシ期の図像、墓の配置、建物の配置に認められる構造は、クントゥル・ワシ社会の理念構造と平行関係にあるのではないか。それを図式化すると図5－19のようになる。

しかしこのモデルはあくまでここまでの分析の順序に則って図式化した作業仮説である。当時の人々が、最初に神官集団と非神官集団に分かれて、次に非神官集団が二つの半族組織に分かれる、と二段階で認識していたわけではないだろう。この問題については第八章で立ち戻って考察する。

従来は形成期の社会は神官集団と非神官集団に分かれると大まかに想定され、クントゥル・ワシの四基の墓の人物は全員神官集団であり、黄金製品を伴うことから社会階層の萌芽的証拠として捉えられてきた（Burger 1992: 206; 関 2006）。図像に認められる構造が社会構造と平行関係にあり、四基の墓の被葬者には神官と非神官両方が含まれるという筆者の説は、むしろ例外的である。しかし第七章で検討するように、インカ社会は四つあるいは三つに分かれており、そこに神官集団と非神官集団（戦士集団）が両方含まれていた。その起源をたどっていけば形成期のクントゥル・ワシまで遡る。この仮説が妥当かどうかは本書を通読して判断していただきたい。

五・六　チャビン・デ・ワンタル

ここまでクピスニケ様式の神殿の例として、クントゥル・ワシ遺跡を検討してきた。そこに認められる構造は、建物の配置の特徴から判断すれば、ペルー北海岸よりもむしろ中央海岸のU字形神殿との繋がりが深い。しかし本書で重要なのは、クントゥル・ワシの構造の起源よりも、むしろそれが後の時代においてどのように継承され、あるいは放棄されていったのかである。

先スペイン期アンデスの流れを論じる上で、クントゥル・ワシは必要不可欠な遺跡である。形成期中期ペルー北海岸において認められるクピスニケ様式が、形成期後期の始まりにおいて、どのように山地の神殿に出現し受容されていったかを鮮やかに再現することができる。ところが、形成期後期以降の展開を語る際にはもう一つ避けて通ることができない遺跡がある。それはチャビン・デ・ワンタル遺跡である。

チャビン・デ・ワンタルはペルー北高地南部、現在のアンカシュ県の山間盆地に位置する、形成期の大神殿である（図1－1）。太平洋側から東に向かい、コルディエラ・ネグラ（黒い山脈）、コルディエラ・ブランカ（白い山脈）と呼ばれるアンデス山脈の主稜線を二本越えた先の、カイェホン・デ・コンチュコス盆地にある。南から北に流れるモスナ川に西からワチェクサ川が合流する地点に遺跡は位置し、標高は約三一〇〇メートルある。モスナ川は下流でプチカ川と名称を変えマラニョン川に流れこむ。このように同じ山地に位置するといってもアンデス山脈の西斜面に位置するクントゥル・ワシと、それを越えた東斜面のアマゾン側に位置するチャビン・デ・ワンタルの間には立地上の大きな違いがある。

チャビン・デ・ワンタルはかつてアンデス文明の起源、母胎と考えられたこともあったが、現在ではアンデス文明の起源ではなく、形成期早期からの流れを汲み、肥大化した神殿、いうならばアンデスの神殿の集大成と捉えられる。形成期中期・後期前半にあたる前一〇〇〇－五〇〇に主要な建築物が建設・更新された（Burger 1992; Kembel 2001, 2008）。またチャビン様式は形成期後期後半（前五〇〇－二五〇）にペルー南高地、南海岸の広範囲に認められるため、ホライズン現象として説明されてきた。

以前はチャビン様式とクピスニケ様式は同時代、同系統と考えられていたが、研究の進展に伴い、両者の間の差異が明らかになり、両者をまとめて論じることに不都合が生じてきた。以前チャビン様式と一括されていた一群の土器には北海岸のクピスニケ様式の土器が多く含まれており、また、チャビン・デ・ワンタル遺跡から出土する石彫とチャビン様式として分類されてきた他遺跡から出土した石彫との様式上の違いが認識されるようになった。クントゥル・ワシ遺跡の土器、石彫、黄金製品の多くはペルー北海岸のクピスニケ様式に起源があると考えられる。一方、チャビン・デ・ワンタル遺跡で認められる土器や石彫の様式については、中央海岸のマンチャイ文化やクピスニケ様式など複数の起源が想定される。

五・六・一　建築の編年

チャビン・デ・ワンタルは、U字形基壇配置の神殿である（図5－20）。それはクントゥル・ワシよりも大規模で、顕著に現れている。先述のように、U字形配置の神殿は形成期中期のペルー中央海岸に集中しており、しかもペルー北海岸のそれよりもかなり規模が大きい。従来チャビン・デ・ワンタル遺跡の建築は、中央に円形広場を組み込んだ旧神殿（図5－20の建造物A、B、C）があり、南側に一度増築され、その後東方向へ拡張し新神殿が建設されたと三段階で考えられていた。いずれもU字形配置に従っている。

その後、シルビア・ロドリーゲス・ケンベルが建築外面の壁、回廊内部の壁の継ぎ目の詳細な観察に基づき、建築プロセスを再構成し、一五の建築フェイズに細分し(16)（Kembel 2001, 2008; Rick et al. 1999）、分離マウンド期（Separate Mound Stage）、拡大期（Expansion Stage）、統合期（Consolidation Stage）、黒白期（Black and White Stage）、補強建設期（Support Construction Stage）の五期に分類した。しかしいくつかの点に関してケンベルの解釈を修正する必要がある。詳細は付論を読んでいただきたい。筆者による建築の編年案は次のようにまとめられる（図5－21）。

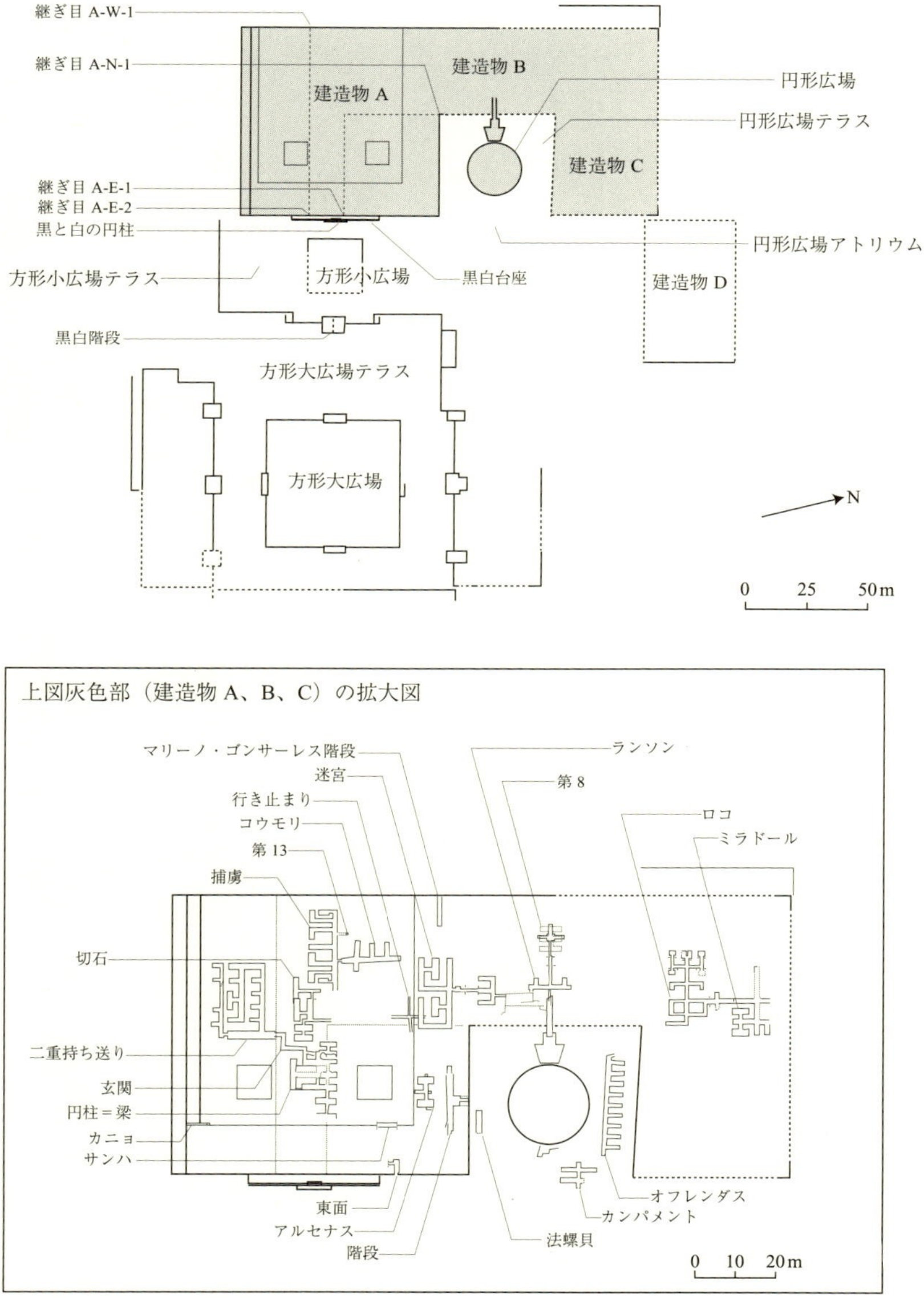

図 5－20　チャビン・デ・ワンタル遺跡の建築プラン、および建造物 A、B、C 内部の回廊（Kembel 2008 を改変）

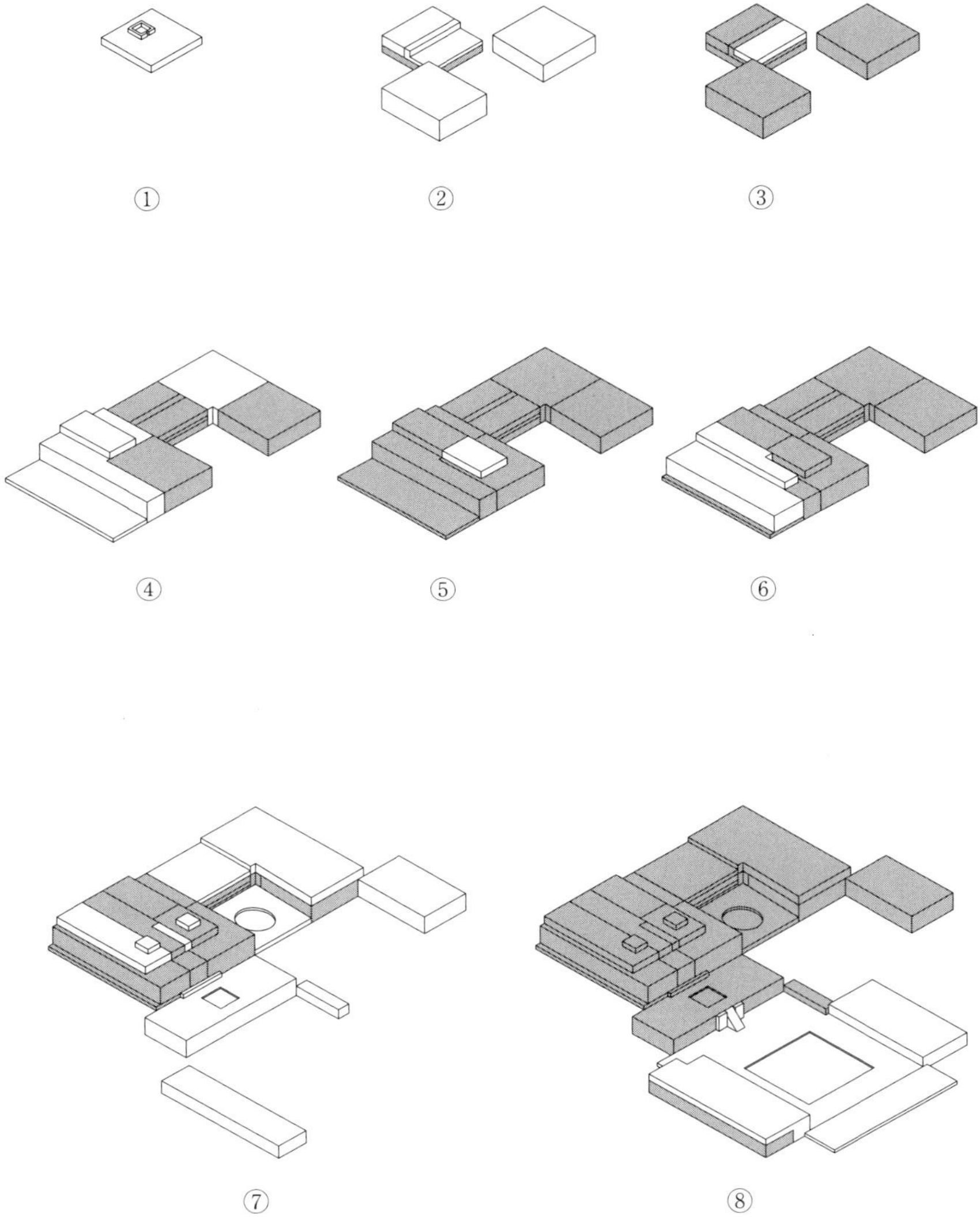

①－⑧は表 5-2 の編年案に対応している。

②－⑥が旧神殿、⑦⑧が新神殿に対応する。

図 5－21　チャビン・デ・ワンタル遺跡の建築プラン

①　建造物Bの両面壁の部屋状構造（前一二〇〇－一〇〇〇）：形成期早期・前期には遡らない。
②－③　三基壇からなるU字形配置旧神殿（前一〇〇〇）：中央の基壇内部にランソン像が設置される。
④－⑥　連結された旧神殿（前八〇〇よりも前）：中央の広場から三つの基壇へのアクセスは維持される。
⑦　新神殿の建設開始（前八〇〇）：旧神殿の中央広場の部分に、円形広場、オフレンダス回廊が建設され、旧神殿の左右ウイングへのアクセスは閉じられる。方形小広場が建設される。
⑧　新神殿の完成（前五〇〇）：左ウイングが大きなU字形配置となり、黒と白の円柱が設置される。方形大広場が建設される。
神殿の維持（前五〇〇－二五〇）：円形広場は埋められる。

チャビン・デ・ワンタルとクントゥル・ワシがU字形基壇配置を共有することから、両遺跡に同じ構造が存在すると仮定し、以下ではクントゥル・ワシに認められる構造が、チャビン・デ・ワンタル遺跡の石彫の図像にも見い出せるかを検証したい。図像様式はクピスニケ文化よりもむしろマンチャイ文化とより関係が深いが、チャビン・デ・ワンタルでも円柱や倒立表現などクピスニケ様式の要素が取り入れられている。

先述のようにチャビン・デ・ワンタルは一〇〇点以上の石彫が発見されている点で、非常に特異である。多くは基壇の側面にはめ込むほぞ付きの頭像や、壁面にひさし状に設置された、片面（下側）に図像が彫り込まれた石版（コーニス）である。さらに丸彫りの石彫、円形半地下式広場の側面にパネル状にはめ込まれた石版などがある。

多くの石彫は原位置を保っていないため、図像の規則性を浮かび上がらせるためには、各々の石彫内での構図を分析するか、あるいは石彫を形態や図像表現によって分類し、石彫がいくつか組み合わさって一つの規則を示していると仮定し分析する方法しかない。以下で展開する議論は非常に演繹的であり、チャビン・デ・ワンタルのデータのみからは導くことはできない。U字形配置をはじめとするいくつかの共通点から、クントゥル・ワシとチャビン・デ・ワンタルの間に同じ構造が認められると仮定し、仮説の上に仮説を重ねた非常に脆弱な議論である。そのため、今後その妥当性を様々な角度から検証する必要がある。以下の記述では読みやすさを尊重し、かなり明確な表現をしていくが、その内容はあくまで実験的である。

五・六・二　石彫の編年

一九六二年、アメリカの考古学者ロウは、チャビン・デ・ワンタル遺跡の主な石彫を分類し次のような編年を提唱した（Rowe 1977[1962]）。古い順にAからFまで並べられている。AB、EFは将来さらに細分できる可能性を保留するため、そのように命名された。

AB：ランソン
C：テーヨのオベリスク
D：黒と白の円柱（二つ）
EF：ライモンディの石碑

まず石彫と建築の対応関係を確認しておきたい。ランソンは旧神殿の中央の基壇（建造物A）の内部中央に立っており、原位置を保っている（図5－22）。U字形基壇配置が導入された時期（前一〇〇〇頃）に設置された。新神殿の中央基壇（建造物Aの西面）にはめ込まれたほぞ付き頭像やコーニスは前八〇〇頃に時期比定され、円形半地下式広場のパネル状石版と同時期である。（cf. Kembel 2001: 244; Rowe 1977[1962]）。また、黒と白の二本の円柱は、新神殿の中央の基壇（建造物A）の東側の階段の両脇に立っていた。倒れていた状態から現在起こされてあるが、原位置はそこでほぼ間違いない。製作年代は新神殿の完成時期（前五〇〇頃）に比定される。しかし、その他の石彫の原位置

図５－22　ランソンの石彫の展開図（Burger1992）

は不明である。テーヨのオベリスクは方形大広場の南西角の地表近くから出土したというが（Burger 1992: 149）、ライモンディの石碑は出土状況さえも不明である。

バーガーはテーヨのオベリスクに関しては、ロウによる編年の位置づけを問題視し、ドナルド・レイスラップも、ランソンよりも古く他の場所から持ち込まれたと述べている（Burger 1992: 149; Lathrap 1985: 249, note 3）。

石彫の図像の規則がクントゥル・ワシと同じ構造に従っていると想定するならば、石彫の製作はU字形配置が導入された時期、あるいはそれ以降に対応するだろう。神殿の配置が構造の一つの表象であり、それに則っているならば、必ず明確なプランのもとに建設が進められ、石彫が配置されたと考えられる。また、いくつかセットになって同時に製作された可能性があるため、ロウの編年を鵜呑みにするのではなく、あらゆるパターンを想定して図像の構造分析を行う必要がある。

五・六・三　テーヨのオベリスク（図5－23）

まず、テーヨのオベリスクを検討してみたい。高さ二・五二メートル、幅〇・三二メートルの直方体の柱状石彫で、先端が細くなっている。その四面に図像が施されている。これについては様々な研究者が図像の解読を試みている（カウリケ 1991; Lathrap 1977[1973]; Makowski Hanula 2000; Rowe 1977[1962]; Urton 1996; Zuidema 1992）。多くの研究者は、オベリスクには表と裏で横向きの二匹の動物が描かれており、それぞれオス（図5－23A）とメス（図5－23B）を表している、と解釈している。

図像の基本となる動物については、レイスラップはカイマンであると主張しているが、ルイス・ルンブレラスは口を閉じた時の解剖学的特徴から判断するとカイマンではなくクロコダイルであるという[17]（Lumbreras 1993: 144-145）。しかし、クピスニケ様式にせよチャビン様式にせよ、ネコ科動物の牙、猛禽類の爪、蛇、など複数の動物の属性を備えることが図像の特徴の一つであるから、爬虫類の動物が、ネコ科動物の牙を伴っていると解釈するこ

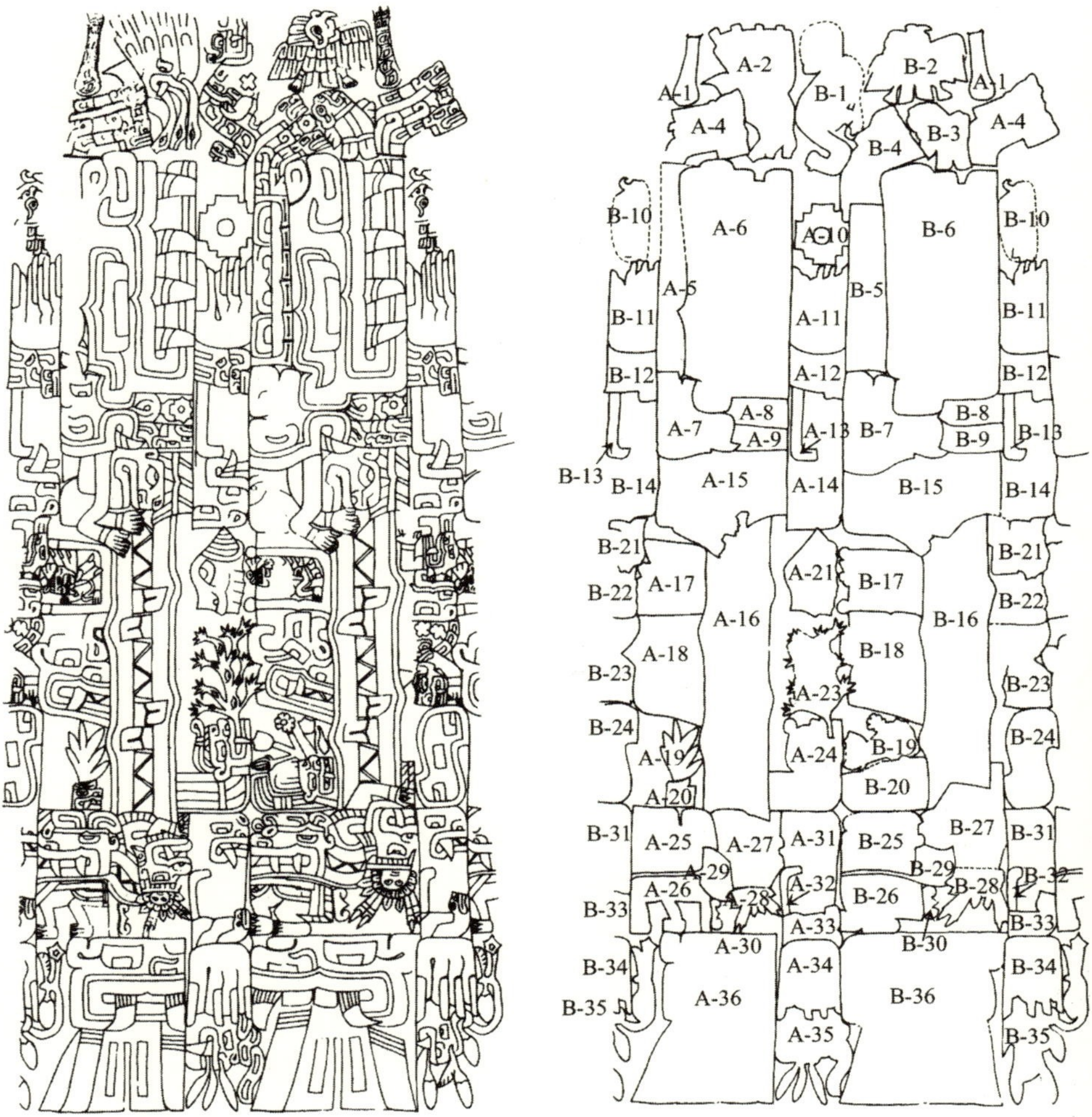

A-6、B-6 がそれぞれ横向きの顔である。

図 5－23　テーヨのオベリスクの展開図（Rowe1977[1962] を改変）

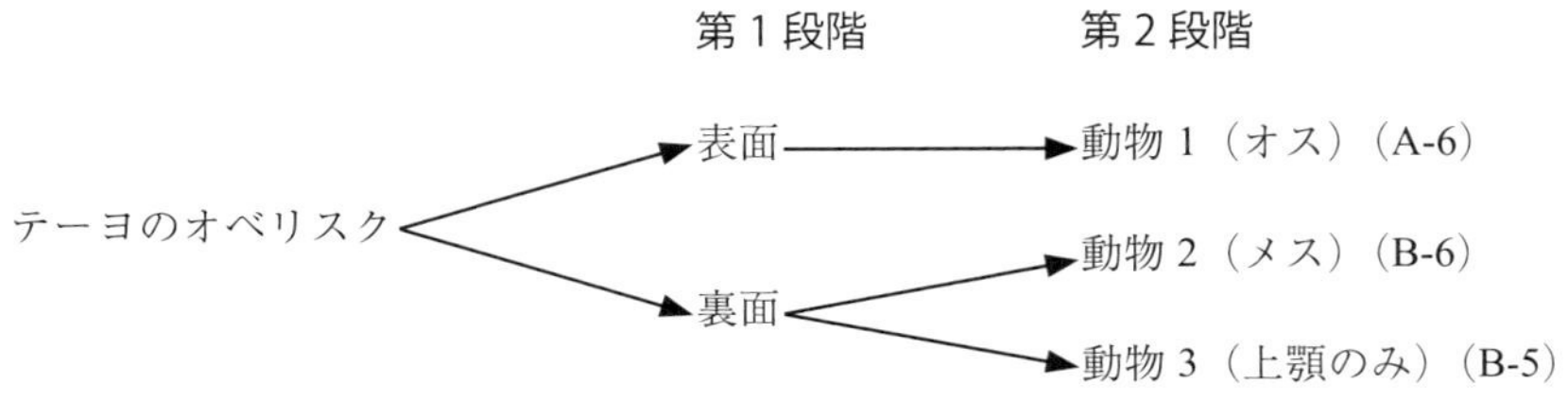

図５－24　テーヨのオベリスクにみられる規則Ａ

とも可能であろう。[18]

また二匹の動物がそれぞれオス、メスであるという性別の同定の根拠は、体の解剖学的特徴ではなく、側面に表現されている紋様の特徴である。片方の動物の体の下半分に男性器に見える表現があり（A－24）、そこからマニオクが[19]出ている（A－23）。もう片方では代わりにS字紋様があるため（B－24）、S字紋様はメスに伴う特徴であると説明される。

以上が従来の解釈であるが、当然図像の構図を網羅的に説明しているわけではない。それ以外にもこれまであまり注目されてこなかった重要な特徴がいくつかある。一つは、メスと同定されている動物の頭部（B－6）の上にもう一つ頭が出ていることである（B－5）。それは正面向きで背骨状の上顎のみを備えている。その結果、頭は合計で三つ存在することになる。残念ながらそれと対称的位置にあるオスの顔の上の部分（A－5）の表現が不明瞭である。顔がない、あるいは同じく上顎のみの顔が表現されている場合、筆者の説を補強することになる。

クントゥル・ワシにおいては対立を示す一つの表現方法は、上下顎／上顎のみ、という口の特徴の描き分けであった。そしてクントゥル・ワシと同じ構造に従っているとすると、テーヨのオベリスクの図像の構図を図５－24のように説明することが可能である。

この石彫の図像がクントゥル・ワシの構造と同じ規則に従って決定されていると仮定すれば、まず第一段階では位置関係で大別され、上顎のみの顔は第二段階で分かれないグループに属する。そうすると上の図式では矛盾する。いったん第一段階では位置関係で大別されるという前提を捨て、正面向きか横向きかで分かれると仮定する

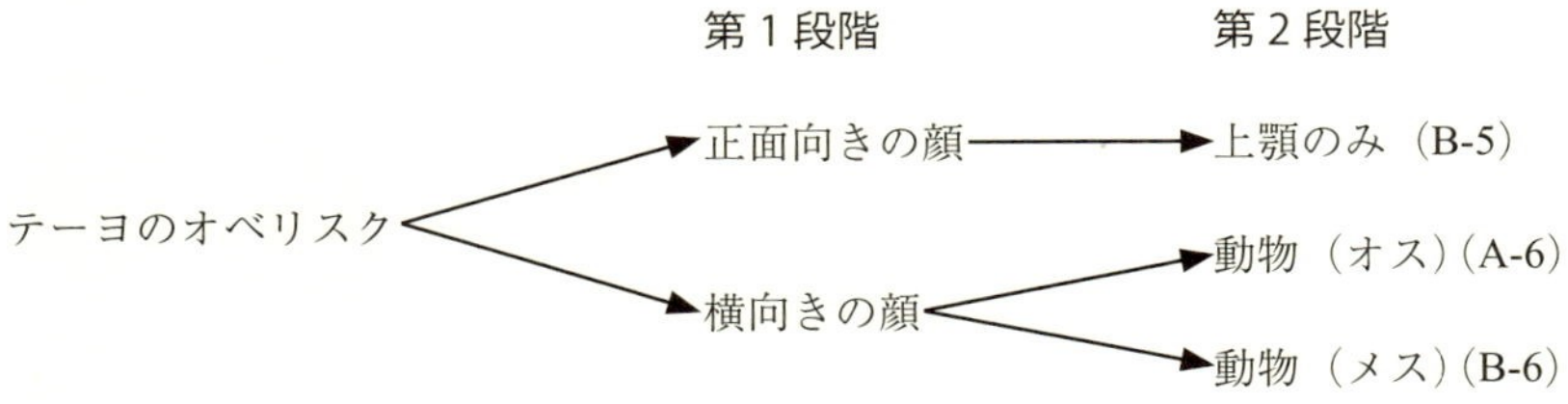

図5－25　テーヨのオベリスクにみられる規則B

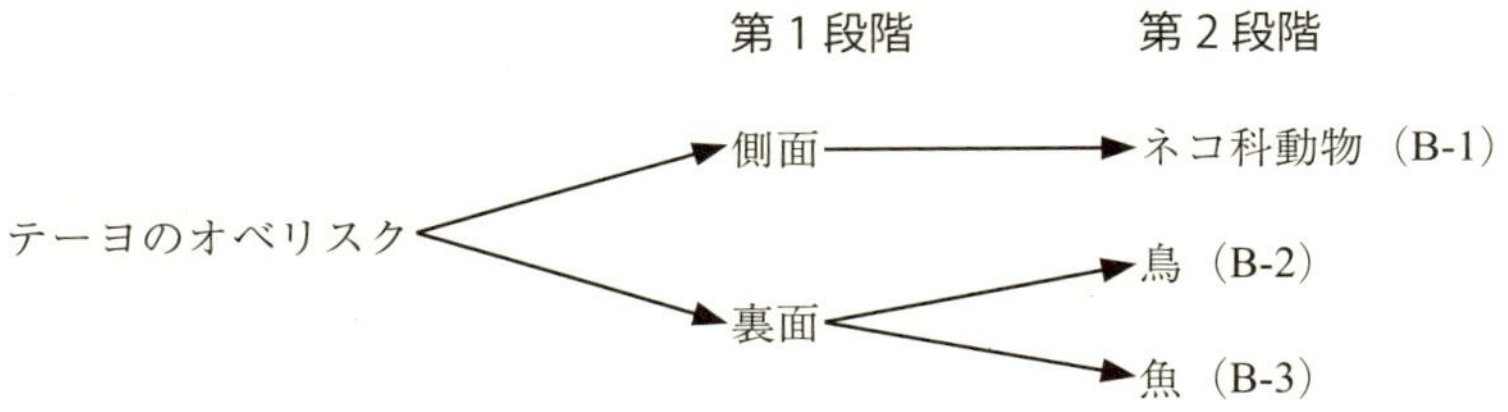

図5－26　テーヨのオベリスクにみられる規則C

と、図5－25のように図式化できる。このように考えると、第一段階、第二段階の差異化の仕方はクントゥル・ワシの傾向とは必ずしも一致しない。つまりここでは第一段階は方向で差異化し、第二段階は位置関係、性別で差異化する。

さて、テーヨのオベリスクの図像が、属性の組み合わせが三つという規則に従っていると仮定した場合、もう一つ注目すべき図像表現がある。それは石彫の最上端に刻まれた三つの動物である。側面ではネコ科動物（B－1）、裏面では鳥（猛禽類）（B－2）、牙を備えた魚[20]（B－3）が表現されている。それらが同じ構造を違う方法で表していると想定すれば、図5－26のような解釈が浮かび上がる。つまりクントゥル・ワシでは、二種類の属性の組み合わせが三つ形成されたが、それがここでは三つの動物を示すことによってその関係性を示している可能性がある。[21]

テーヨのオベリスクがチャビン・デ・ワンタルで製作されたものであり、かつクントゥル・ワシで認められた構造と同じ規則に従って配置されているのであれば、それはU字形基壇配置が導入された時期以降に時期比定できるだろう。しかしランソンの石彫とどちらが古いか

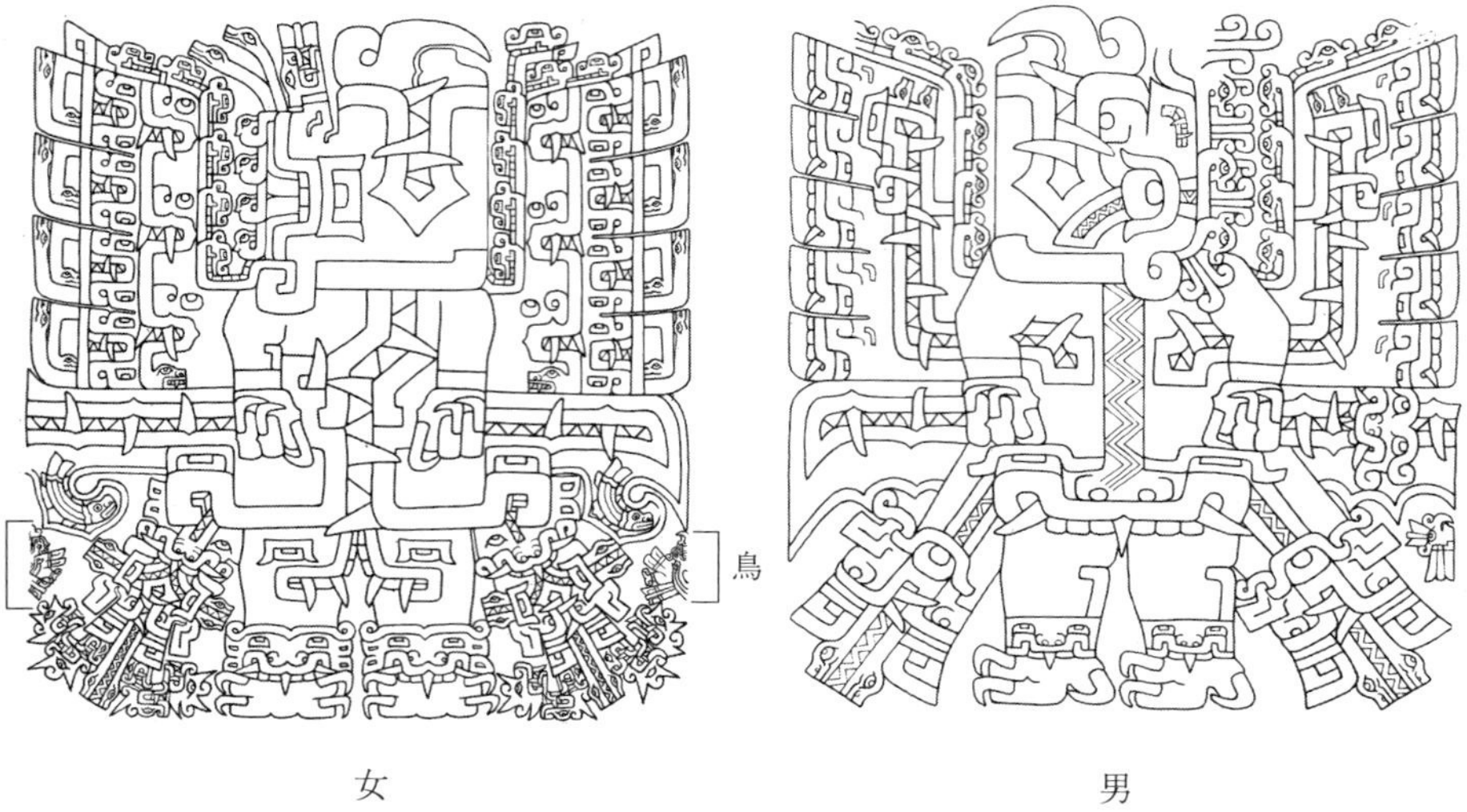

図5－27　黒と白の円柱の展開図（Lumbreras1970）

を決定する手がかりはなく、手の表現が類似していることから同時期である可能性もある。また図像に倒立表現（A－14、A－27、A－28、B－14、B－27、B－28）が採用されているが、それはクピスニケ様式から導入されたのだろう。

五・六・四　黒と白の円柱（図5－27）

この二本の円柱は新神殿の中央基壇（建造物A）の東の階段の両脇に配置されていた。円柱に刻まれた図像を展開すると、ネコ科動物の牙、猛禽類の爪、嘴、翼、という属性を備えた人物が横向きで上を向いている。二つはそれぞれ男性と女性を表していることが、股間の表現から分かる。神殿正面に向かって左（南）に位置する人物は、「鋸歯状ヴァギナ」と呼ばれる特徴を備えているため女性で、一方右（北）に位置する石彫にはそうした表現が認められないため、ペニスが直接表現されているわけではないが、男性と考えられている。男性の円柱が黒っぽく、女性の円柱が白っぽい石を用いている。

両者はあらゆる点で対照化されている。例えば、男性は左向き、女性は右向き、男性の足は左に向いているのに対し、女性の足は正面向き、男性の腰の部分にある顔は正面向きで上顎のみの口で、女性の同じ部位では上下顎がそろった横顔が二つ突き合わさっている、などである。また、ピーター・ロウは、女性が手にフック（魚の紋様の部分）のついた投槍器を、男性が槍を持っており、二つの石彫が相補的な関係にあることを指摘している（Roe 2008）。

女性の図像に注目すると、テーヨのオベリスクで注目した動物が二つ単独で現れている。それは二匹の魚（投槍器のフックの部分）と鳥（魚の下に位置し、図面では二つに分かれている）である。しかし男性の石彫の方を観察しても、ネコ科動物はいない。三種類の動物が、組み合わさって同じ構造を示しているという可能性は見えてこない。

もう一つ注目すべき特徴は、それぞれの人物の手の特徴である。かぎ爪の指が三本あるが、その指の特徴を観察すると、両方とも裏表ひっくり返っていて解剖学的に異常である。これらの人物が背中を向けていると考えれば、つじつまが合うのであるが、股間に性器が表現されているためこの解釈は不可能である。それに背中を向けた図像の例は他に認められない。ひっくり返った異常な手は、クントゥル・ワシの石彫46－1の裏面の人物に採用されている図像表現であり、正常な状態の手と対峙され、一つの関係性を示していた。しかしながらこれら二つの円柱図像は、両者とも手がひっくり返っている。そのため、手の解剖学的特徴が正常な人物を示した、少なくとももう一つの石彫と組になっているのではないか。

五・六・五　ライモンディの石碑（図5－28）

ライモンディの石碑は、高さ一・九八メートル、幅七四センチ、厚さ一七センチの大きさで片面に図像が施してある（Rowe 1977[1962]: 320）。下部中央には腕を広げ両手に槍を入れた筒（Roe 2008: 197）を持った上目遣いの上下顎のそろった口の人物が立っている。手の特徴は解剖学的に正常に表現されている。

また、中央の顔の表現に注目すればまず正面向きの顔があり、図を逆さにすると、もう一つの顔と、上顎のみの顔が現れる。つまり顔の表現が三つ存在しており、倒立した上顎のみの口の顔からは、同じく上顎のみの顔が連続

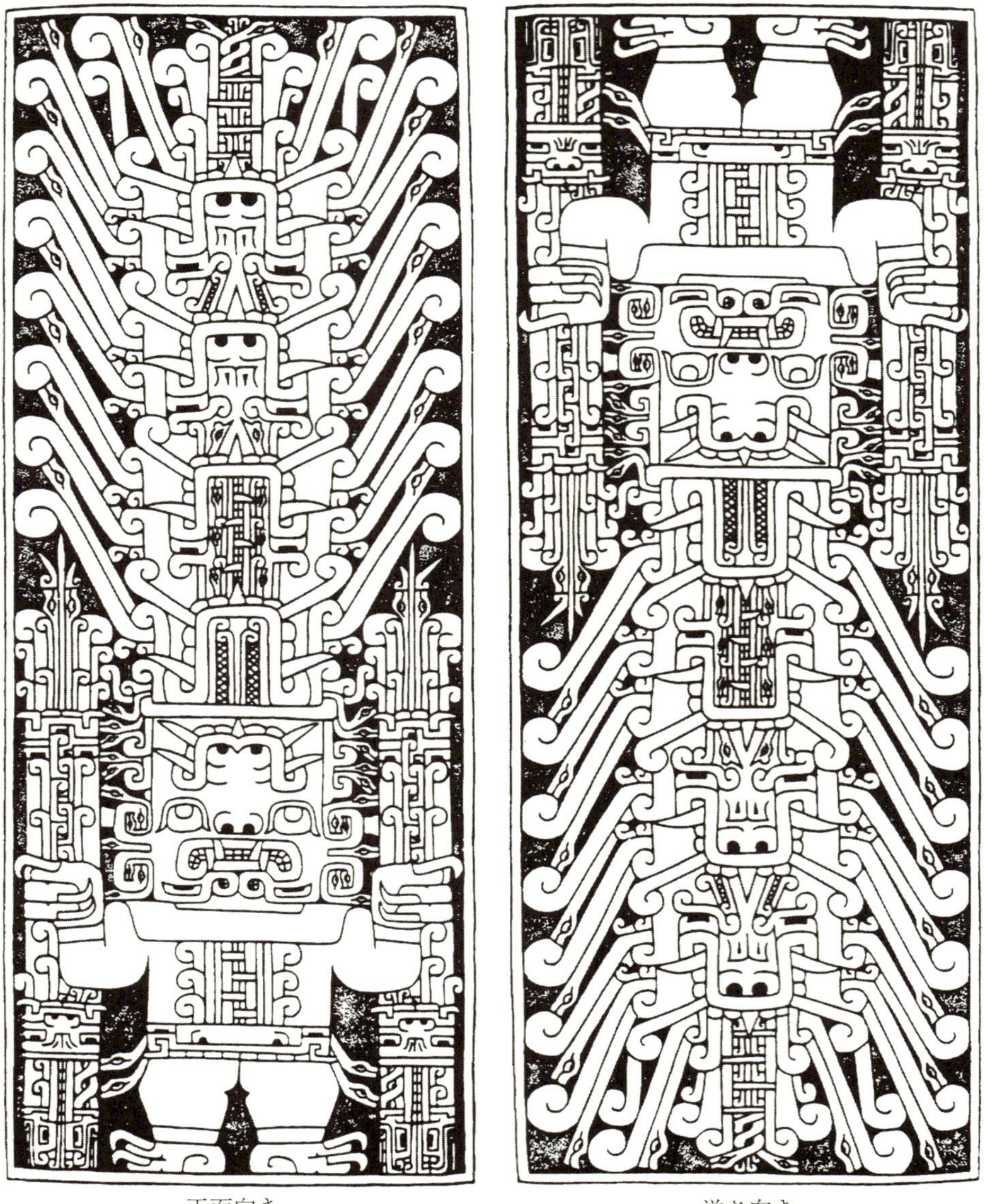

図5－28　ライモンディの石碑（Burger 1992）

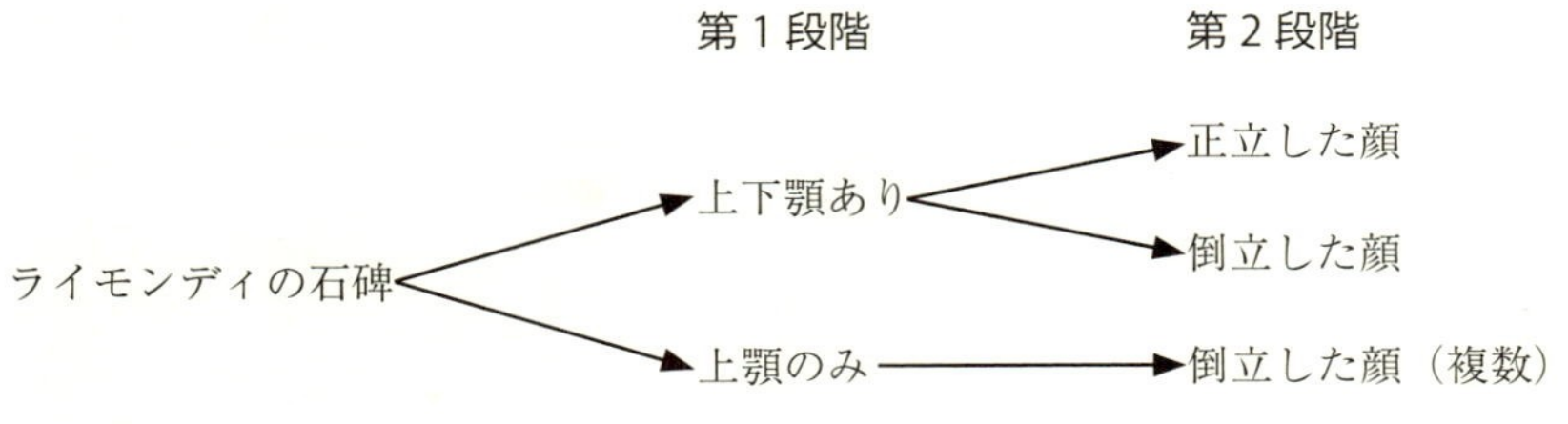

図5－29　ライモンディの石碑にみられる規則

して四つ[22]表現されている。[23]チャビンの石彫の図像ではこのように反復性が強調されるため、その根底にある構造の解読を困難にしている。第一段階は質で、第二段階は方向・位置関係で差異化されるとすれば、図5－29のような仮説が導かれる。

これはライモンディの石碑の図像の中で一つの構造が完結して示されているという仮定に従った場合の解釈である。もう一つ考えなければならないのは、先に指摘したように、他の石彫とセットになって同じ構造を示しているという可能性である。

五・六・六　石彫の組み合わせ

ロウはチャビンの石彫を四時期に区分しているが、ここではその編年におけるD（黒と白の円柱）、EF（ライモンディの石碑）が同時期に製作されたと仮定することによって、それらの構造を実験的に考察してみたい。ライモンディの石碑が、指、目などの図像表現の様式的特徴において、黒と白の円柱の図像に類似していること、また三つの石彫がほぼ同じ高さであることなど、この仮定を支持するいくつかの状況証拠がある。

ライモンディの石碑と黒と白の円柱は、方形／円形、正面向き／横向き、手正常／手異常、両手を広げ上げる／両手を閉じ下げる、と対照化されている。そして、黒と白の円柱はそれぞれ性別、方向で区別される。従って、これら三つの石彫の関係は図5－30のようになる。

これはあくまで三つの石彫をセットとして解釈した場合の仮説モデルである。しかし、ライモンディの石碑ではなく別の石彫が黒と白の円柱とセットになっていた可能

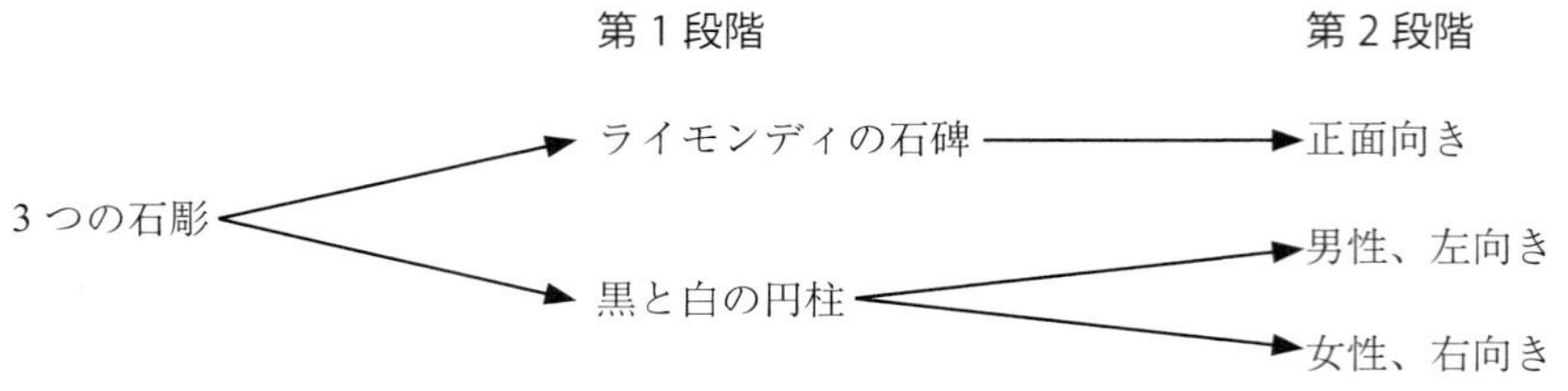

図５－30　３つの石彫にみられる規則

性もある。その場合ロウの編年は依然として有効である。またライモンディの石碑の図像が単独で同じ構造を示しているとしても、クントゥル・ワシの図像表現におけるように、同じ構造の入れ子状反復表現であり、何ら問題ではない。

　クントゥル・ワシでは解剖学的に異常な手と倒立した顔が正常ではない状態を示していると想定し、それらは第二段階で分かれないグループに対応し、祭祀と結びついているという仮説を導いた。一方、チャビン・デ・ワンタルでは逆に、手の解剖学的特徴がひっくり返っている方が第二段階でさらに分かれるグループに対応する。手の解剖学的特徴が正常か異常かという工夫が第一段階の区分の特徴であり、神官集団と非神官集団を分ける分類に平行し、第二段階で内部が分かれる方が非神官集団、分かれない方が神官集団という区分が有効ならば、チャビン・デ・ワンタルにおいては手の解剖学的特徴が異常なグループは非神官集団に対応することになる。

　なぜ、クントゥル・ワシとチャビン・デ・ワンタルでは対応関係がひっくり返っているのだろうか。考えられる可能性の一つは、図像を刻んだ当事者が神官集団に属し、その者の視点に立って、表象され製作されたという可能性である。つまり製作者からみれば神官集団は正常で、そうでない非神官集団はそれらとは異なった、異常な集団である。また、チャビン・デ・ワンタルでは神官集団の肥大化が生じ、非神官集団よりも相対的に割合が高く、比率が逆転していたという可能性もあろう。あるいは、後述するようにチャビン・デ・ワンタルの最終形態で左右のウイングの大きさがひっくり返っていることに伴う特徴かもしれない。

　いずれにせよ重要なのは、図像の構造分析において、どのような表現を組みあわせて関係性を示すかである。例えば、上下顎そろった口／上顎のみの口、という区分が、非神官集団／神官集団、という分類に構造上対応するからといって、上顎のみの口＝神官集団ということを意味しているわけではない。それはあくまで関係性の対応関係であって、要素と要素が一対一で対応するわけではない。どういった表現が用いられて構造が示されるかはそれぞれの文脈に照らし合わせて考察する必要がある。

そもそもチャビン・デ・ワンタル遺跡にどれだけの石彫があってどのように配置されていたかが不明の状態で、そこから出発して明快な結論を引き出すことは難しい。ここでは、クントゥル・ワシで抽出した構造に基づいて、チャビン・デ・ワンタルの石彫の図像を実験的に分析した。解釈が強引であるという印象を受けるかもしれないが、これまでの研究の限界を打破する一つのモデルとして提出する意義はあるだろう。

五・六・七　建築との対応関係

黒と白の二つの円柱の配置は、中央の基壇から見れば右側が女性、左側が男性で、通例とは逆になっているようだ。ウィリアム・イズベルは円柱の配置が、起こされて据え直される時に入れ替わったと解釈している[24]（Isbell 1978: 293）。しかしイズベルの解釈に従うと、神殿正面から見ると円柱に施された図像の人物がそれぞれ中央に向かって後頭部を向けていたことになり不都合が生じる。また石彫の位置は新神殿最終期のU字形基壇配置と対応していると考えれば矛盾ではない。このU字形配置は中央の基壇から眺めた場合、左（北）のウイングの基壇が右（南）よりも大きい。基壇の大／小が、男／女の区分に対応するとすれば、左のウイング側に男性の石彫が配置されるはずである。

通常U字形基壇配置では右のウイングが左よりも大きく、左が大きいのは例外的である。中央海岸のリマック谷のガラガイ遺跡がその代表例である。いったい中央の基壇から見てどちらのウイングが大きいかには、どういう意味があるのであろうか。この問題は第八章で検討したい。

五・六・八　チャビン様式の拡散

土器や布などのチャビン様式の遺物は、形成期後期後半（前五〇〇－二五〇）のハナバリウ期後半に、広範なネットワークに乗って、ペルー南高地、南海岸のかなり広い範囲に拡散した。このことが、形成期後期よりも後の時代のアンデス文明の流れを語る上で大きな意味を持ってくる。[25]パラカス半島の南約八キロのところに位置するカルワ遺跡で発見された、二〇〇点以上のチャビン様式の図像を伴った布片がその例である（図5－31）。バーガーは、こうした現象をチャビン・カルトの広まりの結果と捉え、チャビン・デ・ワンタルに遠くから人々が巡礼に訪れ、また地方によってはチャビン・デ・ワンタルから分かれた神殿ができたと考えている（Burger 2008: 699-700）。

一方ケンベルは、紀元前五世紀半ばまでにチャビン・デ・ワンタルは放棄されたとし、ハナバリウ期（前五〇〇以降に比定されていた）の拡散はチャビン・デ・ワンタルを核とした動きに起因するのではなく、むしろその崩壊後の動乱に生じた一種の競合関係の結果であると考えた（Kembel 2001: 254-260）。その後の論文では、ハナバリウ期の年代を前八〇〇－五〇〇年と変更したため、別のシナリオが必要であると述べている（Kembel 2008: 79）。

筆者は形成期後期後半の始まりの前五〇〇年頃に円形半地下式広場は埋められたが、神殿自体は機能し続けたと考えている。ペルー南高地、海岸にチャビン様式の遺物が広まったのは、神殿が放棄された後ではなく、機能していた間である。またチャビン・デ・ワンタル遺跡で前五〇〇－二五〇年の活動の痕跡が少ないのであれば、各地に拡散、移住し、布教活動・新たな神殿活動を行ったため人口が減少した可能性などを考える必要があろう。

前五〇〇年までは神殿の建設活動が連続的に行われたため大量の労働力が必要であった。また、その後建築が完成した後は、神殿の維持活動が行われ、神殿での活動の性格が変容したと考えられる。チャビン様式の広まりは前五〇〇年以前の神殿の更新活動が行われていた時期と、神殿更新が行われなくなった前五〇〇年以降を分けて考察する必要がある。チャビン・デ・ワンタル遺跡における前八〇〇－五〇〇年の土器と、前五〇〇年以降に比定される円形半地下式広場を覆う層や他の遺跡で出土するチャビン様式の遺物を識別する、時期差を示す特徴、基準を見

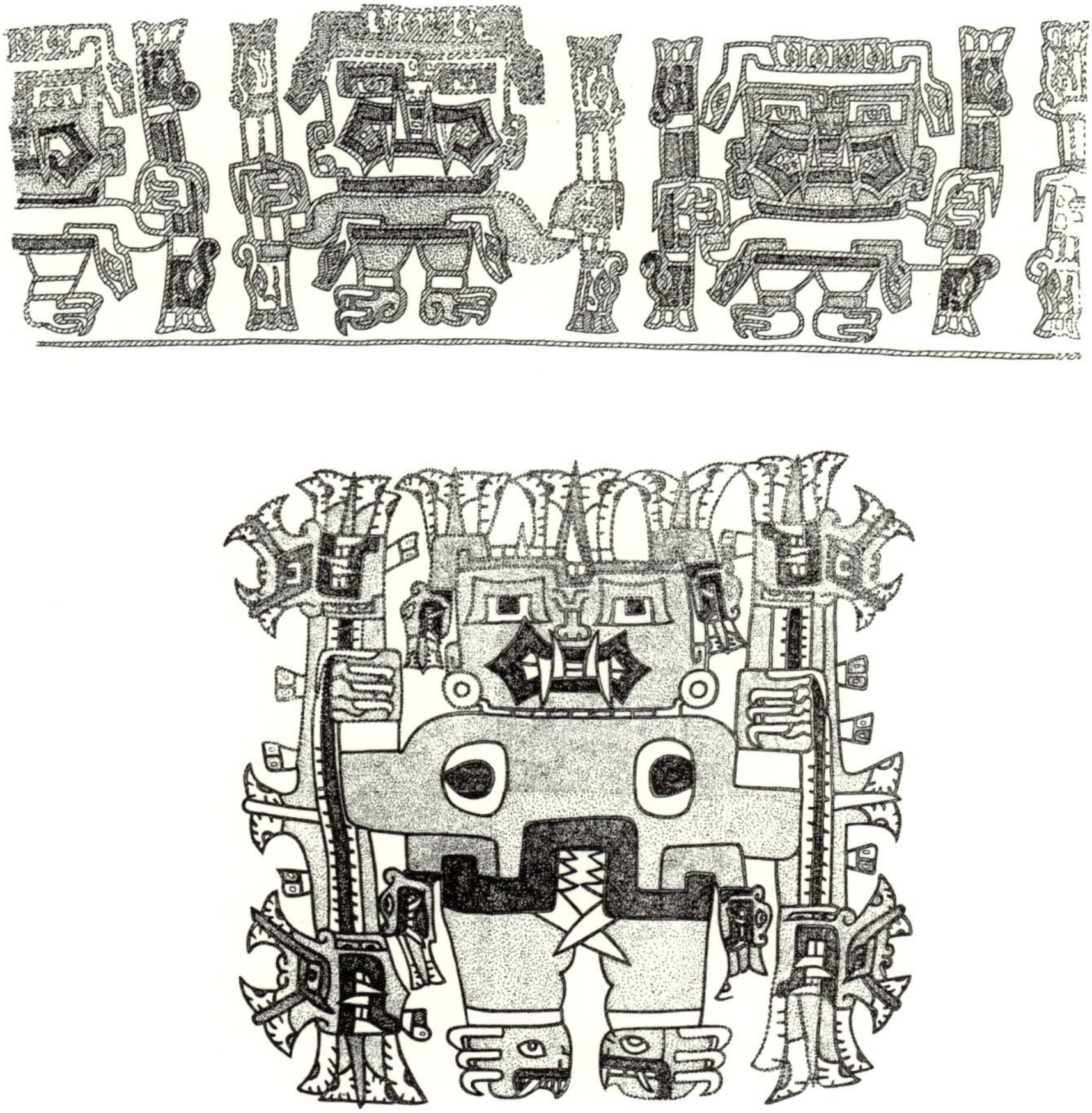

図５－31　カルワ遺跡から出土した布のチャビン様式の図像（Roe 1974）

つけ出すことが先決である。

付論――チャビン・デ・ワンタルの編年再考

ここでは筆者によるチャビン・デ・ワンタルの建築編年案（図5－21、表5－2）の根拠を示す。ケンベルの編年を修正したものであるため、彼女の博士論文（Kembel 2001）を読んだことを前提として書いている。

ケンベルの建築編年にはいくつか問題がある。一つはU字形配置の導入のタイミングである。ケンベルの編年によれば、はじめ右（南）ウイングに当たる「建造物A（Building A）」が単独で立っており、その後に中央基壇の「建造物B（Building B）」の両面壁の部屋状構造、左ウイングの「建造物C（Building C）」が建設され、さらにその後各基壇が連結され、U字形基壇配置となった。右ウイングの「建造物A」内の最古の建物である「建造物A北東部（NEA）」が最初に作られた建築物であるとする根拠は、軸が東を向いている後の建築とは異なり、軸が北を向いている、つまりそちらにアクセスがあるということである（Kembel 2001: 205, 229, 2008: 55）。しかし、通常U字形基壇配置の場合、左右のウイングの基壇は中央広場の方向にアクセスを有しており、「建造物A北東部」の軸が北の中央広場を向いているのは、すでにU字形配置に従っていたためと解釈できる。「建造物C」の東半分の下の部分が左ウイングの基壇に対応するはずであり、バーガーも同様の考えを示している（Burger 2008: 93）。ケンベル自身も「建造物C」の下にもっと古い建築が埋もれていることを述べ、連結されていない三つの基壇からなるU字形の存在を示唆している（Kembel 2001: 201, 228-229; 2008: 54）。最初の段階では、U字形配置は三つの分離した基壇から成っており、その後それが連結されたと考えられる。

またケンベルは「建造物A北東部」と、「建造物B」の一期目の建築フェイズを同時期としている。しかし「建造物A北東部」が建設されたのはU字形配置が導入された時期であり、「建造物B」の二期目の建築フェイズ（B西部－B中央部期）に対応すると解釈するべきである（Kembel 2008: Figure 2.18.）。なぜなら、中央基壇内部にランソン像があるが、それはクントゥル・ワシ神殿の中央基壇下に埋め込まれた四基の墓と構造上同じ位置を占め、U字形神殿が建立される時の儀礼として設置されたと考えられるからである。

次に「円形半地下式広場（Circular Plaza; 以下では円形広場とする）」の時期比定を考えてみたい。いわゆる旧神殿のU字形配置の中央部に位置する「円形広場」と「オフレンダス回廊」と呼ばれる地下式回廊は、従来旧神殿と同時期に建設されたと考えられていた。しかしケンベルの調査で、旧神殿の右ウイングである「建造物A」の「階段回廊（Escalinata Gallery）」の入口が、「円形広場」の建設によって閉じられてしまうことから、旧神殿よりも後の時期に建設されたことが明らかになった。つまり既存の旧神殿のU字形基壇配置の中央部にはめ込まれるように「円形広場」が建設されたのである。「円形広場」およびその裏に位置する諸回廊が旧神殿のU字形導入時期よりも後に建設されたことは確かであるが、正確にどの段階で建設されたかを示す、壁の継ぎ目など直接的証拠はない。ケンベルは、オフレンダス回廊がE字形という規格化された設計であり、それが後の時代の回廊と類似するという間接的証拠に基づき（Kembel 2001: 210）、それらをチャビン・デ・ワンタルの建築プロセスの最終期に位置づけた。

しかし、ケンベルの解釈をいくつか修正する必要がある。彼女は「下方迷宮回廊（Lower Laberintos Gallery）」と「上方迷宮回廊（Upper Laberintos Gallery）」を繋ぐ部分にある壁の繋ぎ目（seam Lab-E-1）の南側が古く、北側が新しい、と解釈したが（Kembel 2001: 47-50）、これは逆である。なぜなら継ぎ目の北の天井石が動かされており、それは継ぎ目の南に回廊が付け足された際に調整したためと考えられるからである。つまり「下方迷宮回廊」が先に建設され、その後「上方迷宮回廊」を含む「建造物A北西部（NWA）」が建てられ、「建造物A」と「建造物B」が連結された。

またケンベルは、壁の継ぎ目が確認されていないため、「下方迷宮回廊」、「ランソン外部回廊（Outer Lanzón Gallery）」、「第八回廊（VIII Gallery）」、「迷宮アルコーブ回廊（Laberintos Alcove Gallery）」、「円形広場」を全て同時期に比定している。そうすると「円形広場」はずっと古い時期に建設されたことになる。また壁の継ぎ目から「迷宮アル

建造物 C	新神殿東部	石彫
	神殿の放棄	
	第2期 **回廊**：　コルターダ **建造物**：方形大広場	黒と白の円柱 ライモンディの石碑
C上部期 **回廊**：ロコ、ミラドール	**第1期** **回廊**：　エスコンディーダ **建造物**：方形小広場 黒白台座、建造物 D?	円形広場のパネル ほぞ付き頭像 コーニス
回廊：ロコ部屋群？		
C下部期 **回廊**：下方ロコ		
東の部分（未確認）		ランソン

表5－2　チャビン・デ・ワンタルの建築編年案

年代		建造物A	建造物B
		神殿の放棄	
前250年以前	⑧		円形広場が埋められる
前500年	⑦	**A南上部－黒白軸期** **回廊**：　上方二重持ち送り 北部円柱＝梁 **建造物**：南北方形構造物	**B上部－円形広場期** **回廊**：　迷宮アルコーブ、第8 オフレンダス、カンパメント 法螺貝 **建造物**：円形広場
前800年	⑥	**A中央上部－A南部期** **回廊**：　捕虜、上方切石、上方玄関 南部円柱＝梁 下方二重持ち送り、カニョ **建造物**：東面南階段、南面階段 円柱パティオ	
	⑤	**A北東上部期** **建造物**：アラセナス東入口	
	④	**A北西部－A北西上部－A中央部－A南基壇期** **回廊**：　上方迷宮、上方行き止まり マリーノ・ゴンサーレス階段 コウモリ、第13、下方切石 下方玄関 **建造物**：東面北階段	
	③		**B東部期** **回廊**：　下方迷宮、ランソン外部 下方行き止まり
	②	**A北東部期** **回廊**：階段、アラセナス、東面、サンハ	**B西部－B中央部期** **建造物**：内部ランソン十字形通路 中央ランソン通路 ランソン・パティオ
前1000年	①		**B基壇－内部ランソン方形部屋期** **建造物**：内部ランソン方形部屋
前1200年以降			

*　①－⑧は図5-21の建築プランに対応している。

**　②－⑥が旧神殿、⑦⑧が新神殿に対応する。

コーブ回廊」が「建造物Ａ北西部」よりも後に建設されたことは明らかであるが、矛盾してしまう。そのためここでは位置の高さが違う回廊の建設時期が異なると解釈する。つまり低い位置にある「ランソン外部回廊」と「下方迷宮回廊」がはじめにできた。次に高い位置にある「第八回廊」ができ、それと同じ高さにある「迷宮アルコーブ回廊」によって「建造物Ａ北西部」と連結された。それぞれ「建造物Ｂ」の第三時期（Ｂ東部期）、第四時期（Ｂ上部期）に当たる。「建造物Ａ北西部」の建設は、「建造物Ｂ」の第三時期目よりも後、かつ第四時期目よりも前である。問題は「円形広場」とそれに伴う諸回廊がどの段階で建設されたのかである。

「円形広場」の建設は、旧神殿のＵ字形の封鎖時、即ち新神殿の開始と同時期と考えられる。Ｕ字形配置では中央広場から三つの基壇へのアクセスがある。新神殿の建設開始時期に、「円形広場」が旧神殿の中央に組み込まれ、右ウイングと左ウイングへのアクセスがなくなった。それは旧神殿のＵ字形が単一の基壇と見立てられ、Ｕ字形新神殿の中央基壇になった事を意味している。そして「円形広場」の裏に位置する「オフレンダス回廊」をはじめとする諸回廊に土器や貝製品を埋納する行為は、クントゥル・ワシ期の神殿の改築とともに行われた四基の墓の建設と構造上同じ位置を占めるといえる。つまり、より大規模なＵ字形新神殿の建設が始まる際に中央基壇に行われた、建立の儀礼である。そうすると、「円形広場」は「建造物Ｂ」の最終建設時期である第四時期（Ｂ上部期）、あるいはそれよりも後に比定するのが妥当である。[26] ここでは第四時期と考えておく。いずれにせよ「円形広場」は「建造物Ａ」の最終段階に建設された「建造物Ａ南上部（High SA）」と同時期である。そして、「オフレンダス回廊」は「上方二重持ち送り回廊（Upper Doble Ménsula）」、「北部円柱＝梁回廊（North Columnas-Vigas）」と同時期であり、Ｅ字形という規格化された設計の回廊が同時期であるというケンベルの解釈は有効である。

次に新神殿東部の建造物との関係を考えてみたい。ケンベルは大きく二時期に分けている。その基準として、「黒白軸（Black & White Axis）」に従っている「方形半地下式大広場（Plaza Mayor; 以下では方形大広場とする）」、「方形半地下式小広場（Plaza Menor; 以下では方形小広場とする）」、「黒白台座（Black and White Zócalo）」を全て、同時期で最終段階（Black & White Stage）に建設されたと解釈している。ところがケンベルの解釈に従えば、「方形小広場」を載せるテラスをはじめに建てそこに後から「方形小広場」を掘り込んだことになり、解釈に無理がある。そのような事例は他の神殿では報告されていない。半地下式広場とそれを載せるテラスは同時期に建設されたと解釈するべきである。はじめに「方形小広場」とそれを載せるテラス、同じくそのテラス上に載る「黒白台座」が建設され、この段階で「黒白軸」が成立し、その軸に沿って「建造物A」上に「南北方形構造物（North & South Rectangular Structures）」が建設された。また、それは「建造物B」の「円形広場」の建設と同時期である。この段階で旧神殿のU字形配置が単一の基壇と見立てられ、新神殿の中央基壇となり、その後中央基壇には大きな改修は行われなかった。次の時期でも「黒白軸」は踏襲され、「方形大広場」が建設され、左のウイングが大きいU字形となった。つまり「黒白軸」は新神殿の建設期間中に維持されたと考えられる。

次に年代を考えてみたい。

U字形基壇配置以前に遡る「建造物B」の最古の建築は両面壁による部屋状構造であり、ケンベルは形成期早期（前三〇〇〇－一八〇〇）のコトシュ・ミト期の建築との類似性を指摘している。しかし形成期前期（前一五〇〇－一二〇〇）に時期比定されており（Rick 2005: 75）、両者の間の時間差を説明することが課題である。

一方バーガーらは、チャビン・デ・ワンタルの始まりを形成期中期（前一二〇〇－八〇〇）に遡るとしているが、前一〇〇〇年以前に位置づける理由はないとする（Burger and Salazar 2008: 92-94）。チャビン・デ・ワンタル遺跡では、形成期前期に比定される土器の存在は報告されていないため、その始まりを形成期中期に比定することは妥当であろう。チャビン・デ・ワンタル出土の最古の土器は形成期中期のコトシュ期と同時期である（Lumbreras 2007: vol. 1, 37）。

「円形広場」と同時に建設された「オフレンダス回廊」からは、約八〇〇点もの奉納品が出土した。これは一時期に行われた行為、儀礼であり、そこにクピスニケ様式土器も含まれていた（Lumbreras 1993, 2007）。回廊内から出土した資料の放射性炭素年代などから、「オフレンダス回廊」の建設年代は前八〇〇年頃と考えられる。これはクントゥル・ワシ期の始まりとほぼ同じ時期である。

旧神殿のU字形配置の導入は、前一二〇〇年よりも後、「円形広場」の建設された前八〇〇年よりも前である。直接的な年代を示す証拠はまだ示されていないが、U字形基壇配置が中央海岸から導入されたとすれば、そこの状況に目を向ける必要がある。前一〇〇〇年頃にはエル・ニーニョ現象が増加し始め[27] (Sandweiss et al. 2007)、マンチャイ文化の神殿活動が困難を迎え始める (Burger and Salazar 2008: 101)。その頃にチャビン・デ・ワンタルにU字形基壇配置が導入されたとすれば、海岸の環境変化と山地の神殿におけるU字形配置の登場が連動するという点で、クントゥル・ワシとの間に平行関係が認められる[28]。

さらにケンベルは、彼女の編年で最終建築時期に時期比定される「黒白台座」から採取された資料の年代を根拠に、チャビン・デ・ワンタルの最終建築時期を前九〇〇－七八〇年と考えている (Kembel 2008: 70-71)。しかし先述のように、「黒白台座」の建設時期はより古く位置づけるべきである。その年代は新神殿の建設開始時期を示し、同時期に建設された「円形広場」の建設年代である前八〇〇年頃と矛盾しない。

チャビン・デ・ワンタルの建築の完成年代は、壁のつなぎ目などから最終時期に建設されたことが明らかな「方形大広場」、およびその周辺の建築物から採取された資料の年代測定値に基づくべきである。今のところ神殿の完成は、「建造物A」の西壁際の試掘坑から採取された資料 (Kembel 2001: 239, 2008: 69)、および「円形広場」を埋める層から採取された資料の放射性炭素年代を総合的に解釈して、前五〇〇年頃と想定される。

ケンベルは回廊内の壁から直接資料を抜き出し年代測定を行っている。三二サンプルのうち、二七は前一二〇〇－八〇〇年、五つは前五〇〇年以前の数値を示している (Kembel 2008: 72)。どの回廊から採取したか不明であるが、年代が前八〇〇年以前に集中し、ほとんどの回廊がその頃まで完成していることを示している。このデータは筆者の編年案と整合性がある。

次にチャビン・デ・ワンタルの放棄年代を考えてみたい。ケンベルは「円形広場」の床上を覆う層から採取された資料の放射性炭素年代測定に基づき、すでに前五世紀半ばまでにチャビン・デ・ワンタルは放棄されたと述べている（Kembel 2001: 237-242）。だが「円形広場」が埋められたと同時に神殿全体が放棄されたという証拠はない。実際に「方形大広場」は「円形広場」放棄後も使用されている（Kembel 2001: 248-249, 251）。同様にU字形配置と円形半地下式広場が両方存在するクントゥル・ワシ遺跡では、コパ期の始まりの前五五〇年頃に円形広場は埋められたが、神殿は引き続き機能した。従ってチャビン・デ・ワンタルでも「円形広場」のみの放棄という同じ現象が起こったとすれば矛盾はない。U字形配置はペルー中央海岸、「円形広場」は北海岸南部と繋がりが強い。両者が高地の神殿で形成期後期の始めに共存した後、紀元前五世紀半ばまでに「円形広場」のみが放棄されたのではないか。

チャビン・デ・ワンタル神殿の建築物が前五〇〇年頃完成したが、その後神殿が機能を停止したのはいつなのか。筆者は形成期後期後半におけるチャビン様式のペルー南高地、南海岸の広まりは、チャビン・デ・ワンタル神殿の活動と連動していると考えている。そうすると遅くとも前二五〇年頃までには神殿の機能を停止したことになる。今後確実な測定年代を示す必要がある。

土器の編年はどのように対応するであろうか。バーガーは、ウラバリウ期、チャキナニ期、ハナバリウ期の三期からなる編年を提示した（Burger 1992）。ルンブレラスは、ウラバリウ期の後にオフレンダス期を設定し四時期の編年を使用している（Lumbreras 2007: 68-73）。その後二〇〇七年にクリスチャン・メシーアは、ウラバリウ期（前一二〇〇-八〇〇）とハナバリウ期（前八〇〇-五〇〇）の二時期による編年を提出した（Mesía 2007）。これによれば古い時代のU字形配置にウラバリウ期が、新しい大きなU字形配置にハナバリウ期がほぼ対応する。

しかし前五〇〇年以降に対応する「円形広場」を埋める層からもハナバリウ土器は出土する。古い土器の混入と見なす理由はなく、神殿建築が完成した前五〇〇年以降も神殿は機能し、ハナバリウ土器は製作され続けたと考えるべきである。前八〇〇-五〇〇年のハナバリウ土器と前五〇〇-二五〇年のハナバリウ土器を区別する指標を見つけることが今後の課題である。

最後に石彫の製作時期について述べておきたい。

ケンベルは黒と白の円柱とそれよりも東に位置する一組の円柱の計四つの石彫が、もともと「建造物A」の上の「円柱パティオ（Colmunas Patio）」にあったが、パティオに屋根がかけられ回廊になる際に、現在の位置に移動させられた可能性を指摘している（Kembel 2001: 91, 233. 244; 2008: 73）。しかしその解釈は構造分析からは支持されない。中央の基壇から見て右には女性の石彫が、左には男性の石彫が配置されている。これは基壇の大小と男女が平行するとすれば矛盾ではなく、左ウイングが大きくなった最終段階に製作、設置されたと考える方が整合的である。

また彼女は「円形広場」を「円柱パティオ」よりも後の時期に位置づけているため、「円形広場」に伴うパネル状石版よりも黒と白の円柱の方がむしろ古いという解釈を提示している。しかし「円形広場」の建築時期を「円柱パティオ」より前に設定する筆者の編年では、そのような解釈はあり得ない。

「建造物A」の西面に、ほぞ付きの頭像、ひさし状にはめ込まれた石版（コーニス）がある。それらは「建造物A」の最終段階である「A南上部」期に対応する。つまり「円形広場」に伴う石版と同時期である。そうするとチャビン・デ・ワンタルでは八〇〇年頃に大規模な改修が行われ、数多くの石彫が製作されたことになる。ほぞ付きの頭像が長期間にわたって製作されたという解釈を指示する直接的な証拠はない。

註

（1）特に断らない限り、以下のクントゥル・ワシに関する記述はこれまで刊行された報告書、論文に基づいている（Inokuchi 1999, 2008, 印刷中；井口 2001; 井口・鶴見・伊藤 2007; Kato 1993b; 加藤 2010; 加藤編 2007; 加藤・井口 1998; Onuki 1998, 2001; Onuki ed. 1995; 大貫・加藤 1991; 大貫・加藤・関編 2000）。

（2）例えば、クントゥル・ワシ期の墓である、第二号墓の人物に「潜水士やサーファーなど海で活動する人に多発する外耳道骨腫と呼ばれる病変が認められる」（松村 1994: 43）ことはその人物の海岸起源を示唆する。土器の特徴についてはInokuchi 1999を参照。

（3）一九九八年以降は埼玉大学の加藤泰建教授が研究代表者となって調査を継続した。筆者は一九九六、九七、九八年に発掘調査に参加する機会を得た。

（4）加藤は報告書や論文において、当時の発掘日誌の記述を基に、南が蛇目、北が角目と述べている（加藤・井口 1998: 189-190）。しかし現在の状態では、角目の石彫は南西の中央基壇側に位置する（大貫・加藤・関編 2000: 125）ため、日誌の記述が混乱していると現在では考えている（二〇〇三年五月一日私信）。そのため、以下では、南の石彫を角目、北の石彫を蛇目と記述する。

（5）大貫はこの経緯について「ところが現れたのは、先年東基壇への階段で見つけた白い石彫と同じく、蛇目ジャガーの横顔を向き合わせた図柄であった。製作の段階でまちがえたのだろうと冗談に言ったが、この形成期の神殿に限っては宗教表象の細部にいたるまで手抜きも間違いもない。これはこれで、角目対蛇目を一対三としなければならない理由があったのだ。シンメトリックな二元性ならそうめずらしくもない。これからは一対三の対立の事例を探す研究が必要だ。また新しいテーマが生まれたわけである」（大貫 2000: 139）と述べている。

（6）以下の記述では煩雑さを避けるため、南東、北西、南西、北東の方向を示すのに、便宜上、東、西、南、北と記述する。

（7）一九四六年にテーヨの弟子たちによって黄金製品を伴う墓が一基発掘された（Schwörbel H. 2001）。南の第一テラスに位置する。

(8) 第八章で指摘するように、第三号墓の人物が身につけていた唯一の金製品である円形耳飾りとセットであった可能性がある。

(9) 第八章で論じるように筆者は最終的に加藤・井口の主張を裏付けることになる。しかしここでは筆者がどのように構造分析を行ったか、そのプロセスを明確にするため、二種類の属性の組み合わせが三つできるという規則を作業仮説として提示し、議論を進めている。

(10) カハマルカ盆地に位置するワカロマ遺跡がこうしたU字形の一部をなしているという可能性はあるが、確実ではない(Matsumoto 1993: 180; 大貫 2000: 51; Seki 1999: 151)。また大貫(1992: 113)、バーガー(Burger 1992: 191)はラ・パンパ遺跡にU字形配置があると述べている。ルンブレラスはアヤクーチョ地方にあるU字形神殿としてウィチカナ遺跡を挙げている(ルンブレラス 1977[1974]: 76)。加えて、ビルカスワマンの近くにカンパナユック・ルミというU字形神殿がある(松本 2009)。

(11) ここでは分析を進めるための作業仮説として「欠如」という概念を便宜上用いている。第八章で述べるように、実際には重なっているため片方が見えない、と説明するのが適切である。

(12) 先述のように、墓穴の方向に注目すれば、第二号墓/第三号墓が差異化される。ここでは遺体の方向・性別を優先して分析を進め、墓穴の方向については第八章で再び取り上げる。

(13) ペルー北海岸のモチェ文化の遺跡サン・ホセ・デ・モーロでは女性神官の墓が発見された、という例外がある(Donnan and Castillo Butters 1994)。ただしそれらが描かれた土器の図像から、女性は中心となる神官ではなく、補助的な役割を果たしていたのみであることが分かる。

(14) 第一号墓の人物が身につけていた「一四人面金冠」の人物の顔にはネコ科動物の牙が表現されておらず、第二号墓の「五面ジャガー金冠」の顔と明らかに異なる。

(15) 唯一の例外が、中央広場の四つの石彫である。神官は男性であるという原則に従えば第二段階で分かれない東西の石彫は角目でなければならないが蛇目である。第八章で述べるように、蛇目/角目は、現在/過去という、時間上の二項対立に対応すると考えられる。

(16) いわゆる旧神殿、新神殿に当たる時期は一五の建築フェイズの中に含まれている。本書では煩雑さを避けるため、これまでの慣用に従って旧神殿、新神殿という用語を用いる。

(17) ワニ科はクロコダイル亜科とアリゲーター亜科に分かれるが、カイマンは後者に属する。カイマンはアマゾン、クロコダイルは熱帯性の海岸地帯と生息域が異なるため、この動物の同定はチャビン様式の起源を探る上で重要である。

(18) またテーヨのオベリスクに施された他のほとんど全て顔の口からは、上顎の牙のみが出ており、下顎からは牙は出ていない。例外はＢ－18である。

(19) カウリケは「頭部に描かれたスポンディルス貝から飛び出ている不完全なヘビの頭の房のようなもの」（カウリケ 1991: 65）と同定している。図５－23のＡ－２の部分を指している。

(20) ピーター・ロウは「カイマン的ドラゴン」と呼んでいる（Roe 2008: 183）。

(21) バーガーらはヘビ、ジャガー、鳥の三つの組み合わせをマンチャイ文化の特徴として挙げている（Burger and Salazar 2008: 91）。U字形プランと共に中央海岸から導入され、ヘビと魚が置換した可能性がある。

(22) ただし一番上に位置する顔には目が表現されていない。

(23) 第二段階で分かれないグループには、コピーを作り出す性質があるということと平行する。

(24) イズベルは論文においてわざわざ図版を反転させて載せている（Isbell 1978: Fig. 13, Fig. 14）。

(25) チャビン様式の遺物は形成期後期にペルー北海岸・中央海岸では確認されず、南高地、南海岸にほぼ限定される。形成期中期に多数の神殿が建設され、形成期後期に機能を停止したペルー北海岸・中央海岸の大部分の地域と、形成期中期の神殿の証拠が明確でないペルー南海岸とでは、形成期後期以降の社会の展開が大きく異なる。

(26) 「迷宮アルコーブ回廊」、「第八回廊」が建設された「建造物Ｂ」の第四時期（Ｂ上部期）は、「建造物Ａ」の「Ａ北東上部」期、あるいは「Ａ中央上部－南」期と同時期である可能性もある。その場合「円形広場」は第五時期目に当たる。

(27) さらに前一〇〇〇年はクントゥル・ワシ遺跡のイドロ期、ワカロマ遺跡の後期ワカロマ期の始まりとほぼ一致する。ワカロマ遺跡にU字形配置が導入された時期とほぼ同時期である可能性がある。

(28) クピスニケ文化の終わりの年代とクントゥル・ワシ期の始まりの年代はほぼ一致するが、マンチャイ文化とチャビン・デ・ワンタルの活動時期は重なり合う（Burger and Salazar 2008: 102）。

第六章　ティワナク――変換

前章では形成期後期前半（前八〇〇－五〇〇）の事例を扱った。本章で扱うティワナクは後六〇〇－一一〇〇年頃に繁栄した社会であり、二つの社会の間は少なくとも一〇〇〇年以上ある。両者を同じ枠組みで分析する方法の正当性はいかなる点にあるのであろうか。

第Ⅰ部で行った社会動態に関する議論は、データを積み上げ綿密な分析に基づかなければ説得力を持たない。そのため、扱う地域、時代はかなり限定せざるを得ない。実際、扱った事例は先インカ期からインカ期にかけての変化で、それはアンデス地帯における社会展開の長い軌跡からみれば、ほんのわずかな時間幅に起こった出来事である。ところが一方で、構造を扱うこの第Ⅱ部において、かなり長い時間幅で議論を進めることは逆説的でもある。なぜなら構造が、ある時間幅の諸社会の事例から、言い換えれば静態的分析に基づいて、導き出された理論であるからだ。インカ王権の構造を分析するために紀元前の形成期の時代に遡って議論を開始する必要があること、そして、ティワナクを経由して、インカまで繋げなければならないことを主張したとしても、一冊の本が扱う対象としては空間的時間的にあまりにもかけ離れているため、その方法の妥当性について疑問を差し挟む声があってもおかしくはない。

しかし、レヴィ＝ストロースの定義に従えば、変形過程、変換を経ても不変の関係が構造と認定される。構造を抽出するには複数の事例を扱う必要があり、変形過程、あるいは変換は必然的にある時間幅において起こる。そのため構造を分析するために通時的視点を導入することは見当違いのことではないだろう。構造にも始まりがあり、その歴史的経過を押さえねばならない。過去に遡り、対象とする構造を示したデータを見つけださなければならない。先史学に携わる者であるならば、物事には必ず始まりがあるのだという筆者の主張を、条件付きであるにせよ、理解されるに違いない。

本章は形成期とインカの間に位置づけられるティワナク社会を扱うが、それには第七章で展開するインカ王権の構造に関する議論に説得力を持たせる目的がある。具体的な分析を通じ、アンデスの先スペイン期の二〇〇〇年以上もの時間幅を議論の対象とすることの妥当性を明らかにし、また構造という分析概念のもつ有効性を示したい。

六・一　形成期から地方発展期へ

神殿を中心とした祭祀《さいし》共同体としての形成期社会は、形成期末期（前二五〇－五〇）に大きな動乱を迎え、新たな統合原理の下に社会が再編成されていった。カハマルカ盆地のデータを基に関は、形成期末期の特徴として、（1）遺跡の防御的立地傾向、（2）ラクダ科動物の飼育、（3）トウモロコシ栽培の確立、を挙げている。そしてこの時期に起こった生業体系の変化を指摘し、祭祀とは異なる社会の統合原理の発生へ進んだと説明する（関 1997: 94-96）。つまり新たな食料生産基盤の確立に伴い、物資のコントロールをする集団、即ち政治的指導者の出現を示唆している。カハマルカ盆地における赤地白彩土器やラクダ科動物の家畜の比率の上昇は、それよりも南のカイェホン・デ・ワイラス盆地やフニン高原との強いつながりを示しているが、形成期末期における社会動態の解明は今後の研究の課題として残されている。

中央アンデス北部（ペルー北部・中央部）では、形成期から地方発展期に起きた変化、両者の断絶は顕著である。そこでは祭祀を中心とした社会のあり方が疲弊し、地方発展期には新たな原理に従って統合された諸社会が繁栄したと考えられる。土器、建築をはじめとする物質文化の共通性を指標とすれば、ペルー北海岸のモチェ、ペルー北高地のカハマルカ、カイェホン・デ・ワイラス盆地のレクワイ、中央海岸のリマなど、盆地や河川ごとに一つのまとまりを形成する社会が登場する。形成期の社会単位は基本的に各神殿を中心とした祭祀共同体であった。それらと比較すると、地方発展期の社会規模はかなり大きい。

一方、中央アンデス南部（ペルー南部からボリビアのティティカカ湖畔にかけての地域）における様相は多少異なっている。そこでは、ペルー南海岸におけるパラカス文化からナスカ文化への連続的発展が示すように、形成期と地方発展期の境界はそれほど明確ではない。また、ティティカカ湖周辺ではペルー北部とは別の編年が用いられ、形成期下層（前二〇〇〇－一三〇〇）、形成期中層（前一三〇〇－五〇〇）、形成期上層（前五〇〇－後四〇〇）、ティワナク期（後四〇〇－一一〇〇）、アルティプラノ期（後一一〇〇－一四五〇）、インカ期（後一四五〇－一五三二）、と区分されている（Stanish 2003）。つまり南では、北における形成期後期／末期にあたる時期区分は明確ではない。

南部における社会動態は北部におけるそれとは異なるため、両地域を比較対照し互いの特徴を浮き彫りにすることが有効であろう。ここでは便宜上、形成期末期以降の時代を扱う際に、中央アンデス北部と南部に分けて議論を行う。本章で扱うティワナクは後者のグループに属するため、北部の諸社会とは別の流れの上に位置づけられる。

六・一・一　形成期末期の中央アンデス北部

形成期後期後半にはペルー中央部から北部にかけて、各神殿を結ぶ広範なネットワークが形成された。その後形成期末期（前二五〇－五〇）には、大まかに捉えればそれまで社会の核として機能した各地の神殿は機能を停止した。カハマルカ盆地のように神殿の建設が継続した地域は例外的である。

土器様式も一新された。形成期後期までは、刻線を用いた装飾が多く、動物の属性を表した具象的紋様が施されていたが、形成期末期には動物表象は消え新しい土器様式が登場する。最も特徴的なのは赤地白彩土器、あるいは白地赤彩土器と呼ばれる、赤地に白であるいは白地に赤で幾何学紋様を描く土器群である。ペルー中央部から北部にかけて広く分布し、形成期末期の時期指標となっている。

赤と白の二色土器が認められる代表例がカハマルカ盆地のライソン期である。同盆地はライソン遺跡など形成期末期に基壇型の大神殿が確認されている現在唯一の地域であり、そこでは白地赤彩土器が製作された。同時期のペルー北海岸では北はラ・レチェ川から南はネペーニャ川までサリナール文化が広まった（Brenman 1980, 1982）。基壇型神殿の建設は認められないものの、赤地白彩土器、あるいはカハマルカ盆地のライソン期の土器と類似した土器が確認されている。土器の特徴から判断すると、形成期末期においてはカハマルカ盆地とペルー北海岸の間のインタラクションが活発であったことは明らかである。ペルー北高地南部のカイェホン・デ・ワイラス盆地においては、ワラス期が形成期末期に当たり、赤地白彩土器が製作された。また、ワヌコ盆地のサハラパタク期[1]にも赤と白で彩紋された土器が確認されている（Izumi and Terada, eds. 1972）。

六・一・二　形成期上層の中央アンデス南部（図6－1）

以上概観したようなペルー北部・中央部における形成期末期における変化は、形成期上層（前五〇〇－後四〇〇）のペルー南部、ボリビア高地においては認められない。そこではむしろ連続性が明らかで、また、北の古い慣習を継承した人々が南に新天地を求めたという印象を受ける。というのも北では消滅した図像表現や多彩色土器といった古い時代の特徴が登場するからである。

プカラ遺跡（図6－2）

南高地の形成期上層を代表する遺跡としてプカラが挙げられる。クスコとプーノの間ティティカカ湖の北西約七五キロのところに位置する。プカラ遺跡出土土器に施されるネコ科動物の表象、大テラスや半地下式広場を伴う建築の特徴などに、ペルー北部の形成期神殿との共通性が認められる。

プカラ遺跡は山の東側の麓《ふもと》に位置する。斜面に数段の大きな土留め壁が建てられ、その頂上部に建築が載ってい

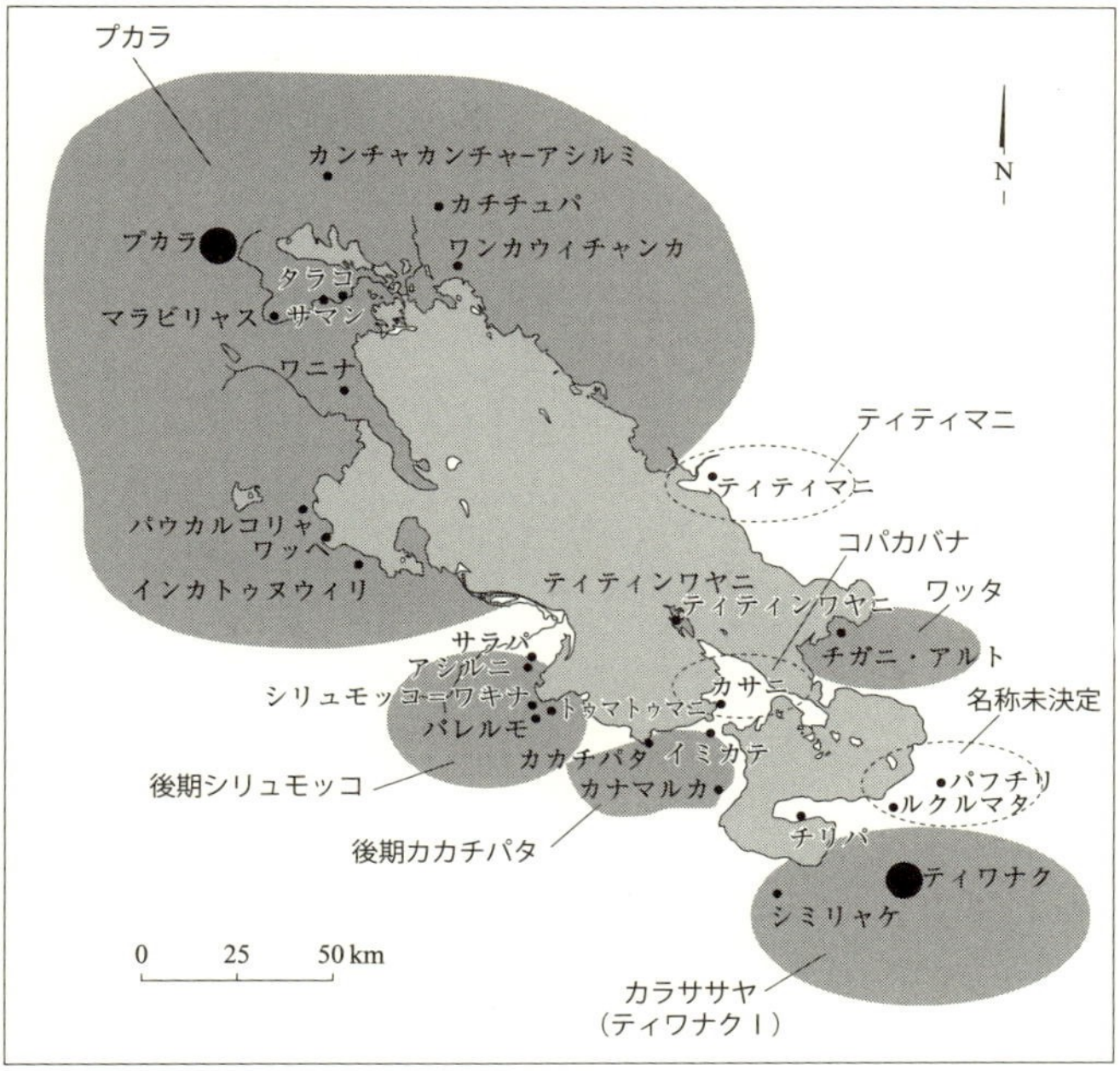

前200年 －後 200年

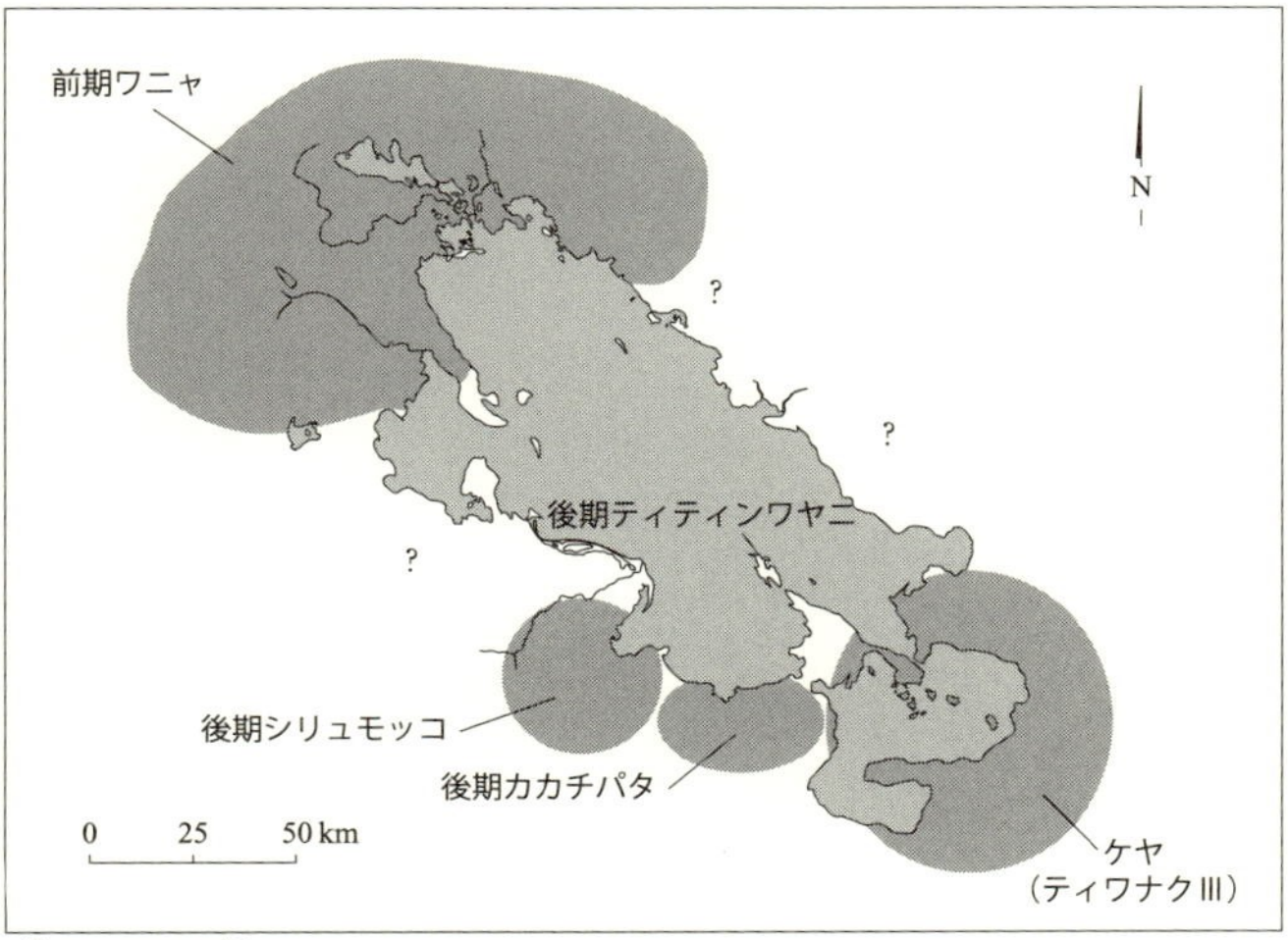

後 200 － 300年

図６－１　形成期上層のティティカカ湖周辺（Stanish 2003 を改変）

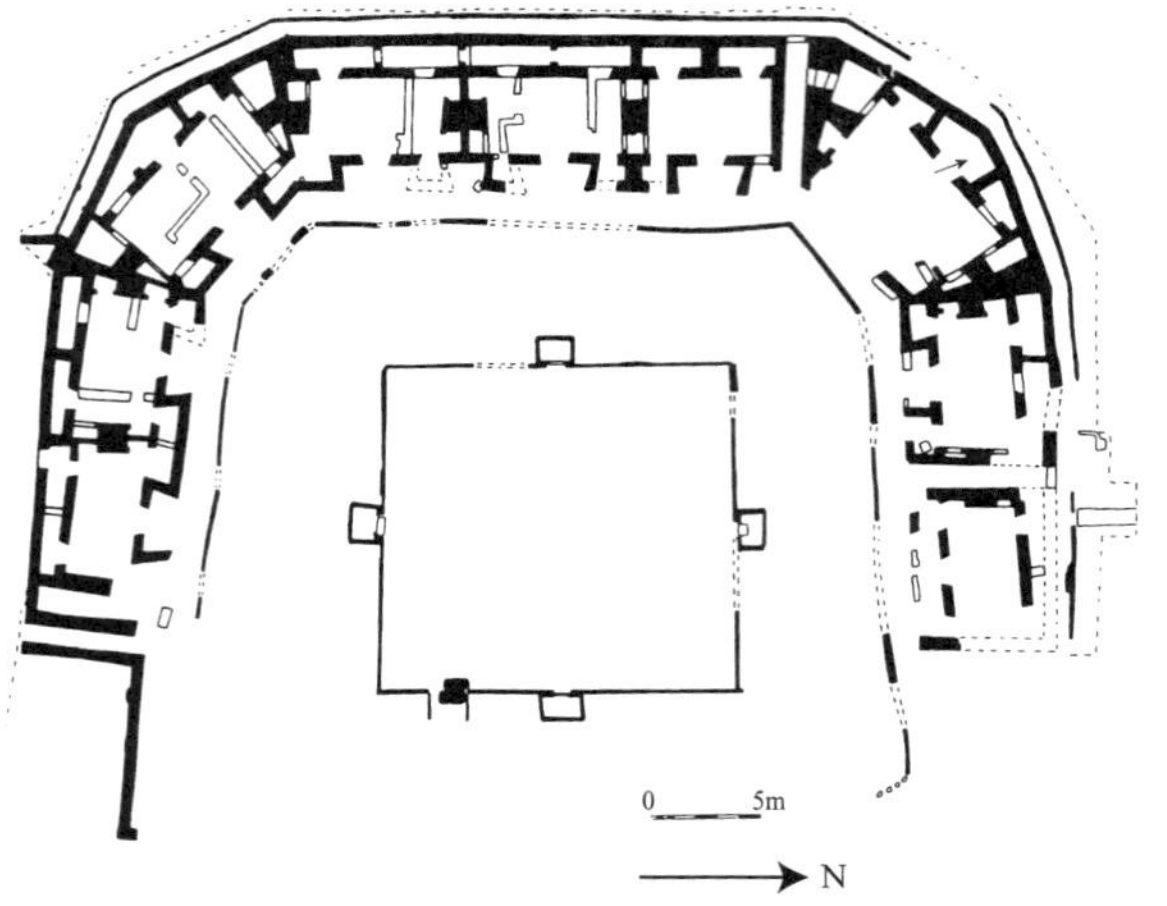

図６－２　プカラ遺跡（Chávez 1988）

る。それは、方形半地下式広場を中心とし三方に部屋状構造を有するU字形配置であり、東側に開いている。またそれぞれの部屋状構造は連結している。半地下式広場は一六×一六メートル、深さ二・二メートルの大きさである。

この遺跡は形成期上層に比定され（Rowe and Brandel 1971）、前二〇〇－後二〇〇年の年代が与えられている（Kolata 1993: 70; Stanish 2003: 140）。後一〇〇－二〇〇年の全盛期には、プカラを中心として、ティティカカ湖北岸でインタラクションが活発であった（図６－１）。しかしこの時期にはティティカカ湖周辺にはいくつかの文化があり、プカラはそのうちの一つにすぎなかった。後に取り上げるティワナク遺跡のカラササヤ期が同時期に当たる。

プカラが繁栄した時期には山地と海岸の間のインタラクションも活発であった。例えば、チリ北部のアサパ谷のアルト・ラミーレス期（前五〇〇－後三〇〇）の墓の副葬品の織物にプカラ様式の図像が認められ（Rivera 1991）、太平洋に流れ込むモケグア谷のワラカネ期（前三八五－後三四〇）ではプカラ様式土器が報告されている（Goldstein 2000）。

プカラの図像（図6－3、図6－4）

プカラの土器には、杖を持つ正面向きの人物や、横向きの人物の図像が施された。その祖型はプカラ以前のティティカカ湖周辺やペルー南高地には認められないため、チャビン・デ・ワンタルに代表されるペルー北部の形成期後期に起源があると考えるのが妥当である。しかし、表現の違いが顕著であるため、形成期後期に確立された広域ネットワークによって直接伝わったと考えるのは難しい。年代や図像表現の特徴から判断すると、形成期末期にその成立を求めるのが最も整合性のある解釈であろう。つまりペルー北部、中央部に起こった形成期末期の社会動乱にプカラの成立の要因を求める立場である。プカラの成立年代が北部における形成期後期の終末の年代よりも後であることが論拠の一つとなっている。

プカラにおいては、杖を持った正面向きや横向きの人物の図像は石に刻まれたのではなく土器に表された。石彫と新たな図像の間には排他的関係があり、既存の石彫に新しい要素を取り入れることを拒否したとも考えられる。プカラの土器の刻線を用いた装飾技法、色使いなどは、ペルー北部・中央部の形成期末期に認められる赤白二色土器の特徴と対照を示し、形成期後期からの連続性が強い。また、器面に立体的装飾を施すといった新たな技法も加わる。器形は平底あるいは高坏《たかつき》の深鉢が多く、他に口縁部がすぼまった大型、小型の瓶、長いトランペット形土器などがある（Chávez 1992）。土器に施される紋様として人間の他に、ネコ科動物、鳥（猛禽類）、そして魚のような口が巨大な動物などがある。資料は断片的ではあるが、ティワナクの図像を分析する上で重要なプカラの図像の構成要素をまとめておきたい。

人間：正面向きと横向きの二種類がある。正面向きの人物は右手には先端部に何かをつけた杖のようなもの、左手には紐を持ち四つ足動物の首に結わえている。横向きの人物は、上を向いた姿勢で杖のようなものを持ち、杖の下部から人間の頭、胴部がぶら下がっている。頭飾りに鼻が円いネコ科動物の頭が表されている。セルヒオ・チャベスは正面向きの人物を「ラクダ科動物を伴った女性（Camelid Women）」、横向きの人物を「ネコ科動物の男性（Feline Man）」と同定しているが（Chávez 1992, 2002）、果たしてそこに性別が対応するかどうかは疑問である。(2)

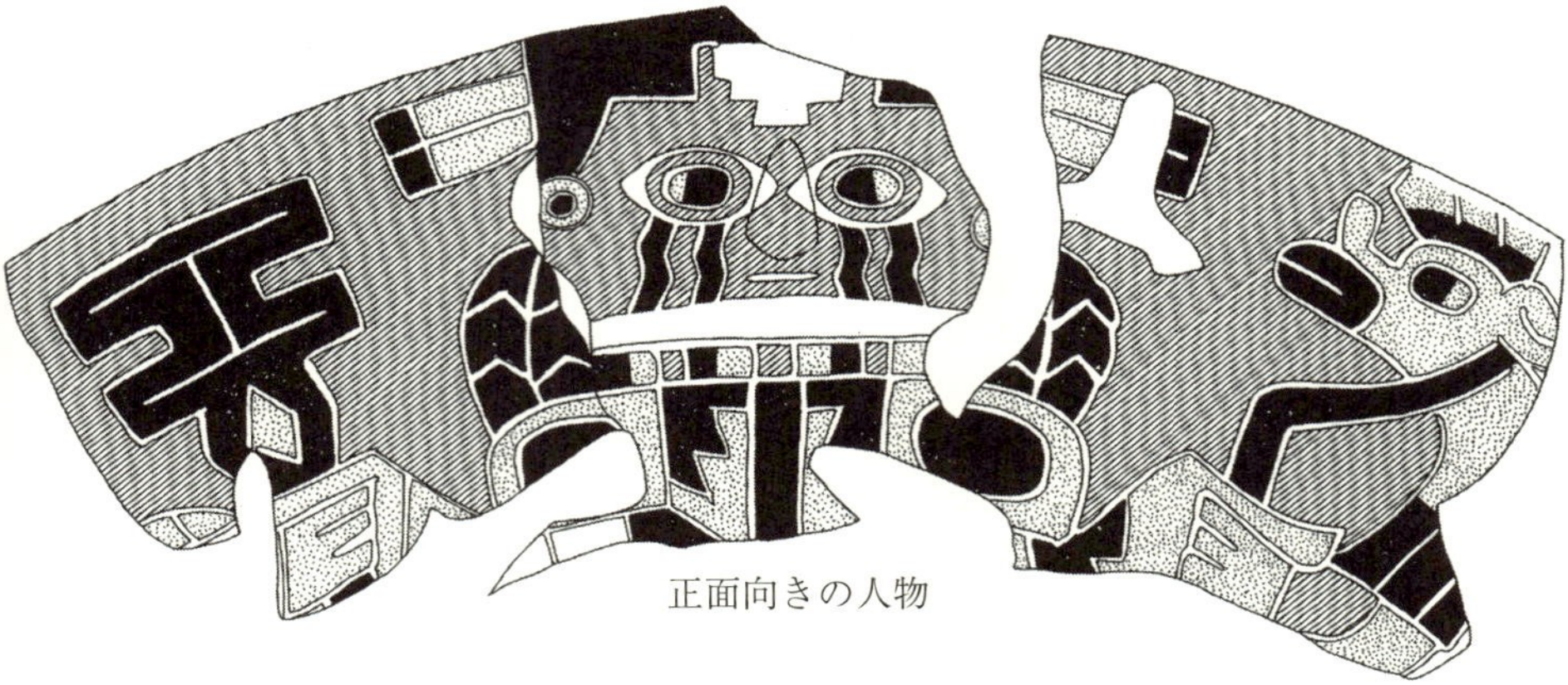

正面向きの人物

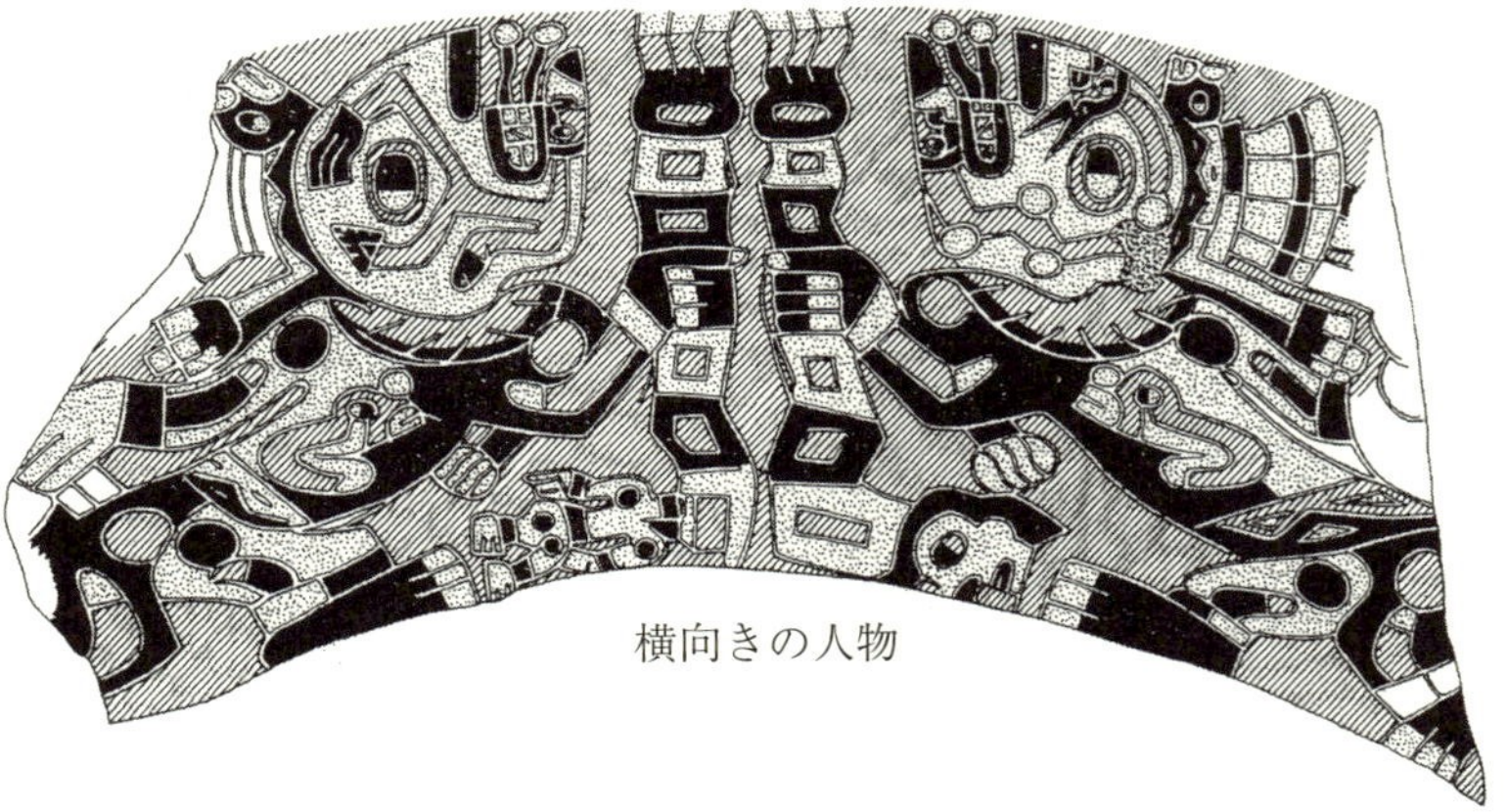

横向きの人物

図6-3　プカラ土器の図像A（Rowe and Brandel 1971）

ネコ科動物

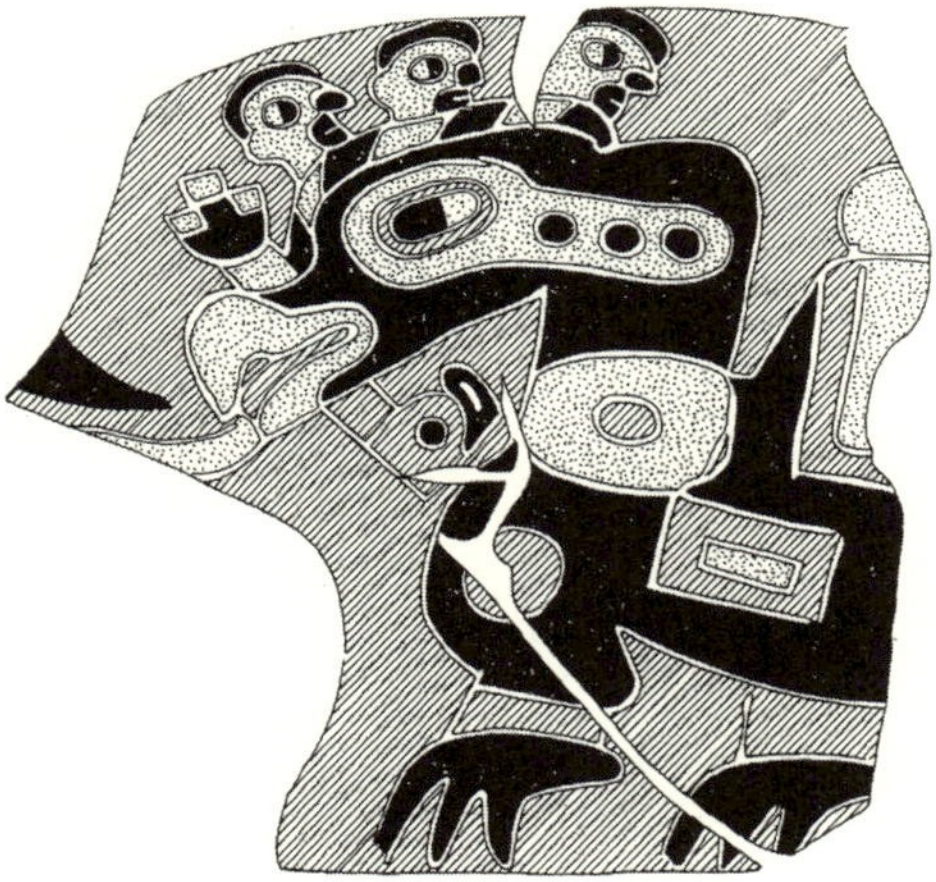

鳥

鳥？

魚？

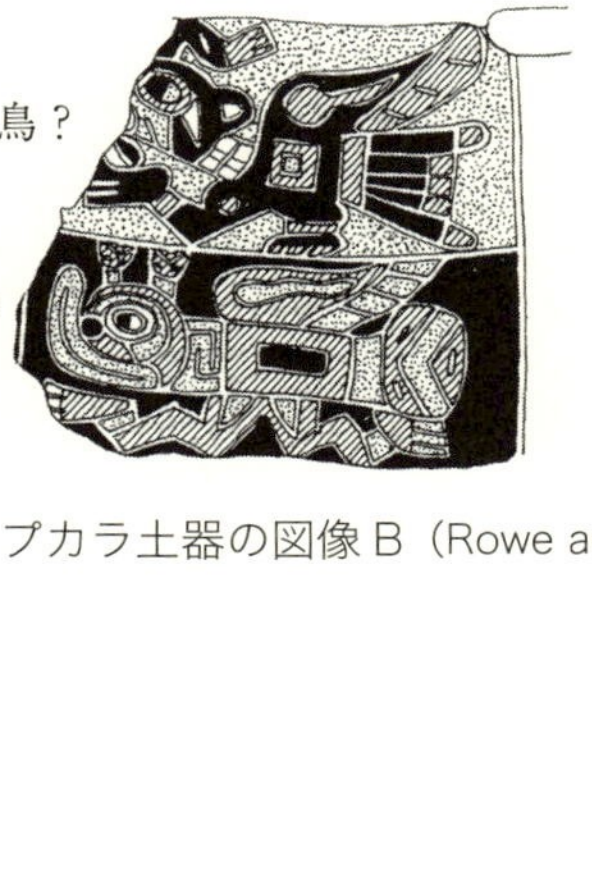

図６－４　プカラ土器の図像Ｂ（Rowe and Brandel 1971）

ネコ科動物：人間以外に動物として唯一正面向きで現れる。ただし顔面部以外は何を示しているか不明である。横顔の場合、鼻の部分を円形に表すのが特徴的である。また、人間と同様に何かを手に持っている。

鳥（猛禽類）：嘴《くちばし》の形が特徴的である。翼と尾羽と四肢が表現されている。

未同定の動物：魚のように唇の形が長く特徴的である。猛禽類と併置される場合が多い。碗や鉢などの器形ではなく、細長い筒状の土製品に伴う場合もある。

以上のように、プカラの図像では人間の他に三種類の動物の表現があり、人間とネコ科動物は置換され、どちらも正面向きで現れる。

プカラの繁栄期が前二〇〇－後二〇〇年、ティワナク期は後四〇〇－一一〇〇年で、ティワナクが外部に拡大したのは後六〇〇－九〇〇年である（Stanish 2003: 8）。両者の間には数百年の期間がある。プカラの崩壊後、ティワナク期より前の時期、即ち後二〇〇－四〇〇年には、ティティカカ湖周辺には小規模政体が林立していた。ティワナク様式の土器が製作され、主要建築物の建設が開始されるの後六〇〇年以降である。

プカラの崩壊とティワナクの発展に相関関係が認められるが、両者が競合関係にあったかどうかはよく分からない（Stanish 2003: 197）。しかし図像がプカラからティワナクに伝わったことはほぼ間違いないだろう。ただし、プカラでは土器に図像が施されていたが、ティワナクでは石に刻まれるという表現媒体の変化が起こった。

六・二　ティワナク遺跡

ティワナク遺跡はティティカカ湖の南東約二〇キロの所に位置する。植民地期の早い時期から記録に現れ、アンデス考古学上最も有名な遺跡の一つである。

最も古い利用の痕跡は前三〇〇年頃に遡り、形成期上層に当たる時期はカラササヤ期（前三〇〇－後二〇〇）、ケヤ期（後二〇〇－四〇〇）と呼ばれている（Stanish 2003）。現在観察できる建築ができあがったティワナク期は後四〇〇－一一〇〇年に比定されるが、ティワナク期を細分する土器や建築の特徴に基づく明確な指標は現在まで確立されていない。以下ではティワナク期に限定して話を進めていく。

ティワナク社会はティティカカ湖南岸を中心に繁栄した。最盛期には、湖北岸にいくつかの拠点があり、モケグア、コチャバンバ、ラレカハ、アレキパなど遠隔地に飛び地を有した。またチリのサン・ペドロ・デ・アタカマ砂漠でもティワナク様式の遺物が出土している（図6－5）。

ティワナク遺跡は切石《きりいし》建築の精巧さ、各建造物の巨大さ、そしてまた石彫の多さのため、古くから人々の注目を集めてきた（図6－6）。建造物は砂岩や安山岩を用い隙間なく組み合わせ建てられており（Vranich 2002: 303）、その精度の高さは後のインカの建築以上と評価される。また複雑な図像を刻んだ石彫が多数存在し、多くの研究者をその解読へと駆り立たせてきた。

ここでは前章の議論を引き継ぎ、石彫に刻まれた図像を手がかりとしてティワナクの構造分析を行う。クントゥル・ワシの構造分析で学んだことは、石彫の原位置を考慮する必要があること、また単独ではなくいくつかの石彫がセットになって構造を示すことがあること、同じ構造が繰り返し示されていること、などである。しかしながら、ティワナク遺跡の石彫は植民地期以来、破壊が進み、また他の場所に持ち去られた石彫も数多く、原位置の分かっている石彫は少ない。石彫の配置によってある規則が表されていたとしても、それを当時の状態のままに復元することはできない。喩えていえば、ピースのそろっていないジグソーパズルのようなものである。また、ティワナクの石彫の図像に採用されている属性はクントゥル・ワシのそれよりもはるかに多く、その構造の解明を困難にしている。ティワナクの資料のみから、明快な結論を提示することは不可能に近い。

ここでは古い時代の構造が継承されたという想定に基づき、クントゥル・ワシ遺跡の構造分析から導き出したモ

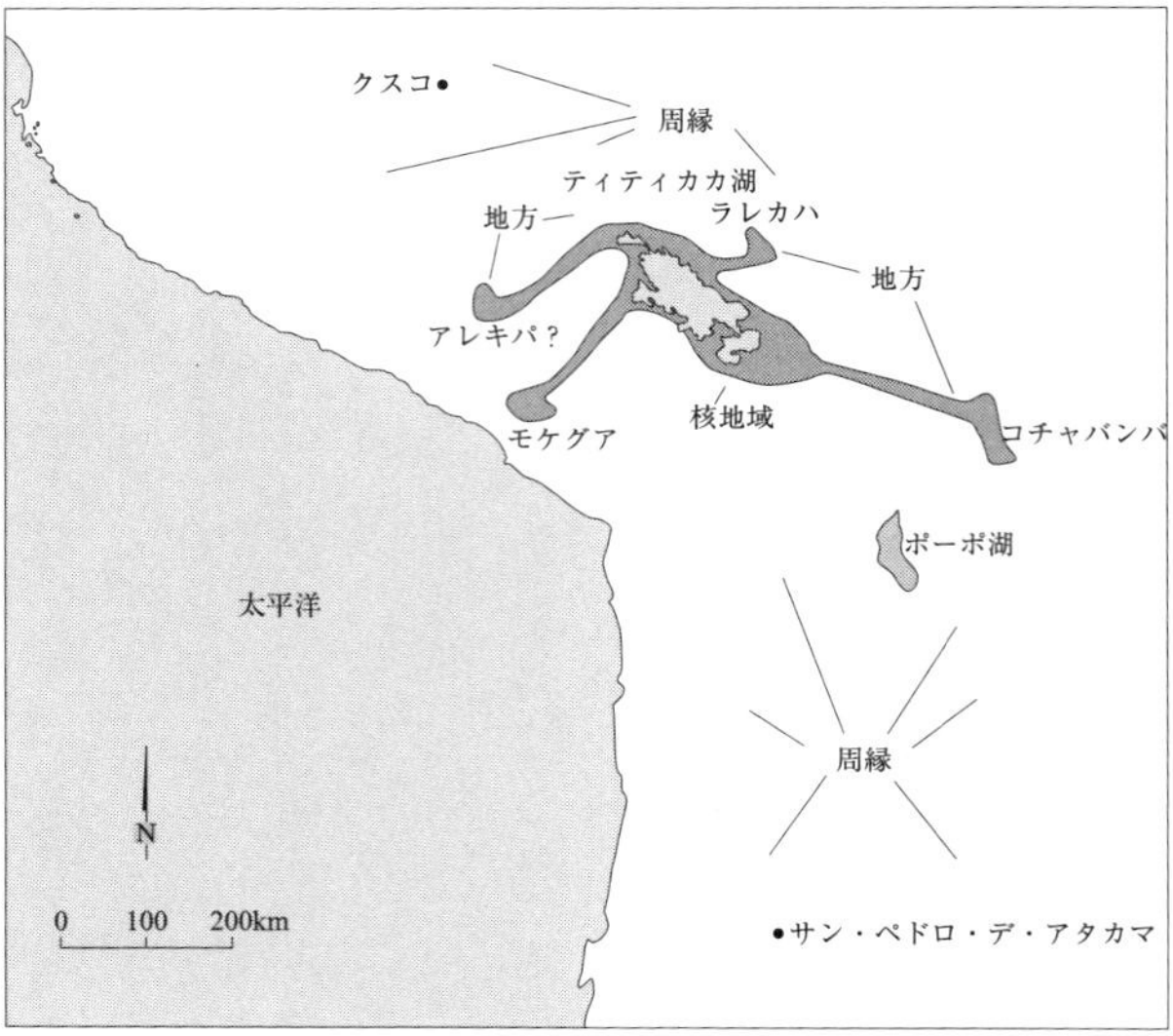

図６－５　ティワナク社会の範囲、後 800-900 年（Stanish 2003 を改変）

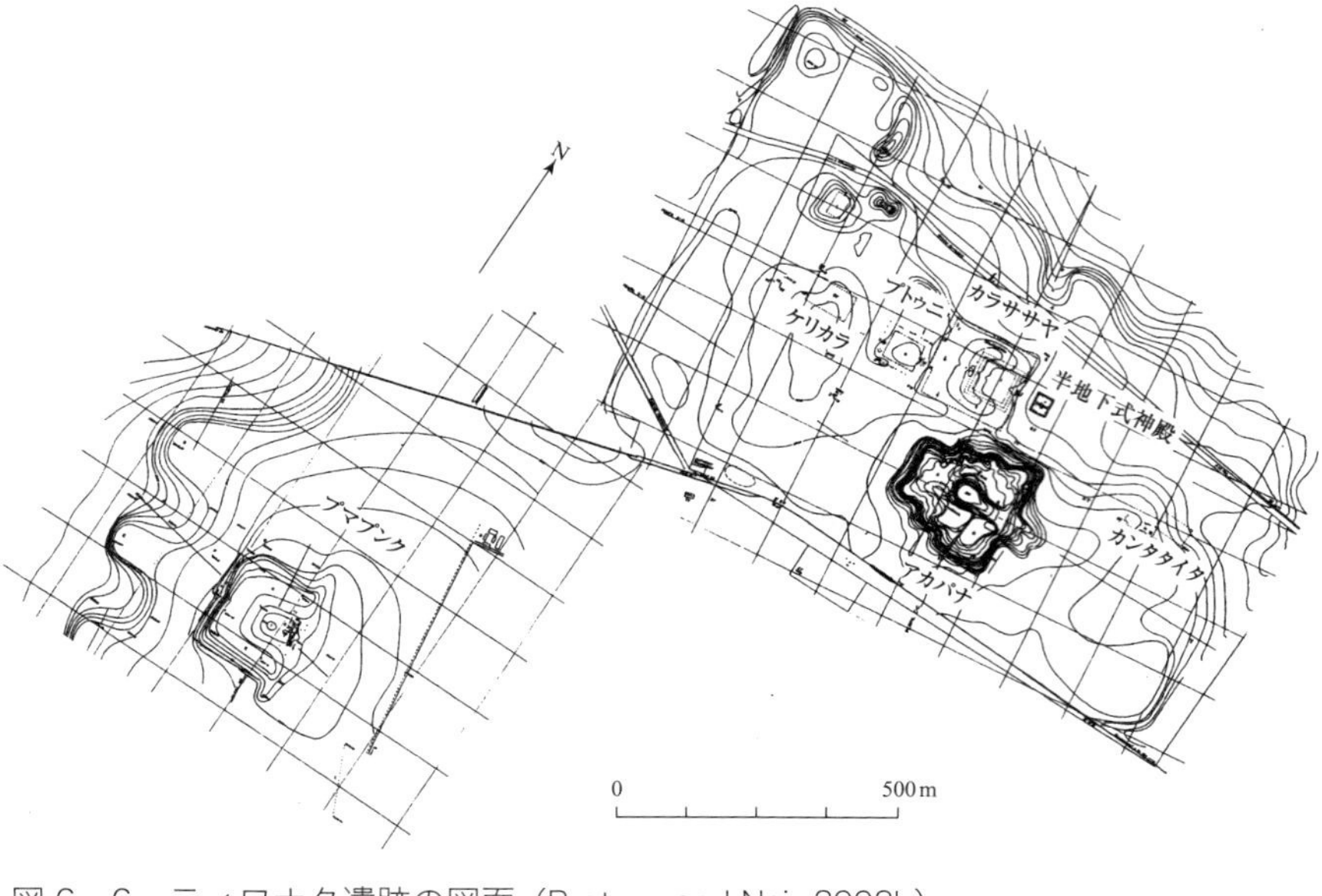

図６－６　ティワナク遺跡の図面（Protzen and Nair 2002b）

デルを用いて、演繹的分析を行う。ティワナク遺跡のアカパナと呼ばれる建築は、クントゥル・ワシ遺跡と同様、基壇内部をいくつもの水路が通る設計を有する。もちろんこうした見かけ上の類似は状況証拠であり、分析の導入にすぎない。同じ構造が認められるかどうかは実証的に示さなければならない。明解な結論を提示するのではなく、いくつかの可能性を指摘することができれば、現在の研究段階としては十分であろう。

ティワナクの図像において同じ構造が入れ子状に繰り返し表現されていると想定する場合、構造の解読のためには、大きく三つのレベルで分析する必要がある。第一に各人物という図像の最小単位がどのような属性を伴うか、第二に各石彫に人物がどのように配置されているか、第三に石彫がどのように組み合わさっているかである。また、それぞれのレベルが独立しているわけではなく互いに関連しあっていることに注意し、各人物がどのレベルの構造に対応しているかを見極める必要がある。例えば、クントゥル・ワシの中央広場の四つの石彫の場合、目の形は四つの石彫の組み合わせに対応するのであるが、口は各石彫内部での構造に対応する。しかしティワナクの場合、セットになっていた石彫が全て揃ってはいないため、各レベルに対応した構造を完全に解読することはできない。現在解決の糸口があるとすれば、各石彫内で完結した構造である。

ティワナク遺跡にはいくつかの巨大建築物が集中している（図6－6）。遺物の分布範囲は約四－六平方キロメートルにおよぶが、主要建築物は中心の一平方キロメートルに集中している。はじめに主要建築を概観し、考察の対象とする石彫の位置についての情報をまとめておく。

アカパナ（図6－7）

最も高さのある基壇建築である。底部は一九七×二五七メートルの大きさで高さは一六・五メートルある。平面形は変形T字形であり、全体が七段のテラスによって構成され、入口は西側にある。植民地時代に中央部に巨大な穴があけられたため損傷が激しいが、頂上部に半地下式広場があったと考えられている。これまでアカパナにおい

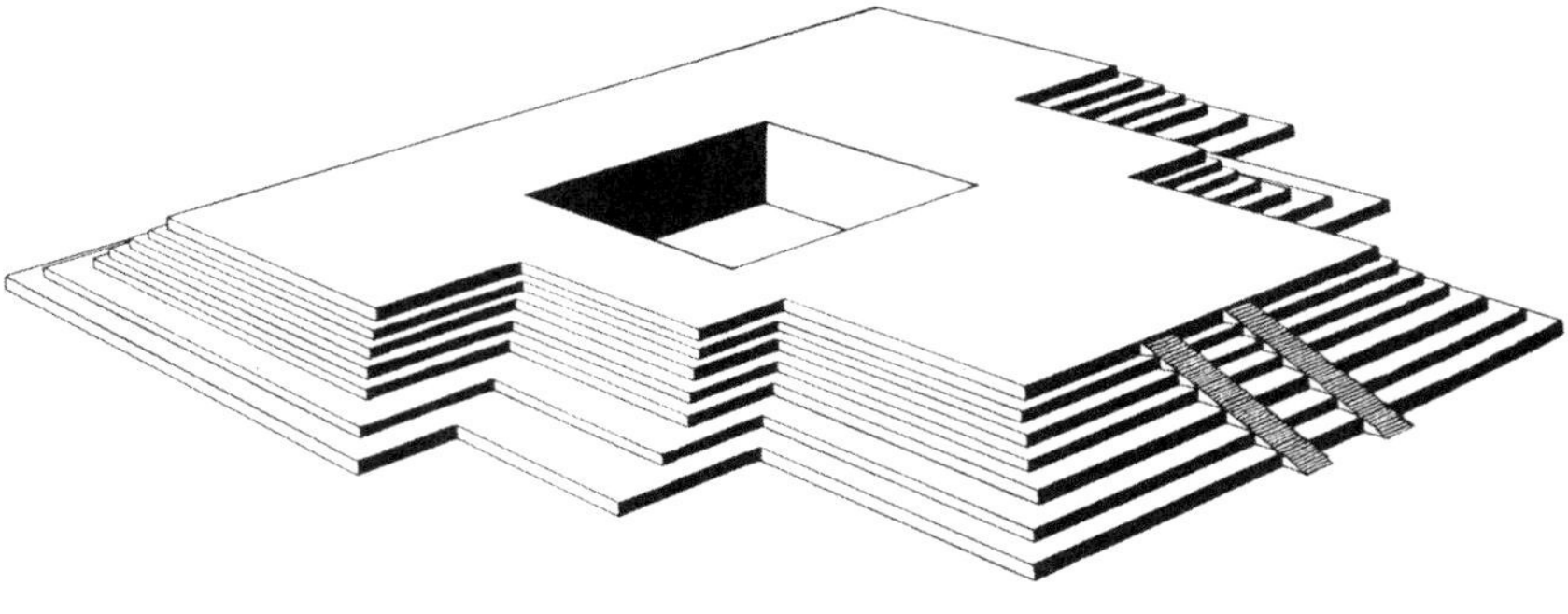

図６－７　アカパナの復元図（Kolata 2003）

て図像表現の施された石彫は確認されていない。しかし石の門が少なくとも一つ存在した（Protzen and Nair 2000, 2002b）。

カラササヤ

アカパナの北西方向にある長方形の基壇建築であり、大きさは一二〇×一三〇メートルある。一九世紀には、土留め壁のうち縦長の巨大な石のみが残存していた。それらの間にあったと思われる壁石は、おそらく取り外され、他の建築に用いられたと思われる。この基壇上に方形の半地下式広場があり、その内部で一九五七年に丸彫りの石彫が発見された。それは発掘者の名にちなみ「ポンセの石彫」と呼ばれる（図６－27）。高さ約三メートルの大きさの石彫で全体に図像が施されている。これが原位置の分かっている石彫の一つである。石彫の向きに関してはカラササヤに上るための入口がある方向、即ち東を向いていたと考えられている。

またカラササヤの基壇上の北西コーナー付近には「太陽の門」と呼ばれる有名な門がある（図６－８）。しかしカラササヤにこの門をはめ込むための台座がないため、太陽の門の原位置はそこではなく、プマプンクにあった可能性が指摘されてきた（Isbell 1987: 95; Kolata 1993: 99）。しかし現在では、その解釈は難しい（Isbell 2001: 18, nota 61）。アカパナにも門があることから、カラササヤに門があったとしても何ら矛盾はないため、ここでは、太陽の門はカラササヤにあったと考えておこう。

半地下式神殿

カラササヤの東に位置し、二六×二八メートルの大きさで、深さ約一・七メートルの半地下式広場である。通常半地下式広場は基壇の上に配置されるが、これは例外である。ここで一九三二年にアメリカ人考古学者ウェンデル・ベネットが発掘で丸彫りの石彫を発見した（Bennett 1934）。高さ七メートルもある巨大な石彫であり、「ベネットの石彫」と呼ばれる（図6－21）。出土位置のみからは方向を確定できないが、西の方向即ちカラササヤの方向を向き、ポンセの石彫と向かい合っていたと考えられている。

プマプンク

主要建築物からやや南西に離れたところに位置する。平面の設計がT字形であり、アカパナと類似している。南北一六七メートル、東西に一一七メートルある。しかしアカパナよりも低く、高さは約五メートルで、三段の土留め壁で支えられている。基壇に上る入口は東側にあると長い間考えられてきたが、西側にあることが確認された（Isbell 2001: 18）。基壇上には半地下式広場があるが、そこに石彫があったことは確認されていない。プマプンクの周囲には加工された石の破片が多く散らばっており、門をはめ込むための台座もあることから、複数の門があったことは確実である（Protzen and Nair 2000, 2002a, 2002b）。特に重要なのは、「月の門」と呼ばれる門である（図6－14）。その形態、施された図像の規格は、カラササヤの基壇上にある太陽の門と類似している。

以上がティワナク遺跡における主要建築物と図像の施された石彫の関係について分かっている情報の全てである。つまりティワナク遺跡にある数ある石彫のうち原位置が判明しているのはポンセの石彫、ベネットの石彫、太陽の門、月の門のみである。他にも多くの石彫があり、そのいくつかは博物館に収蔵されているが、その発見と運搬の経緯を記した記録が発見されない限りその原位置の同定は憶測の域を出ない。

建築の編年についてはかつて、砂岩の石材を用いた建築が古く、その後安山岩を用いるようになったと考えられ

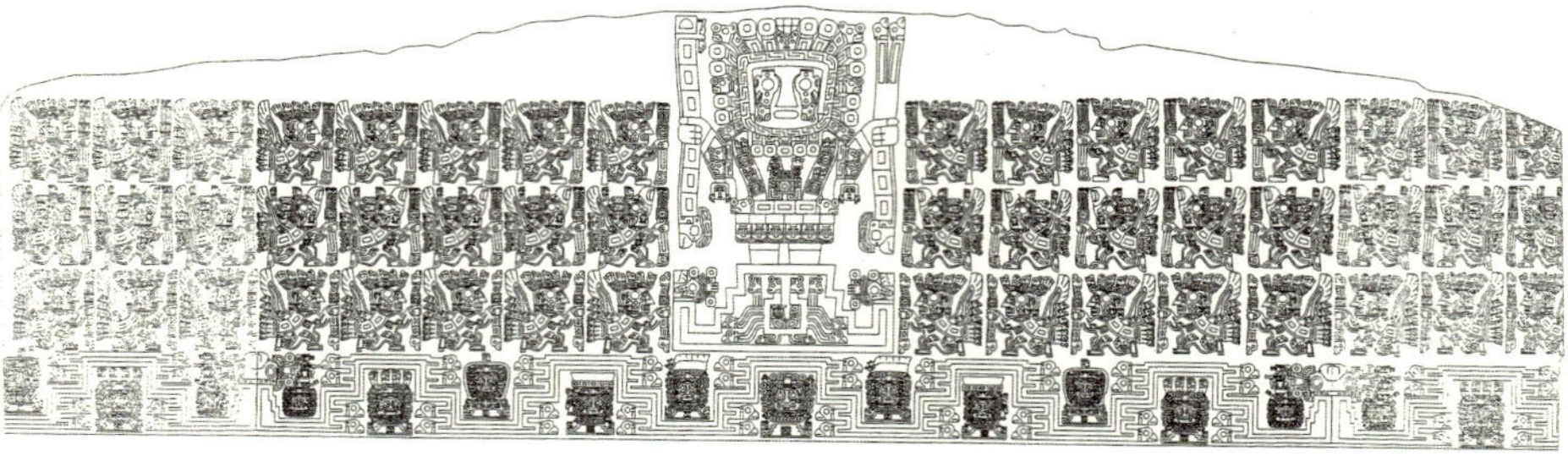

図６－８　太陽の門（Kolata 2003）

たが、それを支持する根拠はない（Vranich 2002: 303）。アラン・コラタはアカパナが後六世紀には放棄されて奉納埋葬が行われたと解釈した（Kolata 1993）。しかし後にその埋葬が実はアカパナの放棄の時点ではなく建設の時点で行われたことが指摘されている（Vranich 2002: 303）。従ってアカパナの完成が後六世紀頃で、他の建築もその頃に建設されただろう。そして石彫も単独で屹立《きつりつ》していたわけではなく、建築との関係で位置関係が決定されていたと考えられるため、ティワナクの図像は後六〇〇年頃までには成立していたと想定して差し支えないであろう。太陽の門に刻まれた図像はティワナクと同時期にペルー南高地に発達したワリ社会と共通するが、そこでも図像の年代は後六〇〇年頃に比定される（Isbell 1983）。ここでは、分析対象とする石彫が同時期に属すると仮定し、分析を行う。

六・三　石彫

六・三・一　太陽の門

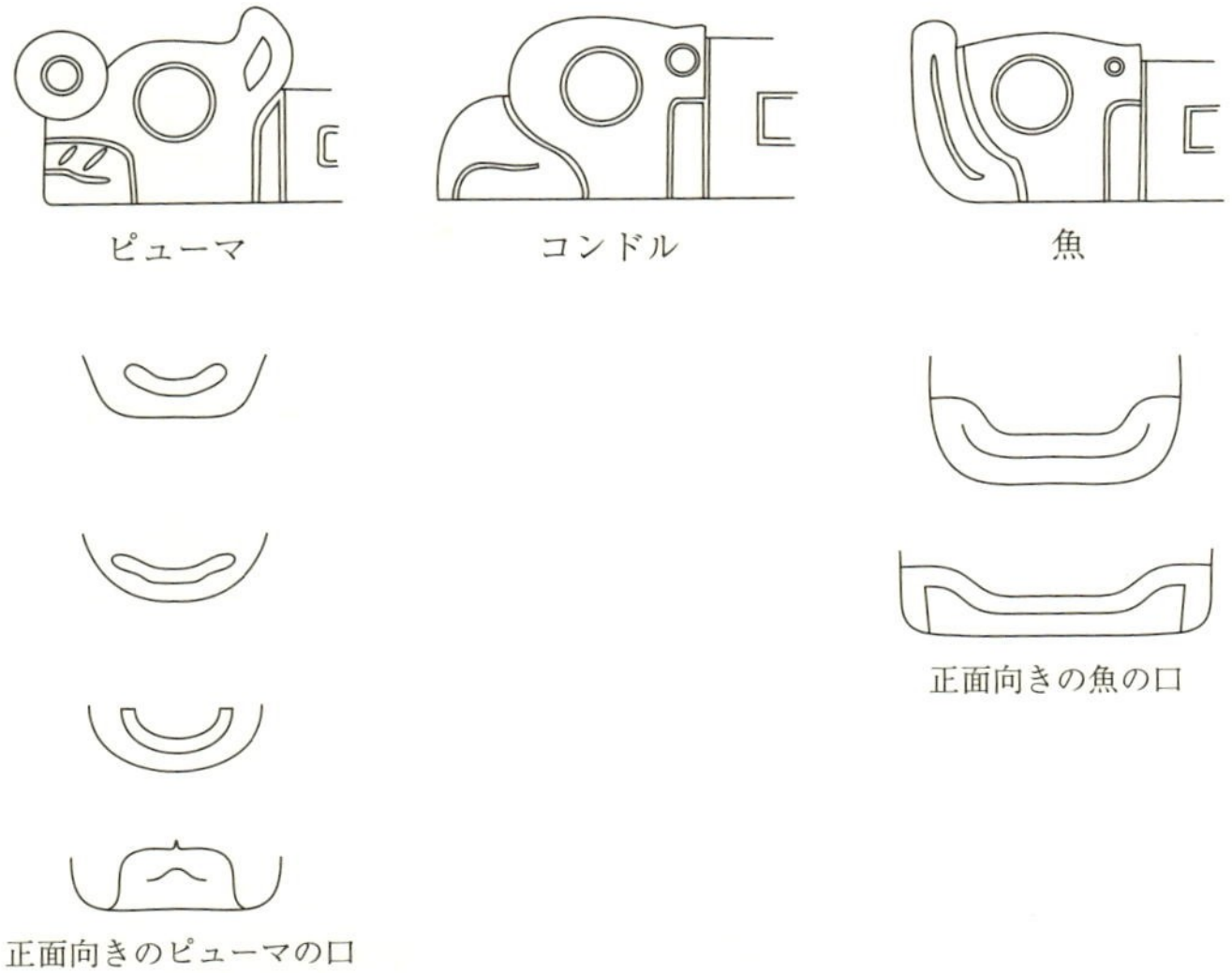

図６－９　太陽の門の３種類の動物（Stübel and Uhle 1892; Posnansky 1945）

ティワナクの図像分析はこれまで多くの研究者が試みている。中でも太陽の門は、ティワナク遺跡の中で最も注目を集めてきた（図６－８）。

顔の周囲から放射状に飾りが出ている正面向きの人物が、右手に投槍器《とうそうき》、左手に槍の束を持ち（Willey 1948: 12）、中心の台座の上に立っている。長い間この人物は「両手に杖を持った人物」、あるいは「両手に杖を持った神」と呼ばれてきたが持ちものは杖ではない。その両側にはひざまずいた横向きの人物が同様に槍を持ち、正面の人物の方を向いている。横向きの人物は三段に配置され、列をなして中心の人物の方を向いている。またその下の段には、細長い枠の中に中央の人物と同じ一一の顔がはめ込まれており、それぞれ何か属性を備えている。

太陽の門の図像についてはじめに体系的記述を行ったのはモーリッツ・アルフォンス・シュトゥーベルとマックス・ウーレで、一八九二年に『古代ペルー高地のティアワナコ遺跡』（Stübel and Uhle 1892）を出版し、太陽の門の図像に登場する三種類の動物をピューマ、コンドル、魚と同定した（図６－９）。多くの場合これらの動物の頭部のみが横向きで表現されており、また単独で登場するのではなく、人物の頭飾り、服、持ち物の先端に付随す

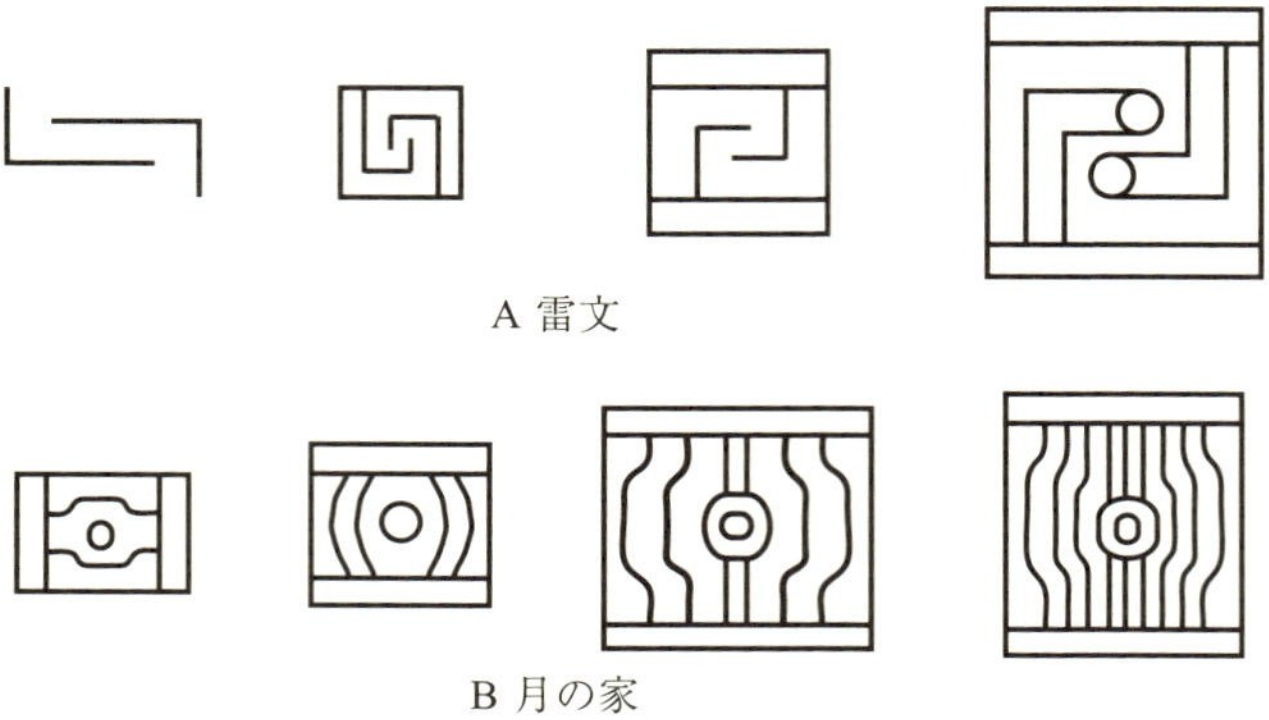

図６－10　雷文と「月の家」（Posnansky 1945）

図６－11　太陽の門の中央の人物（Posnansky 1945）

る。

二〇世紀前半にはアーサー・ポズナンスキーの『ティワナク――アメリカ文明の揺籃』（Posnansky 1945, 1957）というタイトルの四巻本の浩瀚《こうかん》な書物が出版された。[3] 彼はティワナクの重要性を誇大視し、アメリカ大陸の文明全ての起源をティワナクに結びつけたため、その解釈は現在顧みられることはない。しかし主要な石彫の図面が採録されており、ティワナクの図像研究を行うためには必ず参照しなければならない書物である。ポズナンスキーも三種類の動物を同定した。また三種類の動物以外に頻繁に登場する紋様として、雷文と[4]「月の家」[5]がある（図6－10）。そして、現れる人物の紋様をいくつもの属性に分解した。

以下ではまず、太陽の門の図像の規則を、三種類の動物の組み合わせに注目し分析する。[6] 三種類の動物のうちピューマと魚には正面向きの顔もあるが、コンドルの正面向きの顔は存在しない。魚とピューマは口の特徴によって区別される（図6－9）。

なお記述に当たっては、左右の方向を図像の側から見て行う。例えば右手という場合、我々から見て向かって左の手を指し、図面では左に位置する。それぞれの石彫の図像の記述は煩雑であるので、詳細を飛ばして、「六・四石彫の図像の構造」に進んでいただいても構わない。

中央の人物（図6－11）

右手に持っている投槍器の上部には、コンドルの頭が下向きについており、それは鉤状の返しとなっている。一方左手に持っている槍は上部が二つに分かれ、そこにそれぞれコンドルの頭が付いている。そして左右の持ち物下部には頭飾りを付けたコンドルの横顔が下を向いている。

顔には、目から垂れ下がった飾りの先にピューマの頭がある。顔の周りは雷文で縁取られているが、そのさらに外側にはピューマの顔と二重円が放射状に配置されている。頭の中心にあるピューマの顔だけが正面向きである。胸には「月の家」が五つあり、そこからコンドルの頭がそれぞれ二つずつ出ている。また、胸の中心位置には蛇のような体を伴った正面向きのピューマの頭が上を向いている。[7]腕の部分にはピューマの頭が二つずつある。また肘からは正面向きの人間の顔がぶら下がり、その髪の先端にコンドルの頭が付いている。腰の位置にはピューマの頭が二つある。腰からは正面向きの魚の顔が六つぶら下がっている。

次に中央の人物が立っている台座を見てみよう。台座は四段構造になっており、その最下段の両端から頭飾りをつけたピューマの顔が延び、上を向いている。一方台座の中に注目すると、上に開口部のある囲いがあり、その中に魚がおり、口からヒゲのようなものが出ている。囲いの周りからは上方向にピューマの頭が四つ、横方向にコンドルの頭が六つ出ている。

帯状紋様（図6－12）

太陽の門の図像の最下段の列が、コンドルの顔を伴うジグザグ線で区画され、その中に中央の人物と同じ一一の顔が配置されている。ただし完全に同一ではなく、顔を囲む雷文の周りから出ているのはピューマの顔六つではなく、斜め方向にピューマの顔が四つ、横方向にコンドルが二つである。それぞれの顔は台座の上に位置しており、台座の両端からはピューマあるいはコンドルの頭が上向きに出ており、台座の中心部には雷文あるいは「月の家」がある。顔の周りには装飾が施されており、それらは何らかの道具を表している。それぞれの顔の属性は次の通りである。

E・G：上部にコンドルの頭が二つ付いた曲線状のものが描かれている。EとGは線対称とはなっていない。後述する横向きの人物の背中にある羽飾りと類似している（図6－13）。

D・H：これらの顔には上部にケーロ[8]が表現されている。側面には羽を付けた魚の顔が上を向いている。魚の位置はDとHで線対称となっている。

C・I：顔の周りの道具は幻覚剤用の粉をのせる板と解釈されている（Berenguer 1987）。上部に魚の顔が一つ、下

図６－12　太陽の門の帯状紋様（Posnansky 1945）

方向にはコンドルの横顔が四つと魚の横顔が二つ出ている。

B・J：顔から魚の顔が上方へ四つ出ているが、それが何を表しているか不明である。

A・K：片手にトランペット、もう片手に人間の首を持った人物が中央を向いて立っている。頭飾りと足の先端にはピューマが付いている。

横向きの人物（図6−13）

中央の人物の両側が三列に分割され、それぞれの列に同じ人物が繰り返し彫られている。それらは中央の人物の三分の一の大きさで、横向きに表現されている。

はじめに一番上の列の人物を見てみよう。頭飾りにはコンドルの頭が三つ付いている。目の周りにはコンドルの頭が二つと魚の顔が一つある。後頭部の髪の先端にはコンドルの横顔がある。手足の部分からはコンドルの頭が三つ体の中央に向かって延び、胸の位置には雷文が一つある。背中の羽飾りには、内部にコンドルの頭が一つ、外に魚の頭が二つ付いている。首から後方に垂れ下がっている飾りの先端部にはコンドルの頭が四つ付いている。そして手に持っている槍は、上部が二つに分かれ、中心部に「月の家」、上下には魚の頭が計三つ付いている。

二列目の人物は、顔そのものがコンドルで上を向いている。頭飾りには魚の横顔が三つ付いている。顔の目の周りには動物は表現されていない。手足からは魚が三つ体の中心に向かって延びている。体の中心部には「月の家」がある。背中の羽飾りの内部と先端に魚の顔が四つある。羽飾りの上方に魚の顔が出ているという特徴は一列目と三列目の人物には認められない。首から延びる飾りの先端には二重円紋が四つ付いている。手に持った槍は、上部が二つに分かれ、上部に魚の頭が二つ、下部に一つ付いている。

三列目の人物の頭飾りにはピューマが一つとコンドルの頭が二つ付いている。後頭部の髪の先端の位置にはピューマ、顔の目の周りにはコンドルと魚が一つずつある。手足からはコンドルが計三つ体の中央に向かって延びており、体の中心には雷文がある。羽飾りの内部にはコンドルがあり、外側にはコンドルの顔が三つ付いている。

図6－13　太陽の門の横向きの人物（Posnansky 1945）

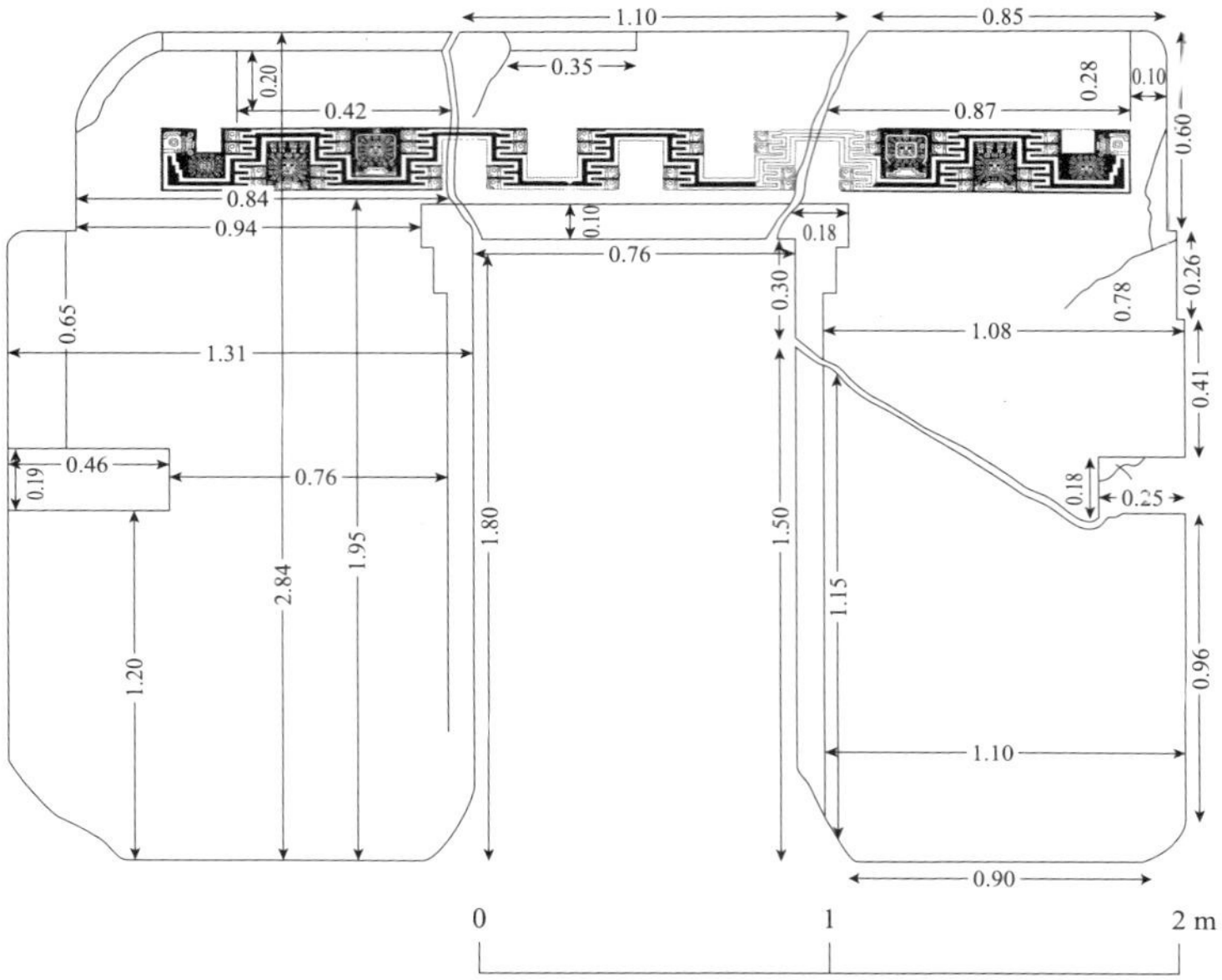

図6－14　月の門（Posnansky 1945）

首から延びている飾りの先端には魚の横顔が四つ付いている。手に持っている槍の上下にはコンドルの頭が付いている。上部は二つに分かれていない。

まとめると、一列目の人物にはコンドルと魚が表現され、数はコンドル一四、魚六である。二列目の人物は顔がコンドルであるがそれ以外は全て魚であり、魚は計一三ある。三列目にはピューマ、コンドル、魚の三種類の動物が現れ、数はピューマ二、コンドル一二、魚五である。

六・三・二　月の門（図6－14、図6－15）

太陽の門の図像の規則を把握するため、比較対象として月の門を検討したい。前述のようにプマプンクにある門である。

損傷が激しいため月の門の図像の全容は不明である。太陽の門のように複雑ではなく、帯状紋様のみが彫られている。太陽の門と異なり帯状紋様のジグザグ線に付属しているのは、コンドルではなく魚の横顔である。

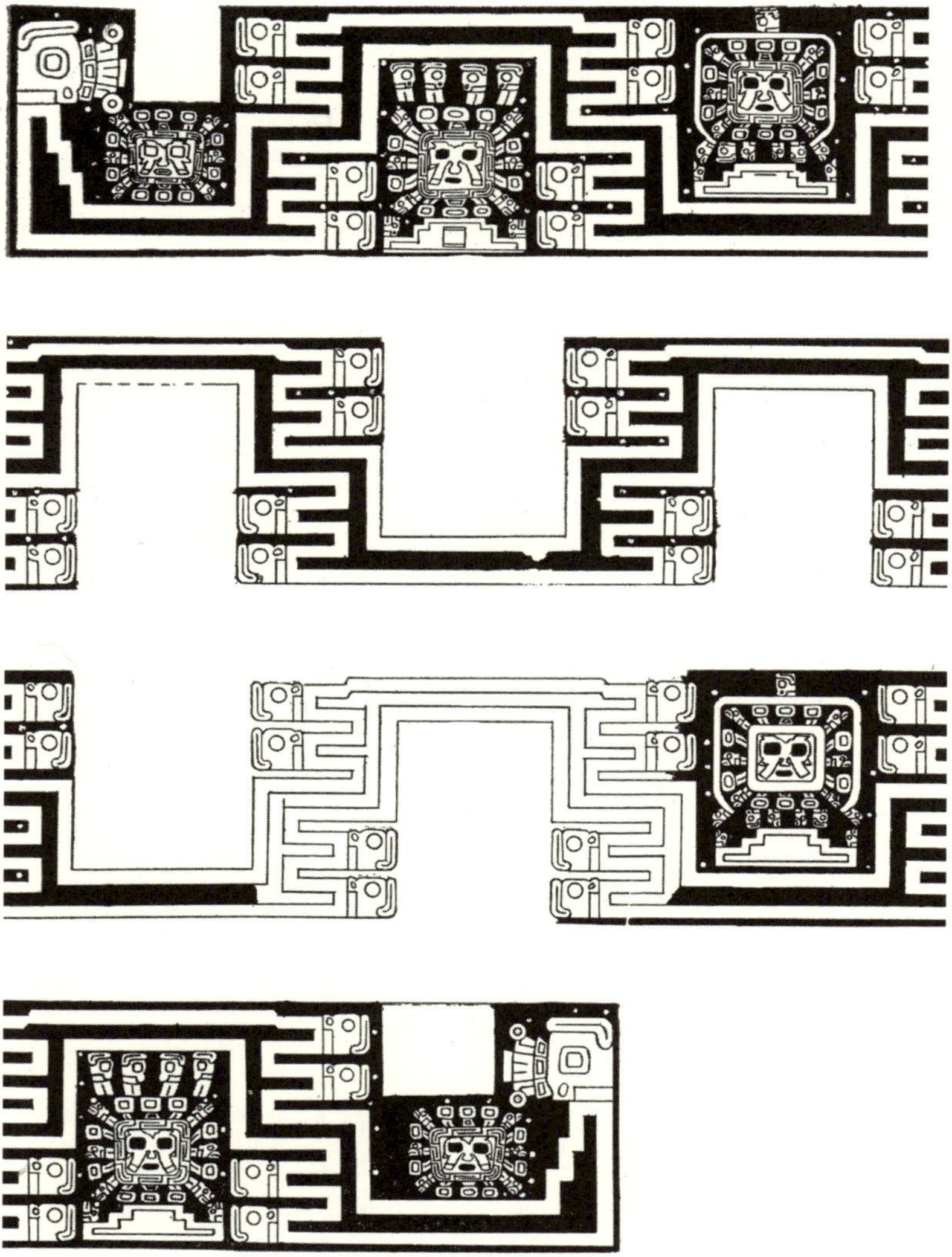

図６－15　月の門の帯状紋様（Posnansky 1945）

位置関係から正面向きの顔が合計一一あったと思われるが、中央の五つは判読不能である。残り六つを顔から放射状に出ている動物に注目して分類すると、太陽の門と同様ピューマ（四つ）と、コンドル（二つ）を伴う顔が二つ、コンドル（六つ）が出ている顔が四つある。顔の周りにある道具を示す表現は、太陽の門と同一で動物の入れ替えはされていないようだ。

六・三・三　リョヘタの石彫（図6－16）

リョヘタで発見された。ポズナンスキーは月の門とリョヘタの石彫がもともとセットになっていたと考えている。太陽の門の中央の人物とほぼ同じ構図で図像が施されているが、両者の間には動物の選択に重要な違いがある。顔の周りから出ているのはピューマではなく、魚四つとコンドル六つである。顔は損傷が激しく不明瞭であるが、目の周りにある魚の横顔は確認できる。胸の中央には羽をつけた横向きの魚が表現されている。腰からは魚の横顔四つがぶら下がっている。両手に持っている道具は上下とも二つに分かれており、同様に魚の頭が付いている。槍と投槍器ではないようだ。また、台座の両端には魚の顔が付いている。

まとめると太陽の門の中央の人物ではピューマが主役であったのに対し、月の門とリョヘタの石彫では魚が主流である。

ティワナクの石彫の図像表現では、正面向きの人物か横向きの人物が配置され、それぞれが三種類の動物によって装飾されている。以下の分析でも同様に、それぞれの人物に付属する動物を同定していくが、頭飾り、顔、体、持ち物全てを一括して把握する。各部位の属性がそれぞれどのような関係にあるかは不明である。

ティワナク遺跡では門など、平面上に図像が施された石彫以外に、丸彫りの石彫が多く確認されている。ここでは五つの石彫を取り上げるが、それぞれが一人の人物を表し、全身が複雑な図像で埋め尽くされている。

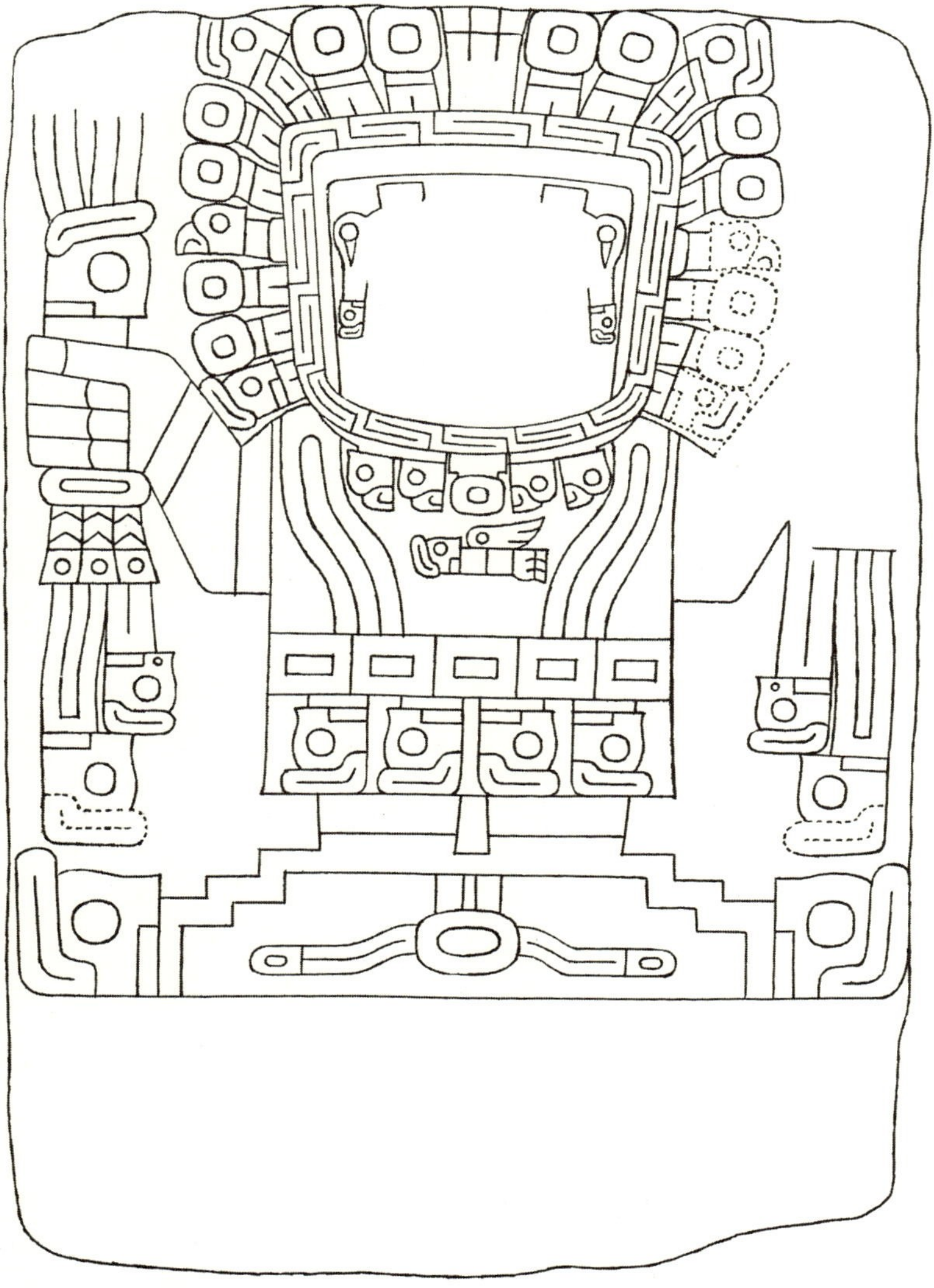

図6－16　リョヘタの石彫（Posnansky 1945）

六・三・四　コチャママ（図6－17）

石彫全体で一人の人物を表している。おそらく貫頭衣《かんとうい》を身につけている。頭飾りをはじめ、全身に図像が施されており、圧倒的に魚が多い。正面側は顔面部を始め損傷が激しくほとんど図像を同定できないが、裏面側は保存状態が比較的良い。腕を折り曲げており、写真から判断すると左手でケーロを持っているが、右手に持っているものは不明である（Posnansky 1945: vol. II, Figure 99）。

まず体の部分に注目すると、「月の家」から魚の頭がでている紋様が全身に繰り返し彫られ、全体が埋め尽くされている。しかしそれ以外の図像がいくつか認められる。

一つ目は、背中の中央部にある正面向きの人物である（図6－18）。足が左を向き、顔の周りにコンドルと魚の頭が付いている。

二つ目は左肩であり、おそらく貫頭衣ではなく、肌に直接彫り込まれた部分を示している。横向きのピューマ、および「月の家」から下向きにコンドルが出ている紋様が施されている（図6－19）。

三つ目は石彫の胸の部分である。足が右を向いた正面向きの人物である。顔の周り、腰の部分、手の持ち物が全て魚の横顔で飾られている。

興味深いのは頭飾りの図像である（図6－20）。そこには横向きの人物が配置されている。前面が破損しており、同定できる人物は七人のみである。うち四人は顔がコンドルで、残りの三つは人間の顔をしている。

コンドル顔の人物は全身が魚で覆われている。手の持ち物の先端部が魚で、広くなった部分の内部にコンドルの頭が描かれ、そこから下に向かってコンドルがさらに二つ出ている。(9) また四人のうち一人（左から三番目）は、手の持ち物の先端部が魚ではなくピューマで、内部がコンドルではなく魚である、という違いも認められる。向いている方向も逆である。

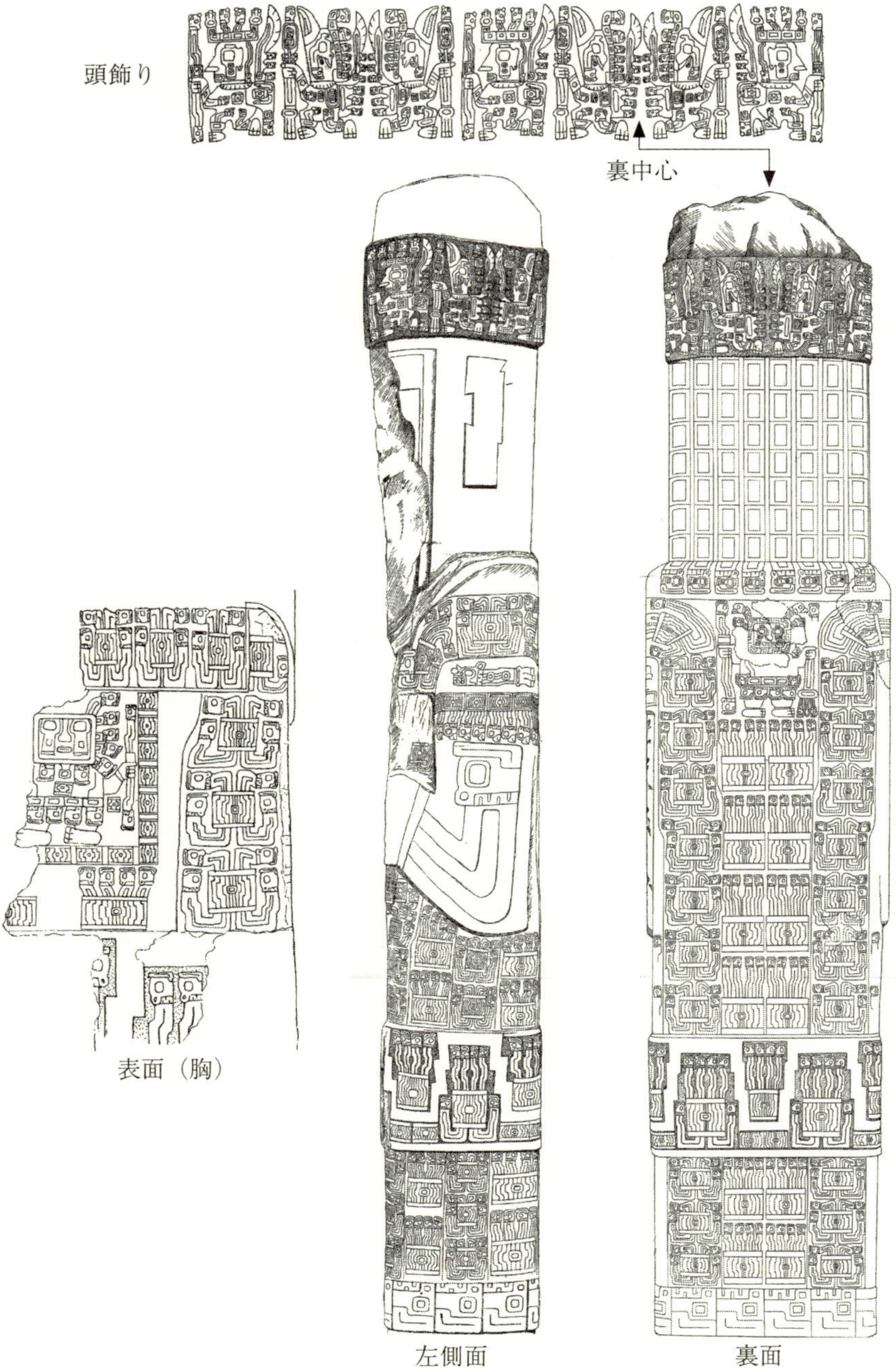

図6－17　コチャママ（Posnansky 1945）

図６－19　コチャママの左肩部分
（Posnansky 1945）

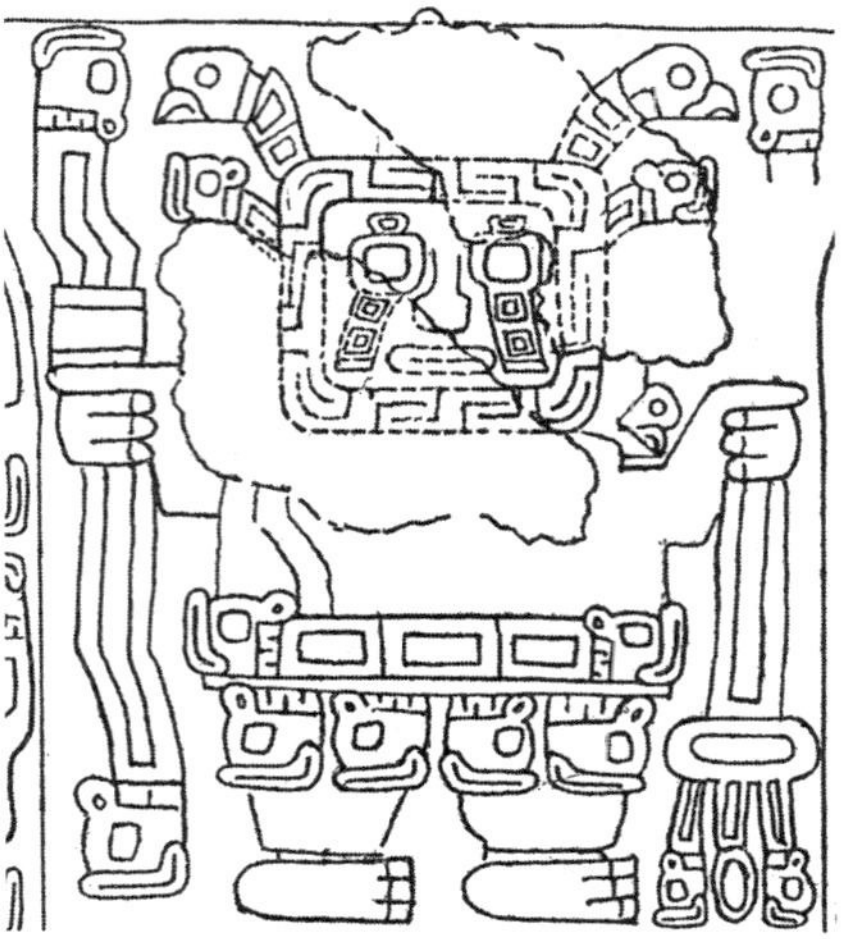

図６－18　コチャママの背中中央部の人物
（Posnansky 1945）

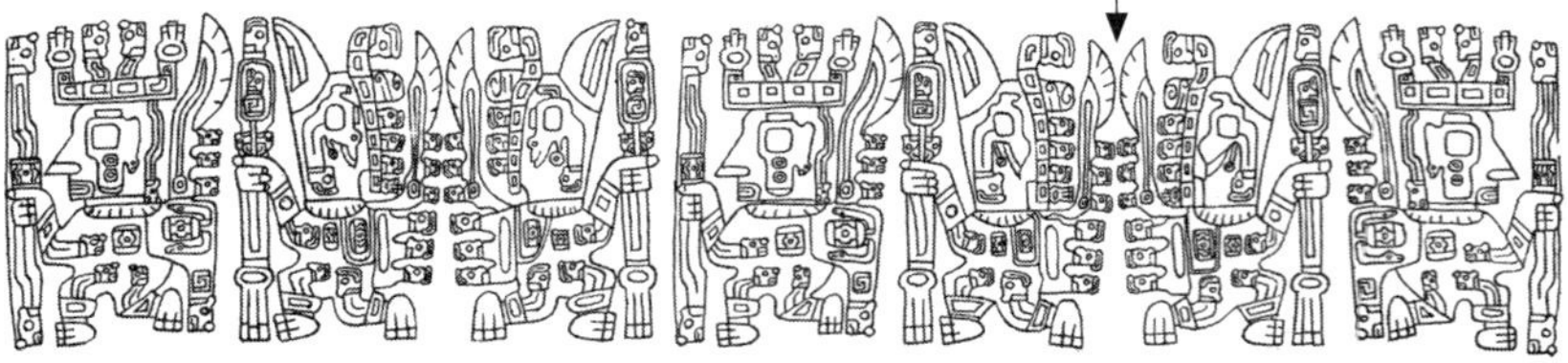

図６－20　コチャママの頭飾り（Posnansky 1945）

人間顔の人物は、全身がピューマで覆われている。例外は首から背中にぶら下がった飾りの内部である。「月の家」から二匹の動物が出ているが、それは三種類の動物のいずれでもなく蛇のようだ。

六・三・五　ベネットの石彫（図6－21）

ベネットの石彫は半地下式神殿で発掘された丸彫りの石彫である。砂岩製である。貫頭衣を身につけた一人の人物が両手を曲げ何かを持っている。左手に持っているのはケーロであることは、その形状から明らかである。右手に持っているものについては長い間不明であったが、ホセ・ベレンゲルが幻覚剤の粉を載せる板であると解釈している（Berenguer 1987）。注目すべきは、右手が裏表ひっくり返っており解剖学的におかしいということである。[10] これはクントゥル・ワシの石彫46－1やチャビン・デ・ワンタルの黒と白の円柱に見られる図像の特徴である。一方左手は爪の表現から判断すると正常である。

石彫の人物の貫頭衣、ベルト、および頭飾りに図像が施されている。また腕にも図像が施されている。はじめに頭飾りに施された人物を後頭部から前方に向かって一つずつ見ていきたい（図6－22）。

V・VI：コンドル顔の上向きの人物である。コンドルと魚で装飾されている。ただしVとVIでは、手の持ち物の先端、および羽飾りの先端に付いている動物が、魚とコンドルで置換されている。また手の持ち物には鉤状の返しが付いており、投槍器であるようだ。

IV・VII：人間の顔で、全身が魚で飾られている。背中の羽飾りの先端部、および後頭部の髪の先端部に位置する動物のみが例外で、コンドルが表されている。

III・VIII：この人物はコンドルと魚で飾られている。首から出ている飾りがとぐろを巻いている。

X：IV・VIIと同様のようであるが、羽飾りに付いている動物は、コンドルである。

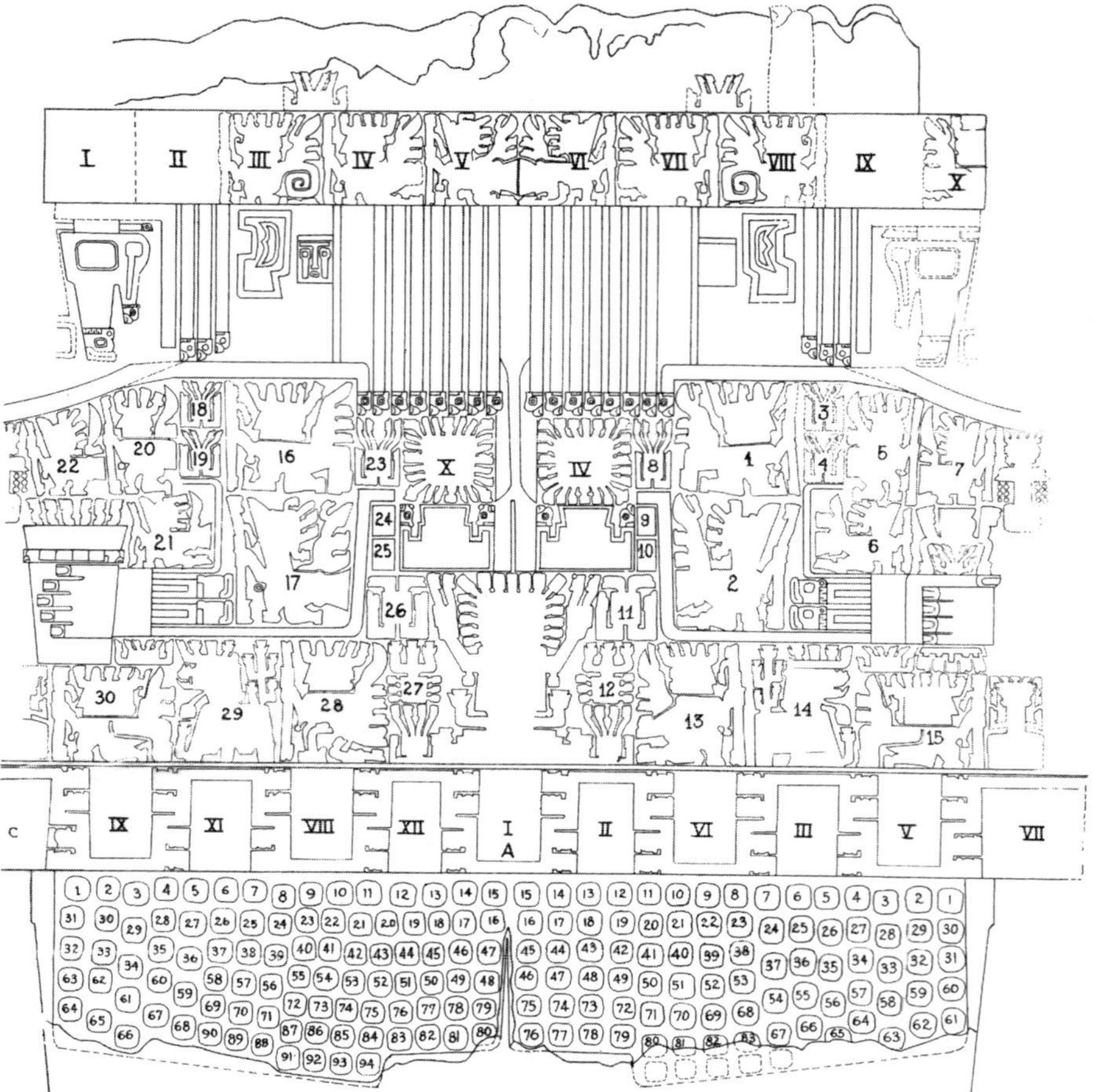

I II III IV V VI VII VIII IX X
18 20 22 19 16 23 X IV 8 1 3 4 5 7
24 25 9 10 21 17 2 6
26 11 30 29 28 27 12 13 14 15
C IX XI VIII XII I A II VI III V VII

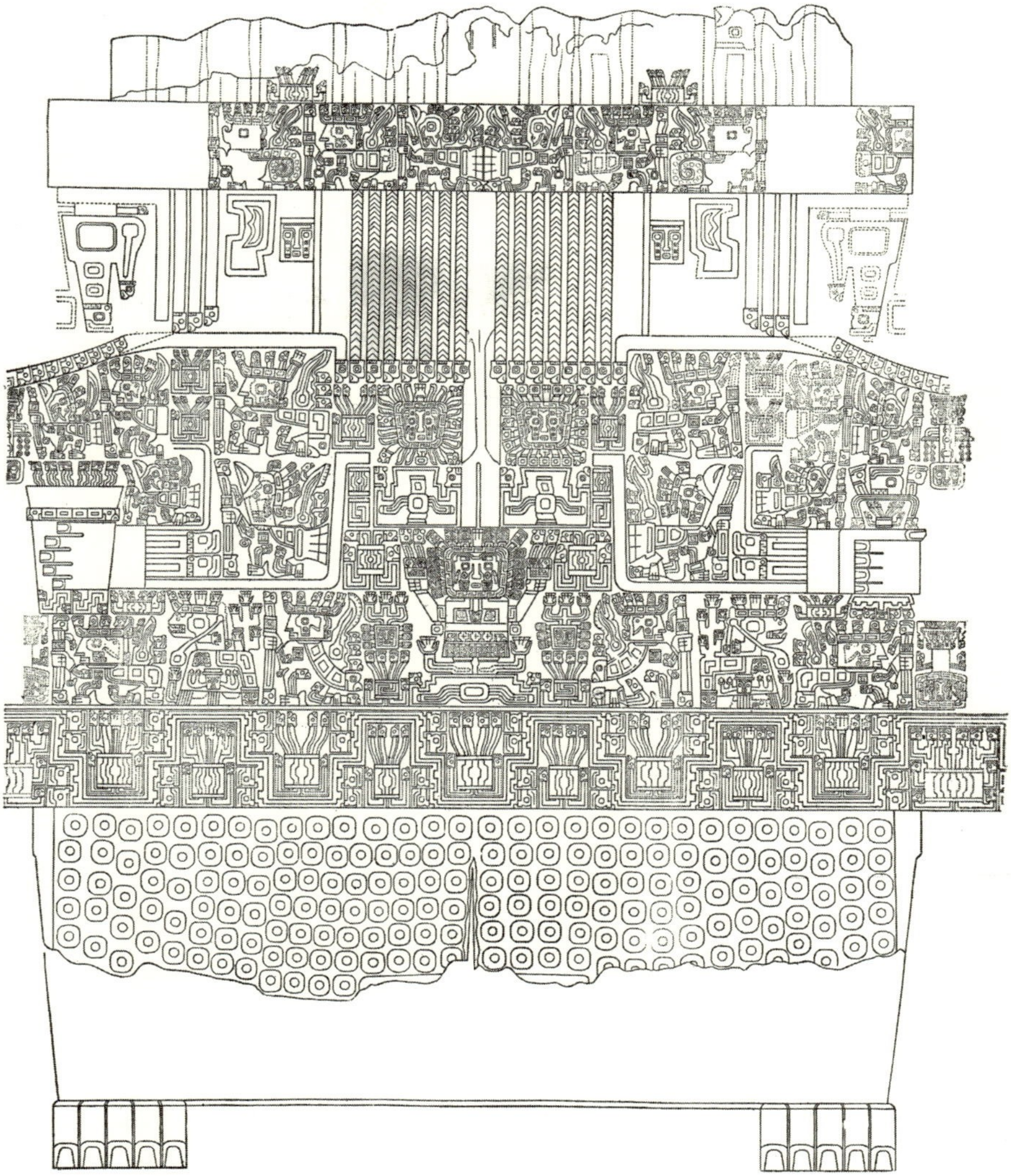

図6－21　ベネットの石彫の展開図（Posnansky 1945）

裏中心

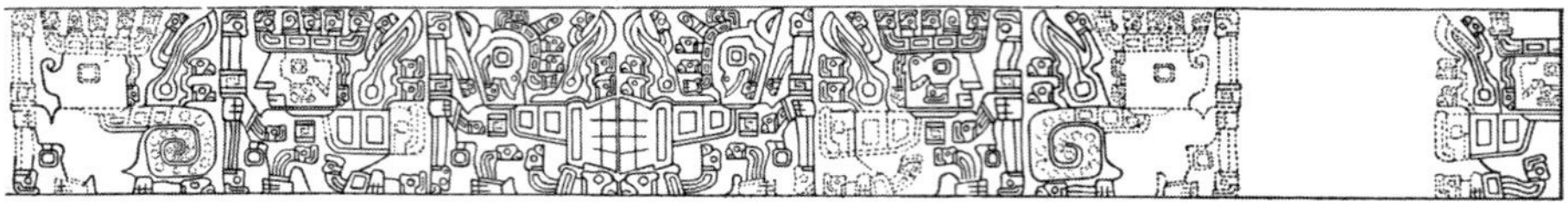

図6－22　ベネットの石彫の頭飾り（Posnansky 1945）

背中の肩の部分（X・IV）には、正面向きの顔が描かれている（図6－23）。右肩の顔の周りにはコンドル、左肩の顔の周りにはピューマが放射状に延びている。その下にある台座もコンドルとピューマで飾られている。

その下には正面向きの人物が両手を上に突き上げている。体を見ると腰にコンドルの顔が二つある以外、全て正面向きの魚の顔である。両手に持っているものはコンドルの顔を伴い、そこからピューマの頭が上方に出ている。

腕の下の部分の表現は次の通りである（図6－24）。

13・28：全てコンドルで装飾された横向きの人物である。13の人物の手の持ち物にのみ鉤状の返しが付いている。

14・29：四足動物を表しており、その頭飾りと後頭部の髪の先端部にはコンドルが付いている。肩の部分と首から延びた飾りの先端には正面向きの魚が表されている。胴部に正面向きの人間の顔が表現されたケーロがある。背中の部分から は植物が上方にのびている。

15・30：全身がほとんど魚で飾られた横向きの人物である。後頭部の位置と髪の先端部、および手の持ち物の鉤状の返しの先端にコンドルが認められる。

腰の部分には、太陽の門や月の門の帯状紋様と同じ構図の図像が施されている。正面向きの顔の代わりに「月の家」が配置され、そこから魚あるいはコンドルの頭が出てい

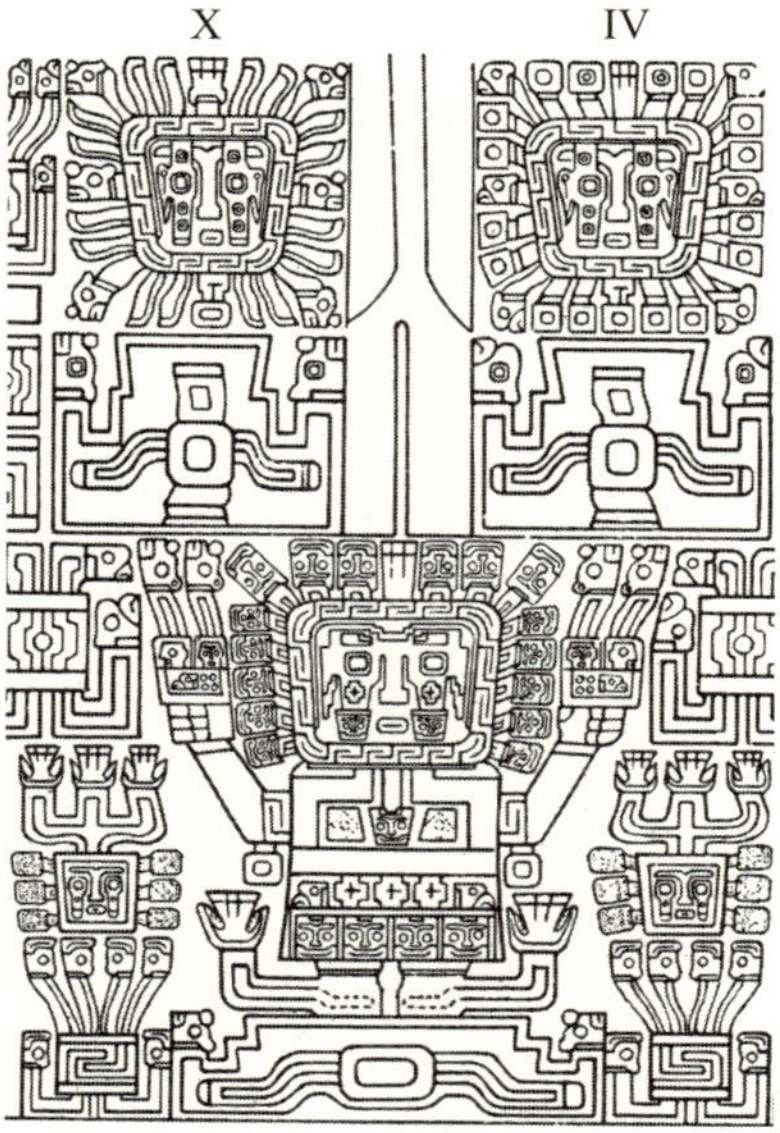

図６－23　ベネットの石彫の肩部分
（Posnansky 1945）

図６－24　ベネットの石彫の腕の下部分（Posnansky 1945）

16 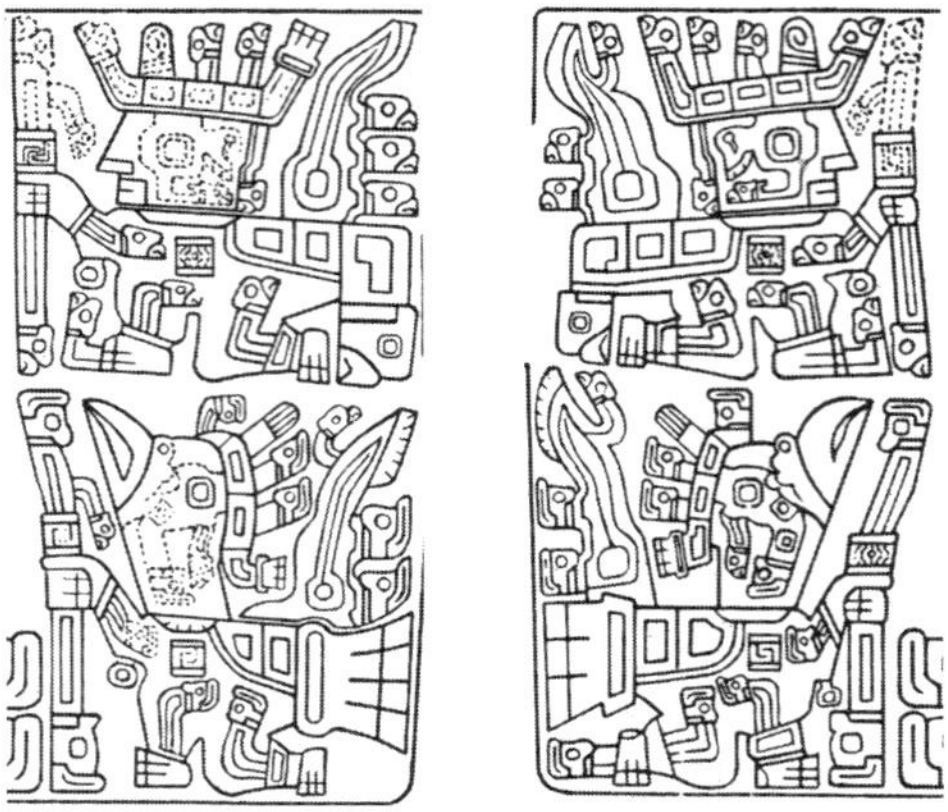 1
17 2

図6－25　ベネットの石彫の腕部分（Posnansky 1945）

22 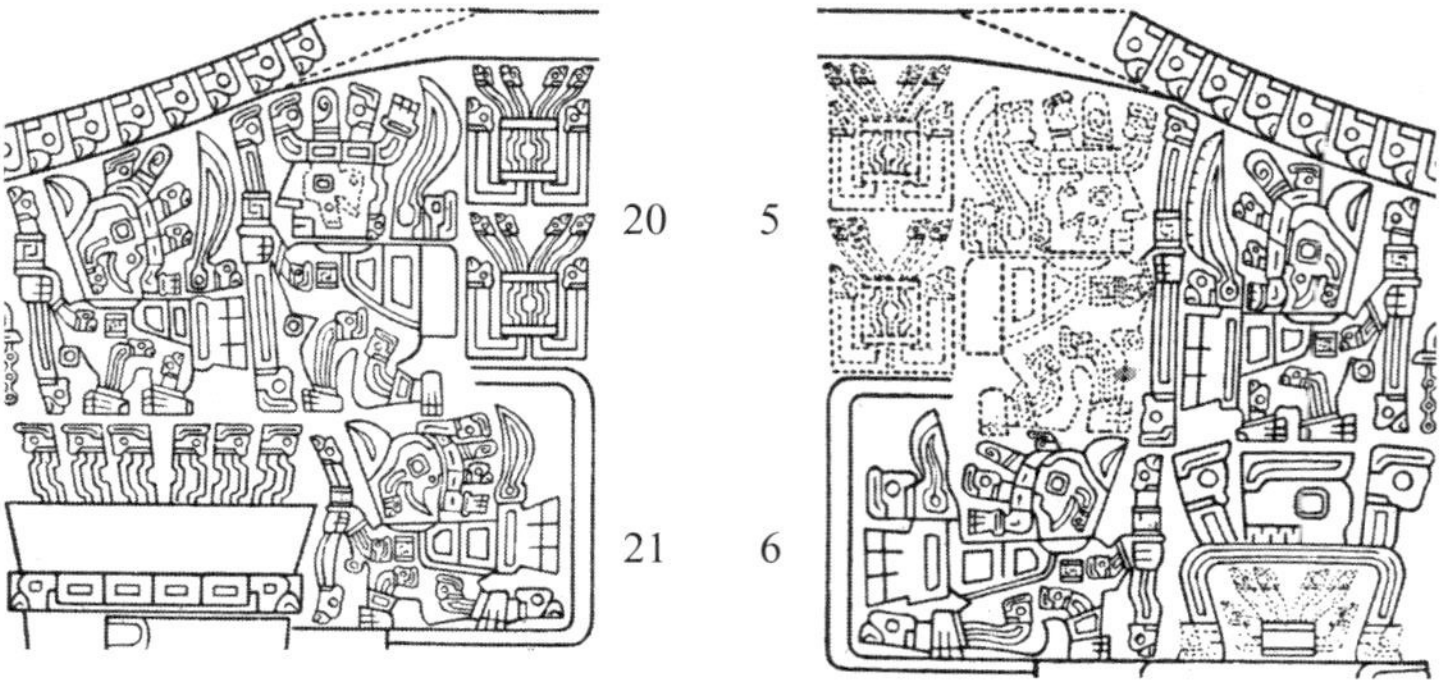 7

図6－26　ベネットの石彫の胸部分（Posnansky 1945）

る。区画のジグザグ線からは魚が出ており、下半分に位置する魚の顔の多くは倒立している。
次に腕の部分を見てみよう（図6－25）。

1・16：全身がコンドルの頭で覆われた人物である。手の持ち物は鉤状の返しがある投槍器である。

2・17：全身が魚で覆われたコンドル顔の人物である。目の周りと羽飾りの一部にコンドルが付属している。

胸の部分の人物は次の通りである（図6－26）。

5・20：全体が魚で覆われている。後頭部の髪の先端部にのみコンドルが認められる。

6・21：コンドル顔の人物で、魚とコンドルで飾られている。

7・22：コンドル顔の人物で、頭飾りの先端部にのみ魚が認められるが、他は全てコンドルである。

以上のようにベネットの石彫に現れるのは魚とコンドルが主である。ピューマが現れるのは背中の部分に限定される。

六・三・六　ポンセの石彫（図6－27）

この石彫は安山岩でできている。いくつかの図面が出版されているが、ディテイルが少しずつ異なっている（Isbell and Knobloch 2009; Janusek 2008; Kantner 2003; Makowski 2002）。ベネットの石彫と多くの類似点を示し、右手に幻覚剤用の板、左手にケーロを持っており、それぞれに魚が付属している。またベネットの石彫と同様に右手は解剖学的に異常で、左手は正常である。同様の解剖学的特徴を備えた丸彫りの石彫は他にも存在する（Posnansky 1945: Figure 108, Fig.

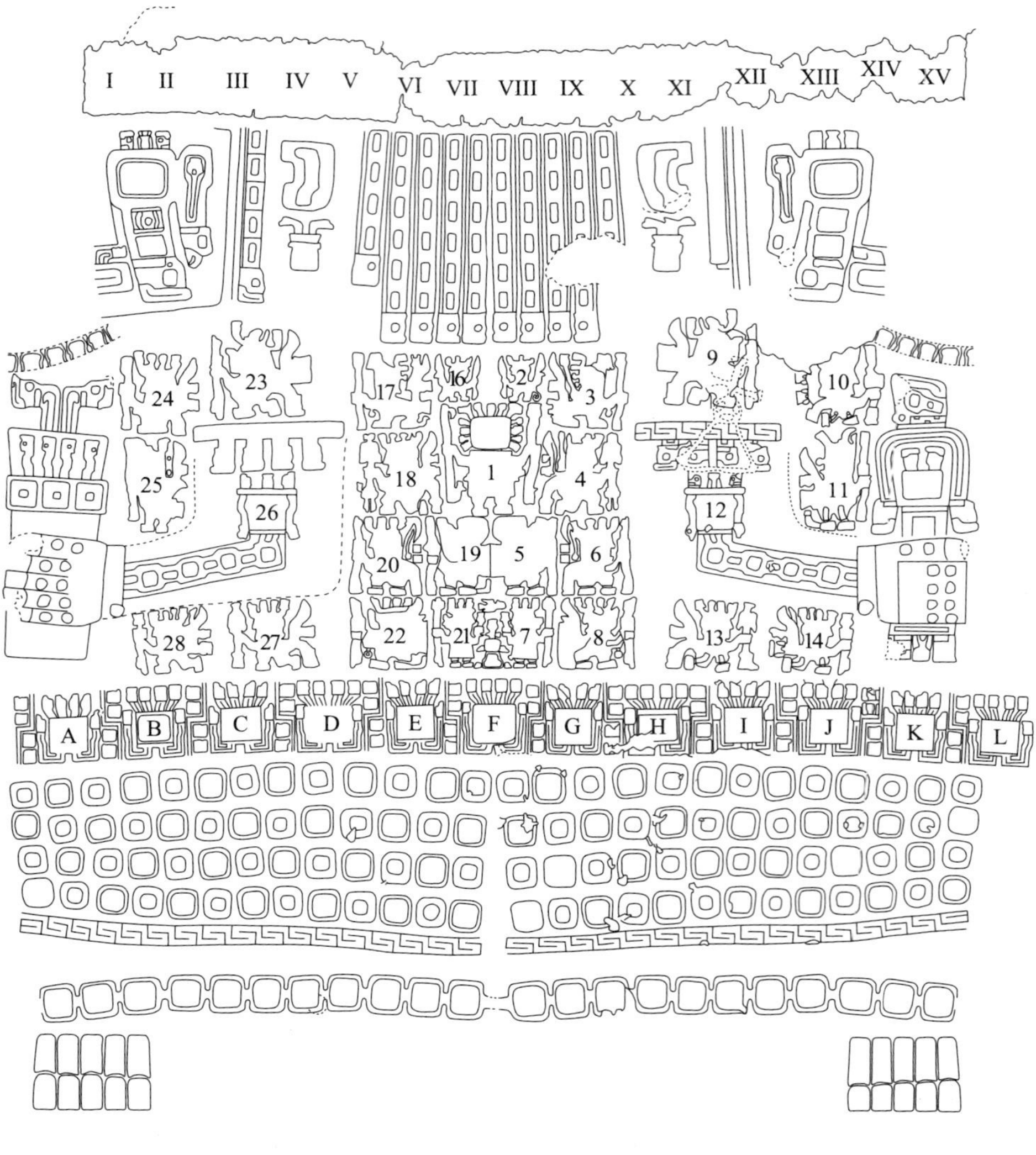
I II III IV V VI VII VIII IX X XI XII XIII XIV XV
1 2 3 4 5 6 7 8 9 10 11 12 13 14 16 17 18 19 20 21 22 23 24 25 26 27 28
A B C D E F G H I J K L

図 6－27　ポンセの石彫の展開図（Isbell and Knobloch 2009）

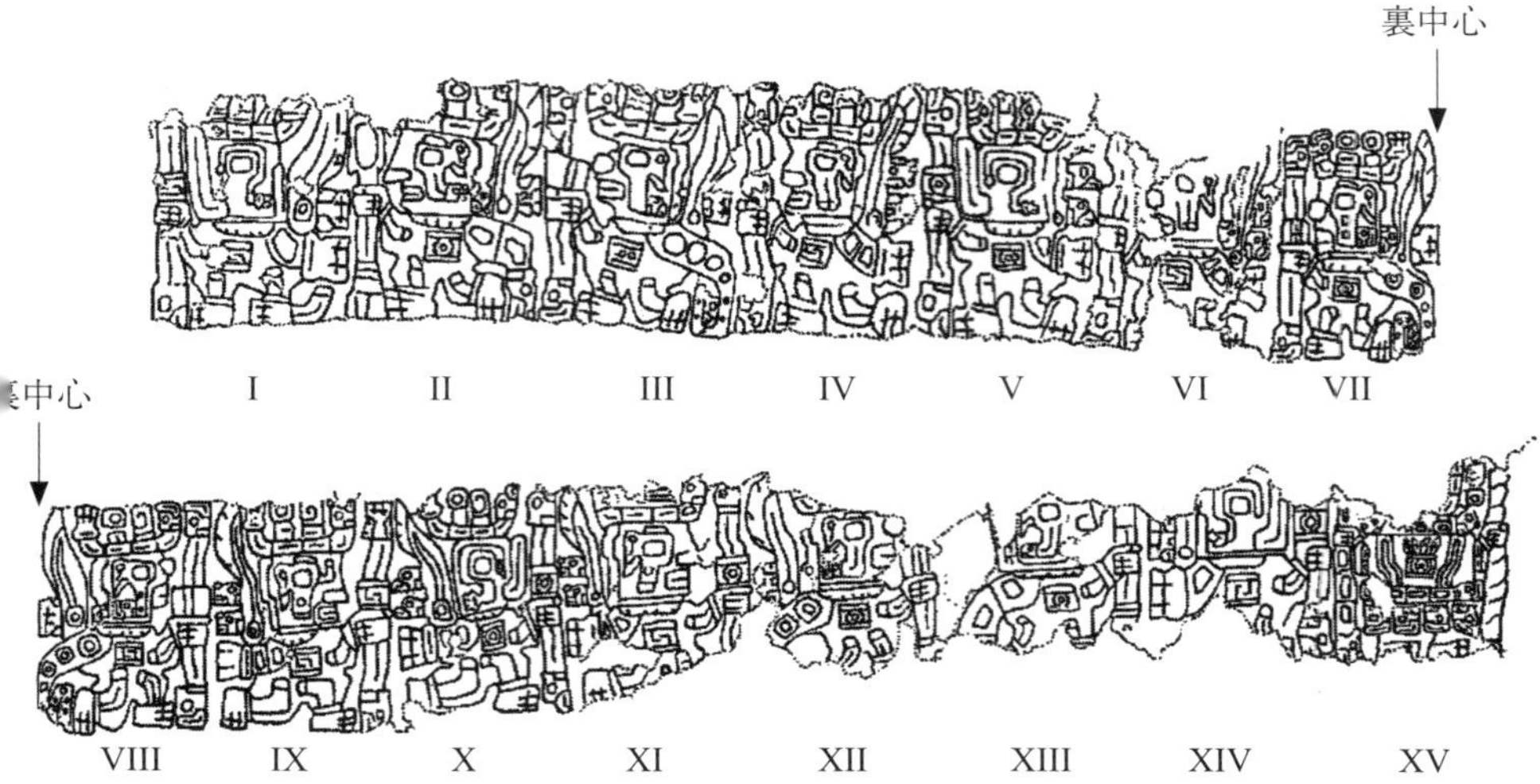

図6－28　ポンセの石彫の頭飾り（Isbell and Knobloch 2009）

110）。

目の周りの飾りには魚とコンドルが位置し、髪の毛の先端には魚の顔が付いている。

まず頭飾りに注目し、後頭部から前方へ一つずつ見ていきたい（図6－28）。

VII・VIII：ピューマの顔をした人物に見える。手の持ち物の先端部には魚の頭が付いており、他の部分にも魚が表現されている。髪の毛の先端にはコンドルが付いている。

VI・IX：羽飾りにピューマが付いた人物であり、手の持ち物の先端にはコンドルが付いている。

V・X：魚の顔をした人物であり、羽飾り、手の持ち物の先端にはコンドルが付いている。

IV・XI：手の持ち物にはコンドル、羽飾りにはピューマが付いているようである。

III・XII：ピューマの顔をした人物に見える。目の周りと首から垂れ下がっている飾りにはコンドルが付いている。手の持ち物の先端に付いているのは魚である。

II・XIII：目の周り、髪の先端、および首から垂れ下がる飾りの先端にピューマの頭がある。

I・XIV：魚顔の人物である。手の持ち物の下部はコンドルの頭が付いている。

XV：正面向きの人物で足は左を向いている。顔の周りにはピューマが、腰からは魚の頭が垂れ下がっている。右手の持ち物の下部先端にはピューマの頭が付いている。

次に背中の部分の図像を検討する（図6－29）。

1：背中の中央には、正面向きの人物がいる。足は左側を向いている。顔からはピューマの顔が出ており、左手の槍の下部先端にもピューマが表現されている。右手の投槍器上部の鉤状の返しにはコンドルが付いている。腰からはコンドルの頭が出ている。

2・16：1の上に二人の横向きのピューマ顔の人物が内側を向いている。手の持ち物の下部先端にはコンドルが付いている。

3・17：コンドル顔で、頭飾りと、手の持ち物の下部先端にピューマの頭を伴う。

4・18：手の持ち物の上部には魚の頭、下部先端にはコンドルの頭がある。頭飾りには魚の顔がある。

6・20：頭飾りと羽飾り、および首から垂れ下がる飾りの先端部にピューマの頭が付いている。手の持ち物の上部先端はコンドル、下部先端は魚である。

5・19：コンドル顔の人物で、頭飾りにピューマ、目の周り、羽飾り、首から垂れ下がる飾り、手の持ち物の先端に魚が付属している。

7・21：手の持ち物の両端および腰にコンドルの頭が付いている。

8・22：魚顔の人物で、頭飾り、羽飾り、手の持ち物の先端にはコンドルの顔が付いている。

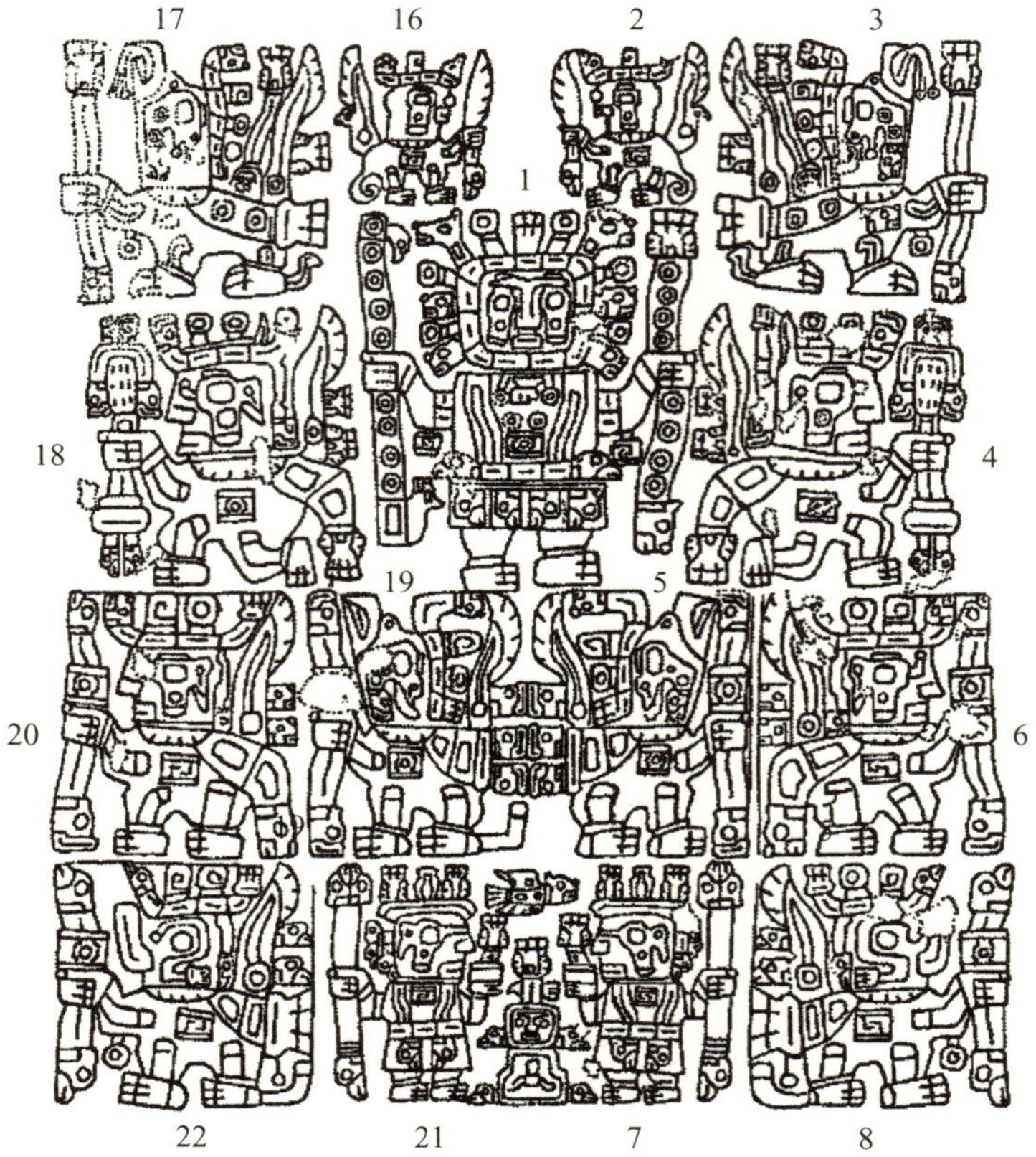

図 6－29　ポンセの石彫の背中の部分（Isbell and Knobloch 2009）

図 6－30　ポンセの石彫の腕の下部分（Isbell and Knobloch 2009）

図６－31　ポンセの石彫の肩・胸部分（Isbell and Knobloch 2009）

次に左右の腕の下部分に注目しよう（図6－30）。

13・27：羽飾りと首から垂れ下がる飾りの先端に魚が付いている。頭飾りにはコンドル、手の持ち物には魚とコンドルが付いている。

14・28：手の持ち物の下部先端にコンドルの頭が付いている。頭飾りの先端に魚が付いている。

次に肩から胸の部分について見てみたい（図6－31）。

9・23：ピューマ顔の人物であり、目の周りにコンドル、頭飾りの先端と首から垂れ下がる飾りの先端には魚、手の持ち物の先端にはコンドルが付いている。

10・24：頭飾り、首から下がる飾り、手の持ち物の両端全てに魚が付いている[11]。

11・25：コンドル顔の人物である。頭飾りには魚が付いており、手の持ち物の両端には魚が付いている。

12・26：手首から延びている、長い体を伴った正面向きの顔であり、頭飾り、および髪の毛の先端部にはコンドルが付いている。

図６－32　ポンセの石彫のベルト部分（Isbell and Knobloch 2009）

ベルトの部分にはジグザグに区画された帯状紋様があり、魚が出ている（図６－32）。内部には、コンドルを伴う雷文（A、E、G、K）と「月の家」（C、I）、周りに放射状にピューマの頭が配置されている顔（B、D、F、H、J、L）が、交互に配置されている。前者の紋様からはコンドル、後者の紋様からは魚が出ている。

六・三・七　太陽の像（図６－33）

ダイナマイトで破壊された石彫であるが、背中の部分のいくつかの図像が復元できる。

石彫上部にみられる髪の毛の先端は魚となっている。中心部には、両手に槍状のものを持った正面向きの人物がいる。全てがピューマとコンドルで表現されている。足は右向きである。胸にピューマの全身像が描かれている。

その上方にはピューマ、コンドル、魚の全ての動物を伴う横向きの人物がいる。その横にはピューマとコンドルおよび正面向きの魚を伴う人物が登場する。

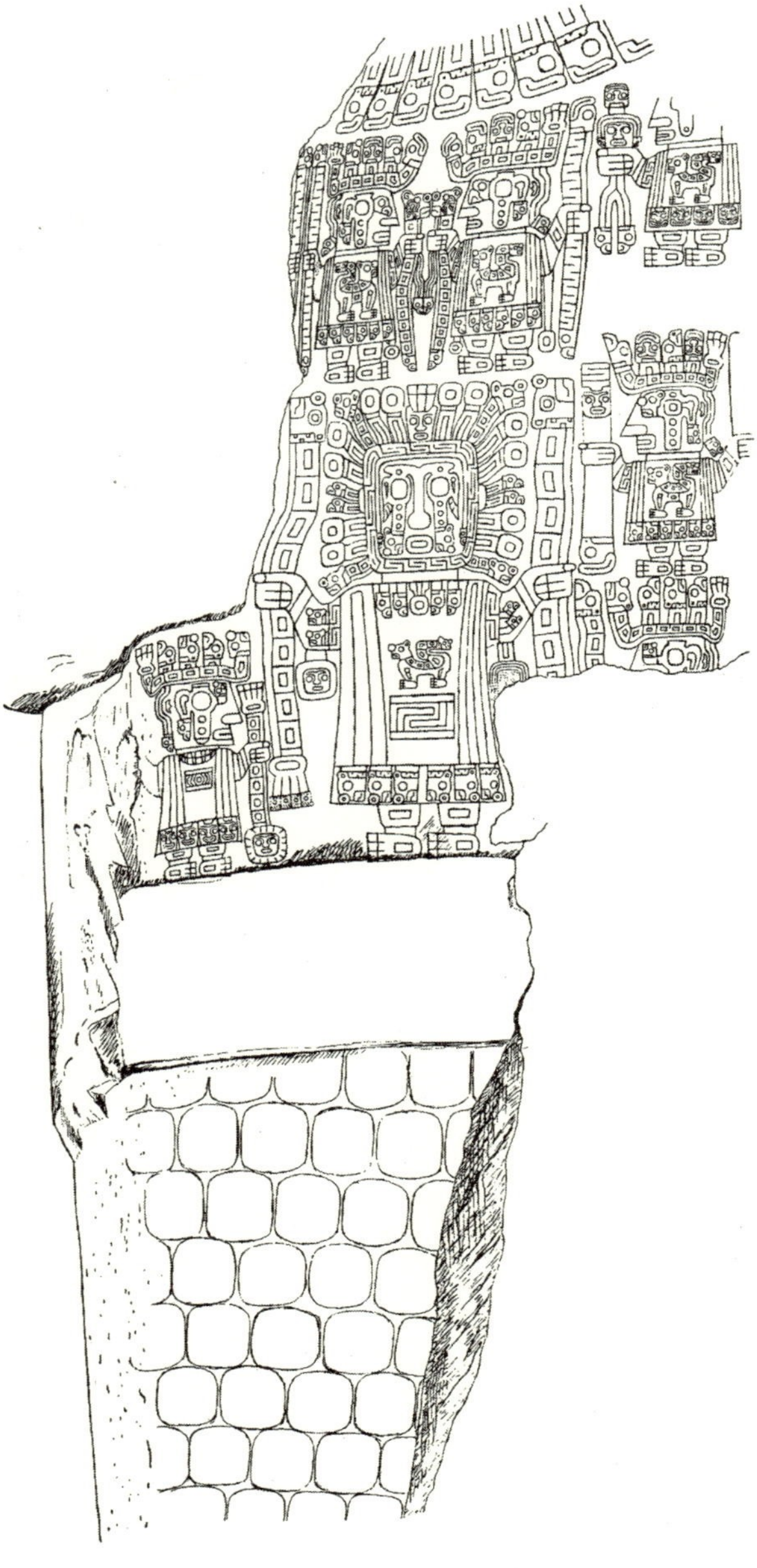

図6－33　太陽の像（Posnansky 1945）

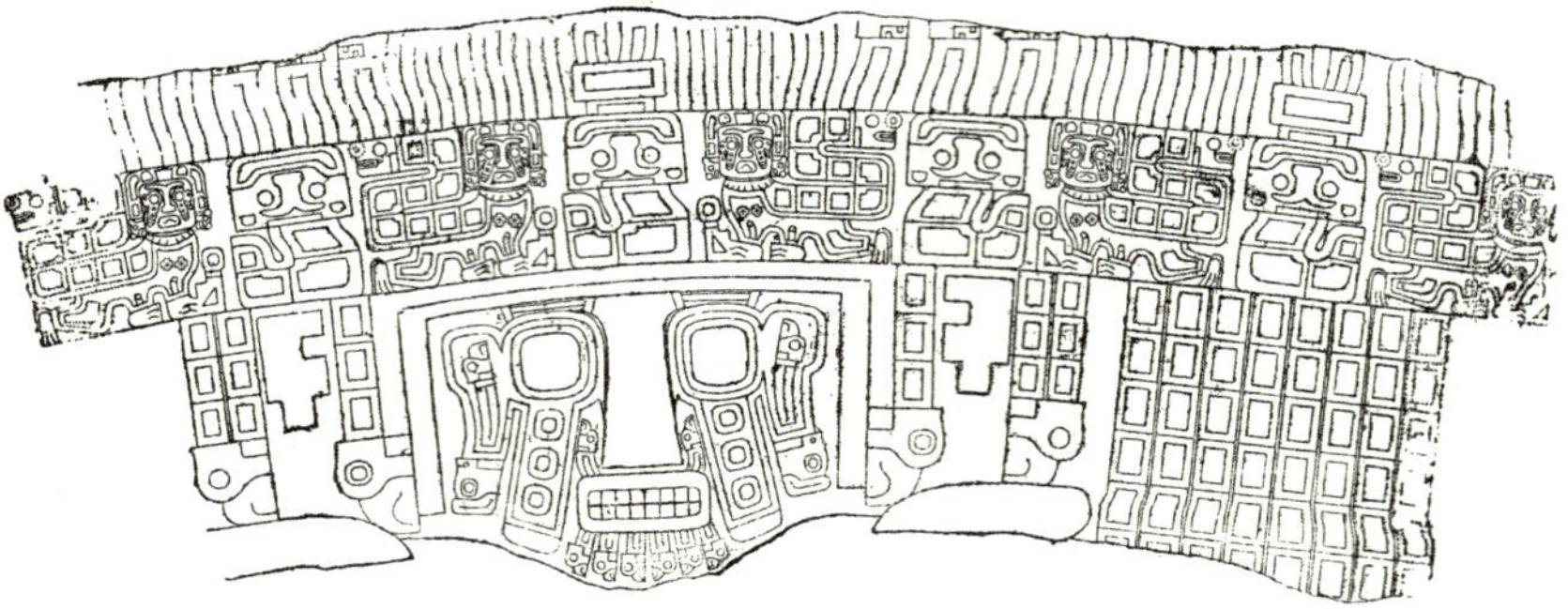

図6－34　巨大頭像（Posnansky 1945）

六・三・八　巨大頭像（図6－34）

頭部のみ残存している。歯が表現されている。顔はコンドルと魚によって飾られている。顔の左右に垂れ下がる髪の毛の先端にはコンドルの頭が付いている。頭飾りにはピューマの全身像と、蛇のような長い体を伴う動物が交互に配置されている。

六・四　石彫の図像の構造

六・四・一　二項対立の組み合わせ

クントゥル・ワシの図像で用いられた差異化の表現の一つは体位であった。例えば、交差する足／直行する足、正面向き／横向き、正立／倒立、右向き／左向き、という表現である。チャビン・デ・ワンタルでは他に、両手を広げる／両手を閉じる（ライモンディの石碑／黒と白の円柱）といった区分も採用されている。ティワナクの図像では体位の表現にどのような工夫が認められるのだろうか。

まず太陽の門では、正面向き／横向き、という対立が採用されていることが容易に識別できる。ポンセの石彫やベネットの石彫に施された正面向きの人物には、足が正面向き／横向きという違いも認められる。またベネットの石彫のベルトの部分では、下半分に現れる魚の頭が倒立しており、正立／倒立、という差異化の表現があるようだ。

またクントゥル・ワシでは、角目／蛇目、上下顎／上顎のみ、正常な手／異常な手、という体の部位の描き分けがあった。目や口の形で差異化をする表現はティワナクでは明らかではない。しかし手の表現の工夫は認められる。ベネットの石彫、ポンセの石彫では右手が解剖学的に異常な手であり、一方、左手は爪の表現から判断すると正常な手を表現している。五本指が表現されているので左手は開いているが、右手は握っている。

チャビン・デ・ワンタルでは、黒と白の円柱に描かれた人物の手が解剖学的に異常であるため、それらは手の表現が正常な少なくとももう一つの石彫とセットになっていると仮定したが、現在の所候補はライモンディの石碑しかない。その場合、円柱と石版という石彫の形態による差異化も指摘できる。

ティワナクの石彫の形態は、門と丸彫りの石彫に大別される。チャビン・デ・ワンタルの事例を応用して考えれば、門と丸彫りの石彫が組み合わさり一つの構造を示しているという可能性もある。しかし門と丸彫りの石彫の組み合わせの具体例は、現在のところ不明である。一方、丸彫りの石彫が二つ組み合わさって一つの構造を示している可能性もある。

現在知られている丸彫りの石彫の中では、コチャママ、ベネットの石彫、ポンセの石彫はいずれも腕を折り曲げ手に何かを持っている。また、手を下方にまっすぐ伸ばした石彫も存在するため、両手を曲げる／両手を伸ばす、手を上に伸ばす／手を下に伸ばすという描き分けの工夫も構造分析をする際注目すべき特徴の一つである。

六・四・二　三種類の動物

クントゥル・ワシの図像では二種類の属性の組み合わせが三通り存在した。チャビン・デ・ワンタルのテーヨのオベリスクでは、三種類の動物を用いて同じ構造を表す方法が採用されている可能性を指摘した（図5－26）。構造は同じであるのだが、表象の方法が異なるという解釈である。またその後のプカラにおいても、人間以外に三種類

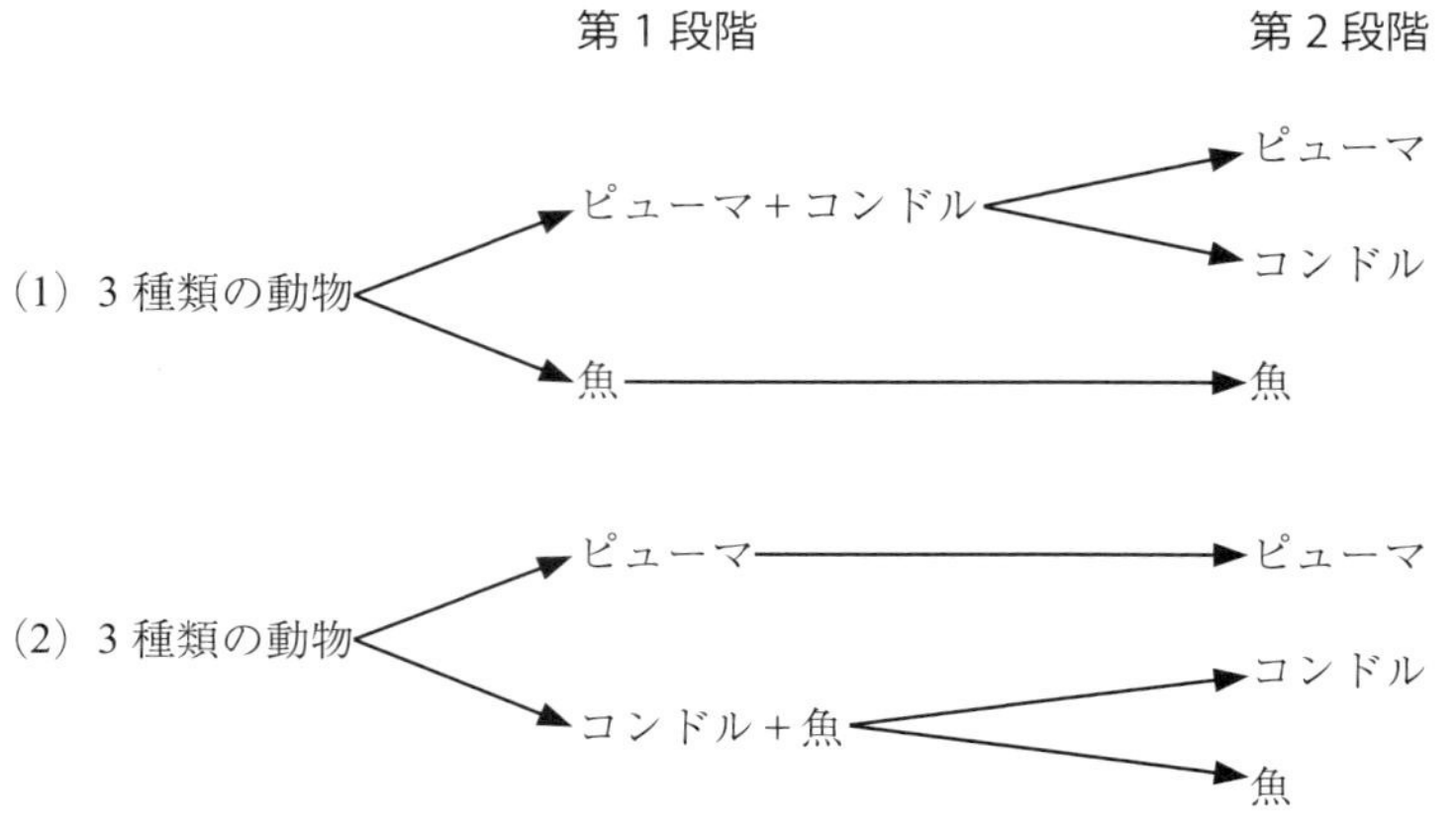

図６－35　３種類の動物にみられる規則

の動物が現れることを指摘した。ティワナクにおいても三種類の動物によって、同じ構造が示されている可能性を考えてみたい。アンデスにおける三分制は一対二に分かれ、一に対応する方がチュリヤと呼ばれる（Pärssinen 1992）。ティワナクでチュリヤに対応するのは何か。

まずピューマ、コンドル、魚の組み合わせのパターンを人物単位で検討し、次にそれが各石彫によってどのように採用されているかを整理する。ティワナクの石彫の図像に登場する人物は正面向きか横向きであり、横向きの場合人物の顔自体が動物になっている場合がある。体の装飾や持ち物に付属して登場する動物の組み合わせは次のようになる。

正面向き：ピューマ＋コンドル＋魚（太陽の門の中央の人物、ベネットの石彫の背中の人物）、ピューマ＋コンドル（ポンセの石彫の背中の人物、太陽の像の背中の人物）、魚主体＋コンドル（リョヘタの石彫、コチャママの背中の人物）、魚単独（コチャママの胸の人物）

横向き１（人間の顔）：ピューマ単独、コンドル単独、ピューマ＋コンドル、魚＋コンドル、ピューマ＋コンドル＋魚

横向き２（コンドル顔）：魚単独、コンドル単独、ピューマ単独、コンドル＋魚、ピューマ＋コンドル＋魚

横向き３（魚顔）：コンドル単独

横向き4（ピューマ顔）：コンドル＋魚

以上から、ピューマ＋コンドル＋魚、ピューマ＋コンドル、コンドル＋魚という組み合わせが存在し、またそれぞれの動物が単独で現れることもある、という規則が見いだせる。存在しないのはピューマ＋魚という組み合わせである。

三種類の動物が二段階の差異化の結果によって形成される三つの属性の組み合わせを示しているとすれば、二つの可能性があり図6－35のように図示できる。というのもピューマと魚は決してペアを成すことはないからである。ティワナクではチュリヤに対応するのは、ピューマと魚の二通りあるというのがここで提示する作業仮説である。

ピューマと魚はそれぞれ、太陽の門の中央の人物とリョヘタの石彫において主体となる動物である。また全く同じ二人の人物が頭を突き合わせて配置された石彫に注目したい（図6－36；Posnansky 1945: vol. II, Figure 129a, 130, 130a）。それらは門の上に据えられる石彫で、下から図像が見えるようになっている（Conklin 1991; Protzen and Nair 2002b）。ピューマもしくは魚が単独で施されており、コンドルが現れる例は確認されていない。二人の人物をコピーと捉えるならば、これは第二段階で内部が分かれないグループに対応する。クントゥル・ワシの構造モデルを応用して考えれば、ピューマもしくは魚は、同じものを二つ作り出すという属性を備えるのである。

次に各石彫に三種類の動物が配置されるパターンを見てみよう。

太陽の門はピューマが主で、ピューマ＋コンドル＋魚である。月の門は魚が主で、帯状紋様に彫られた一一の顔はピューマ＋コンドルである。リョヘタの石彫は魚が主で、魚＋コンドルである。コチャママは魚が主、ベネットの石彫とポンセの石彫はコンドルと魚が主である。一方、破壊されており全貌は明らかではないが、太陽の像はピューマ＋コンドル＋魚の三種混合型、巨大頭像はコンドル＋魚のようだ。

便宜上、ピューマがチュリヤの場合をピューマ／コンドル＋魚、魚がチュリヤの場合を魚／ピューマ＋コンドル

A

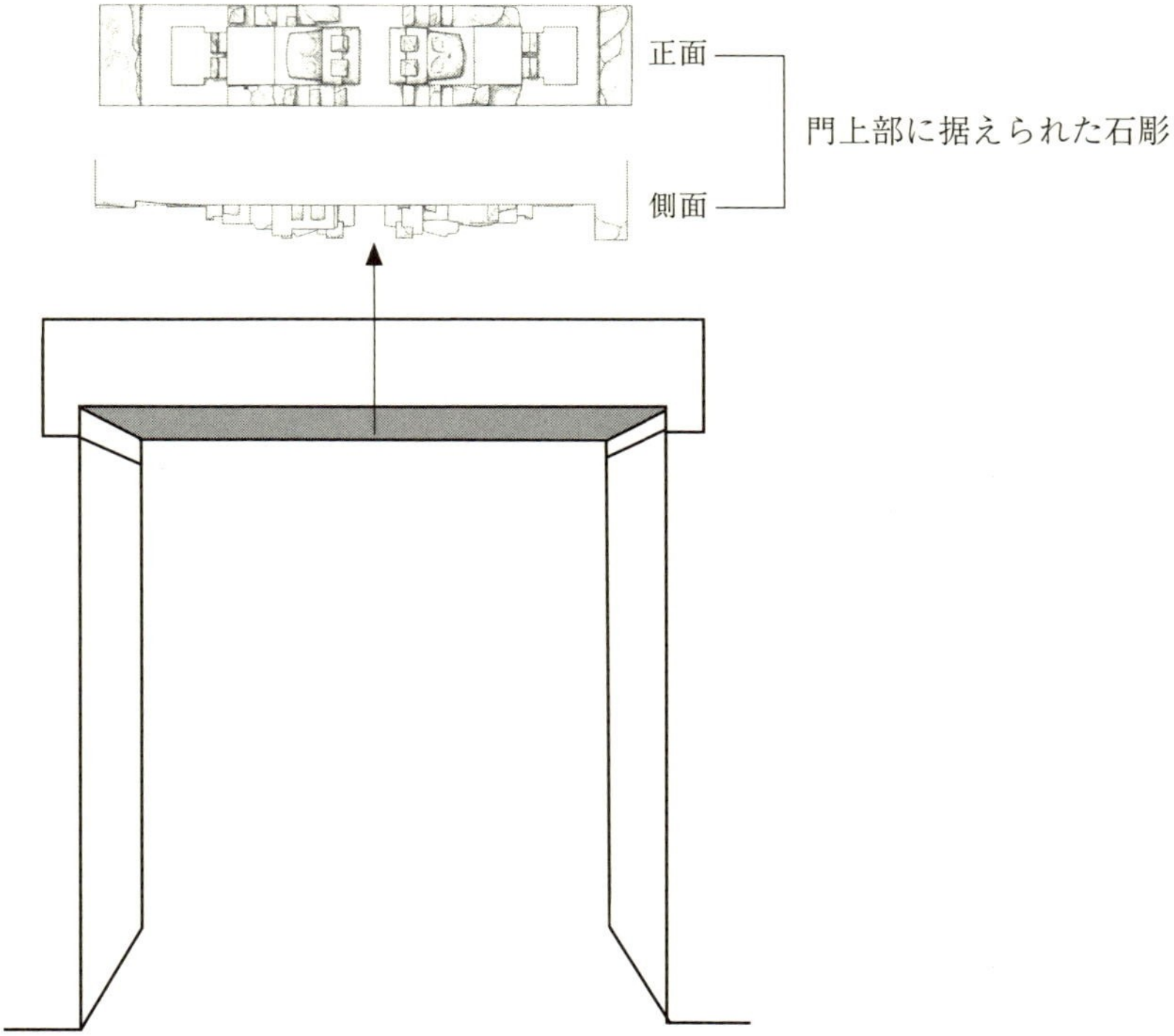

B

図６－36　双子の石彫（Posnansky 1945; Protzen and Nair 2002b）

と示すことにする。どちらの規則に従って図像が決定されているかを分類すると、次のようになる。

ピューマ／コンドル＋魚：太陽の門、ベネットの石彫、ポンセの石彫、太陽の像、巨大頭像

魚／ピューマ＋コンドル：月の門、リョヘタの石彫、コチャママ

以上の分類に従うと、ピューマ／コンドル＋魚のグループの石彫が比較的残存状態が良いのに対して、魚／ピューマ＋コンドルのグループはいずれも顔がつぶされるなど激しく破壊されている。この差は時期的な差を示すのか、あるいは他の要因が関係しているのだろうか。仮に図像の構造が社会構造と平行関係にあるのならば、何らかの社会変化と連動しているのではないか。インカのモデルを援用することによって手がかりを得ることができるが、それについては第八章で立ち戻って検討したい。

六・四・三　まとめ

ティワナクの入り組んだ図像表現の特徴の一つは、体位や動物など限られた選択肢を組み合わせて全体を構成するということである。各人物は決まった大きさの枠の中にはめ込まれている。限られた表現を選択的に採用して全体を構成する図像は、我々が通常イメージするような図像とは違ったコンセプトに従っており、それは構造的図像とも呼ぶべきもので、何らかの場面を描くような叙述的な図像とは基本的に異なっている（Makowski 2002: 346）。図像を刻む者の裁量に任せられた部分はなかったようだ。

二項対立を二つ組み合わせることによって、属性の組み合わせが三つできるという構造がティワナクの図像表現にも存在する可能性を提示した。それは三種類の動物を使用することによって示されており、その源流はプカラ、

チャビン・デ・ワンタルにたどることができる。そして魚がチュリヤとなる石彫は激しく破壊されており、それはティワナクの社会変化と連動しているという仮説を提示した。極めて乱暴で脆弱な議論であるが、多くの事例を照らし合わせて、その整合性を高めていくことが今後の課題である。

ティワナク様式土器が製作されなくなり、ティワナク遺跡の建築物が本来の機能を果たさなくなったことをティワナク社会崩壊の指標とすれば、それは後一一〇〇－一二〇〇年頃のことである。ティワナク様式土器はティワナク遺跡の位置する中核地域では後一二〇〇年頃まで製作されたようだが、他の遠隔地ではそれよりも二〇〇－三〇〇年早い時期にティワナクの痕跡は認められなくなった（Stanish 2003: 207）。従って、崩壊という言葉から連想されるような、突如とした断絶ではなく、漸次的な移行と考えられる。インカ帝国の首都クスコが建設されたのが一五世紀初めであるから、ティワナクの崩壊から首都クスコの成立までの間約三〇〇年以上ある。ティワナク期以降は中央アンデス南部の編年でアルティプラノ期と呼ばれ、小規模な政体が乱立した群雄割拠の時代と考えられている。そうした状況の中、一五世紀初めに突如インカが覇権を握り拡大した。

次章ではインカ王権の構造を分析する。第五章、第六章の議論を受け、同じ構造がインカ期に認められるのかどうかを検討する。インカの本質を照らし出す手がかりを古い時代に求め、それを応用するという方法の有効性が問われることになる。

註

（1）コトシュ遺跡の一九六三年の報告書ではサン・ブラス期が設定され、そこに赤白の施紋技法の土器が認められる（Izumi and Sono, eds. 1963）。しかしサン・ブラス期という時期は一九七二年の報告書では採用されていない。

（2）正面向きか横向きかはチャビン・デ・ワンタルのライモンディの石碑と黒と白の円柱との関係と同様であれば、神官集団と非神官集団を区別する工夫である。プカラの図像では正面向きの人物がラクダ科動物を伴い、横向きの人物が杖のような細長いものを持っていることから、正面向きの人物が非神官集団、横向きの人物が神官集団という可能性もある。

（3）第一巻の初版は一九一四年に『南米先史時代の中心都市』として刊行された。

（4）ポズナンスキーは「大地と空」の印と述べているが、ここでは一般名称である「雷文」を使用する。

（5）この紋様に関しては他に適当な名称がないため、ポズナンスキーの用語を使用する。

（6）三種類の動物は土器にも描かれる。しかし土器の場合、描かれるのはピューマ、コンドルの全身像がほとんどであり、魚は頭部だけが付属の飾りとして例外的に表されるのみである（Posnansky 1957: vol. III, Plate X-a, Plate XIV-c, Plate XXXIII-a）。

（7）ただし写真では、魚の正面向きの顔に見える（Posnansky 1945: PL XLVII）。

（8）ケーロとはインカ期に製作された木製容器である。ティワナクにおいては木製だけでなくケーロ形土器が製作された。

（9）これは幻覚剤用の板と解釈されている図像表現と酷似している（図６－12、Ｃ・Ｉ）

（10）右手の解剖学的特徴が異常であることについて、トム・カミンズは、両手とも左手と表現されていると解釈し、「左」に関係するなんらかの意味が付与されていると述べている（Cummins 2002: 65）。彼の解釈に従う場合、正常／異常、という二項対立を示しているのではなく、互いにコピーの関係にあると考えるべきである。

（11）10の髪の先端、首からたれ下がっている飾りの先端にはピューマの頭が付いている。しかしMakowski 2002 の図面では魚となっている。他の部分では、体の左右対称の位置の人物は、ほぼ同一なので、10の人物の属性は24と同様全て魚と解釈する。また頭飾りの動物は同定できない。

第七章　インカ王権の構造

本章ではまずはじめにインカの王朝論に関するこれまでの研究を振り返る。インカに関する主な史料はほぼ全て刊行されており、研究者は同じデータを様々な角度から分析し、議論を重ねている。当然筆者も同じテクストに依拠するが、解釈の新たな枠組みを得るため、関連する古い時代の考古学データを検討してきた。植民地時代に残された史料以外に、古い時代の図像分析から抽出したモデルを適用してインカ王権の構造を解読するという方法の有効性を、具体的な分析を通じて示したい。

七・一　単一王朝か双分王朝か

一九六四年、オランダの人類学者ザウデマの博士論文『クスコのセケ体系――インカの首都の社会組織』の英語版が出版された（Zuidema 1964）。オランダのライデン学派で教育を受けたザウデマは筋金入りの構造人類学者であり、彼の問題提起は、インカ研究に携わる者たちに大きな反響をもたらした。

ザウデマは、アンデスにはヨーロッパ的な意味での歴史はなく、あるのは神話であると解釈し、それまでの歴史学の手法に基づいたクロニカの分析の問題点を指摘した（cf. Wachtel 1973[1966]: 39-40）。そして構造分析を導入し、インカ研究に新たな方向性を示した。ザウデマの問題提起がその後のインカ研究に与えた意味はあまりにも重い。それまで史料批判に基づいて推進されてきたインカ研究はその根底を揺さぶられることになる。インカに歴史的思考がないとすれば、スペイン人が残したテクストは一体何なのか。いかにしてスペイン人はアンデスの民の思考様式を理解し、それを紙に記していったのか。クロニカに含まれる内容が歴史ではなく神話だとしたら、そこから議論できることは何なのか。この章ではザウデマが例として取り上げたインカの王朝史を検討していく。

筆者は、ザウデマによる問題提起を謙虚に受け止めつつも、アンデスの人々がスペイン人に語った内容が全て神話的であり史実を示すわけではない、という主張は極論であろうと考える。ロストウォロフスキも、人間は、読み書きができなくとも、二世代三世代のことは記憶できるため、インカの歴史を純粋に神話的と決めつけるわけにはいかないと述べている（Rostworowski 1983: 105）。また、どのように機能していたかは解明されてはいないが、キープによってかなりの情報が正確に記録されていた。特にキープから紙に移された（写された）記録には記憶以上に正確な情報が含まれていると考えられる。

インカ帝国には何人の王がいたのであろうか。多くのクロニスタが記しているのは、インカ王朝では初代王マンコ・カパックから先スペイン期最後の王アタワルパまで一三人の王が即位したという説である[1]。これはロウが一九四六年に発表した論文において採用したのを始め、多くの研究者が従っている解釈である（Rowe 1946）。それは以下のような王朝史である。

ウリン・クスコ

1 マンコ・カパック
2 シンチ・ロカ
3 リョケ・ユパンキ
4 マイタ・カパック
5 カパック・ユパンキ

ハナン・クスコ

6　インカ・ロカ
7　ヤワル・ワカック
8　ビラコチャ・インカ
9　パチャクティ・インカ
10　トパ・インカ・ユパンキ
11　ワイナ・カパック
12　ワスカル
13　アタワルパ

この王朝史に従えば、インカ王はハナン・クスコの王とウリン・クスコの王の二つに分かれており、始めにウリン・クスコの王が即位し、次にハナン・クスコの王が続いた。ハナンとは「上」、ウリンは「下」を表す。帝国の拡張を開始したとされる第九代王パチャクティ以降のインカ王は、各地の征服を記録した史料にその名が現れることから、実在した人物であることは確実視されている。一方それ以前の諸王に関しては、名前が登場するのは王朝の系譜を語る部分にほぼ限定されるため、その位置づけに関しては意見の一致をみない。果たして実在したのかそれとも神話上の人物なのか。

ザウデマはこのインカの単一王朝説を疑問視し、それはクロニスタがヨーロッパの伝統に則して理解した結果、つまり王朝は単一王朝であるに違いなく、王が複数同時に即位することはあり得ないという偏見によって歪められた偽りの王朝史であるという。インカ王の系譜の歴史性を疑う根拠として、例えば単一王朝史では第五代王にあたるカパック・ユパンキと同名の人物が、他の箇所では第九代王パチャクティの弟として現れることなどを挙げている。そしてザウデマは全てのクロニカにインカ王朝に関する同じ情報が記されているわけではなく、異なったバージョンがあることを指摘する（Zuidema 1964: 127-128）。その変則、異伝は何を意味するのか。ザウデマが注目したホセ・デ・アコスタの[2]『新大陸自然文化史』第六巻第二〇章には、次のような一節が記されている。

インディオたちがインガ族の祖と称する最初の人間は、マンゴカパ［マンコ・カパック］だった。彼らは、この男が、洪水ののち、クスコから五ないし六レグア離れたタンボ［パカリクタンボ］の洞窟または窓から出て来た、と称している。そして、彼はインガのふたつの大きな系統の祖であるともいわれ、そのひとつがいわゆるアナンクスコ［ハナン・クスコ］、もうひとつがウリンクスコで、前者の系統から、各地を征服、統治した領主たちが出たという。（アコスタ 1966[1590]: 下 319）

そしてハナン・クスコのインカ王の治績を記述した後、次のように続けている。

既に述べたように、初代のマンゴカパ［マンコ・カパック］からやはり出ている、もうひとつのウリンクスコの系統では、八人の者が、右と同じようにして代々あとを継いだ。マンゴカパのあとにシンチロカ、そのあとにカパック・ユパンギ、ついでリュキ・ユパンギ［リョケ・ユパンキ］、そのあとにマイタカパ、つぎにタルコ・グァマン［ワマン］、そのあとにその息子が来たが、その名は伝わっていない。そのつぎがドン・ファン・マイタパナカである。（アコスタ 1966[1590]: 下 331-332）

アコスタによれば第二－六代王がウリン・クスコ、第七－一一代王がハナン・クスコに属し、初代王マンコ・カパックは両王朝の創始者である。

アコスタの情報源はフアン・ポロ・デ・オンデガルドの[3]報告書であるようだ。その情報をまとめると次のようになる（Polo de Ondegardo 1916[1559]: 10）。以下の記述では、単一王朝説に従った場合の即位順序を（　）内の数字として示すことにする。

ハナン・クスコ
インカ・ロカ（6）
ヤワルワキ［ヤワル・ワカック］（7）
ビラコチャ・インカ（8）
パチャクティ・インカ（9）
トパ・インカ・ユパンキ（10）
ワイナ・カパック（11）
ワスカル・インカ（12）

ウリン・クスコ
シンチロカ（2）
カパック・ユパンキ（5）
リユキ・ユパンキ［リョケ・ユパンキ］（3）
マイタ・カパック（4）
タルコ・ワマン

ポロ・デ・オンデガルドはハナン・クスコのインカ王を先に挙げ、次にウリン・クスコについて記述しているが、ハナン・クスコとウリン・クスコの王が同時に統治したとは述べていない。しかしポロ・デ・オンデガルドがハナン・クスコとウリン・クスコという同時に存在した二つの王朝の系譜について語っている、とザウデマは解釈する。また、アコスタ、ポロ・デ・オンデガルドがカパック・ユパンキとタルコ・ワマンを入れ替えるという同じ間違いを犯していると指摘し、それを修正し以下のような王朝の系譜を再構成した[4]（Zuidema 1964: 127）。

ハナン・クスコ
インカ・ロカ（6）
ヤワル・ワカック（7）
ビラコチャ・インカ（8）

ウリン・クスコ
シンチ・ロカ（2）
タルコ・ワマン
リョケ・ユパンキ（3）

パチャクティ（9）	マイタ・カパック（4）
トゥパック・ユパンキ［トパ・インカ・ユパンキ］（10）	カパック・ユパンキ（5）

その後ピエール・デュヴィオルは、ザウデマの問題提起を引き継ぎ、双分王朝説を展開し、次のような王朝史を唱えた（Duviols 1979a, 1980）。デュヴィオルはザウデマと異なり、アコスタがカパック・ユパンキとタルコ・ワマンを入れ替えたとは考えていない。

ハナン・クスコ	ウリン・クスコ
1 インカ・ロカ（6）	シンチ・ロカ（2）
2 ヤワル・ワカック（7）	カパック・ユパンキ（5）
3 ビラコチャ（8）	リョケ・ユパンキ（3）
4 インカ・ユパンキ（9）	
5 パチャクティ（9）	マイタ・カパック（4）
6 トゥパック・ユパンキ（10）	タルコ・ワマン
7 トゥパック・ユパンキII	タルコ・ワマンの息子（名前は不詳）
8 ワイナ・カパック（11）	タンボ・マイタ、ドン・フアン
9 ワスカル（12）	タンボ・マイタ、ドン・フアン

しかし重要なのは、ザウデマは単に単一王朝か双分王朝かということを議論しているのではなく、あくまでそれを事例として、インカの「歴史」をスペイン人が翻訳して書き留めるという作業のプロセスを問題にしたということである（Zuidema 2002: 28, nota 5）。ドイツのケルスティン・ノヴァックが、デュヴィオルの論文を取り上げ、次のよ

うに的確に指摘している。

（デュヴィオルの論文においては）ザウデマは双分王朝の存在の唱道者としてしばしば引用されるが、これは部分的に正しいというにすぎない。せいぜい、彼（ザウデマ）は双分王朝をスペイン人のクロニスタによってヨーロッパ式の王朝が人工的に創造されるステップとして捉えたにすぎず、史実として捉えたのではない。（Nowack 1998: 142, note 187）

ザウデマ自身は具体的に、単一王朝説が成立するプロセスについて次のように述べている。

最初の段階で、スペイン人クロニスタはいくつかの同族の系統の祖先を、平行する二つの王朝の王と認識する。王朝の一つはハナン・クスコを統治し、もう一つはウリン・クスコを統治する。（中略）第二段階では、ウリン王朝全体がハナン王朝に先行すると見られる。（Zuidema 1990[1986]: 45）

ところが、この双分王朝に関する議論だけが一人歩きしてしまった。双分制こそがアンデス的特徴であると認識され、ヨーロッパ的な単一王朝と対峙され記述されていった。アンデスにおいて双分制はあまねく見られる特徴であり、それが政治組織に反映されていたと想定することはそれほど無理なことではない。実際に、ピースやロストウォロフスキなど著名な歴史学者も双分王朝説の可能性を認めている（Pease 1992; Rostworowski 1983: 16; Rostworowski and Morris 1999: 785）。

しかしながら、ザウデマの博士論文が出版されて四半世紀以上の後、すでにアンデス研究における重鎮となったロウは、「インカの仮定上の双分王朝について」という論文において、ザウデマ、デュヴィオルの説を痛烈に批判した（Rowe 1994）。ロウはポロ・デ・オンデガルド、アコスタの史料の綿密な分析に基づき、そこからインカが実際に双分王朝であったと考えることは無理であると結論づけている。また、ロウの弟子ジュリアンも、アコスタの記述だけ取り出せば双分王朝と考えることができなくもないが、アコスタが依拠したポロ・デ・オンデガルドの記述自体は、インカの王位継承に関して、サルミエントらが述べる単一王朝という見解と一致するとして、やはり双分王朝説を退けている（Julien 2000: 16）。ピーター・ゴースも双分王朝説を否定し、単一王朝説を支持している（Gose 1996）。

フィンランドの碩学《せきがく》ペルシネンも双分王朝説を批判的に検討した（Pärssinen 1992: 200-207）。ザウデマとデュヴィオルは、アコスタ、ポロ・デ・オンデガルドの記録に依拠して可能なモデルを提示したのであるが、ペルシネンは様々な史料を駆使してそれらの妥当性を詳細に検討していった。誰が実在の人物か、誰と誰が同時代に存在したか、そしてその人物はインカ王として認知されていたのか。あらゆる角度から双分王朝説を検証した。そしてザウデマ、デュヴィオルの双分王朝説のみならず、それをさらに展開した四分王朝説、伝統的な単一王朝説も支持されないという結論に達し、その代替案として提出したのが後段で検討する三分王朝説である。

盛んに議論されてきた双分王朝説は、もう過去の説になりつつあるのだろうか。しかしそれでもザウデマが提起した、アンデスには歴史はなくあるのは神話である、という問題は開かれたままである。そして、王朝史というインカの歴史に関わる根本的な部分に不協和音が聞こえるのはどうしてなのか。

七・二　セケ体系（図7-1）

インカ王朝論を例としてインカの「歴史」の性格を考察してきたが、次にインカ帝国の首都クスコに認められるセケ体系を検討してみたい。

セケ体系についての情報はイエズス会のベルナベ・コボ神父が記した浩瀚《こうかん》な『新大陸史』の第一三巻に含まれて

いる（Cobo 1964[1653]: 169-186）。以下では、コボが残したセケに関する情報を「セケ・リスト」、またそれらが構成しているシステムを「セケ体系」と呼ぶことにしよう。コボは、本来別の人物が記録したセケ・リストをその著書に含めたようである。もともとのクロニスタとしてポロ・デ・オンデガルド、およびクリストバル・デ・モリーナ(5)の二人が有力候補であるが、現在ではポロ・デ・オンデガルド説の方が主流である（Bauer 1998; Nowack 1998; Rowe 1981: 212-216, 1985a: 39）。

さてこのセケ体系について次のように記されている。

> 中心の、太陽の神殿からインディオがセケと呼ぶ線が出ていた。クスコから出る四本の王道に沿って四つの方向に存在した。各セケには、クスコおよびその周辺にある、信仰の場所などの、グァカ〔ワカ〕や礼拝所が順序に従って位置したのだが、それらを通常全ての人々が崇拝した。各セケはクスコの町の集団と親族の管理下にあり、彼らの中にセケのグァカ〔ワカ〕を世話する責任者や使用人がいて、決められた時期に定められた供物を捧げた。（Cobo 1964[1653]: 169）

セケはインカ帝国の首都クスコの中心にある太陽の神殿コリカンチャから四方に放射状に延びる概念上の直線であり、その集合がセケ体系と呼ばれる。それぞれのセケは不可視であり、それぞれのセケ上に複数のワカが位置する。ワカとは聖なる存在として崇《あが》められる物体や自然の特徴のことを指す。換言すればワカを結んだ線がセケであり、それぞれのセケが複雑に組み合わさって全体を構成している。そして、このセケ体系によってクスコ内部全体が分類されている。

またセケ・リストは、もともとキープに記録されていた情報が紙に写されたものと考えられている（Rowe 1985a: 49）。つまり口頭伝承によって伝えられたのではなく、キープという物的媒体に記録された情報であるため、クスコの構造を論じる上でその重要性は計り知れない。ザウデマはセケ体系という、スペイン人が持つ先入観に囚われ

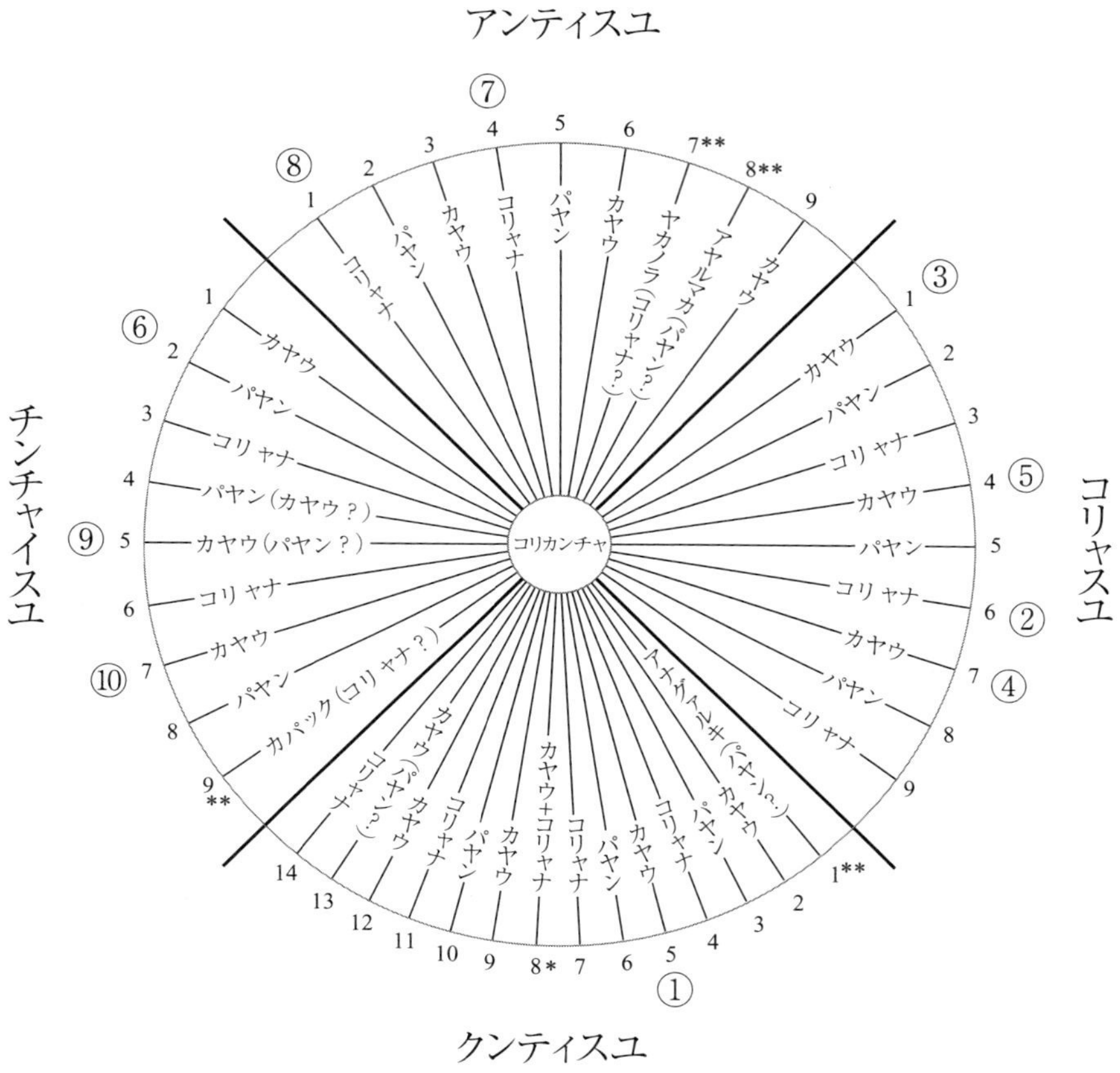

*　クンティスユの 8 番目のセケは半分カヤウで、もう半分がコリャナと書かれてある。

**　チンチャイスユの 9 番目のセケ、アンティスユの 7 番目、8 番目のセケ、クンティスユの 1 番目のセケは、コリャナ、パヤン、カヤウのいずれに属するか明示されていない。（　）内は筆者による推定である。

図 7－1　クスコのセケ体系（①－⑩は歴代インカ王のパナカの位置。②は第 2 代王の遺体の位置）

ることのない、インカ独自の特徴に注目することで、インカ社会を分析する切り口としたのである。

セケ体系にはクスコを分類する規則が凝縮していると考えられる。セケは合計四一本あり、セケ・リストには三二八のワカが含まれている。つまり各セケの上に複数のワカが位置する。現在までセケのオリジナルなリストは発見されておらず、コボが残した情報と対照する他の記録がないため、セケ体系を網羅的、体系的に論じることは難しいが、セケ体系を構成している基本的な規則を抽出することは可能である。

セケ・リストには歴代インカ王のパナカが対応するセケがそれぞれ一つずつ存在する。パナカとは、歴代インカ王が即位時に新しく創設した親族集団のことであり、パナカは王の死後も存続し、その構成員が王のミイラ、財産を管理し、畑を耕した。サルミエントによれば、パナカの名称はインカ王の死後、パナカの管理をした末裔《まつえい》の代表者の名前を取る（Sarmiento de Gamboa 1943[1572]）。セケ・リストには、単一王朝説で初代王にあたるマンコ・カパックから第一〇代王トパ・インカ・ユパンキまでのパナカがある。しかし、第二代王シンチ・ロカのパナカは記録されておらず、第一一代王ワイナ・カパック以降のパナカは存在しない。

セケ体系においては、タワンティンスユ全体と同様、クスコ自体も四つのスユ（部分）に分割されている。そして、各スユ内にセケが配置されるのであるが、それぞれのセケはコリャナ、パヤン、カヤウのいずれかの範疇に当てはまる。つまり三分制が認められる。しかしクロニスタの多くが言及する双分制、即ちハナン・クスコ／ウリン・クスコという分類は存在しない。ここではまず、セケ体系を構成する二つの基本的特徴である四分制と三分制について考察したい。

七・二・一　四分制

インカ帝国は四つのスユ、即ちチンチャイスユ、アンティスユ、コリャスユ、クンティスユに分割される（図7－2）。そしてこの四つのスユの分類は三つのレベルに認められる。即ち、帝国全体、クスコ周辺部（図7－3）、そしてクスコ中心部（図7－4）である。それぞれのスユを分割する線は、連続的に繋がっているわけではない。またクスコ中心部ではスユの区分に従って歴代インカ王の宮殿が建設された[6]。

これまで多くの研究者は、四つのスユをハナン／ウリンの区分に従って分類し、それらの間に序列をみいだそうと試みてきた。そして現在では図7－5のような解釈が一般的である。ハナン・クスコにはチンチャイスユとアンティスユが、ウリン・クスコにはコリャスユとクンティスユが対応する（Rostworowski and Morris 1999: 786; Rowe 1979, 1985a; Zuidema 1964, 1990[1986]: 11）。この解釈の根拠は、後述するように、

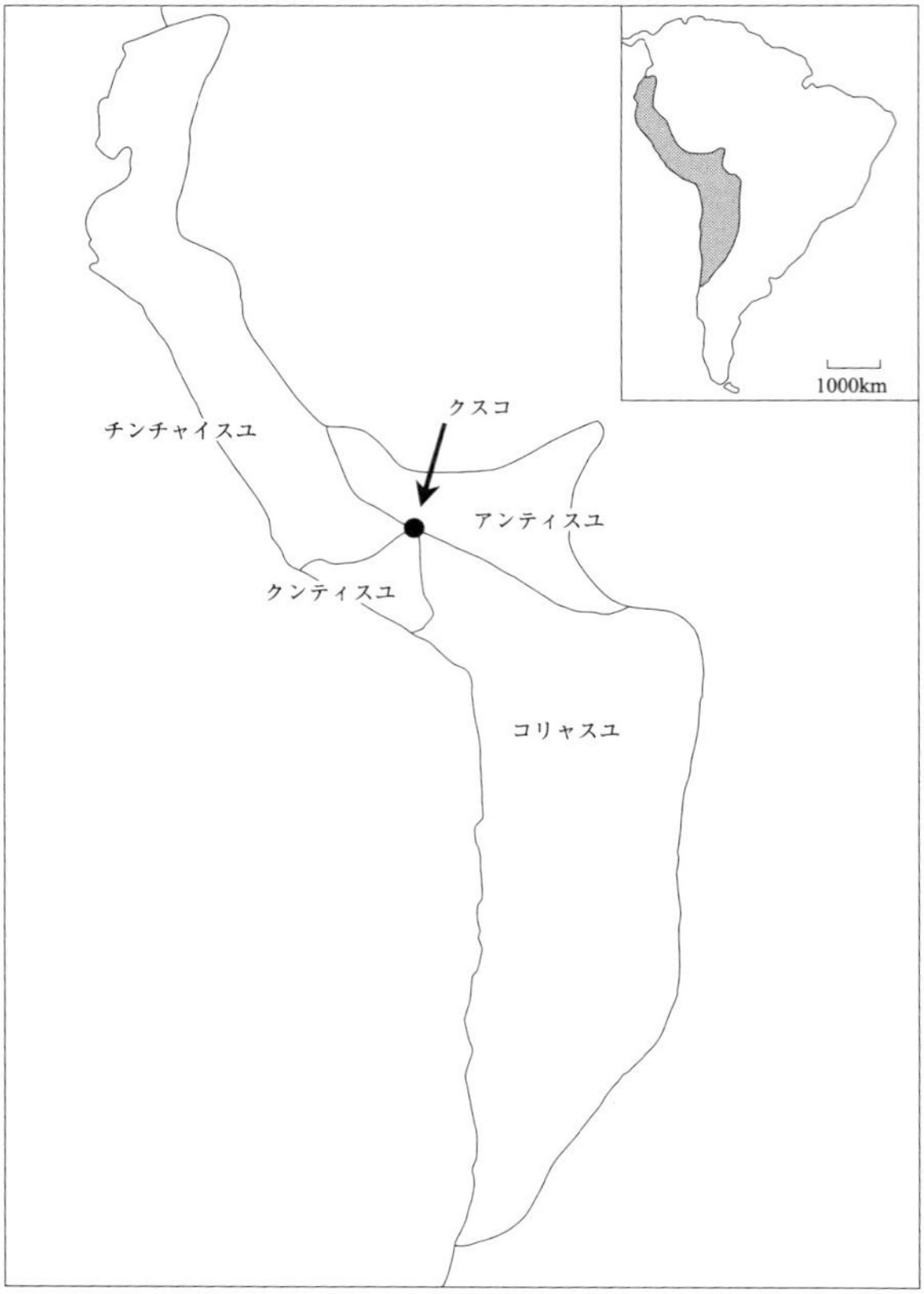

図7－2　インカ帝国における4つのスユの区分
(Pärssinen 1992を改変)

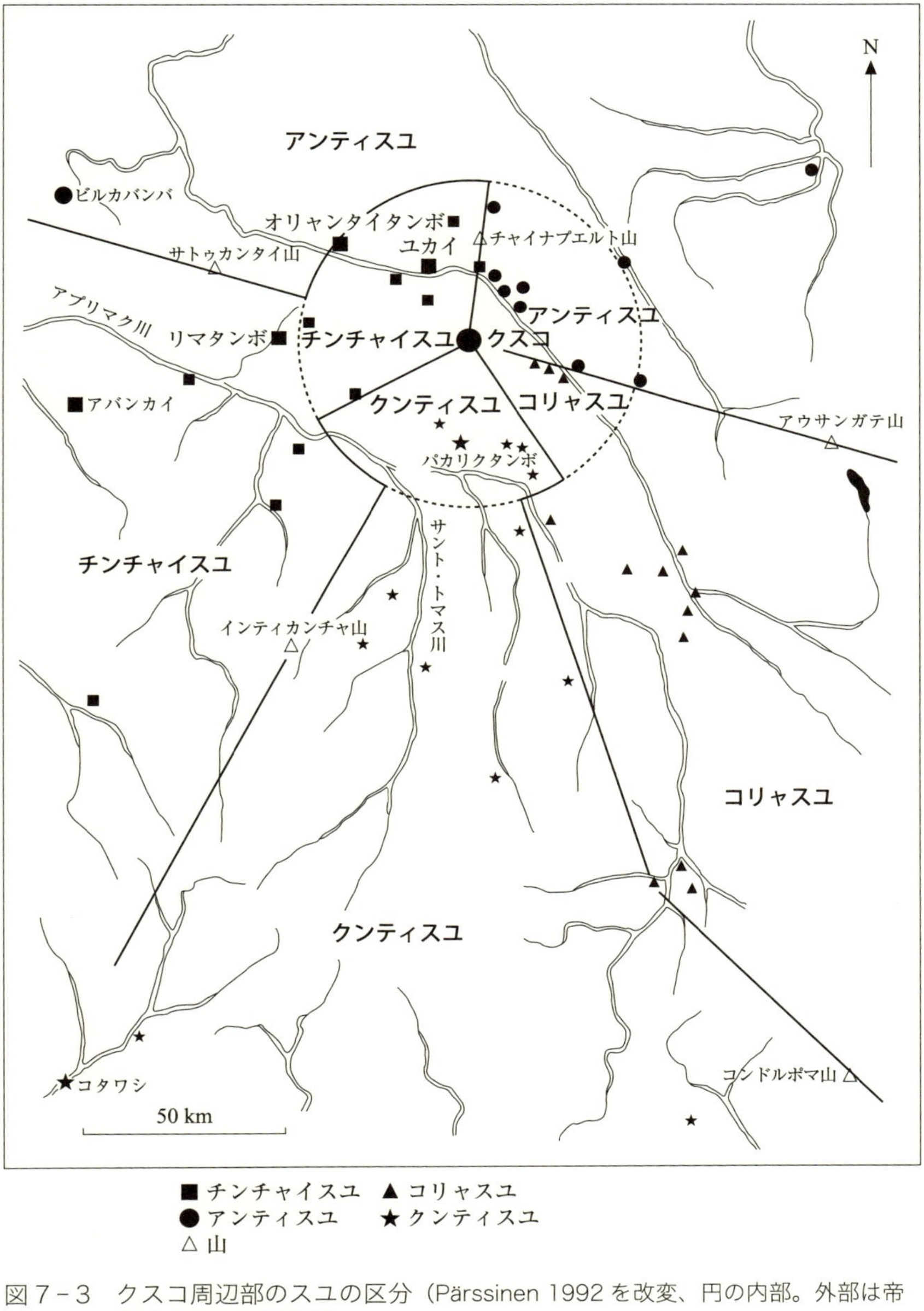

図7－3　クスコ周辺部のスユの区分（Pärssinen 1992 を改変、円の内部。外部は帝国全土のスユの区分）

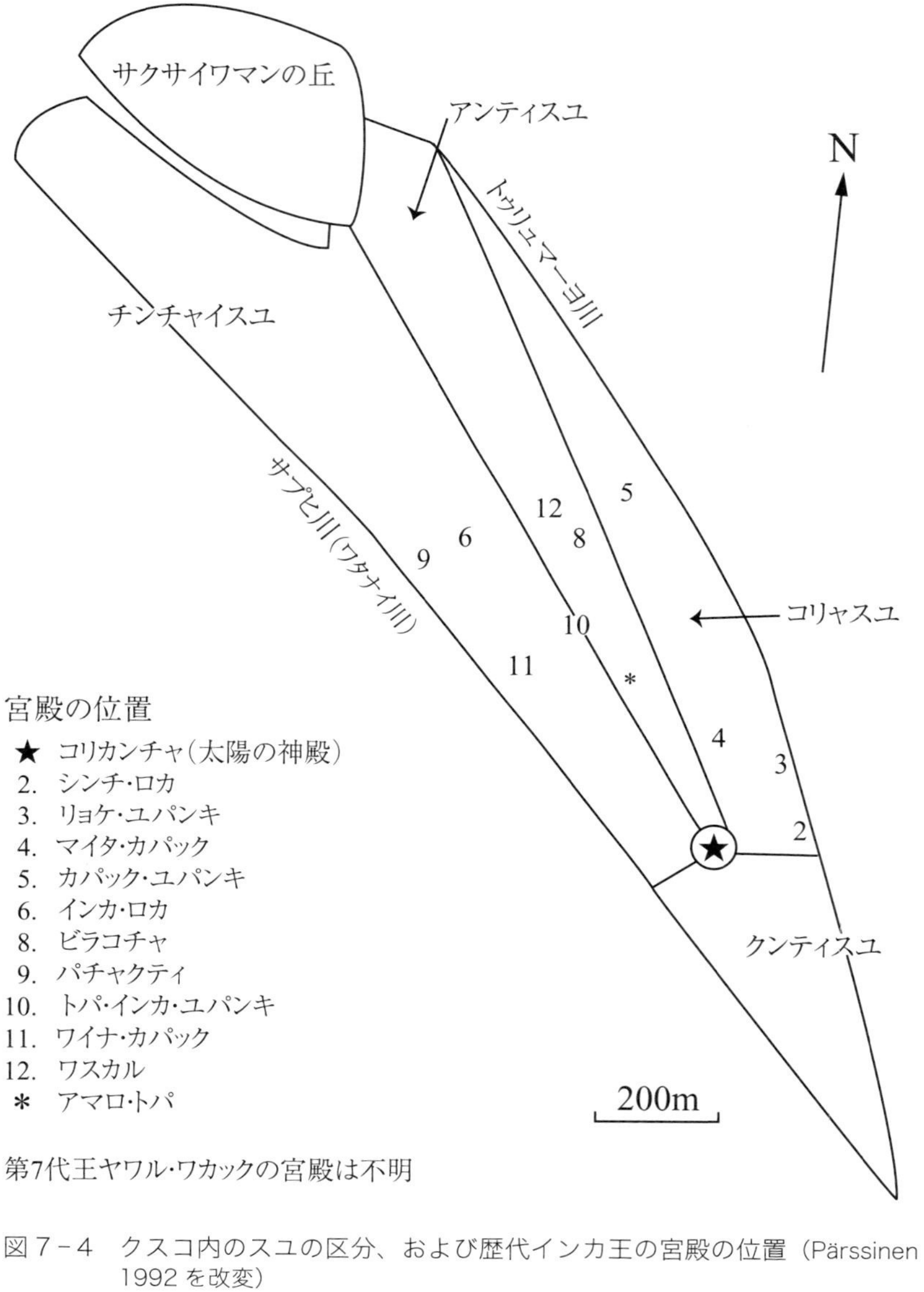

図7−4　クスコ内のスユの区分、および歴代インカ王の宮殿の位置（Pärssinen 1992を改変）

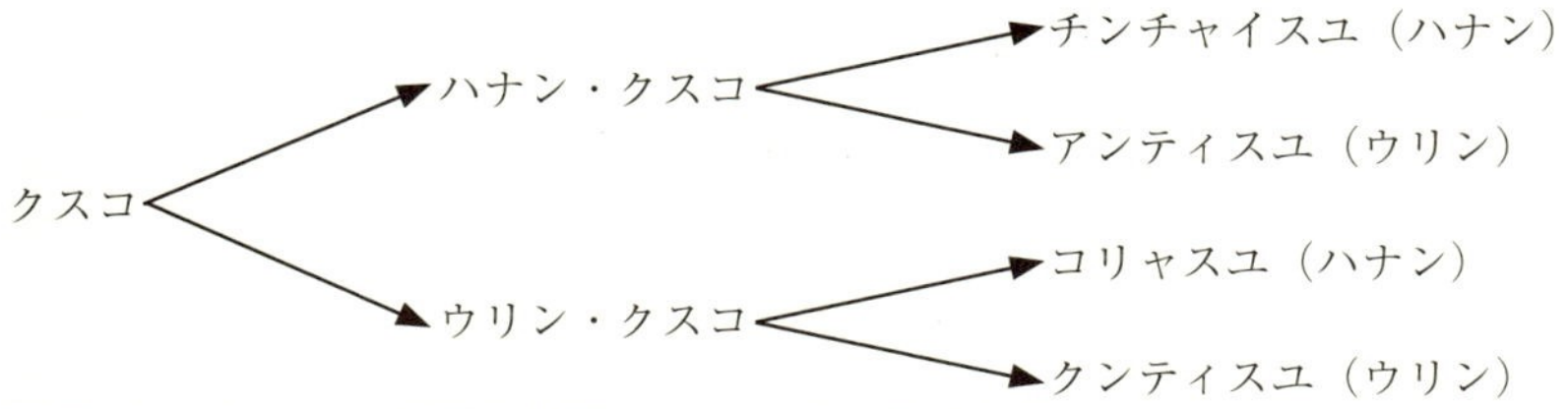

図7－5　クスコの分類の規則についての一般的な説

歴代インカ王のうちハナン・クスコに属する第六代以降のインカ王のパナカがチンチャイスユとアンティスユのセケに、それ以前のウリン・クスコのインカ王のパナカがコリャスユとクンティスユのセケに位置することである（図7－1）。そしてハナン・クスコ、ウリン・クスコはそれぞれ内部でさらに二つに分かれ、チンチャイスユはアンティスユに対して、コリャスユはクンティスユに対してハナン（上）であるという（Pease 1992: 64-65; Pärssinen 1992: 175）。従って、双分制は二重に機能しており、この解釈に従うと、チンチャイスユ、アンティスユ、コリャスユ、クンティスユという序列になる。[7]

これに対して、エスピノサ・ソリアーノは、チンチャイスユとクンティスユがハナン・クスコ、コリャスユとアンティスユがウリン・クスコに属し、序列では一番目がチンチャイスユ、二番目がコリャスユであるという（Espinoza Soriano 1977b）。四つのスユとハナン／ウリンの対応については後段で再び検討する。

七・二・二　三分制

セケ体系にはコリャナ、パヤン、カヤウの三つの範疇によって構成される三分制が認められる（ワシュテル 1984[1971]: 116-118; Zuidema 1964）。ケチュア語、アイマラ語の辞書には次のような意味が載っているが（Bauer 1998: 35-37）、本来ケチュア語ではなかった可能性もあろう。[8]

コリャナン（collanan）＝「第一の」、「主要な」、「優れた」（Bertomio 2006[1621]: 473; González Holguín 1989[1608]: 521, 642; Santo Tomás 1951[1560]: 192, 267）

パヤ（paya）＝「祖母」、「老女」（González Holguín 1989[1608]: 282; Santo Tomás 1951[1560]: 22, 226, 335）、「パヤ＝高貴な女性」（Rostworowski 1983: 17）。

カヤウ[9]（Kayaw, Cayao, Cayu, Callahua）＝「起源」、「基本」、「始まり」（Bertomio 2006[1621]: 460; Lira 1944: 428; Zuidema 1964: 107 n.73, 165 n.159）。

ザウデマはこの三つの範疇の関係について、一対二に分かれ、一に対応するのはコリャナかカヤウと解釈する。つまり三分制でチュリャとなるのはコリャナかカヤウである。それを図式的に示せば、コリャナ＋パヤン／カヤウ、あるいは、コリャナ／パヤン＋カヤウ、となる（Zuidema 1964: 66-67）。

フアン・ペレス・ボカネグラの[10]記述によれば、コリャナ、パヤン、カヤウは親族関係を示すのに用いられる（Pérez Bocanegra 1631: 613; Rowe 1985a: 42; Zuidema 1964: 74, 1977: 267, 1989[1977]: 95）。自己から見て父の代はカヤウ、祖父の代はパヤン、曾祖父の代はコリャナとなる。ザウデマは、自己にはコリャナの範疇が当てはまると推測している（Zuidema 1964: 74-75）。古い方からコリャナ、パヤン、カヤウであるがペルシネンは序列になると正反対になり、自己と父はコリャナ、祖父はパヤン、曾祖父はカヤウとなると考えている（Pärssinen 1992: 181, 197）。重要なのは、三分制が三世代ではなく四世代の間で機能するということである。

また、三つの範疇間に序列を認めるのが一般的である（Rowe 1985b: 195; Zuidema 1964: 42）。コリャナ／パヤン／カヤウには、王（インカ）／后（コヤ）／王子（アウキ）、太陽／月／金星（ガルシラーソ・デ・ラ・ベーガ 2006[1609]:（二）122-126）、金／銀／銅という象徴が平行する（Lechtman 2007）。ペルシネンは、このような序列に従って配列する三分制を線形三分制（linear triadism）と呼ぶ。そしてフェリペ・グァマン・ポマ・デ・アヤラ[11]（以下グァマン・ポマと略す）の絵から一例を提示し（図7－6）、図7－7のように図示する（Pärssinen 1992: 181-183）。右から左へローマ数字の順序に従って序列が高いという。なおグァマン・ポマの絵では、写真のように左右が反転し、右は我々から見て左に配置される。以下ではグァマン・ポマの絵に従い左右の方向を記述する。

そしてペルシネンは同心状三分制（concentric triadism）という、三分制のもう一つのあり方を指摘し、線形三分制は政治構造、同心状三分制は宗教儀礼構造と関連すると述べる（Pärssinen 1992: 183, 407）。同心状三分制は図７－８のように示される。

図７−６　グァマン・ポマの絵における線形三分制（Guaman Poma de Ayala 1987[ca. 1615]）

I（コリャナ）－II（パヤン）－III（カヤウ）

図７－７　線形三分制（Pärssinen 1992）

（コリャナ）
I

II（パヤン）　　III（カヤウ）

図７－８　同心状三分制（Pärssinen 1992）

図7－9　グァマン・ポマの絵における同心状三分制A（Guaman Poma de Ayala 1987[ca. 1615]）

図7－10　グァマン・ポマの絵における同心状三分制B（Guaman Poma de Ayala 1987[ca. 1615]）

ペルシネンの解釈に従えば、中心にコリャナが、コリャナから見て右にパヤン、左にカヤウが配置される。同心状三分制の例として、グァマン・ポマの絵（図7－9、図7－10）、ファン・デ・サンタ・クルス・パチャクティ・ヤムキ・サルカマイグア[12]（以下パチャクティ・ヤムキと略す）の残した絵[13]（図7－11、図7－12）、サルミエントが残したパカリクタンボ神話などが挙げられる。

グァマン・ポマとパチャクティ・ヤムキはともに先住民のクロニスタであり、一七世紀初頭に重要な記録を残した。とりわけ二人が残した絵画表現は重要である。明らかにキリスト教徒としての視点を前面に出しているが、彼らの作品には先スペイン期からの連続性を示すアンデス的特徴が至る所に認められる。本書の鍵となる三分制の理解のためには、この二人の作品を詳細に検討する必要がある。

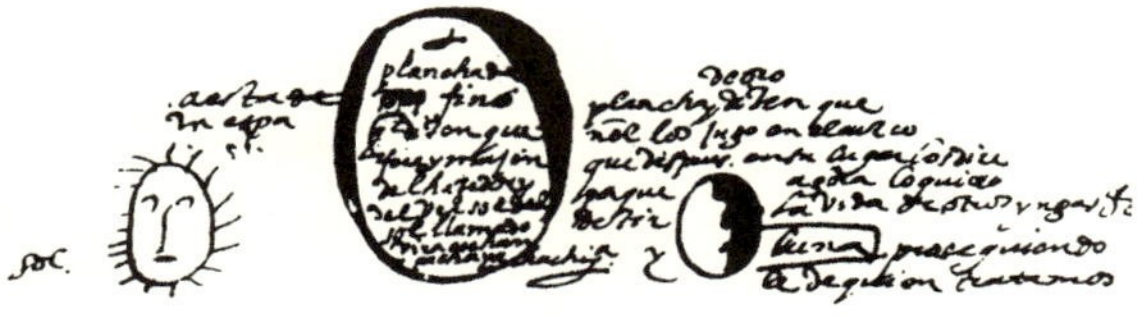

図７−11　パチャクティ・ヤムキの絵における同心状三分制Ａ（Pachacuti Yamqui Salcamaygua 1993[1613]）

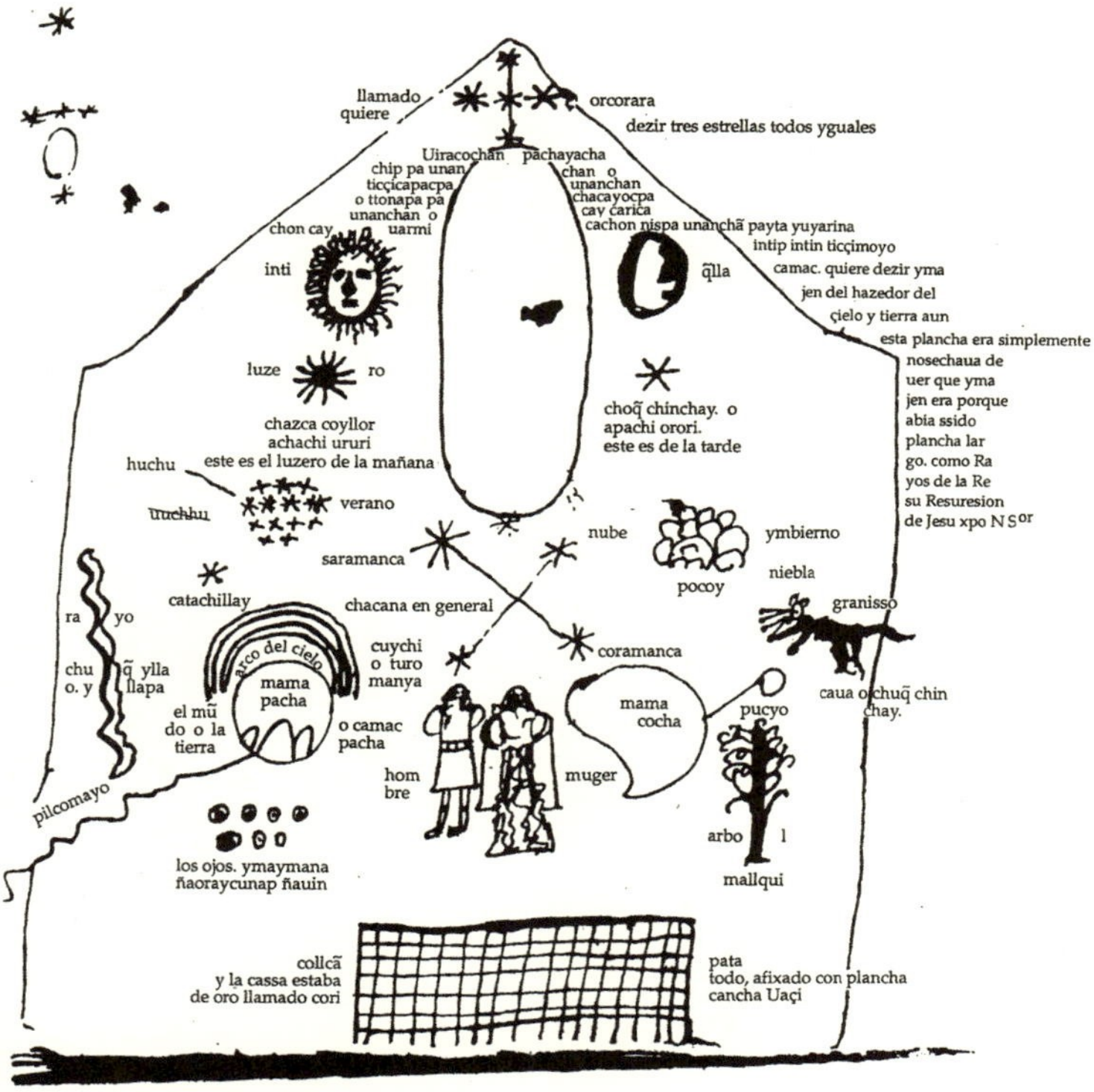

コリカンチャ内部（絵の上部は左から太陽、創造主、月）

図７−12　パチャクティ・ヤムキの絵における同心状三分制Ｂ（Pachacuti Yamqui Salcamaygua 1993[1613]）

七・二・三　四分制と三分制の対応

それでは、コリャナ／パヤン／カヤウの区分は、先に触れた四分制とどのように対応するのであろうか。ペルシネンは四つのスユの序列関係と一致させ、コリャナ＝チンチャイスユ、パヤン＝アンティスユ、カヤウ＝コリャスユと解釈し、クンティスユに関してはインカの王族が住んでいなかったとして、三分制から排除し、つじつまを合わせている（Pärssinen 1992: 193, 211, 226）。

ザウデマはクスコの分類に関して、三つの表象モデルを提示している。第一の表象では、コリャナ＝チンチャイスユ、パヤン＝コリャスユ、カヤウ＝アンティスユとクンティスユ、となっている（Zuidema 1964: 68）。第二の表象では、コリャナ＝チンチャイスユ、パヤン＝アンティスユ、カヤウ＝コリャスユであり、クンティスユには範疇が固定されていない[14]（Zuidema 1964: 120）。そして第三の表象では、第一の表象と第二の表象を組み合わせ議論しているが、四つのスユと三つの範疇の対応関係を明示していない。ザウデマの解釈に関してフランスの人類学者ナタン・ワシュテルは、四分制と三分制を合致させるのは基本的な矛盾で、そもそも問題設定に無理があると指摘している[15]（Wachtel 1973[1966]: 43-44）。

しかし、ワシュテルの批判は妥当であろうか。本書でここまで形成期の時代からその痕跡を追いかけてきた三分制構造は、二重に双分制が適用されることによって成立する。全体がまず大きく二分され、その片方がさらに二つに分かれ、もう片方は分かれない。そして後者のグループは、同じものを二つ作り出すか、もしくはペアを欠如する。つまり三者間の関係を図示しようとすれば、コピーを作り出すにせよ、あるいは一つを空白のまま残すにせよ、枠が四つ必要になるのである。従って四分制と三分制が同時に機能していたというザウデマの想定は、ワシュテルが指摘するように的はずれではない。そもそも三分制と四分制は双分制を基本としている点において同じなのである。

四分制と三分制の対応は、クンティスユの扱いについては異論があるものの、チンチャイスユ＝コリャナ、アンティスユ＝パヤン、コリャスユ＝カヤウ、という同定が主流である。この同定の妥当性を以下で検討するが、その前にセケ体系の他の規則を詳しく見ておきたい。

七・二・四　セケの規則と変則

セケは合計四一本ある（図7－1）。四つのスユのうちチンチャイスユ、アンティスユ、コリャスユにはそれぞれ九本のセケが配置される。しかしクンティスユには一四本のセケがあり変則的である。スユは時計回りにチンチャイスユ、アンティスユ、コリャスユ、クンティスユと配置され、その順番でセケ・リストに載っている。各スユのセケがどのような順序で配置されているか、つまり時計回りか反時計回りかは、現存するワカの位置に照らし合わせることによって判明する。チンチャイスユのみが反時計回りで変則的であり、他の三つのスユでは時計回りである。

それぞれのセケはコリャナ／パヤン／カヤウのいずれかの範疇に分類される。セケは三つセットになり、通常、セケの順序に従いカヤウ→パヤン→コリャナの順序で配置されるが、アンティスユにおいてのみ、コリャナ→パヤン→カヤウという逆順序で配置されるという変則が認められる。

以上のように、セケの数、セケの配置順序方向（時計回りか、反時計回りか）、コリャナ／パヤン／カヤウの配置順序において、四つのスユのうちの一つで変則が認められる。

王朝論を論じる上で重要なのは、セケ体系における歴代インカ王のパナカの位置である。セケ・リスト自体には各パナカの位置が記録されているのみで、歴代インカ王とパナカの対応は記されていない。しかし、歴代インカ王のパナカの名称は他の史料に残されており（Julien 2000: 82-89）、それと対照することで、歴代インカ王とセケとの関係が判明する。例えばキープカマーヨによる『報告書』では、次のようになっている（キープカマーヨ

1995[1542/1608]）。

インカ王	**パナカ名**
マンコ・カパック（1）	チマパナカス［チマ・パナカ］
シンチ・ロカ（2）	ラオラオ・パナカ［ラウラ・パナカ］
リョケ・ユパンキ（3）	チグァ
マイタ・カパック（4）	ウスカマイタス［ウスカ・マイタ］
カパック・ユパンキ（5）	アポマイタス［アポ・マイタ］
インカ・ロカ（6）	ビカキラオ
ヤワル・ワカック（7）	アウカイリョ・パナカ
ビラコチャ（8）	スクス・パナカ
インカ・ユパンキ［パチャクティ］（9）	インナカパナカ(16)［イニャカ・パナカ］
トパ・インカ・ユパンキ（10）	カパクアイリョ［カパック・アイユ］

セケ体系上の歴代インカ王のパナカの位置関係をまとめると次のようになる（図7－1）。

チンチャイスユ：インカ・ロカ（6）、パチャクティ（9）、トパ・インカ・ユパンキ（10）
アンティスユ：ビラコチャ（8）、ヤワル・ワカック（7）
コリャスユ：リョケ・ユパンキ（3）、カパック・ユパンキ（5）、マイタ・カパック（4）
クンティスユ：マンコ・カパック（1）

チンチャイスユでは、第六代、第九代、第一〇代インカ王のパナカが、アンティスユでは第七代、第八代インカ王のパナカが反時計回りに配置されている。つまりセケのカヤウ→パヤン→コリャナという順序に平行して、古い王からパナカが並んでいる。しかしコリャスユでは第三代、第五代、第四代王という順序になっており、第五代王カパック・ユパンキのパナカの位置が不規則である（Rowe 1985a）。またクンティスユには、初代王マンコ・カパックのパナカのみが位置する。

第二代王シンチ・ロカのパナカについてはセケ・リストにおいては言及されていない。ロウ、ザウデマはモリーナの記述を根拠として（Molina el cuzqueño 1989[1575]: 75）、それがクンティスユに位置すると解釈している（Rowe 1985a: 47, 65; Zuidema 1964: 9-10）。しかし、シンチ・ロカの遺体はコリャスユの第六番目のセケにおいて管理されていたため、その解釈は推測の域を出ない（Cobo 1964[1653]: 181）。というのはパナカの重要な役割の一つはインカ王のミイラを保管することであったからである。

またセケ・リストでは言及されていないが、第一一代王ワイナ・カパックのパナカはトゥミパンパと呼ばれ（Cobo 1964[1653]: 93）、現在のエクアドルにあるタンプにその名前がつけられた（Rostworowski 1983: 141）。トゥミパンパはインカ帝国全体のスユの区分に照らし合わせればチンチャイスユに属すると解釈できる。

七・三　インカ王三人説

先述のように、ペルシネンはインカの単一王朝説も双分王朝説も否定し、ロストウォロフスキのインカ王四人説[17]も一般に受け入れられていないと結論している（Pärssinen 1992: 207）。そしてセケ体系を手がかりとして独自のインカ王三人説を編み上げた。セケ体系は非常に複雑で、その仕組みはまだほとんど解読されていない。ペルシネンもセケ体系を総合的に論じたのではなく、歴代インカ王のパナカの位置を中心に分析したのみである。ペルシネン説を要約すると次のようになる（Pärssinen 1992: 207-227）。

伝統的単一王朝史におけるパチャクティより前のインカ王が実在したかどうかについては研究者の間で意見が分かれる。初代王マンコ・カパックは神話上の人物である。第二代王シンチ・ロカも、神話上の人物でありマンコ・カパック同様王朝論の考察の対象から外す。

また、第三代王リョケ・ユパンキ、第六代王インカ・ロカ、第七代王ヤワル・ワカックに関しては、その名前が王朝の系譜を記した史料に限定され、クスコの外の地方文書に名前が現れないため、実在の人物であると証明できない。

一方、第四代王マイタ・カパック、第五代王カパック・ユパンキは、クスコの外の地方文書に名前が登場するため実在の人物であった可能性がある。マイタ・カパックは、パチャクティ王の統治時代に現在ボリビアのチャルカス、ポトシ地方などの征服にあたったようだ。カパック・ユパンキは、第一章で触れたように、パチャクティ王の時代に、軍の司令官としてカハマルカの征服にあたった。

以上のことから、インカ王と同名の人物が複数存在すると想定しない限り、伝統的な単一王朝説は齟齬をきたす。あるいは、複数のインカ王が同時に存在したことを認めなければならない。ペルシネンは後者の選択肢をとり、インカ王三人説という解決策にたどり着いた。

ペルシネンはアンデスのクスコ以外の土地においては、双分制が重要であることを認めつつも、三分制も存在することを例証している。双分制社会は内部が二つに分かれ、それぞれのリーダーは筆頭首長（カシーケ・プリンシパル）、第二の人物（セグンダ・ペルソナ）と呼ばれたが、三分制ではさらに第三の人物（テルセル・ペルソナ）が登場する。そして三分制をクスコに当てはめて考察し、次のように述べている。

クスコの最も重要な区域がチンチャイスユ（コリャナ）、アンティスユ（パヤン）、コリヤスユ（カヤウ）であるとしたら、これら三つの区域の政治的リーダーが全てインカと呼ばれた可能性がある。クンティスユ区域では、ベタンソスによれば〝貧しい人々〟が生活し、おそらくその歴史的リーダーはインカ王とは認識されなかった。(Pärssinen 1992: 211)[18]

彼はクスコにインカ王が三人いたという仮定を立て、次々とインカ王三人説を裏付ける証拠を提示し、王朝の系譜を再構成していった。

まず、伝統的なインカ王朝史には記されていないが、アマロ・トパというインカ王が存在した可能性を指摘する。例えばペドロ・ピサロ（フランシスコ・ピサロの従弟）は彼をインカ王として記述しており（ピサロ 1984[1571]: 68-78）、パチャクティ・ヤムキは、アマロ・トパがパチャクティ、トパ・インカ・ユパンキとともに椅子に座っていたと述べている（Pachacuti Yamqui 1993[1613]: 228, 232）。また実際にアマロ・トパの宮殿がクスコのアンティスユにある（図7－4）（Cobo 1964[1653]: 175）。さらに、ロウが公刊した史料によれば、トパ・インカ［・ユパンキ］、アマロ・トパ、トパ・ユパンキ（註31参照）が同一パナカに属し、それぞれのアイユ（親族集団）がコリャナ、パヤン、カヤウに対応するという（Rowe 1985b: 194-195）。ペルシネンの解釈によれば、三人はいずれもパチャクティとママ・アナワルケとの間の子供であり、同時に存在したインカ王であった。

ビラコチャはママ・ロンド・カヤンとの間に、インカ・ユパンキ（後のパチャクティ）、インカ・ウルコ、インカ・マイタの三人の子供をもうけた（キープカマーヨ 1995[1542/1608]: 213）。インカ・ウルコはある時期即位したが、パチャクティによって殺害されたため、セケ・リストにそのパナカは存在しない。しかし、本来はパチャクティと同様コリャナ（チンチャイスユ）に属し、パヤン（アンティスユ）のビラコチャと共同統治した可能性がある。そしてインカ・マイタはマイタ・カパックであり、[19]そのパナカはセケ上ではコリャスユ（カヤウ）に位置する。

カパック・ユパンキのパナカの位置がセケ体系上で変則的なのは、パチャクティによって操作された結果、つまり序列を下げるため、本来の位置であったパヤン（アンティスユ）からカヤウ（コリャスユ）に移動させられた結果である。なぜならカパック・ユパンキはパチャクティの命令に背き（第一章参照）、彼の指示によって殺害されたからである。

インカ・ウルコは本来コリャナのインカ王で、カパック・ユパンキはパヤンのインカ王であった証拠として、アントニオ・デ・エレーラ[20]の書物に載っている絵がある（図7－13）。そこに描かれている歴代インカ王は、初代マンコ・カパックを除くと、三種類のマスカパイチャのいずれかをかぶっている。マスカパイチャとはインカ王の徴《しるし》であった房飾りのことである（González Holguín 1989[1608]: 232）。第一のタイプは半円形の帽子である（a）。第二のタイプはヘッドバンド形で額に先端が二つに分かれた飾りが付いている（b）。第三のタイプは同様にヘッドバンド形であるが、額の部分の飾りは箒《ほうき》状になっている（c）。ペルシネンはそれぞれのマスカパイチャはコリャナ、パヤン、カヤウに対応すると解釈する。[21]ちなみにマンコ・カパックの頭飾りはヘッドバンド形であるが、額の部分にネコ科動物の頭が付いている。エレーラの絵に従うとマスカパイチャの区分は次のようになる。

a　ワスカル（12）、ワイナ・カパック（11）、トパ・インカ・ユパンキ（10）、パチャクティ（9）、ウルコ

b　ビラコチャ（8）、ヤワル・ワカック（7）、カパック・ユパンキ（5）

c　マイタ・カパック（4）、リョケ・ユパンキ（3）、シンチ・ロカ（2）

インカ・ロカのマスカパイチャに関しては不明瞭であるが、aのグループではないという。ペルシネンは以上のデータを総合し、セケ体系におけるインカ王のパナカの配置を根拠として次のような王朝史を編み上げた。

コリャナ（チンチャイスユ）	**パヤン**（アンティスユ）	**カヤウ**（コリャスユ）
インカ・ロカ（6）？	ヤワル・ワカック（7）？	
インカ・ウルコ	ビラコチャ（8）	リョケ・ユパンキ（3）？

①－⑫は単一王朝説に従った場合の即位順序

図７－13　エレーラの絵における歴代インカ王のマスカパイチャ（Herrera 1952[1615]）

パチャクティ（9）	カパック・ユパンキ（5）	マイタ・カパック（4）
パチャクティ（9）	アマロ・トパ？	マイタ・カパック（4）
パチャクティ（9）	トパ・インカ・ユパンキ（10）	アマロ・トパ
トパ・インカ・ユパンキ（10）	アマロ・トパ	トパ・ユパンキ

ペルシネンは最も序列の高いコリャナ（チンチャイスユ）のインカ王がタワンティンスユの王であり、他のパヤン、カヤウのインカ王はクスコ内部を治める共同統治王であったという。そして、「もし私の仮説が正しければ、少なくともカパック・ユパンキ、インカ・ウルコの殺害後は、コリャナのインカのみがタワンティンスユの王であった」（Pärssinen 1992: 219）と述べている。

ペルシネンは、セケ・リストにおけるパナカの位置を前提とし自説を展開した。このインカ王三人説は、綿密な史料分析に裏付けられた、有力な説である、と筆者は評価する。このペルシネン説を導きの糸として、インカの王朝論を批判的に検討したい。議論を発展させるには、まずアンデス社会の政治組織の特徴を考察する必要がある。

七・四　三分制政治組織

ペルシネンはインカ帝国の範囲内の一一の地域での政治組織の事例研究を踏まえ、インカ帝国内には双分制や四分制が存在するが、三分制組織も頻繁に見られると指摘する（c.f. Harris 1986）。三分制構造が認められる地域は、例えば、ワンカ、パチャカマ、チンチャ、ソラスとルカナ、コリャグアなど、クスコに近接する地域である。重要なのは次の指摘である。

さらに、分析した三分制構造は同様の特異な特徴に従っている。即ち、二つの下位地域が対を成す一方で、一つの下位地域はチュリャ（chhulla）と呼ばれる。それは対になるものを欠いたものを指すアイマラ語、ケチュア語の単語である。

このアンデスの三分制構造の特異な点の一つは、二重の対立を示しているということである。ペアを構成する半分ずつが対立しあい、それら二つが組み合わさり、チュリャに対立する。（Pärssinen 1992: 369-370）

チュリャとは、片方の靴など、本来ペアであるもので、その対を欠いたものを意味する（Bertomio 2006[1621]: 510; González Holguín 1989[1608]: 119）。先述のように、ザウデマによれば同様の規則がコリャナ、パヤン、カヤウの関係にも当てはまる。それは、コリャナ＋パヤン／カヤウ、あるいは、コリャナ／パヤン＋カヤウ、と示すことができ、カヤウあるいはコリャナがチュリャとなる（Zuidema 1964: 66-67; Wachtel 1973[1966]: 32-34）。そしてチュリャは、地方政治の階層において、真ん中ではなく最上位か最下位の位置を占める（Pärssinen 1992: 370）。

ペルシネンはインカ王朝論を三分制の観点から再考したが、残念ながら地方の政治組織を分析した際に指摘した、二重の対立を示すという三分制の特徴に注目して踏み込んで分析を行っていない。ペルシネン、ザウデマの指摘は、少なくともクントゥル・ワシの時代から認められる同じ構造の存在を示唆しており、この観点から、インカ王朝の構造を再考したい。

七・五　渡部モデル

ペルシネンは三分制を線形三分制と同心状三分制の二つに分類し、前者を政治構造、後者を儀礼構造に結びつけている。また三分制政治組織が一対二に分かれることを述べ、三つの範疇の関係が、コリャナ＋パヤン／カヤウ、コリャナ／パヤン＋カヤウ、のいずれかの形態をとるというザウデマの説との類似を指摘している。それではチュリャとなるのはカヤウかコリャナであるという規則は、線形三分制（政治構造）、同心状三分制（儀礼構造）という三分制の分類とどのような対応関係にあるのだろうか。ペルシネンはこの点について触れていない。いずれも可能であるならば理論上四つの組み合わせが存在する。ここではじめに政治構造、次に儀礼構造について、コリャナとカヤウのどちらの範疇がチュリャとなるのかを検討する。

政治構造においてはコリャナ－パヤン－カヤウという序列が認められ、それをペルシネンは線形三分制と呼ぶ。この場合、コリャナとカヤウのどちらがチュリャとなるのか。

インカ帝国の王は「サパ・インカ」と呼ばれる。従来「サパ・インカ」は「唯一のインカ王」を意味すると説明されてきた。しかしディエゴ・ゴンサーレス・オルギンの辞書には、「サパイ＝唯一の、チュリャのように、対になったもののうち一つだけ」（González Holguín 1989[1608]: 78; 傍線は引用者）とある。つまり「サパ・インカ」には、「チュリャであるインカ」という意味もあるのである。

ペルシネンの説に従えば、一般にインカ王と認知されるパチャクティ、およびトパ・インカ・ユパンキのパナカがコリャナであるチンチャイスユに属し、コリャナの王がインカ帝国全体の王として君臨したという。その他の、アンティスユ（パヤン）、コリャスユ（カヤウ）の王はその同時代の王である。つまりコリャナのインカ王がサパ・インカ（チュリャ）となり、政治構造における三つの範疇の関係はコリャナ／パヤン＋カヤウ、と示すことができる。

一方、アンデスのクスコ以外の地方における三分制政治組織では、チュリャは最上位か最下位の位置を占める。そのため、コリャナ／パヤン＋カヤウだけでなく、コリャナ＋パヤン／カヤウという形態をとりうると想定できる。つまり、チュリャとなるのはコリャナだけでなくカヤウの場合もあり得る。

次に同心状三分制を検討したい。ペルシネンはそれを宗教儀礼構造と結びつけて解釈し、中心にコリャナ、その右側にパヤン、左側にカヤウを位置づけ、コリャナ－パヤン－カヤウという序列を認めた（図7－8）。コリャナとカヤウのどちらがチュリャとなるかについては述べていないが、位置関係において真ん中がチュリャとなるのであれば、線形三分制と同様コリャナがチュリャとなる。

しかし同心状三分制において中心に位置するのがコリャナであると解釈すると、矛盾が生じる。先に述べたように、コリャナ／パヤン／カヤウ、という範疇には、太陽／月／金星という表象が対応する。しかし図7－9のグァマン・ポマの絵では、中心が神、その右がアダム、左がイブで、また、上部にはそれに平行するように、中心に金星、右に太陽、左に月が描かれている。太陽＝コリャナ、月＝パヤン、金星＝カヤウ、という対応関係に基づけば、右手に配置される太陽はコリャナ、左手に配置されている月はパヤンであり、中心に位置する金星はカヤウと解釈できる。従って同心状三分制において中心に位置するのは、ペルシネンが主張するようにコリャナではなく、カヤウとなる。この解釈は、グァマン・ポマの、神が世界を創造した場面を説明する絵において、中央の星（カヤウ）の下に位置する神が右手に太陽（コリャナ）、左手に月（パヤン）を持っている状況とも合致する（図7－14）。

また、ペルシネンが同心状三分制の例として取り上げた、パチャクティ・ヤムキの絵では、中心が創造主、その右手に太陽、左手に月が位置する（図7－11）。同様に、コリカンチャ内部を表した絵では、右手に太陽＝コリャナが、左手に月＝パヤンが位置し、真ん中に位置する創造主ビラコチャはカヤウに対応する、と解釈できる（図7－12）。

以上の三枚の絵に見るように、同心状三分制においては、太陽＝コリャナは右手に位置し、真ん中にはない。中心は金星（あるいは創造主）であり、それはカヤウに対応する。すると同心状三分制は、図7－15のように図示できる。

真ん中に位置する範疇がチュリャであると解釈すれば、カヤウがチュリャとなる。そして図7－9は、創造主（カヤウ）がアダム（コリャナ）とイブ（パヤン）を作り出した場面と解釈できる。そこから同心状三分制は中心に位置するものが左右の二つを生み出すという構造を示しており、カヤウに「起源」、「始まり」という意味があることと矛盾しない。カヤウは線形三分制における序列は最も低いものの、同心状三分制においては、チュリャとなり中心の位置を占め重要である。

問題はペルシネンが同心状三分制の例として提示した図7－10で、中心にインカ、右に后（コヤ）、左に王子（アウキ）

図７－14　グァマン・ポマの絵における同心状三分制Ｃ(Guaman Poma de Ayala 1987[ca. 1615])

図７－15　同心状三分制（渡部モデル）

が位置することである。中心をカヤウと解釈すれば、パヤン（后）の位置は中心から見て左手に位置するべきであるが、右手にあり左右ひっくり返っている。しかし中心に位置するインカ王（ワイナ・カパック）はすでに死亡していることに注意する必要がある。[22] この点に関しては第八章で検討する。

同心状三分制においては、真ん中に位置するカヤウがチュリャとなるという解釈は、コリャナ＝太陽、パヤン＝月、カヤウ＝金星という対応関係が固定していると仮定し、導いた作業仮説である。また線形三分制＝政治構造、同心状三分制＝儀礼構造というペルシネンの解釈を踏襲し、どの範疇がチュリャとなるかに注目して類型化すると次のようになる。

線形三分制＝　政治構造＝コリャナ／パヤン＋カヤウ（インカ王権の場合）、
もしくはカヤウ／コリャナ＋パヤン（一部の地方政治の例）

同心状三分制＝儀礼構造＝カヤウ／コリャナ＋パヤン

このモデルの妥当性は、個別の事例との整合性によって評価する必要がある。まずクスコにおける四つのスユと三分制の対応関係を、政治構造、儀礼構造それぞれに注目して再考したい。ペルシネンは、政治構造における四つのスユの序列をハナン／ウリンの関係から決定し（図7－5）、序列に従ってコリャナ＝チンチャイスユ、パヤン＝アンティスユ、カヤウ＝コリャスユと解釈する。

彼はクンティスユにはインカ族が住まないと考え、三分制の考察の対象から外し、四つのスユと三分制の対応関係を導いた。この意味をもう少し掘り下げる必要がある。

三つの範疇は一対二に分かれ、一に対応する範疇がチュリャと呼ばれ、ペアを欠如する。四つのスユが二つに分割される際、クンティスユと同じグループに属するスユが、ペアを欠如するチュリャであるとすれば、カヤウ（コリャスユ）がチュリャとなる。だが政治構造では、三つのスユのうちチンチャイスユのインカ王がサパ・インカと呼ばれ、チュリャとなるはずであり、それは図7－16のように図示できる。

しかしそうすると従来のハナン・クスコ／ウリン・クスコの分類と四つのスユの対応関係が矛盾する。ただしエスピノサ・ソリアーノの説とは合致する（Espinoza Soriano 1977b）。

次に儀礼構造に注目し、クスコの空間構造を考察してみよう。筆者のモデルに従えば儀礼構造においては、カヤウがチュリャとなり、空間構造では真ん中の位置を占める。そしてカヤウからコリャナとパヤンが生まれるという構造である。またカヤウに神官が対応し（Zuidema 1964: 42, 165, note 159）、神官集団がチュリャに対応することは、形成期の構造モデルとも合致する。これまでの解釈ではカヤウはコリャスユとなっていたが、はたしてその同定は適切であろうか。

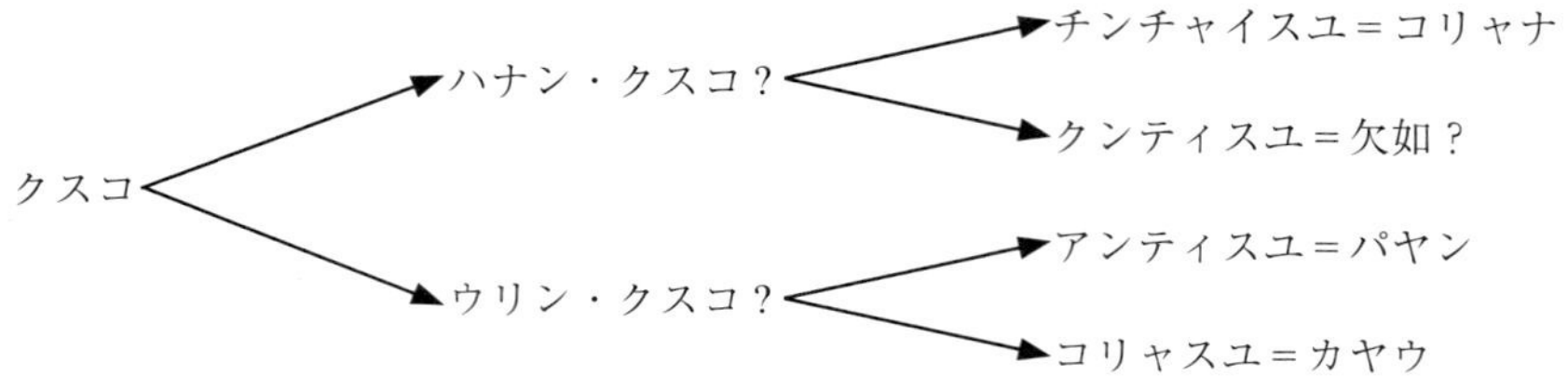

図7－16　チンチャイスユがチュリャとなる場合のクスコの分類（作業モデル）

手がかりとして太陽の神官ビリャ・ウマ[23]について考えてみたい（Pärssinen 1992: 220, note 162）。太陽の神官は太陽の神殿コリカンチャにおいて、インカ王に王の象徴である房飾り、マスカパイチャを授与した（シエサ・デ・レオン 2006[1553]: 158; ピサロ 1984[1571]: 111）。彼らはインカの第二の人物であり、選出制であった（Rostworowski 1983: 161-163）。また「太陽のしもべ、奴隷」であり、「太陽の息子」であるインカ王と対峙される（Molina el chileno, 1968[1552]: 76）。

コボによれば太陽の神官はタルプンタイ・アイユから選ばれた（Cobo 1964[1653]: 224）。モリーナはタルプンタイがアンティスユに属すると記しており（Molina el cuzqueño, 1989[1575]: 75）、サルミエントによればタルプンタイはハナン・クスコに属した（Sarmiento de Gamboa 1943[1572]: 50）。またザウデマは、太陽の神官はアンティスユのスクス・パナカから選ばれたと解釈し、ペルシネンもそれを踏襲している[24]（Pärssinen 1992: 190, note 53; Zuidema 1964: 111-112）。

太陽の神官が選出されたとすれば、アンティスユが儀礼構造でチュリャであるカヤウのはずである。そして、アンティスユ（カヤウ）の右手にあるチンチャイスユがコリャナ、左手にあるコリャスユがパヤンとなる。そうすると、各スユと三分制の対応関係は図7－17のようになる。

この場合クンティスユはどうなるであろう。四つあるいは三つのものを分類する時、第二段階で分かれないグループは、ペアが欠如するか、コピーを作り出すという、形成期のモデルを応用して考えてみたい。つまり、チュリャはペアが欠如するか、コピーを作り出す。アンティスユ＝カヤウはチュリャであり、そのコピーと考えればクンティスユはカヤウとなる。これはザウデマの第一の表象と同じである（本書三四二頁

アンティスユ
カヤウ

チンチャイスユ　　　　　　コリャスユ
コリャナ　　　　　　　　　パヤン

クンティスユ
カヤウ

図7－17　４つのスユと三分制の対応関係（渡部モデル）

参照）（Zuidema 1964: 68）。この意味で、インカ王朝の始祖マンコ・カパックのパナカのみがクンティスユに位置することは興味深い（図7－1）。チュリャがコピーを作り出すとすれば、儀礼構造においてはアンティスユ（カヤウ）の太陽の神官はクンティスユ（カヤウ）のマンコ・カパックと鏡の関係にあり、それと重ね合わせることによって、儀礼的力の源泉とするのである。[25]即ちクンティスユが儀礼の基準点となっている。

前述のようにセケ・リストの分析においてザウデマやロウは、シンチ・ロカのパナカがクンティスユにあったと推定している。しかし、それはおそらく正しくない。構造に照らし合わせれば、インカ王朝の始祖マンコ・カパックのパナカが位置するクンティスユが王権の基準となるため、他のインカ王がパナカを創設することはできないと考えられる。

以上はクスコ内部の空間構造を、同心状三分制（儀礼構造）から考察した場合の解釈である。翻ってコリャナ＝チンチャイスユ、パヤン＝コリャスユ、カヤウ＝アンティスユ、という同定に従ってクスコの政治構造を解釈したら矛盾は生じるであろうか。

インカの政治構造では、コリャナ／パヤン＋カヤウという形になる。チンチャイスユのインカ王がサパ・インカであり、チュリャとなる。そして、政治構造においては三者間関係が序列関係に置換される。ペルシネンの解釈とは異なり、序列は高い方からチンチャイスユ＝コリャナ、コリャスユ＝パヤン、アンティスユ＝カヤウとなる。そうすると当然彼のインカ王朝論も改変せざるを得ない。つまり、パヤンとカヤウの王を入れ替える必要がある。ペルシネンによる王の系譜図をそのまま変更すると次のようになる。

コリャナ（チンチャイスユ）
インカ・ロカ（6）？
インカ・ウルコ
パチャクティ（9）
パチャクティ（9）
トパ・インカ・ユパンキ（10）

パヤン（コリャスユ）
ヤワル・ワカック（7）？
リョケ・ユパンキ（3）？
マイタ・カパック（4）
マイタ・カパック（4）
アマロ・トパ
トパ・ユパンキ

カヤウ（アンティスユ）
ビラコチャ（8）
カパック・ユパンキ（5）
アマロ・トパ？
トパ・インカ・ユパンキ（10）
アマロ・トパ

これに伴っていくつか変更が必要となる。それを以下に列挙する。

ペルシネンは、カパック・ユパンキは本来パヤン（アンティスユ）の王であったが、パチャクティ王によって殺害されたため、序列を下げるべくそのパナカはカヤウ（コリャスユ）に移されたという仮説を提示したが、パヤンとカヤウの同定が逆の筆者のモデルではその解釈は矛盾する。従ってセケ体系におけるパナカの位置を尊重し、カパック・ユパンキの位置をコリャスユ（パヤン）に戻す必要がある。

インカ・ロカはパチャクティの兄弟、すなわちビラコチャの息子であり、ビラコチャによって軍隊長として任命された（シエサ・デ・レオン 2006[1553]: 221; Sarmiento de Gamboa 1943[1572]: 81）。しかし、キープカマーヨの『報告書』によればインカ・ロカはビラコチャの弟である（キープカマーヨ 1995[1542/1608]）。従って、ビラコチャとインカ・ロカは、親子あるいは兄弟であり、二人は同時代に存在したようだ。(26)

また、シエサ・デ・レオンの記録では第六代王インカ・ロカの後の第七代王はヤワル・ワカックではなく、パチャクティであるという（シエサ・デ・レオン 2006[1553]: 203）。このことはインカ・ロカとパチャクティの統治期間にそれほど時間差はないことを示唆している。

インカ・ウルコはクスコにパチャクティ（インカ・ユパンキ）を代理として残したため（シエサ・デ・レオン 2006[1553]: 240）、両者が少なくともある時期、共同統治したと考えられる。

カパック・ユパンキはマイタ・カパックの息子である。二人が単一王朝説で、それぞれ第四代、第五代インカ王であり、連続していることと矛盾しない。[27] カパック・ユパンキはパチャクティ王の弟としても登場するため、少なくとも両者は同時代に存在した（Sarmiento de Gamboa 1943[1572]: 108）。

ビラコチャからパチャクティへの王位の移行は、禅譲ではなく奪取として語られる。しかしビラコチャはパチャクティの即位後、しばらく生き延び、パチャクティの共同統治王として存在したようだ（Betanzos 1996[1557]: chap. 17; シエサ・デ・レオン 2006[1553]: 249; Pachacuti Yamqui 1993[1613]: 224）。

トパ・インカ・ユパンキが、カヤウからコリャナへ移行したということは考えにくいため、その位置を変更する必要がある。というのは、パヤン／コリャナ＋カヤウという形は存在せず、カヤウとコリャナが同じグループに属することはないからである。

アマロ・トパは、その宮殿がアンティスユにあるため、カヤウの王であると同定できる。また、カヤウ→パヤン→カヤウと移動したとは考えにくいため、ずっとカヤウのインカ王であったと解釈する。

先述のようにシンチ・ロカのラウラ・パナカはセケ・リストに現れないが、ロウ、ザウデマはクンティスユにあったと考えている（本書三四五頁参照）。しかし、シンチ・ロカという人物が、第一二代王ワイナ・カパックと同時代に存在した（Cabello Valboa 1951[1586]: 361; コボ 1995[1653]: 85-86; Guamán Poma de Ayala 1987[ca.1615]: 89; Sarmiento de Gamboa 1943[1572]: 141）。これが同一人物であると想定すれば、なぜセケ・リストにそのパナカがないのかを説明できる。なぜならセケ・リストには第一〇代インカ王以前のパナカしか存在しないためである。そしてセケ・リストによればその遺体はコリャスユの第六番目のセケで管理されていたため、シンチ・ロカはパヤン（コリャスユ）のインカ王と解釈できる。[28] マリウス・ジュウコフスキも同様の解釈をしている（Ziółkowski 2001: nota 756）。

また、エルナンド・デ・サンティリャン[29]の記述によれば、トパ・インカ・ユパンキとワイナ・カパックが共にインカ王であった時代があった。そしてワイナ・カパックがコロンビア南部のパストに遠征に出かけた際、ワスカルが推戴されたという（Santillán 1968[1563?]: 108）。ペルー南海岸のチンチャ地方に関する文書にも、ワイナ・カパックがエクアドルのポパヤンに征服に出かける際ワスカルがインカ王として即位したとある（Castro and Ortega Morejon 1974[1558]: 96）。

ワスカルの宮殿がアンティスユに位置することについて、ペルシネンはコリャナのインカ王として即位する前に建てられたと述べている（Pärssinen 1992: 234）。しかし筆者は、宮殿の位置を尊重し、ワスカルをカヤウのインカ王と解釈する。

スペイン人侵入時は、ワイナ・カパックの死後王位継承をめぐってワスカルとアタワルパの間で戦いが繰り広げられていた時代である。その時は両者がインカ王として認知されていたと考えられる。インカ王が三人いたとすれば、後述するように、もう一人の候補はパウリュ・インカである。

以上を総合すると、以下のような王朝試案ができる。太字傍線はサパ・インカを示している。

コリャナ（チンチャイスユ）	**パヤン**（コリャスユ）	**カヤウ**（アンティスユ）
?	?	**ヤワル・ワカック**（7）
インカ・ロカ（6）	リョケ・ユパンキ（3）	**ビラコチャ**（8）
インカ・ユパンキ（9）	インカ・ウルコ[30]	**ビラコチャ**（8）
パチャクティ（9）	マイタ・カパック（4）	ビラコチャ（8）
パチャクティ（9）	カパック・ユパンキ（5）	ビラコチャ（8）
パチャクティ（9）	トパ・インカ・ユパンキ（10）	アマロ・トパ
トパ・インカ・ユパンキ（10）	トパ・ユパンキ[31]	アマロ・トパ
トパ・インカ・ユパンキ（10）	ワイナ・カパック（11）	アマロ・トパ

ワイナ・カパック（11）	シンチ・ロカ（2）	ワスカル（12）
アタワルパ（13）？	パウリュ・インカ	**ワスカル**（12）
アタワルパ（13）	パウリュ・インカ	？[32]

以上のインカ王の系譜は、現在知られている情報を総合して編み上げたものであり、今後さらに人物の同時代性を解明して精緻化していく必要がある。また、時間軸を導入して土器の編年表のように図式化するのが適当であろう。

ビラコチャ以前はカヤウ（アンティスユ）のインカ王がサパ・インカであったのに対し、パチャクティ以降ではコリャナ（チンチャイスユ）のインカ王がサパ・インカとなったと考えればよい[33]。つまりビラコチャからパチャクティへの王位継承は、単なる権力奪取ではなく、同心状三分制（カヤウ／コリャナ＋パヤン）から線形三分制（コリャナ／パヤン＋カヤウ）への移行と捉えることができる。またアタワルパとワスカルの戦いは、コリャナとカヤウ、どちらからサパ・インカを輩出するかを争って行われたと解釈できる。ロストウォロフスキは、ワスカルが戦士としての役割を果たしていないことについて疑問を呈しているが（2003[1988]: 123）、それはワスカルがカヤウの王であるためである。

筆者の王朝試案に従うと、パチャクティがカパック・ユパンキを殺害後、パナカの創設はサパ・インカに限定されたため、同時代の他二人のインカ王は固有のパナカを持たないと解釈できる。また、インカ王の宮殿は対応する各スユに建てられたが、ヤワル・ワカック、インカ・ウルコ、トパ・ユパンキの宮殿は同定されていない（Agurto Calvo 1980）。

さらに、ペルシネンが王朝論を練り上げるために依拠したエレーラの絵に現れる歴代インカ王のマスカパイチャは、よく観察するとクロノロジカルに並んでいることが分かる（図7－13）。つまり初代王マンコ・カパックのみが独自のマスカパイチャをかぶり、その他は形によって、第二代から四代王まで、第五代から八代王まで、そして第九代から一三代までの三つのグループに分けられる。従って、それぞれのマスカパイチャの種類が、コリャナ、パヤン、カヤウといった各インカ王の範疇に対応していると考えることには無理があろう。エレーラの絵から推測できるのは、初代王マンコ・カパック以外に、三種類のマスカパイチャが存在するという事実のみである。

以上の王朝試案に従い、懸案であった、双分制（ハナン／ウリン）、四分制（四つのスユ）、および三分制（コリャナ／パヤン／カヤウ）の対応関係を再検討したい。

七・六　ハナンとウリン

多くの研究者は、クロニカに記された歴代インカ王のハナン・クスコ／ウリン・クスコへの帰属を前提として、セケ・リストにおけるパナカの位置から、各スユとハナン／ウリンの対応関係を推測している。ハナン・クスコとされる第六代以降のインカ王のパナカは、チンチャイスユ（コリャナ）とアンティスユ（カヤウ）に位置する。一方、第三代から五代までのウリン・クスコの王のパナカは全てコリャスユ（パヤン）に、初代王マンコ・カパックのパナカはクンティスユに属する。この情報から出発すると、確かにチンチャイスユとアンティスユがハナン・クスコ、コリャスユとクンティスユがウリン・クスコであると解釈できる。しかし先述のように、セケ・リストにおいてはハナン・クスコ／ウリン・クスコという分類は存在せず、各スユとハナン／ウリンの関係に直接言及している他の記録もない。

ハナン／ウリンの分類を二重に適用して、四つのスユに序列関係を認めるのがこれまでの定説であった。例えばペルシネンは、コリャスユとクンティスユが二つに分かれると仮定した場合、「社会政治的階層においてより重要である」からコリャスユがハナンで、クンティスユがウリンだとしている（Pärssinen 1992）。一方ロウはそれぞれのスユに位置するパナカの数が多いほど序列が高いとして、アンティスユよりもチンチャイスユが、クンティスユよりもコリャスユが上位であると解釈している（Rowe 1985a: 48）。しかしそうした解釈を支持する直接的証拠はない。またハナン・クスコに属するチンチャイスユとアンティスユが互いにハナン／ウリンの関係であるという点についても、史料は何も触れていない

また一般に受け入れられている歴代インカ王のハナン・クスコ／ウリン・クスコへの帰属は、いくつかの事実と符合しない。例えば、第八代王ビラコチャがハナン・クスコの王であるにもかかわらず、ある文書においてカタリーナ・ウシーカという人物が、ビラコチャ王をウリン・クスコの王と語っている（Pärssinen 1992: 176）。この矛盾についてペルシネンは、ハナン／ウリンの双分制が二重に機能するためとして解釈している。つまり四つのスユのうちチンチャイスユとアンティスユがハナン・クスコであるが、この二つのスユの関係では、前者がハナン、後者がウリンとなるという解釈である。

ハナン／ウリンの双分制を再考するため、まず史料においてハナン／ウリンの分類がどのように用いられているかを丁寧に追い、その通時的変化を検討したい。

シエサ・デ・レオンは『ペルー誌』第二部第三〇章で次のように書いている。

> クスコの、オレンクスコ［ウリン・クスコ］、アナンクスコ［ハナン・クスコ］という地区に住む者たち、およびその子孫たちは、たとえ他の異邦の土地に居住するとしても、すべて貴族と呼ばれた。（シエサ・デ・レオン 2006[1533]: 179）

続く第三二章では、第三代王リョケ・ユパンキの治績について語る部分で次のように述べている。

> サニョの首長すなわち部将がそれに従うと、市のもっとも西の部分が割り当てられた。そこは丘つづく傾斜地であったから、アナンクスコ［ハナン・クスコ］と呼ばれた。そして王は、もっと下の平らなところに、

住民とともに住んだ。このころまでに、すべての者がオレホンになった。これは貴族というのと同じことである。そして、彼らのほとんどすべてが、新しい町の建設にかかわっていて、アナン［ハナン］・クスコ、オレン［ウリン］・クスコという市のふたつの区域に住む人たちは、いつも身分高い者と見なされた。

インディオの中には、ひとりのインカがそのふたつの系譜の一方から出ると、つぎのインカは他方から出ることになっていた、とさえ言う者がある。しかし私にはそうは思えず、オレホンたちが言った通りだろうと考える。（シエサ・デ・レオン 2006[1553]: 186-187）

シエサ・デ・レオンはハナン・クスコとウリン・クスコについて、二つの場所と述べているのみで、両者の間にどのような差異があるかを明らかにしていない。また、サニョの首長がハナン・クスコに住み、インカ王リョケ・ユパンキはそれよりも低いところ、すなわちウリン・クスコに住んだことから、ハナン／ウリンの区分は地位の上下に平行しないようだ。

一方ベタンソスはウリン・クスコを「下のクスコ」、ハナン・クスコを「上のクスコ」と説明し、二つは太陽の神殿コリカンチャによって分けられていると述べている（Betanzos 1996[1557]: 93）。また次のように書いている。

太陽の神殿から下の場所を、下のクスコを意味するウリン・クスコと呼ぶよう命じた。クスコの終わりの端であり、ピューマの尻尾を意味するプマプチュパと呼ぶよう命じた。（中略）ウリン・クスコから、ビカキラオ、アポ・マイタ、キリス・カチェ・ウルコ・グァランガと呼ばれる三つの系譜が出た。（Betanzos 1996[1557]: 71）

「太陽の神殿から下の場所」、「ピューマの尻尾」に対応するのは、クンティスユである（図7－4）。また、ビカキラオは第六代王インカ・ロカ、アポ・マイタは第五代王カパック・ユパンキのパナカの名称である。カパック・

ユパンキはウリン・クスコ（コリャスユ）に属して問題ないが、インカ・ロカはハナン・クスコ（チンチャイスユ）に属するはずなので矛盾している。キリス・カチェ・ウルコ・グァランガについては不明である[34]（c.f. Sarmiento de Gamboa 1943[1572]: 124）。

また、ガルシラソは次のように述べている。

それは二つの地区に別けられ、それぞれハナン・クスコ、つまり君も知ってのとおり、上部クスコのことだが、そしてウリン・クスコ、つまり下部クスコと呼ばれた。インカ王は、自分が連れてきた人びとはハナン・クスコに、すなわち上部に住むように、そして王妃についてきた人びとはウリン・クスコに、すなわち下部に住むようにと望まれた。（ガルシラーソ・デ・ラ・ベーガ 2006[1609]:（一） 94）

ガルシラソの見解に従えば、ハナン／ウリンの分類には、上／下という属性だけでなく、男／女という区分も平行しているようである。この解釈はコボも踏襲している（コボ 1995[1653]: 22）。バルトロメ・デ・ラス・カサスはハナン・クスコとルリン・クスコ［ウリン・クスコ］を高い所と低い所と説明し、それぞれ五つの部分に分けられたと述べる。そして単一王朝説で初代王から五代王までのパナカはウリン・クスコ、第六代から十代までのパナカはハナン・クスコに位置した。ここから、歴代インカ王のハナン・クスコ、ウリン・クスコへの帰属を再構成できる（Las Casas 2006[1562-64]: 74-75）

クスコ内の地理的区分を指すのに、ハナン・クスコ、ウリン・クスコという分類が用いられていた（Cobo 1964[1653]: 112）。しかし、歴代インカ王がハナン・クスコあるいはウリン・クスコに属するという情報は、キープカマーヨの『報告書』（一五四二年）、シエサ・デ・レオンの『ペルー誌』（一五五三年）、ベタンソスの『インカ史総説』（一五五七年）など初期の記録には現れない。一五六〇年頃にスペインに渡ったガルシラソが書いた『インカ皇統記』（一六〇九年）にも言及はない。

そうした情報が初めて現れるのは一五五〇年代末である。ポロ・デ・オンデガルドの報告書（一五五九年）、アコスタの『新大陸自然文化史』（一五九〇年）、コボの『新世界史』（一六五三年）によれば、第二代から五代王までがウリン・クスコ、それ以降がハナン・クスコに属するという。ただしマンコ・カパックは両方の系統の創始者であり、どちらか一方に属するわけではない。アコスタ、コボはポロ・デ・オンデガルドの報告書に依拠していると考えられるため、この情報の出所はポロ・デ・オンデガルドと解釈できるだろう。

また、サルミエントの『インカ史』（一五七二年）では、初代王マンコ・カパックから第五代王カパック・ユパンキまでがウリン・クスコ、それ以降の王がハナン・クスコとなっている。ラス・カサスの記述からも同様に再構成できる。初代インカ王マンコ・カパックがウリン・クスコに属するとしているクロニスタとしては、他にマルティン・デ・ムルーア[35]がいる（Murúa 2004[ca. 1590]: folio 22r.）。

以上をまとめると、クスコ内において、確かにハナン・クスコ、ウリン・クスコと呼ばれる地区があった。しかし各スユとハナン／ウリンの対応関係を示したクロニカは存在しない。また、歴代インカ王がハナン・クスコ、あるいはウリン・クスコのどちらかに属するという情報は一五五九年以降に限定される。

しかしハナンの王とウリンの王の違いがなんなのかについて、クロニスタは説明していない。例えばコボは「確かに、今日クスコに住んでいるインカ人たちは、おのおのの族党に属する王たちが誰々かはよくわきまえているのだが、それにもかかわらず、この区別の理由を説明することはできないのである」（コボ 1995[1653]: 45-46）と述べている。

ロストウォロフスキは「権力を行使し統率する指導者は上のハナン半族に属し、『助手』を有する。二番目のインカは、下のウリン半族に属し、一般的に太陽宗教の司祭であり、また『同僚』を伴う」（Rostworowski and Morris 1999: 785; cf. Rostworowski 1983: 177-178）と述べ、ハナンが政治的役割、ウリンが儀礼的役割を担っていたとする。しかし彼女の解釈は、ハナン・クスコに属するはずのアンティスユのタルプンタイと呼ばれるアイユから太陽の神官が選出されたこと、またウリン・クスコに属するコリャスユのインカ王マイタ・カパック、カパック・ユパンキが各地の征服にあたった人物であることと矛盾する。

一方ゴースは、ハナン／ウリンを時系列上の関係として捉え、ウリンは過去への投影であり、インカ王は死後ウリンに移行すると主張する（Gose 1996）。

いずれにせよ、なぜビラコチャがウリン・クスコの王であるという情報が現れるのか、またなぜハナン・クスコのインカ王インカ・ロカのパナカであるビカキラオがウリン・クスコに属すると語られるのかについて納得のいく説明はできない。

七・六・一　三分制とハナン／ウリンの関係

次にハナン／ウリンを三分制との対応から考察してみたい。三分制はコリャナ／パヤン＋カヤウ、あるいはカヤウ／コリャナ＋パヤンと表すことができ、この区分にハナン／ウリンはどのように対応するであろうか。ハナン／ウリンの関係を考える上で、アンデスの双分制についてのロストウォロフスキの次の指摘は示唆的である。

ふたつの部分の首長のうちのひとりは、べつの半分に従属するが、この従属は変化しうるものであり、ある場合には（クスコのように）上半分が重要であり、またある場合には（南海岸のイカのように）下半分が重要である。（ロストウォロフスキ 2003[1998]: 202）

つまり、ふたつの部分のいずれが重要であるかは固定されてはいないという。

インカ王権の構造においては、三人のインカ王の中でチュリヤとなるインカ王が、サパ・インカとなり他のインカ王よりも上位と見なされる。チュリャがハナンであるとすれば、それは線形三分制（政治構造）ではチンチャイスユ（コリャナ）、同心状三分制（儀礼構造）ではアンティスユ（カヤウ）である。[36]このように考えると、四つのスユのなかで、この二つのスユがハナン・クスコに対応するという解釈と、見かけ上一致するのである。

ここでの問題は、単一王朝モデルにおいて、初代から第五代までのインカ王がウリン・クスコ、第六代以降がハナン・クスコという表象がどのように生まれたかである。クーデターにより、父ビラコチャ（カヤウ）から息子パチャクティ（コリャナ）がサパ・インカの座を奪取した。これに伴い、カヤウ／コリャナ＋パヤンからコリャナ／パヤン＋カヤウへ移行した。ヤワル・ワカック、ビラコチャはカヤウ（アンティスユ）がハナンの時代のサパ・インカで、パチャクティ、トパ・インカ・ユパンキ、ワイナ・カパックはコリャナ（チンチャイスユ）がハナンである時代のサパ・インカである。

また、ビラコチャは殺害されたわけではなく、パチャクティが即位した後もしばらく生き続けた。ハナン・クスコのインカ王であるはずのビラコチャをウリン・クスコの王として記述した史料が存在することは、かつてハナン・クスコの王（サパ・インカ）だったが、パチャクティによるクーデターによってウリン・クスコの王になり下がったためと説明できる。この意味でカヤウのビラコチャをウリン・クスコの王と述べるカタリーナ・ウシーカが、コリャナのインカ・ロカのパナカに属することは示唆的である（Pärssinen 1992: 176-177）。

唯一の問題は、単一王朝説でハナン・クスコに属する第六代王インカ・ロカが、パチャクティ即位以前のコリャナのインカ王である、ということである。その時コリャナのインカ王はサパ・インカではないためインカ・ロカはウリン・クスコの王のはずであり、そのパナカであるビカキラオがウリン・クスコから出たというベタンソスの記述と合致する。インカ・ロカがハナン・クスコの王として語られるという問題については後段で検討したい。

パヤン（コリャスユ）は常にウリンである。サパ・インカがコリャスユから選出されることは構造上あり得ない。

七・六・二　単一王朝モデル、双分王朝モデルの成立

ザウデマが強調するように、単一王朝説であれ双分王朝説であれ、それが成立したプロセスを問題にする必要がある。試みに筆者の王朝モデルに従い、非サパ・インカ、サパ・インカを古い順から並べると次のようになる。ただしパチャクティ王によるカパック・ユパンキ殺害後は、パナカの創設がサパ・インカに限定されたため、それらのみを挙げる。

創始者
マンコ・カパック（1）　カヤウ（クンティスユ）

非サパ・インカ（ウリン・クスコ）
リョケ・ユパンキ（3）　パヤン（コリャスユ）
インカ・ウルコ（殺害）　パヤン（コリャスユ）
マイタ・カパック（4）　パヤン（コリャスユ）
カパック・ユパンキ（5）　パヤン（コリャスユ）
インカ・ロカ（6）　コリャナ（チンチャイスユ）

サパ・インカ（ハナン・クスコ）
ヤワル・ワカック（7）　カヤウ（アンティスユ）
ビラコチャ（8）　カヤウ（アンティスユ）
パチャクティ（9）　コリャナ（チンチャイスユ）
トパ・インカ・ユパンキ（10）　コリャナ（チンチャイスユ）
ワイナ・カパック（11）　コリャナ（チンチャイスユ）

ワスカル（12）　　カヤウ（アンティスユ）
アタワルパ（13）　　コリャナ（チンチャイスユ）

非サパ・インカについては、コリャナとパヤンの二つの範疇が対応するが、パヤンが先に置かれ、唯一のコリャナの非サパ・インカであるインカ・ロカはそれらの次に置かれる。また、パチャクティによって殺害されたインカ・ウルコは、すでに王朝譜から消されている。

こうすると単一王朝モデルに従った歴代インカ王の系譜がほぼできあがる。三人のインカ王が同時に存在したため、インフォーマントたちはそれを系統立ててクロニスタたちに説明することは難しい。三人の王が同時に即位、退位するわけではないし（cf. ロストウォロフスキ 2003[1988]: 246）、パヤンの非サパ・インカからコリャナのサパ・インカとなる場合（トパ・インカ・ユパンキ、ワイナ・カパック）もあった。その妥協策として、まずパナカを創設した非サパ・インカをカヤウ、パヤン、コリャナの順に[37]、次にサパ・インカを即位順に語ったのではないか。

このリストに足りないのは第二代王シンチ・ロカである。インカ王と同名の他の人物が存在しないとすれば、ワイナ・カパックの時代にパヤンの王であった腹違いの兄弟ということになる（本書三五九頁参照）。考えられるのは、単一王朝として語られる際に何らかの意図から情報操作が行われ、シンチ・ロカが第二代王として挿入されたということである。これについては後段で検討する。

また、セケ体系上において、本来インカ・ウルコのパナカが位置するはずだったセケは、彼が殺害されたため空白のまま残された。その後同じパヤンの王であるカパック・ユパンキのパナカが創設された。セケ体系上のカパック・ユパンキのパナカの配置に変則が認められるのはそのためではないか。カパック・ユパンキも結果的にパチャクティによって殺害されるのであるが、パナカはすでに創設されていたためそのまま残ったと考えられる。

以上の操作を経て一三人のインカ王の系譜ができあがる。しかし初期のクロニカにおいては、ハナン・クスコ、ウリン・クスコへの帰属は触れられず、歴代インカ王の名前が一人ずつ並べられたのみであった。その後一五五九年以降、歴代王がウリン・クスコかハナン・クスコに属すると語られるようになったが、その際インカ・ロカは情報操作によってハナン・クスコに組み込まれ、ウリン・クスコは全てパヤン、一方ハナン・クスコは全てコリャナとカヤウとなったのではないか。あるいはもっと単純に、サパ・インカを輩出するスユであるチンチャイスユ、アンティスユのインカ王がハナン・クスコ、それ以外のスユの王がウリン・クスコと表象されたと考えることもできよう。

また、初代王マンコ・カパックははじめハナン・クスコ、ウリン・クスコのどちらにも分類されていなかったが、サルミエントとムルーアは、マンコ・カパックをウリン・クスコの王とした。それはウリン・クスコの王と連続しているため、便宜上そのように記録されたのではないだろうか。

単一王朝論が成立したのは、複数のインカ王が同時に存在するということをスペイン人が理解できなかったという理由もあったが、先住民側が情報を操作したことも大きな要因であった。そして各クロニスタが、ほぼ同じ順序でインカ王の系譜を記録していることは、情報操作がかなり早い時期に行われたか、少数のインフォーマントに依存した結果であろう。(38) そして長期間にわたる単一王朝史は、植民地体制下でインカの王族に結果的に有利に働いたと思われる。なぜなら、古くからアンデスを支配していた王朝であるなら、その正統性を主張できるからである。また筆者は、ザウデマが主張するように、双分王朝モデルは単一王朝モデルに先行するわけではなく、その逆、つまり単一王朝ができあがり、そこから双分王朝モデルが形成されたと考えている。

七・六・三　インフォーマントの系譜

単一王朝モデル、双分王朝モデルの成立のプロセスの説明において、二つの変則を指摘した。一つは第二代王としてシンチ・ロカが挿入されたこと、もう一つは第六代王インカ・ロカがハナン・クスコに組み込まれたことである。

先述のように、シンチ・ロカのパナカはセケ・リスト上に存在しないが、その遺体はコリャスユ（パヤン）にあった。また同名の人物がワイナ・カパックと同時代に存在した。これが同一人物であるとすれば、第二代インカ王として語られることになったのはなぜなのか。

シンチ・ロカのパナカはラウラ・パナカと呼ばれる。このラウラという名に注目すると興味深い事実が浮かび上がる。ワイナ・カパックの妻でワスカルの母はラウラ・オクリョであり、トパ・インカ・ユパンキが創設したパナカであるカパック・アイユに属する（ロストウォロフスキ 2003[1988]: 157）。また、シンチ・ロカもトパ・インカ・ユパンキの息子であるから同様にカパック・アイユに属する（キープカマーヨ 1995[1542/1608]: 214; Sarmiento de Gamboa 1943[1572]: 141）。シンチ・ロカとラウラ・オクリョが同じパナカに属することは、ラウラ・パナカの名称の起源を考える上で鍵となる。というのもサルミエントによれば、パナカの名称はその成員の最も有力な人物の名をとるからである。シンチ・ロカについて行われた情報操作を再構成するには、今後カパック・アイユの人間関係を洗う必要があるであろう。

もう一つの変則はインカ・ロカである。従来のインカ王朝論ではインカ・ロカがハナン・クスコの最初のインカ王として現れる。しかし、サパ・インカがハナン・クスコのインカ王と表象されたのならば、インカ・ロカは非サパ・インカであるからウリン・クスコに属するはずであり、矛盾が生じる。この理由を探る上で興味深い事実がある。

第一一代王ワイナ・カパックと側室との間には多くの子供があった。アタワルパがそのうちの一人であり、そのほかマンコ・インカ、パウリュ・インカなどがいた。マンコ・インカはアタワルパの処刑後、傀儡《かいらい》王としてスペイン人によって推戴されたが、反乱を起こし、ビルカバンバに立てこもりその後数十年にわたって王朝は存続した。一方、パウリュ・インカは、アタワルパ軍がクスコにやってきた際、難を逃れるために南のコリャオ地方に向かったが、その後、マンコ・インカの推戴後、クスコに戻った。このパウリュ・インカに関しては次のように語られている。

侯爵ドン・フランシスコ・ピサロと仲間のキリスト教徒たちは、コリャオの地やチャルカスの地方に、マンゴ・インガをしのぐインガがいるという情報を受け取った。コリャオ一帯およびチャルカスの諸地方では、グァスカル・インガ［ワスカル］が亡くなったことが知れ渡ると、チリに至る全土のインディオたちはパウヨ・トパ・インガ［パウリュ・インカ］をグァイナ・カパク・インガ［ワイナ・カパック］の子供として認め、支配者と見なし、グァイナ・カパク・インガ［ワイナ・カパック］に仕えたときと同じように、支配者となった彼に恭しく仕えたのである。（キープカマーヨ 1995[1542/1608]: 225）

その後、アルマグロがチリ王国の発見に向かう際、安全確保のためパウリュ・インカが同伴した。その間、クスコではマンコ・インカが反乱を起こし、チリから帰還したパウリュ・インカはスペイン人側の味方をし、ビルカバンバに立てこもるマンコ・インカ軍の説得に尽力した。そうしてスペイン人の信頼を得たパウリュ・インカはクスコへ帰還し、洗礼を受けクリストバル・パウリュ・インカと名付けられた。注目すべきはパウリュ・インカとともに洗礼を受けた彼の妻カタリーナ・ウシーカが、第六代インカ王インカ・ロカのパナカであるビカキラオに属するという事実である（キープカマーヨ 1995[1542/1608]: 234）。

この情報が記された『歴代インカ王の系譜、その統治および征服に関する報告書』は、一五四二年ペルー総督バカ・デ・カストロの要請により、キープカマーヨたちが語った内容を口述筆記したものである（Duviols 1979b; 染田 1995）。インカ王の系譜が記録された史料としては最も古く、後の時代のクロニカには、多少異伝はあるが、ほぼ同じ内容が現れる。インカ王の系譜がいかなる状況において形成されたかを知るために、この記録の持つ意味を詳細に検討する必要があろう。

まず明らかなのは、パチャクティよりもビラコチャの治績が称揚されているという点である。また、アタワルパ軍に対して敵意を抱き、マンコ・インカに対して好意的である。つまり、コリャナよりもカヤウ寄りの見方をしている。さらに注目すべきなのは、マンコ・インカ軍の説得に当たったパウリュ・インカの功績が強調されていることである。この人物は一体何者であろうか。『報告書』によればワイナ・カパックとワイラス地方の女性の間に生まれた子供であった。アタワルパ軍がクスコに入城した際、ティティカカ湖方面へ逃げ、そこで支配者として認められたという。またセケ・リストにおいてはコリャスユの二番目のセケはリョケ・ユパンキのパナカが対応するが、同セケにパウリュ・インカの子孫たちの畑がある（Cobo 1964[1653]: 189）。畑を耕すことはパナカの成員の義務の一つであった。また同じくコリャスユの六番目のセケに、パウリュ・インカが家を建てたという[39]（Cobo 1964[1653]: 181）。こうした断片的な情報を総合すれば、彼はパヤン（コリャスユ）のインカ王であり、『報告書』はパヤンの視点から書かれているという仮説が導かれる（シエサ・デ・レオン 2007[1553]: 356）。

アタワルパ軍とワスカル軍が骨肉の争いを展開していた時、パウリュ・インカはコリャスユへ逃げ、キリスト教徒の到来とともにクスコに戻る。キリスト教徒に改宗しそこでスペイン人側と密接な関係を築き、次第に権力を掌握した。そのため征服後、スペイン人側に情報提供した者のなかに、パヤンの系統の人物が多くあった可能性が高い。そしてまた、インカ・ロカがハナン・クスコの最初のインカ王として語られたことは、パウリュ・インカの妻カタリーナ・ウシーカがインカ・ロカのパナカに属していたことと関係するのではないか。先述のように彼女は、インカ・ロカと同時期に統治したビラコチャをウリン・クスコの王と語っている（本書三六三、三六八頁参照）。

また、パウリュの部下に、カユ・トパというインカの部将がいた。彼はマンコ・インカのいとこに当たるが、いつの間にかパウリュ側に鞍替《くらが》えしている。一五四九年にパウリュ・インカが没して後、アウディエンシアの議長ガスカはカユ・トパを重用し、キリスト教に改宗させた。この人物は、一五五〇年にクスコでシエサ・デ・レオンのインフォーマントをつとめ（シエサ・デ・レオン 2006[1553]: 36）、のち副王トレドの時代にも彼の報告書作成や、サルミエントの『インカ史』のための口述資料提供者として、重要な役割を果たしている（Hemming 1993[1970]: 434; 増田 1979: 453）。また、コボは、ワイナ・カパックの孫でパウリュ・インカの息子にあたるアロンソ・ティトゥ・アタウチ[40]をインフォーマントとしている（コボ 1995[1653]: 46）。アコスタは、パウリュ・インカの息子のカルロス・インカと面識があった（アコスタ 1966[1590]: 下、330）。つまりキープカマーヨ、シエサ・デ・レオン、サルミエント、コボ、アコスタらが残した極めて重要な記録が、特定の系統（パヤン）からの情報を基礎にしているようだ。インカ王朝の系譜が成立したプロセスを理解するため、インフォーマントの系統の解明が今後の課題として残されている。

七・七　パチャクティ改革

ビラコチャはパチャクティの父である。進軍してきたチャンカ族を撃退したインカ・ユパンキは、インカ・ウルコを殺害し、クーデターによって父ビラコチャから王位を奪取した。そして「パチャ」(41)＝「地（時代）」、「クティ」＝「覆す」という二つの言葉をつなげて即位名とした（Rostworowski and Morris 1999: 775）。このクーデターによって、カヤウではなくコリャナのインカ王がサパ・インカとなったと考えられる。

しかしパチャクティ王の即位以降も、太陽の神官が、アンティスユに属するアイユ、タルプンタイから選出されたため、儀礼においてはカヤウがチュリヤとなる同心状三分制が併存したと考えられる。つまりビラコチャ以前は聖俗の権力関係が一致していたのであるが、パチャクティ以降、俗（政治）の権力はコリャナが、聖（儀礼）の権力はカヤウが握り、聖俗が分離したと考えられる。

ここでは、パチャクティの即位に伴う二つの改革について考察してみたい。

七・七・一　太陽信仰

インカ研究において長らく議論されてきたテーマの一つに信仰の問題がある。つまり世界の始まりを説明する起源神話において創造神ビラコチャが登場する一方、同時に太陽崇拝が行われ、インカ王は太陽の息子として認知された。なぜビラコチャ信仰と太陽信仰の二つが併存するのか。これについてロストウォロフスキは次のように述べている。

おそらくビラコチャ神は古い神格であり、パチャクテック［パチャクティ］の勝利の結果移動させられた集団、分派に属した。インカ族がチャンカ族に対する戦いで大勝した後、崇拝において変化が生じ、インカ王は太陽信仰を優先し、そのために行ったことの一つはコリカンチャを飾り立てることであった。（Rostworowski 1983: 31）

そしてポロ・デ・オンデガルドによればビラコチャ信仰と太陽信仰は二者択一的関係であったという（Polo de Ondegardo 1990[1571]: 44）。また太陽が誕生する以前にビラコチャが存在したという記述が散見されるため、太陽崇拝が生まれたのはビラコチャ以降と考えられる（Sarmiento de Gamboa 1943[1572]: 39）。

ビラコチャ信仰が古く、太陽崇拝がその後に広まったという推測を、権力構造の変換という視点から考察してみたい。筆者は、各スユとコリャナ、パヤン、カヤウの対応関係を同定するため、グァマン・ポマの絵を一つの手がかりとした（図7－6、図7－9、図7－14）。その際コリャナ／パヤン／カヤウにはそれぞれ太陽／月／金星という象徴表現が固定していると仮定した。そして、太陽に対応するのはコリャナであり、線形三分制における序列では、太陽は最上位に位置づけられた。パチャクティによって太陽信仰が始められたことがクロニカに記されているが（アコスタ 1966[1590]: 下 207）、それはコリャナ＝太陽、パヤン＝月、カヤウ＝金星という三分制の象徴から理解すべきであろう。つまり、パチャクティがコリャナ（チンチャイスユ）のインカ王であり、それがサパ・インカとして君臨することによって、コリャナの象徴である太陽信仰を開始し、インカ王を太陽の息子と見なす習慣が始まったのではないか。太陽信仰は古くからの同心状三分制に基づいた儀礼構造ではなく、線形三分制によって示される政治構造に基づき、コリャナのサパ・インカを正統化するための新しいイデオロギーであったと考えられる。また太陽の神殿コリカンチャ（コリは黄金、カンチャは中庭とその周りに配置された一連の建物複合を意味する）の建設開始に象徴されるように、パチャクティの即位後黄金が重要視された。これも同様に、コリャナ＝金、パヤン＝銀、カヤウ＝銅という関係性から理解すべきである。

以上はチンチャイスユ＝コリャナ＝太陽という関係が固定されていたという前提に基づく解釈であるが、太陽信仰が確認されているのはチンチャイスユ（コリャナ）においてであるという状況証拠とも一致する（Cock and Doyle 1979）。一方、ビラコチャはカヤウに対応する。

太陽信仰は、古くから継承されてきた儀礼的同心状構造に立脚したのではなく、それを強引に曲げて成立した。政治的線形三分制に対応する。太陽信仰がスペイン人による征服後、たちどころに消えていった一因はそこにあるだろう。

七・七・二　パカリクタンボ神話

インカ研究におけるもう一つの謎は、インカの起源神話として、インカ族がクスコの南、クンティスユに位置するパカリクタンボ洞窟（図7－3）から出てきたとするバージョンと、ティティカカ湖からやってきたとするバージョンの二つあることである。これを同様に、三分制構造に着目して検討してみたい。

再び手がかりとするのはグァマン・ポマの絵である。線形三分制の例として挙げた絵をもう一度見てみたい（図7－6）。地上にはインカ王、后、そして王子が、空には太陽、月、金星が一列に平行して並んでいる。そして、それらが向いている方向にパカリクタンボ洞窟があり、窓状の穴が三つあいている。

グァマン・ポマの絵において、線形三分制が認められるところにパカリクタンボ洞窟が現れ、一方それ以前に神がアダムとイブを生み出す場面に同心状三分制が認められることは単なる偶然なのであろうか。パカリクタンボの起源神話にはいくつかの異伝があるが（cf. シエサ・デ・レオン 2006[1553]: 37-42）、例えばサルミエントが採録した神話は、次のように語られている。

昔クスコには三つの民族が住んでいた。一つはサワセラス、二番目はアンタサヤス、三番目はグァリャスと呼ばれた。そして彼らは何世紀にもわたって畑を耕し静かに暮らした。その後、インカが来る前に、外から三つの戦士集団がやってきて、もともと住んでいた人たちの承認の下、クスコに住み着いた。一つはアルカビサ、二番目はコパリマイタ、三番目はクルムチマと呼ばれる。こうして六つの民族が一緒に暮らした。クスコから六レグア離れたところにパカリクタンボという場所がある。そこにある丘はタンボトコと呼ばれる。そこには三つの窓があり、一つはマラス・トコ、もう一つはスティック・トコ、真ん中にあるのはカパック・トコと呼ばれる。マラス・トコからはマラスと呼ばれる民族が、スティック・トコからはタンボスと呼ばれる民族がでてきた。真ん中のカパック・トコからは、男四人と女四人が出て来た。彼らはティクシ・ビラコチャによって作られたのである。男の一人がインカ王朝の始祖となるマンコ・カパックである。(Sarmiento de Gamboa 1943[1572]: 45-51)

この神話の構造を分析したペルシネンは、項目羅列的であるためキープの構造に従っていることを指摘し、始めに線形三分制による構造が現れ、最後に同心状三分制が現れると述べ、図7－18のように図示した (Pärssinen 1992: 180)。

思うに卓見である。確かに最後のマラス・トコ、スティック・トコ、カパック・トコの関係性は同心状三分制を示している。ペルシネンは、親族関係では、自己から見て父の代はカヤウ、祖父の代はパヤン、曾祖父の代はコリャナとなるため、古い方からコリャナ→パヤン→カヤウと考える(本書三三八頁参照)。時間軸に沿って解釈する場合、マラス・トコ＝コリャナ、スティック・トコ＝パヤン、カパック・トコ＝カヤウとなり、インカ族が時間的に最後のカヤウのカパック・トコから出て来たことを問題にする。なぜなら彼にとってインカ族は最も序列の高いコリャ

時間軸 →（横）／ ↓（縦）

	コリャナ	パヤン	カヤウ	
コリャナ	サワセラス	アンタサヤス	グァリャス	線形三分制
パヤン	アルカビサ	コパリマイタ	クルムチマ	線形三分制
カヤウ	マラス・トコ	スティック・トコ	カパック・トコ	同心状三分制

図7－18　パカリクタンボ神話の構造（Pärssinen 1992）

ナに対応するはずだからである。そしてコリャナ、パヤン、カヤウが時間を示す場合と、序列を示す場合では、その関係は正反対になると考え、カパック・トコ、スティック・トコ、マラス・トコの順に序列が高いと解釈し、つじつまを合わせている（Pärssinen 1992: 184）。そしてペルシネンは、カパック・トコは最も序列が高い中央（コリャナ）、スティック・トコは右手（パヤン）、マラス・トコは左手（カヤウ）に位置すると解釈し、パカリクタンボ神話の最後のくだりを図7－19のように図示した（Pärssinen 1992: 185）。しかし三つの穴とコリャナ、パヤン、カヤウの対応関係については、ペルシネンと筆者の間には相違がある。

先述のようにペルシネンと筆者では同心状三分制の、空間構造における範疇の位置関係の同定が異なる。まず、同心状三分制で中央に位置するのはコリャナではなく、カヤウであり、カパック・トコ＝カヤウとなる。つまりインカ族の先祖はコリャナではなく、カヤウから出てきた。また、パチャクティ・ヤムキによれば、マラス・トコには母方、スティック・トコには父方という属性が付与されている（Pachacuti Yamqui Salcamaygua 1993[1613]: 198）。女性という属性はパヤンに伴うため、対応関係はマラス・トコ＝パヤン、スティック・トコ＝コリャナ、カパック・トコ＝カヤウとなり、ペルシネンの同定とは全く異なる。

問題はパカリクタンボにおける三つの穴の位置関係である。パチャクティ・ヤムキは図7－20のように図示している（Pachacuti Yamqui Salcamaygua 1993[1613]: 198）。そこではタンボ・トコ（＝カパック・トコ）から見て左に父方のスティック・トコ（コリャナ）が、右に母方のマラス・トコ（パヤン）が位置しており、通常考えられる位置関係とは左右がひっくり返っており、変則的である。

I（コリャナ）
カパック・トコ

II（パヤン）
スティック・トコ

III（カヤウ）
マラス・トコ

図7－19　ペルシネンによるパカリクタンボ洞窟の３つの穴の位置と三分制の対応関係

図7－20　パカリクタンボ洞窟の３つの穴（Pachacuti Yamqui Salcamaygua 1993[1613]）と三分制の対応関係（渡部モデル）

サルミエントの採録したパカリクタンボ神話の最後のくだりは、パヤン→コリャナ→カヤウという順になる。しかし本来ならばコリャナ→パヤン→カヤウという順序[42]（またはその逆）、あるいはカヤウ→コリャナ→パヤンという順序[43]になるはずである。このように考えると、マラス・トコ（パヤン）→スティック・トコ（コリャナ）→カパック・トコ（カヤウ）という順序は、通常とは逆、つまりカヤウ→コリャナ→パヤンの順序を逆にして語っているのではないか。このことは、空間構造におけるコリャナとパヤンの置換という変則と平行している[44]。

パチャクティ王の即位に伴い、カヤウ／コリャナ＋パヤンの同心状三分制から、コリャナ／パヤン＋カヤウの線形三分制への移行が生じたという解釈を提示した。一方、サルミエントが記録したパカリクタンボ神話では、線形三分制は同心状三分制よりも先に語られている。つまり、構造の時間的前後関係を逆転させ、線形構造を同心状構造よりも古く位置づけている。そしてビラコチャが、伝説の始めではなくその途中、パカリクタンボ洞窟において登場することは興味深い。ビラコチャから始まる起源神話に、最初の線形構造の部分を意図的に付け足したのであろうか。パチャクティによる改革に伴い、コリャナの権力基盤の正統性を示す意図で、パカリクタンボ神話が創造された、あるいは改変された可能性を考慮する必要があろう。

以上のように、パチャクティによる構造改革という視点から分析することによって、これまでインカ研究において謎であった、ビラコチャ崇拝と太陽神崇拝の二つの信仰のあり方が存在するという問題、およびインカの起源神話が二つあるという問題の解決に一石を投じることができよう。

七・八　ワウキの問題

筆者は三人のインカ王が同時に存在し、それぞれコリャナ、パヤン、カヤウの範疇に対応する、というペルシネン説を展開させ、ここまで議論してきた。三人のインカ王は大きく一対二に分かれるが、一に対応するチュリャの王が、サパ・インカと呼ばれた。そしてビラコチャ以前はカヤウ、パチャクティ以降ではコリャナのインカ王がサパ・インカとなり、王権の構造が決定された。

サパ・インカはチュリャであり、ペアを欠如するという属性を示すが、同時にコピーを作り出すという性質を備えている。例えば儀礼構造でカヤウのアンティスユがチュリャである場合、クンティスユは同様にカヤウとなり、両者は同一の範疇に属する。つまりアンティスユのサパ・インカは、クンティスユに理念上位置するマンコ・カパックを鏡に映し出し、それと重ね合わせることによって王権の正統性を示した、と考えた。

一方政治構造においてコリャナがチュリャの場合はどうなるのだろうか。この問題を考えるため、ワウキの製作というインカの特殊な習慣に注目してみたい。

インカ王は、死ぬとミイラにされ[45]、儀礼の時には輿《こし》に乗せられ、担ぎ出されたことが知られている。ミイラは歴代インカ王が実在したことを裏付ける物的証拠である。ミイラはパナカの成員にとっての存在理由であり、その重要性は、アタワルパとワスカルの争いの最中、アタワルパ側の武将がワスカルの母が属するパナカの創設者トパ・インカ・ユパンキのミイラを焼却した、という事件などから知ることができる（Murúa 2008[1616]: folio 122v.）。

しかし、これまで十分に理解できなかった習慣がある。それは、インカ王が統治期間中、つまり生きている間、そのコピーを作るという習慣である。そのコピーは「ワウキ」と呼ばれる。ワウキとはケチュア語で「兄弟」を意味するが（González Holguín 1989[1608]: 190; Santo Tomás 1951[1560]: 289）、それは石、黄金、髪などを用いて作られたインカ王の塑像、彫刻のことをも指す。

ワウキについて、アコスタは次のように述べている。

> 彼らは死者の遺体の崇拝だけで満足せずに、その塑像をも作った。各王は、存命中に、石で自分の偶像または塑像を作らせた。それはグァオイキ［ワウキ］と呼ばれたが、兄弟の意味だった。その理由は、そのインガの存命中であろうと死後であろうと、その像に実物と同じような尊敬が払われたからで、それは戦争に

かつぎだされたり、行列のとき持ち出されたりして、雨や日ざしにさらされた。またそのために盛大な祭りや生け贄が行われもした。このような偶像は、クスコおよびその近辺にはたくさんあったが、リセンシアード［学士］・ポロの尽力によって発見されて以来、石の偶像を拝む迷信は、今では完全に、またほとんど絶えている。［ポロの発見した］最初のものは、アナン・クスコ［ハナン・クスコ］の有力な派閥の首長である、インガロカ［インカ・ロカ］のものであった。（アコスタ 1966[1590]: 下 138-139）

アコスタによればポロ・デ・オンデガルドが最初に発見したワウキは、ハナン・クスコの王インカ・ロカの塑像であった。しかしサルミエントとコボによれば、インカ王のワウキは初代王マンコ・カパックから存在したという。二人の記録を総合すると、次のような歴代インカ王のワウキのリストができる。ただし二人はアタワルパのワウキについては言及しておらず、それらについてはベタンソスとカベーリョ・バルボアが情報を残している。

	サルミエント	コボ
マンコ・カパック（1）	インディ鳥	不明
シンチ・ロカ（2）	グァナチリ・アマロ	グァナ・チリ・アマロ
	魚形石	魚形石
リョケ・ユパンキ（3）	アポ・マイタ	名前不明
マイタ・カパック（4）	名前不明	名前不明
カパック・ユパンキ（5）	名前不明	アプ・マイタ［アポ・マイタ］
インカ・ロカ（6）	不明	ビカキラオ、石製
ヤワル・ワカック（7）	不明	名前不明
ビラコチャ（8）	インガ・アマロ	石製

パチャクティ（9）　インディ・イリャパ　インティクリャパ
トパ・インカ・ユパンキ（10）　黄金製で大きい　黄金製で大きい
ワイナ・カパック（11）　クシ・チュリ　クシチュリ……
ワスカル（12）　グァラキ・インガ　グァラキンガ
アタワルパ（13）　黄金製で大きい　黄金製で大きい
　　不明　不明
　　インガ・グァウキ（Betanzos 1996[1557]: 205, 269）、
　　ティクシ・カパック（Cabello Valboa 1951[1586]: 459-460）

インカ・ロカ、シンチ・ロカなど初期のインカ王のワウキは石製で、後の時代のワウキは金製である。また、ハナン・クスコのインカ王の場合人物を造形するが、ウリン・クスコのインカ王の場合、不定形か動物である。

ワウキを王の同伴と解釈する研究者もいるが（Van de Guchte 1996）、これまで行ってきたインカ王権の構造分析の結果に照らし合わせれば、ワウキは理念的には王の分身と捉えるべきである。コリャナ、パヤン、カヤウの三人のインカ王がいて、そのうちのコリャナあるいはカヤウの王がペアを伴わずサパ・インカと呼ばれた。それが、理念上は欠如という属性を備えるのであるが、同時にそのコピー（分身）を作り出すという性質も内在する。もちろん人間のコピーを作り出すことはできないため、ワウキによって代替したのではないだろうか。サパ・インカのワウキが存在し、非サパ・インカ王のワウキがなければ、この解釈を支持する状況証拠となろう。ワウキを筆者のインカ王朝モデルに従って分類してみると、以下のようになる。

創始者

マンコ・カパック（1）　インディ鳥

非サパ・インカ

パヤン	シンチ・ロカ（2）	グァナチリ・アマロ、魚
	リョケ・ユパンキ（3）	アポ・マイタ
	マイタ・カパック（4）	名前不詳
	カパック・ユパンキ（5）	アプ・マイタ［アポ・マイタ］
コリャナ	インカ・ロカ（6）	ビカキラオ

サパ・インカ

カヤウ	ヤワル・ワカック（7）	なし
	ビラコチャ（8）	インガ・アマロ
	ワスカル（12）	？
コリャナ	パチャクティ（10）	インディ・イリャパ、黄金製
	トパ・インカ・ユパンキ（11）	クシ・チュリ
	ワイナ・カパック（12）	グァラキ・インガ、黄金製
	アタワルパ（13）	インガ・グァウキ、ティクシ・カパック

このように分類すると、非サパ・インカ、そしてカヤウのサパ・インカのワウキは、不定形や動物であったり、あるいは他の人物やパナカの名称が借用されており、その性格は不明瞭であることが分かる。例えばリョケ・ユパ

ンキ、カパック・ユパンキのワウキはアポ・マイタという名であるが、それはパチャクティ時代の武将の名であり（Sarmiento de Gamboa 1943[1572]: 127）、カパック・ユパンキのパナカの名称である。同様に、インカ・ロカのワウキであるビカキラオもパチャクティ時代の武将の名であり（Sarmiento de Gamboa 1943[1572]: 127）、かつインカ・ロカのパナカの名前である。また、ビラコチャのワウキのインガ・アマロは、ビラコチャの子供で、カヤウのインカ王となったアマロ・トパのことであろう。一方情報が明らかなのは、コリャナのサパ・インカである四人のインカ王のワウキである。この点について、再びクスコの空間構造に立ち戻って考察してみたい。

ここまでコリャナ＝チンチャイスユ、パヤン＝コリャスユ、カヤウ＝アンティスユ＋クンティスユという対応関係が固定していると想定してきた（図7－17）。そしてアンティスユ（カヤウ）がチュリャとなる場合、同じカヤウであるクンティスユと同一化すると解釈した。しかし、パチャクティ以降の政治構造においてはコリャナ（チンチャイスユ）がチュリャとなる。その場合、クンティスユの範疇はカヤウのままであるなら、コリャナのサパ・インカは、カヤウのマンコ・カパックを鏡に映しだすことによって、その権力基盤の正統性を得ることはできない。そのためコリャナの王がチュリャであることを誇示するため、サパ・インカ自身のコピーであるワウキを作り出し、その歪みを隠蔽したのではないか。

このように考えると、パチャクティの即位以降、クンティスユのマンコ・カパックは政治構造で隠され、儀礼構造においてのみ想起されたことになる。パチャクティ以降のコリャナのサパ・インカ王はマンコ・カパックとの繋がりを示すことによってではなく、太陽の子を名乗ることによって王権の正統性を示したのである。

以上総合すると、ワウキの製作はパチャクティによる改革の一環として開始され、コリャナのサパ・インカによって継承された可能性が高い。つまり、ワウキとは王に関する記憶を伝えるための補助手段、物的に現在化された過去（レヴィ＝ストロース　1976[1962]: 285-286）などではなく、現在の構造上の位置づけを示すものと解釈できる。本来ワウキを持たないウリン・クスコのインカ王やカヤウのサパ・インカにもワウキがあったという情報は、インカ王の系譜を翻訳し紙に記すプロセスにおいて生まれたのだろう。

七・九　パナカとインカ王の変質

セケ・リストには、トパ・インカ・ユパンキのパナカまで、名前を確認できる。その後、ワイナ・カパックはトゥミパンパというパナカをエクアドルに創設した。またおそらく、アタワルパがパナカを持とうとしたとすれば、ワイナ・カパックの方向性を引き継ぎ、チンチャイスユの北の端、現在のキトにおいてであろう。この二人のコリャナの王はすでに、パナカの創設をクスコ内ではなく帝国レベルのスユに移したことを示唆している。

一方、ワスカルについて、ペドロ・ピサロは次のような興味深い記述を残している。

ここでグァスカル［ワスカル］のことにはなしを戻すと、彼はある日これらの死者たちにたいして腹を立て、彼らをぜんぶ埋葬するよう命令し、これからは死者ではなく生者だけが存在すべきだ、彼らは王国の最良のものを所有しているのだから、と言った。ところが、右に述べたように、重要人物たちの大部分は、悪徳にふれるからそれら死者たちをそのままにしておきたいと思い、グァスカル［ワスカル］を憎んだ。そしてアタワルパに対抗するために彼が派遣した部将たちは、わざと敵に打ち負かされるがままになり、他の者たちは敵と好を通じ、内応した。だからアタワルパは勝つことができたのである。そうでなかったら、彼とその兵力とでひとつの町を取ることもできなかったろうし、いわんや国を取ることなど思いもよらなかった。（ピサロ 1984[1572]: 78-79）

これはワスカルの歴代インカ王のミイラに対する憤懣《ふんまん》、葛藤をよく示すエピソードである。ワスカルがクスコにとどまり、新しいパナカを創設しようと腐心していたことがうかがえる。

クスコではセケ三つごとにインカ王のパナカ一つが割り当てられていたようである（図7－1）。そうするとチンチャイスユとコリャスユにはすでにパナカを新たに創設する余地は残っていない。しかしアンティスユにはあと一つだけパナカを創設することができた。そこにカヤウの王ワスカルがパナカを創設しようとしたことは十分あり得るだろう。そしてもしワスカルのパナカが創設されたらクスコは飽和状態になり、それ以降パナカを創設するためには、旧インカ王のパナカを除去するなど、別の方法が必要となったろう。

スペイン人侵入時には、インカ帝国は第一一代王ワイナ・カパックの死後、その腹違いの二人の息子であるワスカルとアタワルパが王位継承争いを展開していた。それは帝国全土を巻き込む大規模なものへと発展したが、この背景には二人の母親が属するパナカの抗争があることが指摘されている。それは即ちアタワルパの母が属するイニャカ・パナカ（別名ハトゥン・アイユ、パチャクティのパナカ）と、ワスカルの母が属するカパック・アイユ（トパ・インカ・ユパンキのパナカ）の争いである。さらにインカ王権の構造に照らし合わせれば、キトに本拠地を構えるアタワルパとクスコに陣取ったワスカルの争いは、単なる王位争奪戦争ではなく、コリャナとカヤウのどちらがサパ・インカとなるかという、帝国の方向性を決定する構造戦争であったといえる。そしてワスカルがサパ・インカと認定されることは、短期間ではあるが、カヤウのインカ王がチュリャとなる同心状三分制構造に戻ったことを示している。このいきさつについてベタンソスは次のように述べている。

（ワスカルは）なんぴとも自分をハナン・クスコの系譜とみなしてはならぬと命じた。というのはアタグァルパ［アタワルパ］がハナン・クスコに属し、インガ・ユパンゲ［パチャクティ］の系譜の王であるが、彼はその系統であることを望まないからである。（ワスカルは実際は）ハナン・クスコの系譜であったが、そうではなくウリン・クスコの系譜であると言った。というのはグァスカル［ワスカル］が生まれた村の人々は、彼と同様ウリン・クスコの者であったからである。それ以来ウリン・クスコの系譜であると認知するよう命じたが、それは彼がアタワルパと彼の一族、ハナン・クスコの系譜のすべての人々を殺害し、ウリン・クスコの

新しい系譜を創設することを考えたからである。（Betanzos 1996[1557]: 194）

植民地期のクロニカにおいては、ハナン／ウリンは上／下という意味で用いられている。彼の妻がパチャクティの系統であるため、ベタンソスはアタワルパ側の視点に基づき、ハナン・クスコ＝アタワルパ、ウリン・クスコ＝ワスカルという構図を投影しているようだ。しかしこれを読み替えれば、コリャナ（チンチャイスユ）対カヤウ（アンティスユ）という対立関係が浮かび上がる。またベタンソスは次のようにも記述している。

グァスカル［ワスカル］は、ウリン・クスコの集団に属し、インカ・ユパンキの遠縁に当たるラグア・オクリョ［ラウラ・オクリョ］と呼ばれる女性の息子である。（Betanzos 1996[1557]: 178）

ラウラ・オクリョはワイナ・カパックの妻で、トパ・インカ・ユパンキのパナカであるカパック・アイユに属する（本書三七二頁参照）。当然彼女はチンチャイスユ（コリャナ）、つまりハナン・クスコに属するはずである。とするとベタンソスが、イニャカ・パナカとカパック・アイユの対立関係をハナン・クスコ／ウリン・クスコと重ね合わせ記述した可能性もあろう。

同様の事例はアタワルパの母についても認められる。パチャクティのイニャカ・パナカに属するとすればハナン・クスコのはずである。しかしシエサ・デ・レオンの記述では、「トゥタ・パリャ」という女性で、ある者によればウリン・クスコの系統であるという[46]（シエサ・デ・レオン 2006[1553]: 337）。パチャクティとトパ・インカ・ユパンキの系統が互いにウリン・クスコと表象されるため、ハナン／ウリンは固定されているのではなく相対的な関係である（cf. Sarmiento de Gamboa 1943[1572]: 152-153）。

またワスカルの即位後の行動についてベタンソスは次のように述べている。

ワスカルは王となるや、広場に躍り出て宣した。太陽や彼の父ワイナ・カパック王を含めすでに亡き王たちの遺骸が所有するコカやトウモロコシの畑を彼らから剥奪する、と。太陽や死者、そして今は亡き父は最早食べることなどない。食べない以上、土地を持つ必要性はない。こう言って彼はこれらの土地を自らのものとした。（Betanzos 1996[1557]: 189; 網野 1998: 159）

この箇所を引用した網野徹哉は「インカ王国の根幹を支えた再分配・互酬とは異質な、このような『私』的領域の叢生の論理的な帰結が、ワスカルの言述に象徴的に表明されていると考えることはできるのである」（網野 1998: 159）と述べている。そして太陽と歴代インカ王の畑を取り上げるというワスカルの決断は、筆者のインカ王権の構造モデルに照らし合わせれば、コリャナの王に対するカヤウのインカ王の行動として理解できる。

ところが新たなパナカの創設、コリャナの財産の没収というワスカルのもくろみは、アタワルパ側との間に戦いが惹起したことにより、失敗に終わる。アタワルパ軍に捕縛されたワスカルは、スペイン軍侵入後の動乱の最中に処刑された。

七・一〇　セケ体系における構造の重層性

新たな設計図に従いクスコを建設する際、パチャクティは、セケ体系上にインカ王のパナカを配置した。それによって､インカ王朝の過去を構造化し､空間的に可視化したといえる。それは､レヴィ＝ストロースがいうところの､物的に現在化された過去である（レヴィ＝ストロース 1976[1962]: 285-286）。セケ体系の機能の一つは、パナカの配置によるインカ王朝の過去の表象であろう。

しかし、セケに組み込まれた歴史とは、現実の過去ではなく、当事者（パチャクティ）が過去に向かって想起し、表象した形で物質化された歴史であることを忘れてはならない。[47] インカ王として即位はしたが、パチャクティによって殺害されたインカ・ウルコのパナカが存在しないという事実が示すように、セケ体系には意図的な操作が加わっている。セケ体系は、トパ・インカ・ユパンキ、ワイナ・カパックの時代まで引き継がれ、またセケ・リストには植民地期の情報も含まれている。そのため、そこに意図的操作がさらに行われたことは十分考えられる。

セケ体系には、同一構造が重層的に表象されている可能性を常に念頭に置く必要がある。各セケはそれぞれ、コリャナ、パヤン、カヤウのいずれかの範疇に対応するが、パナカが位置するセケの範疇は、インカ王の範疇と一致しない。例えば、トパ・インカ・ユパンキ王のパナカであるカパック・アイユが位置するセケはコリャナではなくカヤウとなっている。そのため、各セケの範疇については今後、ザウデマが行ったように、婚姻規則などに注目した構造分析が必要であろう。

スユごとのセケの数や時計回り／反時計回りといった配置順序の方向など、セケの規則はこれまでほとんど解読されていない。そしていずれの属性に注目しても、四つのスユの一つだけに変則が存在するが、それを一対三に分かれると認識するだけでは不十分である。クントゥル・ワシ遺跡の中央広場の四つの石彫の事例を思い出す必要がある。それは確かに目の形だけに注目すると一対三に分かれる。しかし軸（色）と組み合わさることにより、属性の組み合わせが三つできる。セケ体系の各特徴も単独で存在すると想定すれば、一対三に分かれると表面上見えるけれども、それらが他の分類と組み合わさっていることを見落としてはいけない。

クスコ社会の構造はコリャナ、パヤン、カヤウによって構成される三分制を基礎としており、その三分制が機能するのは四つの枠の上である。そこから、インカ帝国の本来の名称「タワンティンスユ（四つの部分が一緒になった）」の意味の一つを知ることができる。四というのは構造化された数なのである。[48]

註

（1）ただし全てのクロニカに同じ情報が現れるわけではない（Ramírez 2006: 15-16）。例えばベタンソス（註18参照）のクロニカにはトパ・インカ・ユパンキの後に、ヤムケ・ユパンキという名の王が即位したとある（Betanzos 1996[1557]）。
（2）イエズス会士。一五四〇年生まれで、一五七二年にペルーに到着し布教活動を行った。
（3）クスコ管区のコレヒドールであり法学者。
（4）その後自説を修正しマンコ・カパックをウリン・クスコの創始者とした（Zuidema 1990[1986]: 36）。
（5）クスコの教区付き司祭。『インカの作り話と儀礼についての報告』（Molina el cuzqueño 1989[1575]）を記した。
（6）クスコにおける宮殿の位置については研究者によっていくつか説があるが、本書ではサンティアゴ・アグルト・カルボの同定に従う（Agurto Calvo 1980）。
（7）ロウも四つのスユの序列を同様に考えている。しかし、ハナン／ウリンの分類が二重に当てはめられているとは考えておらず、「四つの部分はまたハナン・クスコ、ウリン・クスコの下位区分であるが、この（四つのスユの）序列は二度の連続的二分割からは推測できないということを言及しておく必要がある。この順序が形成されるにはさらに何か必要である」（Rowe 1985a: 59）とも述べている。
（8）ロストウォロフスキはインカの神話的時代の単語をアイマラ語として解釈するとより適切に説明できる場合があることを指摘している（Rostworowski 1983: 134）。またプキナ語起源の可能性を検討する必要があろう。
（9）ロウは“qallay”「始まる」という意味があると述べているが（Rowe 1985a: 50）、どの辞書を参照したか明らかにしていない。
（10）第三会フランシスコ会士であり、アンダワイリーリャスの教区付き司祭（Zuidema 1964: 33）。
（11）先住民のクロニスタ。『新しい記録と良き統治』という多数の絵を含んだ浩瀚なクロニカを記した。生没年不詳、クスコ西部のルカナス地方生まれといわれる（染田・友枝 1992）。
（12）生没年不詳、コリャスユのカンチス生まれ。祖先はワヌコ地方の首長だったらしい（染田 1998: 204）。
（13）パチャクティ・ヤムキの絵の左右の記述もグァマン・ポマの絵と同様に行う。即ち向かって左が右側である。

(14) ザウデマの説をさらに展開し、ワシュテルはクンティスユはパヤンとコリャナの両方に結びつくと述べている（ワシュテル 1984[1971]: 117; Zuidema 1964: 43-44）。ピース・増田はクンティスユがパヤンとカヤウの両方に結びつくと述べている（ピース・増田 1988: 91）。

(15) また、後にザウデマ自身がこの考えを変更している。ノヴァックは「博士論文においてザウデマは三分制と四分制という互いに矛盾する原理を一つのモデルに当てはめようとしたが、続く論文ではこれらの原理を神話と社会組織という異なった分野に分配するという解決にたどり着いた」（Nowack 1998: 71）と適切に指摘している。

(16) パチャクティのパナカはイニャカ・パナカという名称であるが、ハトゥン・アイユとも呼ばれる（Sarmiento de Gamboa 1943[1572]: 126）。ロストウォロフスキは、パチャクティはイニャカ・パナカに生まれたが、即位後はハトゥン・アイユを創設したと述べている（Rostworowski 1983: 142, 165）。しかしセケ・リストにはハトゥン・アイユの名は現れないため、本書ではイニャカ・パナカをパチャクティのパナカとして考察を進める。

(17) ロストウォロフスキは「換言すれば、チンチャイスユのカパック、あるいはサパ・インカが最高権威を有しタワンティンスユにおいて最も階層の高い人物だった。その〝第二の人物〟はアンティスユに属し、一方でウリン・クスコにおいてはビリャック・ウム［ビリャ・ウマ］、即ち太陽の神官が下のクスコにおいて最も高い階級を有し、第四番目のスユの人物がそれに続いた」（Rostworowski 1983: 177-178）と述べている。またその後の論文でも同様の説を繰り返している（Rostworowski 2001: 331, 2003[1988]: 243-249; Rostworowski and Morris 1999: 785）。他のインカ王四人説についてはRegalado de Hurtado 1996を参照。

(18) ファン・デ・ベタンソス。第九代王パチャクティの系譜につながる女性と結婚し、『インカ史総説』を書いた。

(19) マイタを含む名前の人物は他にも存在する。アポ・マイタはビラコチャ、パチャクティ時代の武将の名であり、カパック・ユパンキの孫である（Rowe 1985a: 45; Sarmiento de Gamboa 1943[1572]: 69, 80-85, 127）。またリョケ・ユパンキの息子にアポ・コンデ・マイタという人物がいる（キープカマーヨ 1995[1542/1608]: 207）。

(20) スペイン王室から任命されたクロニスタ。

(21) ラス・カサスはインカの間には、三種類の髪型があったと述べている（Las Casas 2006[1562-64]: 88）。

(22) この場合、中心の死亡したインカ王はカヤウ、右のコヤ（后）はパヤン、左のアウキ（王子）はコリャナとなる。

(23) 通常太陽の神官にはビリャ・ウマという名前が与えられている。しかし、エドゥムンド・ギリェン・ギリェンは、役職名としてはインティプ・アプンが正式であり、ビリャ・ウマはワイナ・カパックの息子か兄弟の一人の固有名詞であったと考えている（Guillén Guillén 1991）。

（24）一方、ロストウォロフスキは太陽の神官はウリン・クスコに属すると解釈し（ロストウォロフスキ 2003[1988]: 218）、最高神官がコリャスユに属したと述べている（Rostworowski 2001: 331）。

（25）ここでは互いにコピーとなる関係を鏡というメタファーで説明している（c.f. Platt 1986）。

（26）キープカマーヨの『報告書』では、ビラコチャの三人息子が、インガ・ユパンキ［パチャクティ］、インガ・ウルクン、インガ・マイタであり、ペルシネンはインガ・マイタをマイタ・カパックと解釈している。しかし同じ『報告書』によればマイタ・カパック・インガはインカ・ロカの息子である（キープカマーヨ 1995[1542/1608]: 209）。つまり、マイタ・カパックの父は、ビラコチャかインカ・ロカの二つの可能性がある。このことも二人が同時代の人物であることを示唆している。

（27）サルミエントによれば、タルコ・ワマンがマイタ・カパックの息子で、カパック・ユパンキの兄弟である（Sarmiento de Gamboa 1943[1572]: 67, cap. 17）。マイタ・カパックがカパック・ユパンキの父であるという解釈と矛盾しない。

（28）ペルシネンの図では、シンチ・ロカの宮殿が、クンティスユに組み込まれている（Pärssinen 1992: 233）。筆者は、コリャスユとクンティスユの境界をより南に移動し、シンチ・ロカの宮殿をコリャスユに編入した（図7－4）。王朝の系譜にせよ、宮殿の位置にせよ、シンチ・ロカがマンコ・カパックとの連続性、親密性を強調しようとしたことが推測できる。また、シンチ・ロカのミイラが発見されていることも、比較的新しい時代の王という解釈の状況証拠である（Hampe Martínez 1982）。

（29）リマのアウディエンシアのオイドール。

（30）インカ・ユパンキとインカ・ウルコをそれぞれ、コリャナ、パヤンのインカ王と解釈しているが、置換される可能性もある。

（31）トパ・ユパンキは、ロウが刊行した史料にその名前が登場するのみであり（Rowe 1985b）、パナカや宮殿は確認されていない。また、アコスタによれば、パチャクティの後、トパ・ユパンキという同名のインカ王が二人即位したことになっているが、一人はトパ・インカ・ユパンキのことであろう（アコスタ 1966[1590]: 下、325-326）。

（32）スペイン人によるアタワルパ捕縛の後、インカ王として任命されたマンコ・インカ、またビルカバンバでその後継者となったサイリ・トゥパク、ティトゥ・クシ・ユパンキ、トゥパク・アマルは同じ系統の王と考えられる。カヤウの王であるとすれば、ビルカバンバがアンティスユ（カヤウ）に位置することは示唆的である（図7－3）。

（33）無名記録者によればインカ・ビラコチャ時代に神官たちは反乱と暴動を起こし、その後神官たちは力を失ったという（Anónimo 1968[ca.1615]: 167）。また、かつては神官ビリャ・ウマが王よりも上位であったが、トパ・インカ・ユパンキによって貶められたという（Anónimo 1968[ca.1615]: 161）。

（34）インカとチャンカの戦いにおいて、チャンカ軍がクスコに接近したときにクシ・ユパンキ（後のパチャクティ）とともに残った三人の武将の名は同じく、ビカキラオ、アポ・マイタ、キリスカチ・ウルコ・グァランガである（ロストウォロフスキ 2003[1988]: 34）。

（35）スペイン出身のメルセード会の修道士。詳しい経歴は不詳であるが、グァマン・ポマと関係があったことは挿絵の類似から明らかである。

（36）ロストウォロフスキは「ハナンとウリンの半族組織は互いに行き来可能で、その区分は排他的ではなかった。父の家系で一方の半族へ、母の家系でもう一方の半族へ属することができた」（Rostworowski 1983: 176）と述べているが、それが実際どのよう機能していたかを明らかにしていない。

（37）この順序はセケの配置順序と一致する（本書三四三頁参照）。

（38）キープカマーヨの『報告書』の作成にはベタンソスが参加している（染田 1998: 128, 174）。また染田は「シエサ・デ・レオンがクスコでインカ情報を収集したおり、ベタンソスが通訳として協力したのもほぼ間違いない」（染田 1998: 176）、「サルミエント・デ・ガンボアに彼は自書『インカ史総説』の写本を手渡したらしい（七一年）」（染田 1998: 177）と述べている。植民地時代初期の重要な記録に全てベタンソスが関わっていることは示唆的である。

（39）しかし同時にチンチャイスユの四番目のセケの四番目のワカが、パウリュ・インカの家であった。それはアンダサヤという名のアイユによって管理されていた（Cobo 1964[1653]: 171）。

（40）実際にはパウリュ・インカの息子ではなかったかもしれない（Hemming 1993[1970]: 274）。

（41）"pacha"は「時代」とも訳せるが、「時間」と訳すこともできる。それについては第八章で検討する。

（42）例えば、インカ王（コリャナ）と王妃（パヤン）の間に子供（カヤウ）が生まれるという場合である。この場合見かけ上、政治構造と同じ順番になる。その逆であれば、カヤウ→パヤン→コリャナとなり、セケの配置の順序と一致する（本書三四三頁参照）。

（43）例えば、創造主（カヤウ）からアダム（コリャナ）とイブ（パヤン）が生まれると語る場合である。

（44）第五章で同様の問題に遭遇したことを思い出す必要がある。それは、チャビン・デ・ワンタルの建築の左右のウイング、および黒と白の円柱の位置がひっくり返っていたという問題である。また図7－10でも同様にパヤンの位置に不規則が認めら

れた。これらの変則については第八章で検討する

(45) ペルー中央高地では「マルキ（malqui）」、海岸では「ムナオ（munao）」と呼ばれる（アリアーガ 1984[1621]: 458）。インカ王のミイラについては、シエサ・デ・レオン 2006[1553]: 63-68, 177-178; ガルシラーソ・デ・ラ・ベーガ 2006[1609]:（二）121; Hampe Martínez 1982; ピサロ 1984[1571]:76-77, 109、を参照。

(46) キリャコ（キラコ）出身であるというが、その正確な位置は不明である（シエサ・デ・レオン 2006[1553]: 368; Rostworowski 1993[1960]: 37）。第一章註3参照。

(47) シエサ・デ・レオンは王の治世を記憶し伝える集団に言及し「ただしそれらの歌は、王の面前でなくては歌っても教えてもいけないことになっていた。このような物語を覚えるように命ぜられた者たちは、王が生きている間は、王に関することに言及したり口にしたりすることを禁ぜられ、彼が死んではじめて、帝国の後継者につぎのことばをもって語りはじめるのであった」（シエサ・デ・レオン 2006[1553]: 69-70）と述べている。

(48) ケチュア語において四という数字を表す単語には「タワ（tahua）」だけでなく「チュスコ（chuzco）」もあるという変則が認められるのは非常に示唆的である。他の数字にこうした変則は認められない。

第八章　アンデスの構造——四面体モデルの提唱

第II部第五章から七章まで、先スペイン期アンデスの構造を時間軸に沿って検討し、形成期後期、ティワナク期、インカ期に同じ構造が存在する可能性を指摘した。前章までは、時代ごとに区切り静態的に構造分析を行ってきたが、同じ構造を共有するという前提で三つの時代の事例を照らし合わせると、新たな側面が明らかになる。第八章では、これまでの事例研究を同じ土台の上に据え直し、一つの視座から再考したい。はじめにこれまで扱ってきた構造を理論的に検討し、その後アンデスの具体例に戻ることにする。

八・一　レヴィ＝ストロースの三分制モデル再考

レヴィ＝ストロースが一九五六年に発表した論文「双分組織は実在するか」（1972[1956]）は、これまで多くの研究者によって議論の対象として取り上げられてきた。まずその内容を要約し、次にそれをアンデスの事例から再検討したい。

レヴィ＝ストロースははじめに北米大陸のウィンネバコ族の事例を挙げ、半族組織の空間分布を二種類に分類し、それぞれ直径的構造、同心円的構造と命名する。そして前者が対称的な二分法で、後者が非対称であるとしている。興味深いことに直径的構造の例として、ティワナク、クスコを挙げている。

南米大陸のボロロ族の事例では、中心／周辺の関係に男性／女性、聖／俗が対応し、「直径的タイプの双分制」、「同心円的タイプの双分制」、「三元的構造」の三つが絡み合っていることを指摘する。

その後同じく南米大陸の東部ティンビラ族の事例を検討し、次のように述べる。

今やわれわれは問題の核心に到達した。すなわち、直径的双分制、同心円的双分制、三元的構造というこの三つのタイプの表象のあいだにはいかなる関係があるか？　そして、人が一般に「双分組織」と呼んでいるものが、大多数の場合（おそらくすべての場合）に、この三つの形の解きがたい混合体としてあらわれてくるのはどうしてであるか？　問題を分けて双分制と三分制の関係、本来の双分制の二つの形式の関係とした方が便利であるかもしれない。（レヴィ＝ストロース 1972[1956]: 166）

そして直径的双分制、同心円的双分制、三元的構造の三者間関係に対しては次のように答えている。

同心円的双分制というのは直径的双分制と三分制の媒介をするものであり、一形態から他形態への移行がおこなわれるのはその仲介によるということである。（レヴィ＝ストロース 1972[1956]: 167）

そしてレヴィ＝ストロースは二種類の双分制を対照化させ、両者を面から線へ還元し図式化する。直径的双分制は「同じ直線上の一端を共有する二つの線分」として、同心円的双分制は「一つの直線と一つの点」として表すことができるという（図８－１）。そして二つの双分制について次のように説明する。

一つは真にシンメトリカルなもの、他は見かけだけシンメトリカルなもので、後者は三元的なものにほかならず、真実には同性質のものでない一つの極と一つの線で形づくられる全体を、同族的な二項として扱う論理的なごまかしによって、二元的なものに偽装されているだけなのである。（レヴィ＝ストロース 1972[1956]: 169）

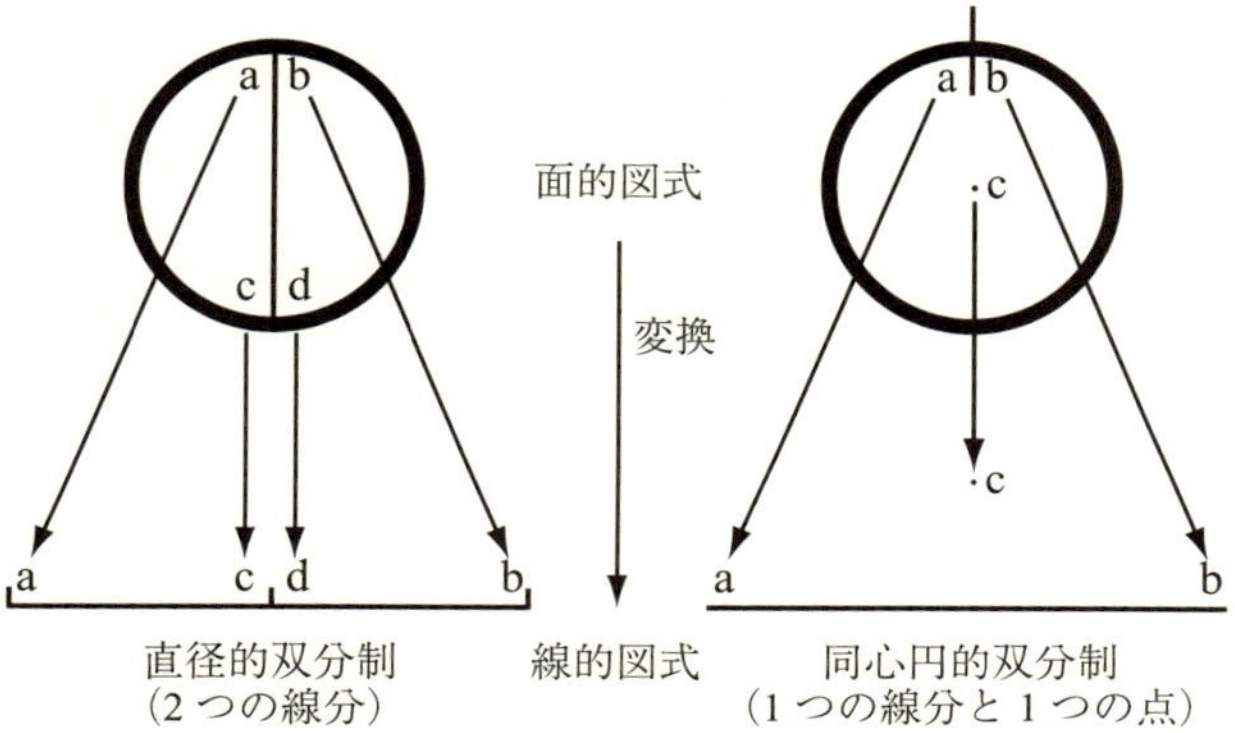

図８－１　レヴィ＝ストロースによる２種類の双分制の図式
（レヴィ＝ストロース 1972[1956] を改変）

つまり、線と線、極と極は対置できるが、極と線は本来性質が異なるので対置できないにもかかわらず、ごまかして二項対立と見なされているということである。

最後に以下のように結論づけている。

> 私がこの論文で明らかにしようとしてきたのは、いわゆる双分組織の研究は現行の理論に照らすときわめて多くの破格と矛盾を明らかにしているから、われわれはこの理論を放棄して双分制の明白な諸形態を、その真の本性は、別のはるかに複雑な構造が表面的にゆがんであらわれたものとして扱った方がよいのではないかということであった。
>
> （レヴィ＝ストロース 1972[1956]: 176-177; 傍線は引用者）

このレヴィ＝ストロースの論文を引用し、双分制と三分制の関係についてこれまで多くのアンデス研究者が議論してきた（Gose 1996: 394; Pärssinen 1992: 227, 407; Rostworowski 1983; Wachtel 1973: 55; Zuidema 1964）。ここでは先行研究を踏まえ、三分制がどのように成立するのかを理論的に考察してみたい。

レヴィ＝ストロースの理論は一九五六年という執筆時期の古さにもかかわらず、非常に示唆に富んでいる。論旨の一つは、まず双分制には、「対称的（シンメトリカルな）双分制」と、「非対称的双分制」があり、後者は本来三分制で示すべき分類をゆがめて示した結果である、という点にある。平面上で図式化すれば前者は「直径的双分制」、後者は「同心円的双分制」と表すことができる。

また論文の別の箇所でも二種類の双分制を、「同質的双分制」と「異質的双分制」と区別し対峙させている。そして二種類の双分制として、次のような例を挙げている（レヴィ＝ストロース 1972[1956]: 168-169）。

同質的な双分制：夏と冬、地と水、大地と天、高と低、左と右、赤と黒、貴と賤、強と弱、老と若

異質的な双分制：静止と変化、状態（あるいは行為）と過程、存在と生成、共時的と通時的、単純と曖昧、一義的と多義的

異質的な双分制は、連続／不連続、という対立に包摂することができるという。レヴィ＝ストロースによる双分制の区分をまとめると、対称的双分制＝直径的双分制＝同質的双分制／非対称的双分制＝同心円的双分制＝異質的双分制、と類型化できる。

三分制の背後に双分制が隠れているのならば、逆にこの二種類の双分制をどのように組み合わせると、三分制ができるのであろうか。レヴィ＝ストロースは同心円的双分制自体が三分制のゆがんだあらわれ方だと述べるが、事態はそれほど簡単ではない。まず同質的／異質的という類型を用いて、異質的双分制（同心円的双分制）について説明を試みてみたい。ここでは共時的／通時的という対立を異質的双分制の例として取り上げる。

レヴィ＝ストロースは、同質的双分制（対称的双分制）は「静的で、自分を超え出ることのできない双分制である。その変形は、出発点とした双分制によく似た双分制をしか生み出すことがない」（レヴィ＝ストロース 1972[1956]: 167）と述べている。そのため、同質的双分制から出発すると、四分制や八分制など偶数の形態しか生み出されず、三分制は成立しない。

同質的双分制は共時面の上の位置関係によって二つの項を対立させる。一方、異質的双分制では、対立項の関係を示すのに時間軸を必要とし、それは例えば共時と通時という枠組みで示される。とすると同質的双分制を異質的双分制と組み合わせることができるのは、前者を一つの項としてまとめ、後者の体系に組み込むことによってである（つまり、異質的双分制の片方の項である共時面上に、さらに同質的双分制を設定できる余地がある）。これによって三分制が成立する。

この三分制成立モデルを、第五章から第七章まで採用した方法に従って二段階に分けて説明してみよう。第一段階では共時／通時という形の異質的双分制が存在し、そして次の第二段階で、共時の方に同質的双分制が適用され、その結果三分制が成立するのである。

筆者の説明モデルでは、三分制は異質的双分制（同心円的双分制）と同質的双分制（直径的双分制）の組み合わせによって成立している。そのため、レヴィ＝ストロースが考えるように三分制と異質的双分制は一対一で対応するものではない。しかし、双分制は「別のはるかに複雑な構造」の一つの形態としてしか存在しない、というレヴィ＝ストロースの指摘は非常に示唆的である。アンデスを事例として「別のはるかに複雑な構造」のモデルを構築してみたい。

八・二　構造の四面体モデル（図8－2）

前章までアンデスの三分制の事例を、二種類の双分制の組み合わせとして説明してきた。本章ではより汎用性が高く、すっきりした説明モデルを構築してみたい。

ここまで三分制を二段階に分けて説明してきたが、これを二段階に分けずに説明できるかがポイントの一つである。

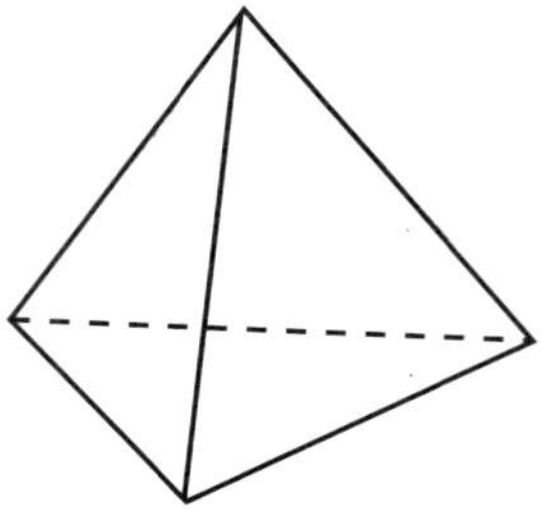

正四面体

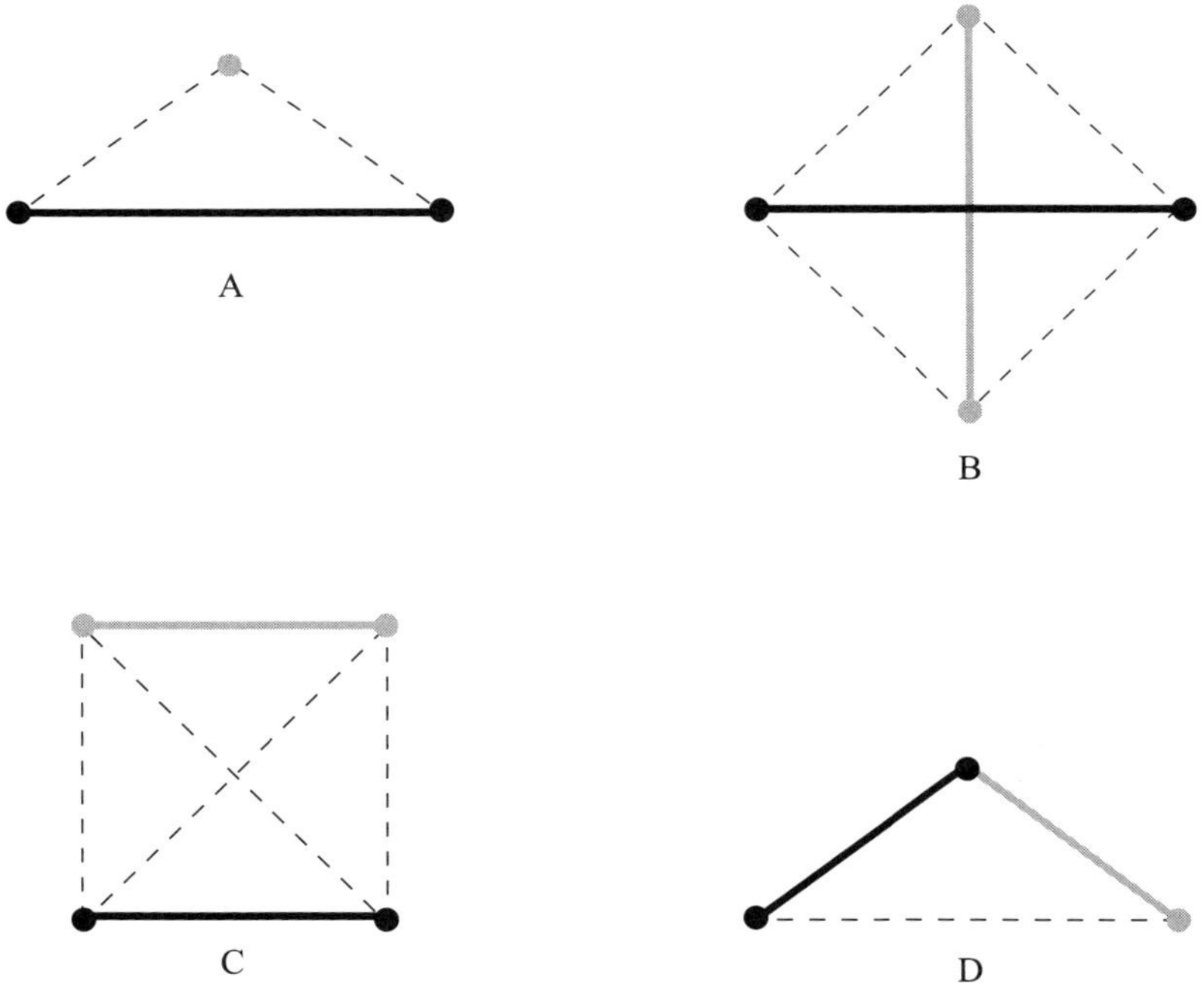

図８－２　四面体モデル（黒色線は赤辺、灰色線は白辺、点線は透明な辺）

もう一つのポイントは、アンデスにおける三分制では、大きく一対二に分かれ、一に対応する方がチュリャとなり、それがコピーを生み出す、あるいは欠如という属性を備えるため、三分制の表象には二つのあり方があるということである。そのため表面上は三分制なのであるが、三者間の関係を位置関係で表そうとすると枠は四つ必要になる。換言すれば四分制と三分制が同時に存在する。これらを一つのモデルに統合することを試みたい。

ここでは実験的に一つのモデルを提唱し、それを「四面体モデル」と呼ぶことにする。分かりやすいように正四面体を例とするが、それは正三角形を四つ組み合わせてできる立体であり、四つの頂点と六つの辺を持つ。この立体は、射影する角度によって四角形にも見えるし、三角形にも見える。

透明な正四面体を想定し、頂点を二つずつ異なる色で塗り分け、同じ色同士をつないでみる。それを例えば赤と白とする。赤色の辺と白色の辺は互いに隣り合わない二辺となる。そして二つの赤い頂点は同質的双分制を示し、白色の二つの頂点は、例えば「現在／過去」（「今／昔」）といった時間上の二項対立を示す[1]、とする。注意する必要があるのは、このモデルでは赤辺、白辺それぞれに同質的双分制、異質的双分制が対応するわけではないということである。同質的双分制は赤辺上の二つの点の関係に対応するが、通時／共時という異質的双分制は、白辺上の二項対立ではなく、赤辺と白辺の関係に対応する。

この正四面体の形はどの方向から見るかによって変化する（図8－2）。換言すれば、どの角度から光を当て平面上にその形を射影するかが問題となる。

（A）　例えば時間上の二項対立を示す白色の二つの頂点が一つの点で重なるように射影すると、底辺の長い二等辺三角形になる。それは底辺が赤色で、もう一つの頂点が白点の三角形である。これが示す三分制の例として、グァマン・ポマの絵の同心状三分制で示された太陽・月・金星の配置（図7－9）、U字形基壇配置、クントゥル・ワシの中央広場の各石彫の図像の構図を挙げることができる。

（B）赤辺と白辺が重なる角度で見ると四角形となる。そして、二つの辺が射影させる面に対して平行な場合、二つの辺は直角に交わり、正四面体は正方形に写る。この四分制の例として、クントゥル・ワシの中央広場の四つの石彫の配置、クスコにおける四つのスユの区分などがある。

（C）透明な二つの辺を射影面に対し平行に見る場合、正方形となる。この場合、赤色、白色の二つの辺が互いに交わらず、向かい合う二辺となる。この四分制の例として「金製角目・蛇目ジャガー鼻飾り」の目の配置などを挙げることができる。

（D）白色の一つの頂点と赤色の一つの頂点が重なるように見ると、底辺の長い二等辺三角形になり、底辺は透明で、長さの等しい二辺はそれぞれ赤色、白色になる。三つの頂点の関係は見かけ上コリャナ／パヤン＋カヤウの線形三分制に対応する。

四面体モデルを用いれば、一つの同じ対象をどのように射影するか、つまりどの角度から見るか、そして全体を見るかあるいはその一部分のみに注目するかによって、双分制、三分制、四分制のいずれかが現れると説明できる。換言すれば双分制、三分制、四分制は、同一構造の異なった表象のあり方といえる。

正四面体を四角形として見て共時面に還元すると（B・C）、時間上の二項対立を示す白色の二つの頂点は、コピーとして表象される。そして共時面において、白点が重なる角度で三角形として見る場合（A）、白点はチュリャとなり、見かけ上ペアが欠如する。これまで常に二次元上で、つまり共時面で考えてきたためその性格は不明瞭であったが、二つのコピーは「現在／過去」という時間上の二項対立を示しており、それが共時面に写されたため見かけ上コピーとなるのである。

四面体モデルは、色の付いた二つの辺の長さや角度をかえることが可能であれば、より汎用性があるモデルとなる。しかし、後述するように、二つの辺が固定されていると想定することによって、アンデスにおける三分制の特徴を適切に説明できる。

八・二・一　平面モデルへの変換

この四面体モデルを用いて、レヴィ＝ストロースが区分する二種類の双分制を二次元上で示すとどうなるだろうか。

レヴィ＝ストロースは同質的双分制を直径的双分制と説明している。これは赤辺のみに注目し、その二つの先端を点から面に広げ図式化したものと理解できる。

白辺と赤辺の関係で示される異質的双分制は同心円的双分制として表象される。四面体モデルを用いて図式化すれば、まず、白辺の二つの頂点が一点で重なる角度でみる必要がある（図8－2A）。そして、白点を固定し、赤辺を三六〇度回転させれば、一定の幅の赤色の円が完成する。このように考えると異質的双分制を同心円として図式化することは適当である。その際、中心部には、変化・過程・生成・通時という動の属性が、周縁部には、静止・状態・存在・共時、といった静の属性が配置されていると考えればよい。[2] そして赤色の円には同質的双分制が対応するため、二つに分けることができる。

以上のように捉えれば、同質的双分制＝直径的双分制、異質的双分制＝同心円的双分制という対応関係は明確である。問題は対称的双分制／非対称的双分制という区分である。レヴィ＝ストロースは対称的双分制＝直径的双分制、非対称的双分制＝同心円的双分制と説明しているが、はたして適切であろうか。彼は次のように述べている。

もちろん、直径的構造の諸要素もやはり等しくないことがありうることは見逃されはしない。たしかに、しばしばそうなのだ。なぜなら、それを名づけるのに優劣、老若、貴賤、強弱、等々の表現が用いられているのだから。しかしながら、直径的構造の場合には、このような不平等はつねにあるわけではなく、いずれにしても、その相互性に滲み込んでいる本性から発するものではない。いつか述べたことがあるように、この不平等は一種の神秘とでもいうべきもので、それを解釈することが現在の研究の目的の一つなのである。

相互的な義務を負い、対称的な権利を履行する半族が、いったいどうして同時に階層性を形作りうるのであろうか？（レヴィ＝ストロース 1972[1956]: 155）

レヴィ＝ストロースは半族組織の関係が基本的には対称的であると捉え、両者の間に相互性を想定している。しかし、半族組織が完全に対称的であるということはあり得るのであろうか。アンデスにおいては少なくとも、対称的な半族組織の例を挙げることはできず、いずれも非対称的と捉えるのが適切である。

本来二つの半族組織の関係は不均衡であり、それらが完全に対称的、平等であると想定することは不適切であろう。もし本当に平等な半族組織が存在するとすれば、両者の間には相互関係は生まれず、半族組織自体が成り立たなくなってしまう。半族組織における対称的関係は、均衡を保とうとする作用の結果として成立する、あるいは相互関係によって至る均衡状態、つまり理念型として存在するにすぎないと見るべきであろう。つまり、対称的双分制は存在せず、それは非対称的双分制が、ある特殊な条件で表面上、理念上、そう見えるということにすぎない。

まとめると、同質的双分制＝直径的双分制、異質的双分制＝同心円的双分制、と示すことができ、それぞれ非対称的双分制であり、対称的双分制はアプリオリには存在しない。

八・三　四面体モデルのアンデスの事例への適用

二種類の二項対立（双分制）を統合し、より高次のモデルとして四面体モデルを提示した。このモデルに従って、前章まで扱ってきた事例を再検討してみたい。

八・三・一　クントゥル・ワシ

第五章では、クントゥル・ワシ社会の構造を、二段階に分けて図式化した（図5－19）。四面体モデルに照らし合わせれば、第一段階で二つに分かれる神官集団と非神官集団の関係は白辺と赤辺との関係、即ち異質的双分制と捉えることができる。赤辺に対応する非神官集団は、第二段階で同質的双分制によって二つの半族組織に分かれ、そこには男／女、右／左、角目／蛇目、という表象が平行する。後述するように白辺に対応する神官集団は時間上の二項対立（「現在」と「過去」）を示す。これを平面に射影して図式化すると図8－3のようになる。

これまで第一段階、第二段階として説明してきた分類は、全体の構造のどの部分に注目するかの違いであり、どちらが最初に分かれるかという問題ではない。

神官集団と非神官集団の関係を共時面上で同心円的双分制として図式化すれば、中央に位置するのは神官集団で、周縁に位置するのは非神官集団となる。白点一つと赤点二つからなる三角形として表象することもできる（図8－2A）。また、中央広場の四つの石彫が示すように、正四面体を、白辺と赤辺の二辺が直行する正四角形として平面上に射影する表象もある（図8－2B）。

では神官集団が対応する時間上の二項対立をどのように説明できるだろう。U字形基壇配置を例とすれば、左右の基壇の関係が同質的双分制に対応し、中央基壇と他の二つの基壇の関係は異質的双分制と考えることができる。中央基壇はペアが欠如しているように見える。

クントゥル・ワシ期の始まりには、前時代のイドロ期の基壇を掘り込み、四基の墓が作られた。その上に新たに基壇をかぶせて建設し、U字形基壇配置の神殿が完成した。とすると、中央基壇の下には建立埋葬を行った古い時期の基壇が埋め込まれており、それと組むことによって時間上の二項対立を形成すると考えることができる。換言すれば黄金製品を伴う四基の墓の建立埋葬は、イドロ期の基壇を過去の定点として設定する儀礼であるともいえよう。

このように考えると、U字形基壇配置は白辺が一点で重なる角度で見た場合の三角形と説明するのが適切であろう。つまりクントゥル・ワシ期の中央基壇とその下のイドロ期に基壇によって形成される辺を上から眺めると一点

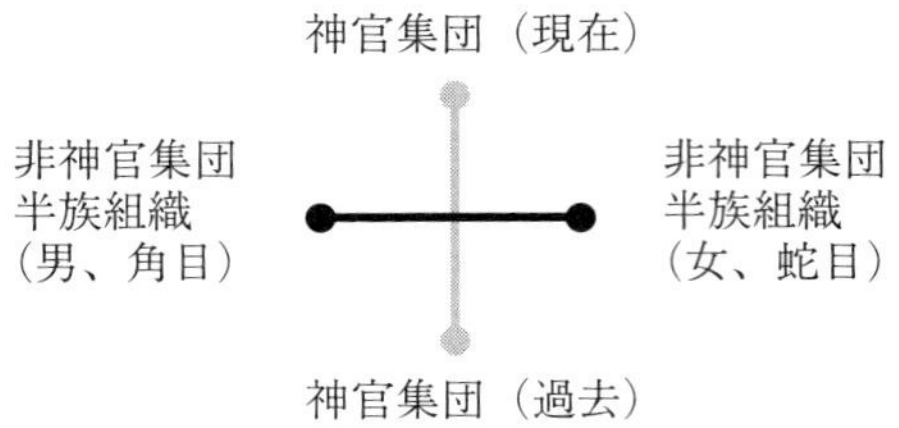

図8－3　四面体モデルによるクントゥル・ワシ社会の構造の説明（黒色線は赤辺、灰色線は白辺）

で重なって見える。これまで中央基壇にはペアとなる基壇が欠如すると考えてきたが、それはその下に隠れて見えないと説明するのが適切である。

次に中央基壇下の四基の墓を考えてみよう。第一号墓・第四号墓（非神官集団）は赤辺、第二号墓・第三号墓（神官集団）は白辺に対応すると考えられる。この場合、第二号墓と第三号墓の被葬者は、ともに男であるため、共時面におけるその質は同じである。しかしそれらの時間上の位置は異なり、構造に照らし合わせれば、時間上の二項対立を示しているはずである。

ここでは、第三号墓の被葬者が第二号墓の人物よりも古い時代、すなわち建立埋葬の時点ですでに「過去」に属するという仮説を提示したい。墓穴の方向が第三号墓のみ異なっていたことから、墓穴の方向は時間上の位置と関係する、つまり第一、二、四号墓は「現在」に属し、第三号墓だけが「過去」に属するという仮説である。インカに喩えて説明すれば、第三号墓の人物はクントゥル・ワシにおけるマンコ・カパックである。

第三号墓の人骨を年代測定したところ、クントゥル・ワシ期の基壇建築年代よりも約三百年古い年代を示した（Onuki 1995: 212, 2001: 75）。そのため古い時代のミイラが埋められたと考えることができる（加藤 2010: 127）。ところが年代を再測定した結果、クントゥル・ワシ期の範囲内におさまった（加藤編 2007）。ここでは、第三号墓の人物が第二号墓の人物よりも前の人間であれば、モデルと合致する。例えば一世代前の人物であっても構わない。放射性炭素年代では示されない時期差であるならば、副葬品の様式的編年などに基づき議論する必要がある。第二号墓の人物が二枚の鼻飾りを有していたのは、本来そのうち一枚は第三号墓の人物が装着しており、それと同一化するためという可能性もあろう（本書二一九頁参照）。また、第二号墓の金製ジャガー耳飾りは第三号墓の金製円形耳飾りとセットであったという仮説を提示したい（第五章註8参照）。

ここまで分析をして第五章で引用した加藤・井口の主張を裏付けることができた（本書二二五－二二六頁参照）。そして、四つが大きく二つに大別された後、一つは共時面の二項対立を、もう一つは時間上の二項対立を示すといえる。中央広場の四つの石彫も、よく見ると東の石彫だけが首が表現されておらず、色、目の形、首の有無によって四つの石彫は全て差異化されている。[3] おそらく、蛇目／角目が、現在／過去に対応しており、角目の石彫を配置することで中央基壇側に「過去」という属性を付与している。そして首の有無は、男／女の対立に対応している。

八・三・二　チャビン・デ・ワンタル

チャビン・デ・ワンタルの図像表象の仕方はいくつかの点でクントゥル・ワシと異なっている。

黒と白の円柱に描かれた図像の人物の手は、解剖学的にあり得ない特徴を有していた。手が正常／異常という描き分けは、クントゥル・ワシにおいては神官集団／非神官集団の区分に対応する表現の一つであった。異常な手は正常な手と組み合わさり、二項対立を示すため、黒と白の円柱は少なくとももう一つの石彫と組み合わさることを前提し製作されたのであり、その候補としてライモンディの石碑を挙げた。

ただし黒と白の二つの円柱の図像が男／女と分かれるため、チャビン・デ・ワンタルでは、手がひっくり返っているのは神官集団ではなく、非神官集団である。そのためこれらは神官集団の視点から製作した図像の構図、あるいは左右のウイングの大きさが通常とは逆のU字形基壇配置に伴う工夫であるという見通しを示しておいた。

またテーヨのオベリスクの上部に、ネコ科動物、猛禽類、魚の三種類の動物が刻まれている。これらが三分制を示すとすると、一対二に分かれ、一に対応するのはネコ科動物である（図5－26）。そうするとネコ科動物と神官集団は構造上同じ位置を占めるといえる。

チャビン・デ・ワンタルはU字形基壇配置に従っている。クントゥル・ワシと同様、U字形基壇配置の旧神殿を設計する際に、中央基壇の下に古い建物を埋める必要があった。前一〇〇〇年頃に最初のU字形配置（旧神殿）が導入された際には、すでにあった部屋状構造が新しい中央基壇の下に埋め込まれ、左右のウイングとして二つの基壇が建設され、三つの基壇からなるU字形配置が成立した。その際中央基壇の内部にランソン像が配置されたが、それは過去の定点を定めるための行為であり、クントゥル・ワシにおける四基の墓と構造上同じ位置にあると解釈できる。

一方、前八〇〇年頃の新神殿建設開始の際は、旧神殿の中央に円形半地下式広場が組み込まれ、旧神殿全体が新神殿の中央基壇となり、左右のウイングの基壇が新たに配置された（図5－21）。そして、円形半地下式広場と同時に作られたオフレンダス回廊をはじめとする諸回廊における奉納は新神殿の建築開始に伴う、過去の定点を定める儀礼であり、それは旧神殿におけるランソン像の設置と構造上同じ位置を占める行為である。そしてその後建築活動は継続し前五〇〇年頃に神殿は完成した。

先述のように、チャビン・デ・ワンタルの最終形には左（北）ウイングの基壇が右（南）ウイングの基壇よりも大きいという変則が認められた。つまり通常U字形基壇配置の神殿では、中央基壇から見て右の基壇が大きく、左の基壇が小さいのであるが、チャビン・デ・ワンタルでは逆になっている。この問題に関しては後段で検討する。

八・三・三　ティワナク

ティワナクの図像における構造の表象方法は一変し、同じ構造を一度に三つの動物を使って示す方法が主流となった。ピューマ、コンドル、魚の三つの動物表象の祖型は、チャビン・デ・ワンタルのテーヨのオベリスクにすでに認められ、形成期上層のプカラに継承された。

ティワナクの図像表現においては、三種類の動物が採用されており、その基礎となる双分制よりも三分制が顕著である。三種類の動物の関係を、四面体を一つの辺が一点で重なる角度で写した場合の三角形の各頂点の関係として考察してみよう。三角形の頂点にそれぞれ動物が配置されるとすると、重なった一点に対応する動物、つまりペアが欠如するチュリャとなるのはピューマか魚である。

一方、二種類の二項対立を組み合わせ、共時面上で属性の組み合わせを三つ形成するという、古くからの表現方法も引き続き用いられた。ベネットの石彫、ポンセの石彫などでは、右手が異常な手、左手が正常な手と、一人の人物の手の表現が左右で分かれている。クントゥル・ワシやチャビン・デ・ワンタルでは各人物単位で正常な手か異常な手が表現され、手の正常／異常は四面体モデルにおける赤辺と白辺の関係に対応する。しかしティワナクの場合一人の人物が、左右の手を正常／異常と描き分け、二つの要素を内包している。ただし描き分けられた左右の手という双分制から出発すると三分制は形成されないため、構造の一部を示しているにすぎず、そこには三つの動物のうち二つが対応していると考えられる。ベネットの石彫やポンセの石彫にはピューマが現れるとしてもごく限定されているため、対応する二種類の動物はコンドルと魚であり、全体の構造はピューマ／コンドル＋魚となる。そして、それらの石彫の人物は正常な左手でケーロを持っており、右手はひっくり返って幻覚剤用の板を握っている。手の正常／異常という特徴が神官／非神官の分類に対応しているとすれば、手の異常は神官集団を表象し、そこにはコンドルあるいは魚が対応すると考えられる。

神官集団は儀礼構造においてチュリャとしての属性を備える。コンドルがチュリャとなることはないため、祭祀という属性が備わっているのは魚であると想定できる。幻覚剤用の板やケーロなど儀礼に用いられる道具には魚が付随することから、魚＝神官集団という説と合致する。残念ながら魚がほぼ単独で現れるコチャママの石彫の手の表現がどのようになっていたか不明であるが、もし両方ともひっくり返っている異常な手、あるいは両手が正常であれば筆者の仮説を支持する論拠となろう。

一方太陽の門に現れる槍と投槍器を持った正面向きの人物の場合、中心的位置を占めるのはピューマである。そして槍は武器の一種であるため、ピューマ＝戦士集団、という関係が浮かび上がる。(4) 形成期後期において、ネコ科動物（ジャガー）は神官集団と構造上同じ位置を占めていた。ティワナクにおいても同様にネコ科動物（ピューマ）がチュリャとなる場合があるが、それは神官集団ではなく戦士集団に対応するため、動物の配置の変換が起こったようだ。

一方少数ながら月の門やリョヘタの石彫などには、魚がチュリャとなる、魚／ピューマ＋コンドルという構造に対応する図像表現も認められる。こうした構造上の動物の配置の違いが何を示しているのか、インカのモデルを援用することで一つの解釈を提示することができる。

八・三・四　インカ

インカ王権の構造は、コリャナ、パヤン、カヤウの三つの範疇を用いて説明できる。ビラコチャ以前は政治構造と儀礼構造は一致しており、カヤウ／コリャナ＋パヤンという配置で、アンティスユ（カヤウ）のマンコ・カパックと重ね合わされた。しかしパチャクティによるクーデターによって政治構造上における範疇の配置が変換され、コリャナ／パヤン＋カヤウとなり、コリャナのインカ王がサパ・インカ（チュリャ）となった。そしてパチャクティ、トパ・インカ・ユパンキ、ワイナ・カパックといったコリャナのサパ・インカは戦士として征服に明け暮れた。一方パチャクティ即位以降も儀礼構造は変化せず、太陽の神官はカヤウ（アンティスユ）のタルプンタイというアイユから選出された。つまりビラコチャ以前は、聖俗の構造上の配置は同じで、儀礼的指導者と政治的指導者はともにカヤウから輩出されたが、パチャクティ王によるクーデター以降、政治構造と儀礼構造は一致しなくなった。

儀礼構造、およびビラコチャ以前の政治構造を図式化すると図8－4のようになる。

インカにおいて神官になるには男性の双子が望ましいとされる（Cobo 1964[1653]: 224）。これはカヤウ＋カヤウという形から理解できる。アンデスにあまねく見られる男性デュアリズムは神官集団の対応するカヤウの二重性が基

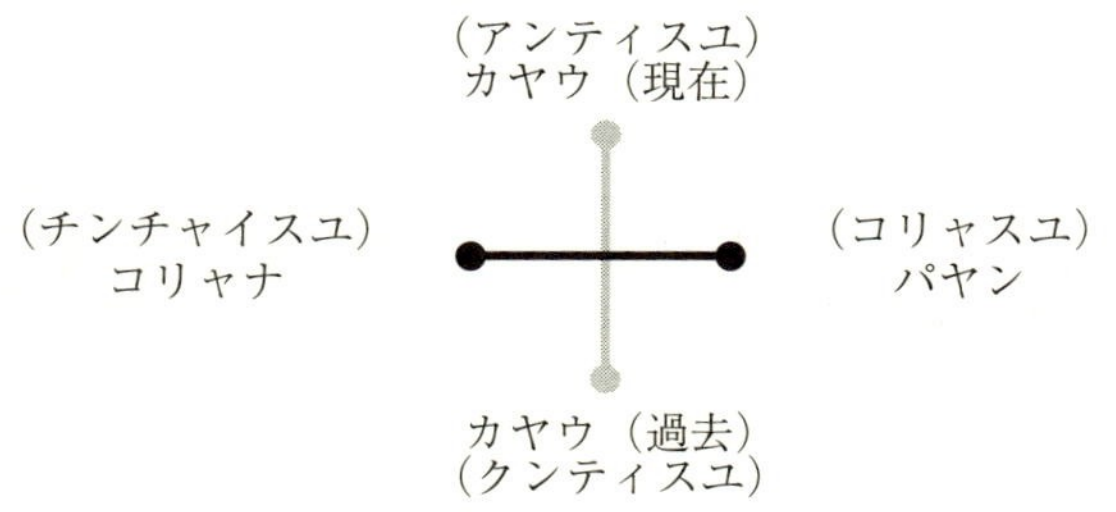

図８－４　四面体モデルによるインカの構造の説明
（黒色線は赤辺、灰色線は白辺）

本となっている。また、双子の一人が稲妻の子と見なされる（アリアーガ 1984[1621]: 410, 439）。これはコリャナ／パヤン／カヤウを太陽／月／金星と理解する際に、稲妻がカヤウ（過去）として表象されると説明できる。すでに死んだ者（過去）であるミイラはイリャパ（雷）と呼ばれ、雷は過去に属すると言えるからだ（シエサ・デ・レオン 2006[1553]: 178; Guaman Poma de Ayala 1987[ca.1615]: 284, 384）。例えば死んだワイナ・カパックを描いた図７－10の右上にイリャパの文字がある。雷の神格が後にビラコチャに併置、混同されるため（Rostworowski 1983: 29, 38）、ビラコチャと雷は双方ともカヤウに対応すると考えられる。

金／銀／銅はコリャナ／パヤン／カヤウに平行するため、銅とミイラはともにカヤウに対応する。銅はミイラと密接な関係があり、スポンディルス貝と交換される（Gose 1993: 505-508）。そのためスポンディルス貝は構造上カヤウ（過去）に位置するのかもしれない[5]。

ビラコチャ以前は構造に照らし合わせれば、インカ王は四人存在するのであるが、マンコ・カパックは過去に属するため、同時代に生きた王は三人となる。パチャクティ王以降の政治構造においては、コリャナ（チンチャイスユ）のサパ・インカは、カヤウ（クンティスユ）に理念上位置するマンコ・カパックと組むことはできなかった。そのため平面上の四つの枠で構造を示す場合、コリャナのサパ・インカはカヤウ（過去）とカヤウ（現在）を一緒にし、残りの空隙をワウキ（コリャナのコピー）によって埋めた。つまり四つの枠は、「コリャナ」、「パヤン」、「カヤウ＋カヤウ」、「コリャナのコピー（サパ・インカのワウキ）」、によって埋められることになった。その結果、構造から「過去」が除去され、コリャナのインカ王は常に現在との関係で表象され、

図8−5　第１の紋章（Guaman Poma de Ayala 1987[ca.1615]）

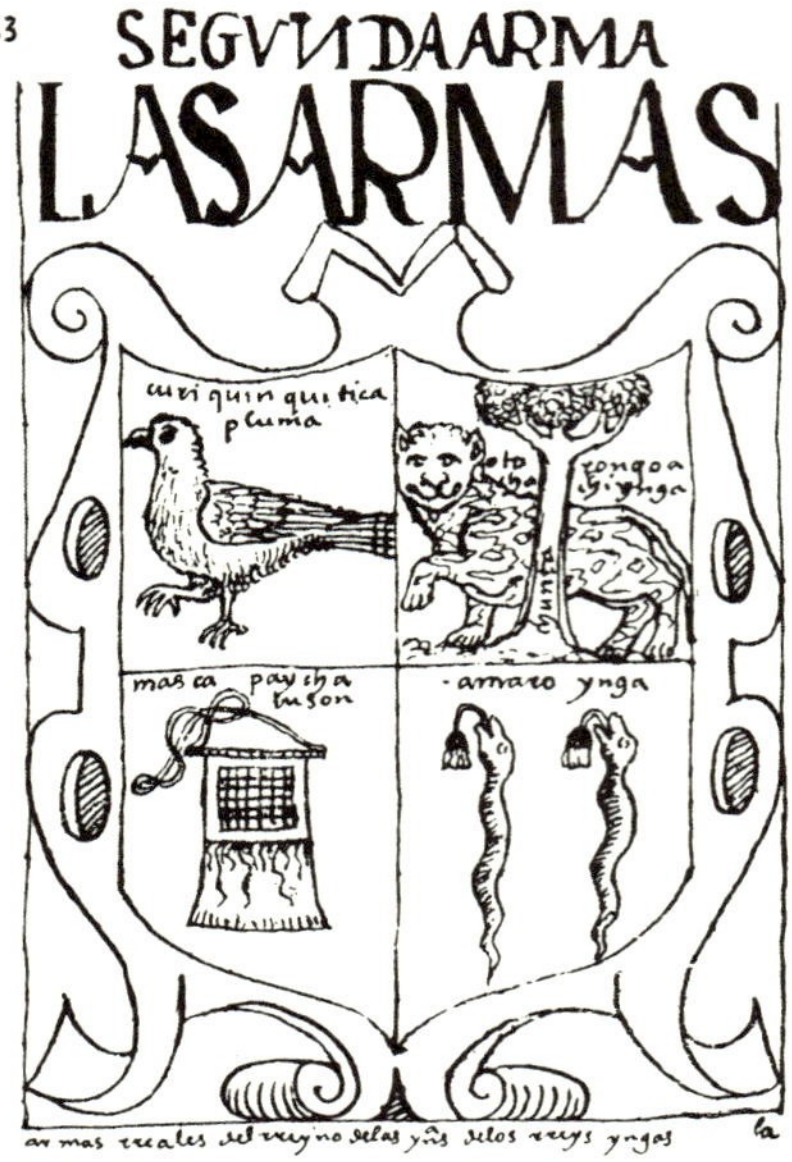

図8−6　第２の紋章（Guaman Poma de Ayala 1987[ca. 1615]）

太陽の子を名乗ることとなったのである。このように解釈すると、パチャクティの本来の意味を理解できる。「パチャ（pacha）」には「大地」という意味もあるが、辞書に最初に出てくるのは「時間（tiempo）」という意味である（González Holguín 1989[1608]: 268, 679）。そのため、パチャクティを「時間をひっくり返す者」と訳すこともできる。

さて同心状構造（カヤウ／コリャナ＋パヤン）から線形構造（コリャナ／パヤン＋カヤウ）への移行を説明するため、先住民クロニスタであるグァマン・ポマの作品を引用しよう。その中で「第一の紋章」（図8−5）、「第二の紋章」（図8−6）を示した箇所が出てくる。盾を四分割し、それぞれを要素で埋めている。「第一の紋章」では太陽、月、金星、そしてパカリクタンボ洞窟が占めている。それはカヤウ／コリャナ＋パヤンの同心状構造を示し、パカリクタンボ洞窟はクンティスユに位置するため（図7−3）カヤウ（過去）に対応する。一方「第二の紋章」は線形構造（コリャナ／パヤン＋カヤウ）に従っている。ネコ科動物（ジャガー）、鳥、二匹の蛇はそれぞれコリャナ、パヤン、カヤウ＋カヤウに対応する。[6] 残る一つの枠を占めているのはインカ王が身につけるマスカパイチャであり、それはコリャナのコピーと見なされ、コリャナのサパ・インカのワウキと構造上同じ位置を占める。

形成期後期からインカまで、四面体構造が認められるが、構造上の要素の配置の変換、双分制の表象の変化はしばしば起こったようだ。それは例えばインカにおけるハナン／ウリンの関係についていえる。

ハナン／ウリンの成立

通常ハナン／ウリンの関係は、上／下、と説明される。確かに「ハナン（hanan）」には「上」という意味がある（González Holguín 1989[1608]: 148; Santo Tomás 1951[1560]: 291）。しかし「ウリン（hurin）」という単語の意味は「下」ではない。辞書には「ウリン：地面の下で産物が実ること、あるいは根」、「ウリ：産物が実を結び、始まる時に地面に生じるもの」（González Holguín 1989[1608]: 350）とある。「ウリン」という言葉について、言語学者ロドルフォ・セロン＝パロミーノは次のような仮説を立てている（Cerrón-Palomino 2002）。

ペルー南部のクスコ周辺では「下」を表す単語は、「ウラ（ura）」である（González Holguín 1989[1608]: 356）。ウリンはしばしばルリンともいわれるが、「ルリ（ruri, luri）」は北のチンチャイスユで使用された単語で、「内部」を意味する。ルリンは大地の内部のようなイメージである。一方ペルー南部で「内部」を意味するのは「ウク（uku）」という単語である。「ルリ」が南部に入ってきて使用されるようになり、インカ期の終わりに、「ルリン（lurin）」が「ウラン（uran）」と混同されて「ウリン（urin, hurin）」という単語が成立した。ハナン／ルリンという分類は本来「上（encima）」／「内部（dentro）」という意味であった。しかし、ルリンがウリンとなり、上／下という意味を示すことになったという。

セロン＝パロミーノが主張するように二種類の単語が混同され、ウリンという言葉がインカ期に成立したのならば、本来の双分制自体が変容し、ハナン・クスコ／ウリン・クスコという双分制が成立した可能性がある。

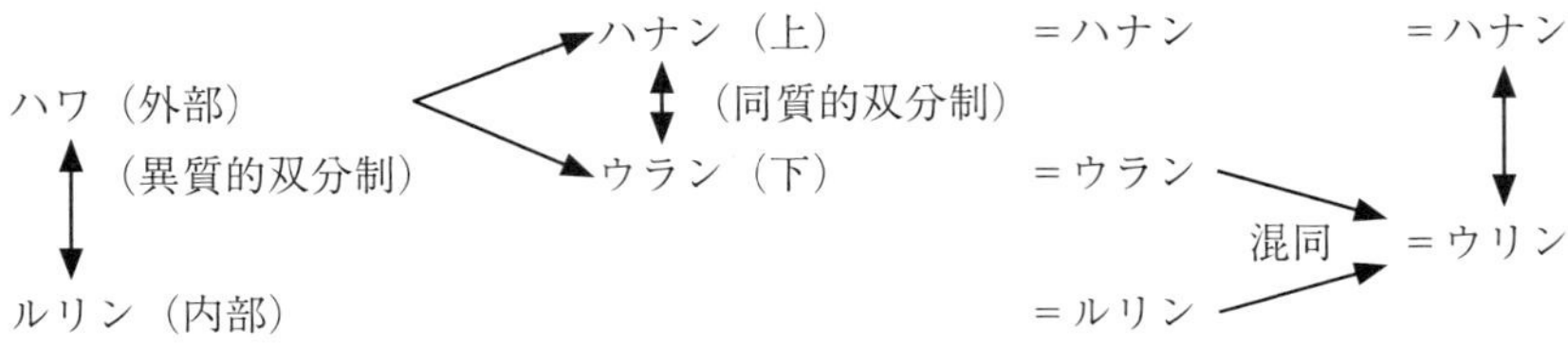

図８－７　ハナン／ウリンの成立モデルＡ

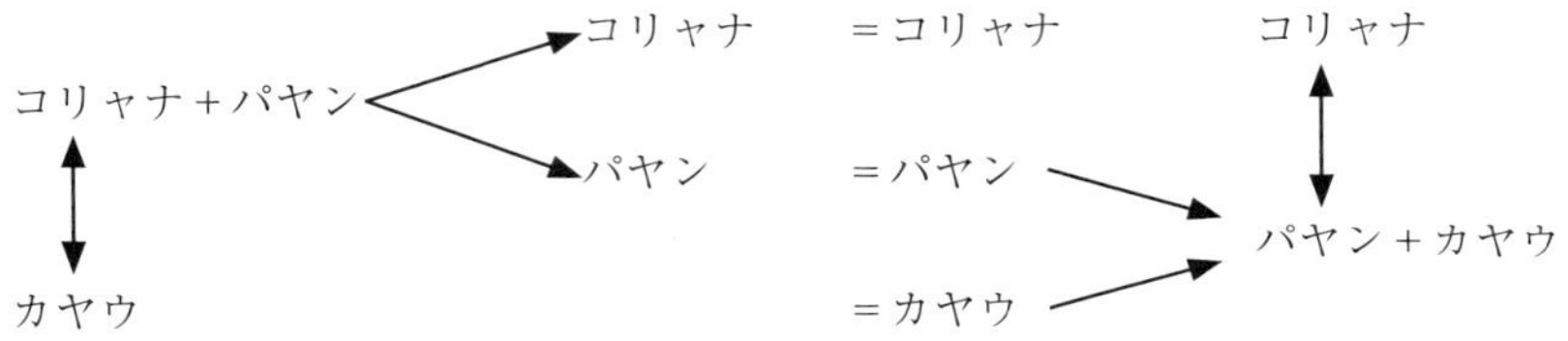

図８－８　ハナン／ウリンの成立モデルＢ（コリャナ、パヤン、カヤウによる説明）

しかしハナンには「上（arriba）」という意味はあるが、セロン＝パロミーノのいうような「上（encima）」という意味はない[7]。また、「ルリン」が「内部」を示すのならば、それに対立する単語は、「上（encima）」、「外部（fuera）」を意味する「ハワ（hahua）」である（González Holguín 1989[1608]: 144-145）。ウリンが「ルリン（内部）」と「ウラン（下）」という単語が混同して成立したとすれば、ハナン／ウリンには二種類の双分制が一緒くたになっているようだ。一つは「上／下」を示す同質的双分制「ハナン／ウラン」、もう一つは「外部／内部」[8]を示す異質的双分制「ハワ／ルリン」である。これを図示すると図８－７のようになる。

さらにこれを、コリャナ、パヤン、カヤウを用いて説明すると図８－８のようになる。

ここから、カヤウ／コリャナ＋パヤンの同心状三分制から、コリャナ／パヤン＋カヤウの線形三分制への移行に伴い、ウランとルリンが混同され、ハナン／ウリンの双分制が成立したという仮説が導かれる。ハナン／ウリンは、同質的双分制と異質的双分制が一緒くたになって表象された形であり、もっと複雑な構造がその裏に隠れている。レヴィ＝ストロースが提示する次の事例もそのように捉えることができる。

ウィンネバゴ族の例では、「高いもの」と「低いもの」の明白な双分制が三つの極をもった体系を十分に覆いかくしていない。高いものは一つの極――天――によって示されうるが、低いものは地と水の二つの極を要求するからである。（レヴィ＝ストロース 1972[1956]: 169）。

四面体構造における二辺の関係は、「上／下」ではなく、「外部／内部」と説明するのが適当である。それは同心円的双分制、異質的双分制と捉えることができる。クスコの四つのスユを二つに大別する場合、チンチャイスユとコリャスユが「外部」に、アンティスユとクンティスユが「内部」に対応するはずである。そして、同心円的双分制「外部／内部」と「ハナン／ウリン」が平行関係にあると考えれば、ハナン・クスコから政治的軍事的指導者が、ウリン・クスコから宗教的儀礼的指導者が選出されたというロストウォロフスキの解釈とつじつまが合う。パチャクティ王によるクスコ建設以降、チンチャイスユ（コリャナ）の王は戦争に明け暮れ、一方アンティスユ（カヤウ）の王はクスコに留まっていたため、チンチャイスユ（コリャナ）＝「外部」、アンティスユ（カヤウ）＝「内部」とイメージしやすい。そして、ベタンソスのクロニカに現れる、カヤウの王ワスカルがハナン・クスコではなくウリン・クスコの王として統治しようとしたというくだりも理解できる（本書三八八頁参照）。

四つのスユとハナン・クスコ／ウリン・クスコの対応関係を考える場合注意すべきことは、共時面上の同質的双分制（男／女）、あるいは時間上の二項対立（現在／過去）を四つのスユに当てはめる場合、二対二ではなく、一対三に分かれるということである。クントゥル・ワシの中央基壇下の四つの墓では、性別に注目すれば第四号墓の人物だけ女性で残りは男性だった。墓穴の方向と時間に注目すれば第三号墓の人物だけが、「過去」に属し、残りは「現在」に属した。クスコの四つのスユの区分については、男女という性別の表象に注目すれば、パヤンであるコリャスユのみが「女」で他の三つのスユは全て「男」となる。またベタンソスが述べるように、「太陽の神殿から下の場所を、下のクスコを意味するウリン・クスコと呼ぶよう命じた」（Betanzos 1996[1557]: 93）のならば、ウリン・クスコにはクンティスユのみが対応し、ここではハナン／ウリンの分類に「現在／過去」という時間上の区分が関係しているようだ。

いずれにせよ双分制は四面体構造の一部を説明しているにすぎない。そのため双分制がどのレベルを表象しているのか常に注意する必要がある。

八・三・五　インカのモデルのティワナクへの応用

ティワナクにおける三つの動物の関係は、ピューマ／コンドル＋魚、あるいは魚／ピューマ＋コンドルと示すことができる。インカの三分制の範疇との対応関係はコリャナ＝ピューマ、パヤン＝コンドル、カヤウ＝魚、となる（cf. Makowski 2002: 360）。チュリャとなるのは、ピューマか魚であり、魚が儀礼と結びつき、ピューマが戦士に対応する。この同定に従い、ティワナク社会の構造を実験的に考察してみたい。

ティワナクの石彫のうち魚がほぼ単独で現れる月の門、リョヘタの石彫、コチャママの三つは損傷が激しく顔をつぶされている。それらの構造は、魚／ピューマ＋コンドルと示すことができる。

一方ピューマが中心に現れる太陽の門は比較的保存状態が良い。また、主にコンドルと魚が組合わさって表象されたベネットの石彫、ポンセの石彫は、半地下式広場の内部に埋められていた。これらは、ピューマ／コンドル＋魚という構造に対応する。つまりティワナクの石彫は、構造上の要素の配置に注目すると、ピューマと魚のどちらがチュリャとなるかで二つのグループに分かれる。

石彫の二つのグループの関係については二つの解釈が可能である。一つは魚がチュリャとなる前者のグループが古く、ピューマがチュリャとなる後者のグループが新しいという時期差を示す可能性である。インカの政治構造においては、ビラコチャ王以前のカヤウ／コリャナ＋パヤンという配置から、パチャクティ以降のコリャナ／パヤン＋

カヤウという配置へ移行が起こった可能性を指摘した。これと似た現象がティワナクでも起こったとは考えられないだろうか。すなわち魚が中心の石彫が破壊されているのは、魚／ピューマ＋コンドルから、ピューマ／コンドル＋魚へと変換したためではないか。そうであるならば歴史は繰り返すといえよう。

もう一つの可能性は、両グループが同時期であり、魚がチュリヤとなる場合は儀礼構造、ピューマがチュリヤとなる場合は政治構造を示しているという解釈である。その場合すでに儀礼構造と政治構造の分化、つまり聖俗が分離していたと考えられる。(9) インカにおいてもパチャクティ王即位以降、カヤウがチュリヤとなる儀礼構造は併存した。頭を突き合わせた二人の同じ人物が施された石彫には、ピューマまたは魚が単独で彫り込まれている（図6－36）。それらの間に様式的な違いは認められないため、ピューマがチュリヤとなる政治構造と魚がチュリヤとなる儀礼構造が同時期に併存したという解釈の状況証拠となる。

いずれにせよ、前者のグループの石彫が意図的に破壊されているため、儀礼構造でチュリヤとなる魚に対応する集団が大打撃を受けた可能性を示している。このことはティワナク社会の崩壊、あるいは変質の原因を探る鍵となろう。

八・四　四面体モデルにおける四つの頂点の位置関係

次に四面体モデルにおける各頂点の範疇の配置を考えてみよう。その場合平面上の四つの枠で考えても、見る角度によって全ての配置があり得るため無意味である。問題となるのは平面上で三角形に見える角度で射影した時の各頂点の位置関係である。ここでは具体的に、赤辺上の一つの頂点を「男」、もう片方を「女」、そして白辺の両端を「過去」、「現在」として考えてみよう。

白辺が一点で重なる角度で眺めると二等辺三角形になる。二等辺三角形の白点から見た場合赤辺の右手に男、左手に女が配置される場合を想定してみよう。

クントゥル・ワシのU字形基壇配置では、東西ウイングが赤辺の二つの頂点に対応し、中央基壇では白辺上の二つの頂点が重なっていると解釈できる。一般的なU字形であれば、右ウイングは左ウイングより大きい。基壇の大小が男女に平行すれば、右ウイングの東基壇が男、左ウイングの西基壇が女である。そして、中央基壇のクントゥル・ワシ期の基壇下にイドロ期の基壇が埋まっており、そこに四基の墓が掘り込まれた。つまりクントゥル・ワシの場合、重なった白の点において上に位置するのは「現在」であり、下に隠れているのは「過去」である。

クスコの空間構造では、アンティスユ（カヤウ）に立ってクンティスユ方向を向くと、右側に位置するチンチャイスユ（コリャナ）は男、左側のコリャスユ（パヤン）は女となる。各セケ上の歴代インカ王のパナカの配置に照らし合わせると、コリャナ（チンチャイスユ）、パヤン（コリャスユ）、カヤウ（アンティスユ）にそれぞれインカ王が存在した。そして、クンティスユにはインカ王朝の伝説上の創始者マンコ・カパックのパナカのみが配置され、「過去」に属する。実はこの場合、二辺の関係は明らかにならない。というのもチンチャイスユとコリャスユによって構成される赤辺と、アンティスユとクンティスユによって構成される白辺は、どちらが上になって重なっているか不明であるからである。しかしコリャナ、パヤン、カヤウの関係は共時面上で三角形として写すことができ（図7－15）、その場合四つのスユの関係でいえば、クンティスユをアンティスユの下に隠して、三つのスユの関係で見ているといえよう。中心のカヤウ（アンティスユ）に「過去」は含まれないため、重なっている点で上に位置するのは「現在」、下に隠れて見えないのは「過去」と解釈することができる。


仮に四面体モデルにおける赤と白の二辺の関係が、クントゥル・ワシ、クスコの空間構造と同様に固定されていたと想定すると、これまでペンディングになっていた問題を解読する手がかりが得られる。それはチャビン・デ・ワンタルの最終期の基壇配置において、通常のパターンとは異なり、中央基壇から見て右手の基壇が小さく、左手の基壇が大きく、またそれと平行し黒と白の二本の円柱のうち、中央の基壇から見て右手に女の石彫が、左手に男の石彫が配置された、という問題である。

赤辺と白辺の対応関係が固定されているとすれば、チャビン・デ・ワンタルの場合、左右の基壇がひっくり返っているため、正四面体を一八〇度回転させる必要があり、そうすると重なった白い点で、上に位置するのは「過去」、下に位置するのは「現在」となる。U字形配置の中央の基壇が「過去」を表象しているのならば、それは神殿の増築・改修活動がすでに完了したということを示しているのではないか。左ウイングの大きいU字形配置が最終段階のみに認められ、それ以前は右ウイングが大きいU字形基壇配置であったことが証明できれば、この解釈は支持される。チャビン・デ・ワンタルの建築編年では、はじめの時期は右のウイングが大きいU字形配置で、新神殿の最終段階に左ウイングが大きくなっている（図5－21）。黒と白の円柱は、最終段階に左のウイングが大きくなり完成した時に製作、設置された。また二本の円柱は構造上非神官集団に対応するため、クントゥル・ワシと同じであれば、人物の手の解剖学的特徴は正常のはずであるが実際には異常である。それは通常のU字形配置と異なり、左ウイングが大きく中央の基壇が「過去」を表象していることと連動しているのかもしれない。

以上のように考えると、クントゥル・ワシとチャビン・デ・ワンタルの違いが明確になる。クントゥル・ワシの中央基壇は「現在」を表象しているため、変化可能であり、神殿の更新は繰り返される。一方チャビン・デ・ワンタルの最終形では、中央基壇は「過去」を表象するため、もはや建築を更新することはできず、維持活動のみが行われた。そのため共同体の労働力は神殿の建設ではなく別の活動に注がれることになる。ここに形成期後期後半にチャビン様式の遺物が広範囲に広まった要因の一つを認めることができる。

同様の視点から、パチャクティ・ヤムキが描いたパカリクタンボの洞窟の位置関係の変則を説明してみたい（図7－20）。中心にカヤウであるタンボ・トコ（＝カパック・トコ）が位置し、タンボ・トコから見て右にパヤンのマラス・トコが、左にコリャナのスティック・トコが描かれている。即ちチャビン・デ・ワンタルの建築配置と同様、コリャナとパヤンの左右の位置関係がひっくり返っている。つまりタンボ・トコは過去に属していることになる。三つの

カヤウ（過去）

パヤン　　コリャナ

図8－9　過去を含む同心状三分制（渡部モデル）

穴のうちインカ王朝の始祖となるマンコ・カパックが出てきた中央のタンボ・トコを過去として表象する必要があったのである。このように考えると、サルミエントが記録したパカリクタンボ神話で、人間が出てきた順番を、パヤン→コリャナ→カヤウと語っており、倒置しているということは、実は何ら矛盾ではないことが分かる。白点が重なる三角形を写す際に四面体を見る角度が通常と一八〇度ひっくり返っているため、三点の配置も異なり、語る順番も逆になっているのではないか。

　また、ペルシネンが同心状三分制の例として取り上げた、グァマン・ポマの絵についても同様に説明できる（図7－10）。ペルシネンは中央に位置するインカをコリャナ、右に位置する后（コヤ）をパヤン、左に位置する王子をカヤウと同定した。しかし中央に位置するインカ王ワイナ・カパックはすでに死亡している（本書三五四頁参照）。ミイラと雷がともにイリャパと表象されること、そして雷と創造神ビラコチャが置換されることが示すように、ミイラの対応する範疇はカヤウ（過去）である。そして后はパヤン、王子はコリャナである。図7－20と同様に図7－10の構造は、図8－9のように図示される。

　コリャナとパヤンの位置関係が左右ひっくり返っているのは、中央に位置するインカ王がすでに死亡し「過去」を表象しているからである。

付論――アンデスの料理の三角形

　四面体モデルを用いて、有名な料理の三角形を再考してみたい（レヴィ＝ストロース 1968[1967], 2007[1968]: 551-572）。ここで行うのはアンデスの構造に照らし合わせたらどのように説明できるかという実験的な試みである。つまり三角形は四面体の一つの表象という立場で、アンデス的料理の三角形を説明する。まずはじめに二段階の説明モデルで図式化し、次に四面体モデルに統合してみたい。

レヴィ＝ストロースは、「生のもの」、「火にかけたもの」、「腐ったもの」の三頂点からなる三角形を仮定して、議論を始めている（図８－10）。そして「生のもの」を無標、それ以外のものを有標と捉えている。[10] 換言すれば、有標／無標は、手を加えたもの／手を加えてないもの、となる。さらにこの三角形には文化／自然、という対立が存在するという。換言すれば最初に有標／無標と分かれ、有標の方が第二段階でさらに分割される。それを図式化すれば図８－11のようになる。

レヴィ＝ストロースは次に第二の三角形を探すべく、食べ物の熱処理について考察する。最初に指摘するのは、焼いたもの／煮たもの、空気／水、自然／文化、という二項対立である。しかしこれだけでは三角形ができないため、第三の要素を探し次のように述べている。

〈生のもの〉、〈火にかけたもの〉、〈腐ったもの〉のカテゴリーによって形作られている料理の三角形に、[11] 我々は二つの辞項を書き入れた。その一つは〈焼いたもの〉で、それは〈生のもの〉の近くにあり、もう一つは〈煮たもの〉で、それは〈腐ったもの〉の近くに位置している。だが第三の辞項が欠けている。それは〈火にかけたもの〉という抽象的なカテゴリーとの類似性を最高度に示す食糧熱処理の具体的形式を説明するものである。この形式は〈燻製〉であるように思われる。（レヴィ＝ストロース 1968[1967]: 54）

最後に結論として次のように述べている。

〈燻製にしたもの〉と〈煮たもの〉は〈火〉と〈食物〉との間の仲介物となっている〈空気〉とか〈水〉とかいった要素によって互いに対立しているのである。〈燻製にしたもの〉と〈焼いたもの〉は、〈空気〉という要素

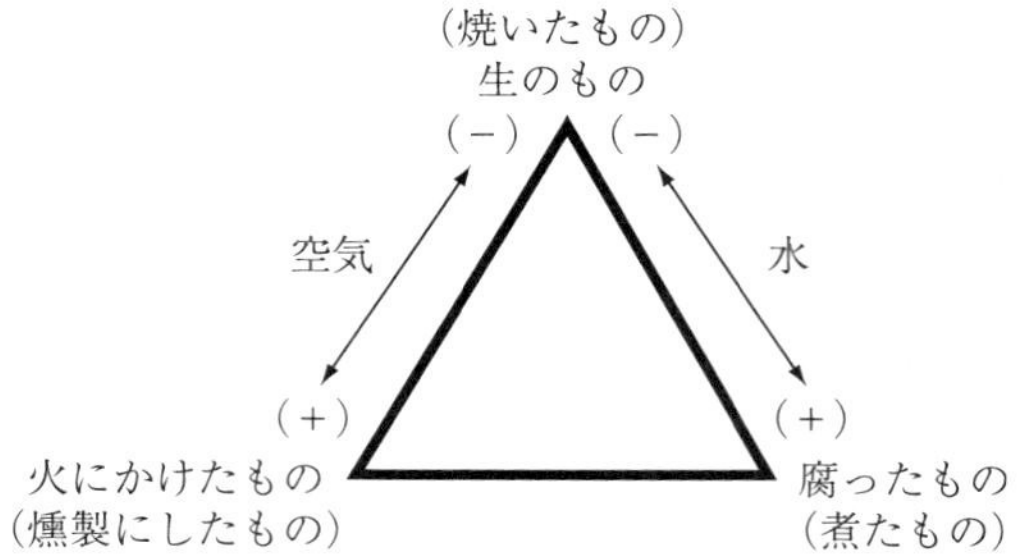

図8－10　レヴィ＝ストロースの料理の三角形
（レヴィ＝ストロース 1968[1967] を改変）

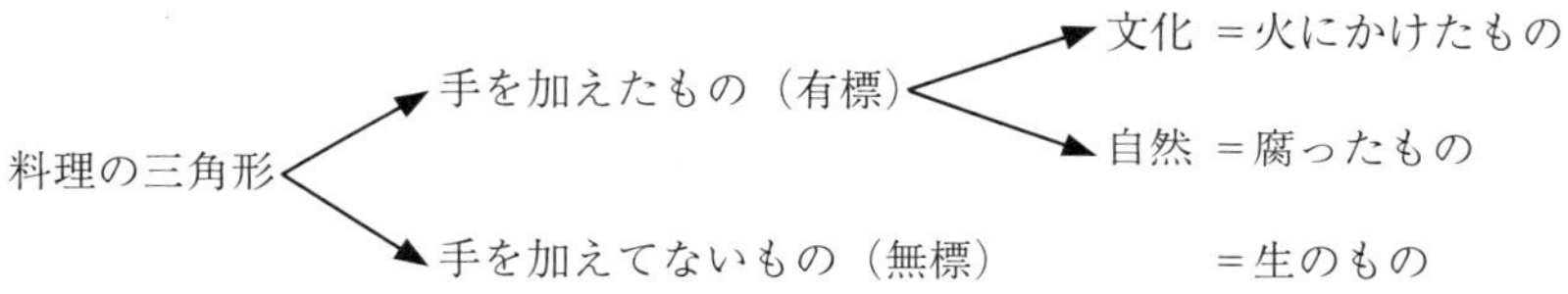

図8－11　料理の三角形の規則

がどれだけ重要な位置を相対的に占めているかにより対立しており、〈焼いたもの〉と〈煮たもの〉は、〈水〉が有るか無いかによって対立しているのである。（レヴィ＝ストロース 1968[1967]: 59-60)

レヴィ＝ストロースは、この食べ物の熱処理に関する三角形が最初に提示した料理の三角形と相同であるとして図式化し、「生のもの」と「焼いたもの」を重ねている。しかし、アンデス的料理の三角形として考えると矛盾が生じる。レヴィ＝ストロースの説明を言い換えれば、まず水を媒介とするかどうかで、「煮たもの」／「焼いたもの」＋「燻製にしたもの」、と分かれ、次に火との距離、あるいは熱処理にかける時間によって、「焼いたもの」／「燻製にしたもの」、と分かれる。従って第一段階で構造上「生のもの」と同じ位置にあるのは、「煮たもの」であって、「焼いたもの」ではない。これはアンデスの三分制を例にとれば、構造上チュリヤと同じ位置を占める。

仮にレヴィ＝ストロースが示したように、二つの三角形を想定し「生のもの」と「焼いたもの」が同じ点に位置するならば、三角形を構成する二項対立の説明を変更する必要がある。それはまず道具を媒介するかどうかで、「焼いたもの」／「煮たもの」＋「燻製にしたもの」、と分かれ、次に調理法と道具の種類によって、「煮たもの」／「燻製にしたもの」＝土器／燻製所＝水／空気、と分かれる。このように説明すればレヴィ＝ストロースが示した三角形と一致する。いずれにせよ、三角形の任意の二点の関係にそれぞれ二項対立を認める第二の三角形は、第一の三角形とは質的に異なる。

また、最初に提示した料理の三角形と同じ二つの二項対立、つまり自然／文化、および手を加えたもの／加えていないもの、の組み合わせによって食べ物の熱処理の三角形を考えればどうなるであろうか。「焼いたもの」／「煮たもの」、という二項対立を取り上げ、そこに自然／文化という関係を見いだすのならば、次に探す必要があるのは、「手を加えたもの」／「手を加えていないもの」、の二項対立である。それならば三角形にはもう一度「生のもの」が入るはずである。

以上のように、平面上における三角形にこだわると複数の三角形が作り出されるが、それを四面体モデルに統合してみたい。

はじめに、赤辺と白辺に、手を加えたもの／手を加えてないもの、の対立を想定する。具体的に例えば「火にかけたもの」／「生のもの」とする。そして「手を加えたもの（＝火にかけたもの）」に対応する赤辺上の二点は、水、空気、道具、などの基準によって、「焼いたもの」、「煮たもの」、「燻製にしたもの」、「蒸したもの」、などのうちの二つによって形成される二項対立を示すと考える。ここでは「焼いたもの」と「煮たもの」を例としよう。そして一方、白辺は「手を加えてないもの」に対応するのだが、そこに時間上の二項対立を当てはめるとどうなるか。生のものが手を加えずに時間がたったら「腐ったもの」になる。それが「生のもの」の裏に隠れていると考えてみよう。

こうして「焼いたもの」「煮たもの」「生のもの」「腐ったもの」の四つの頂点から成る四面体ができあがった。これは見る角度によって三角形になる。例えば赤辺が一点で重なる角度で見た場合、「火にかけたもの（＝焼いたもの＋煮たもの）」「生のもの」「腐ったもの」、という三角形となり、レヴィ＝ストロースが最初に示した三角形と同じとなる。白辺が一点で重なる角度で見た場合、「手を加えていないもの（「生のもの」＋「腐ったもの」であるが、重なっていると考えれば「生のもの」単独でもよい）」「焼いたもの」「煮たもの」、という三角形である。この二つ目の三角形に関しては、レヴィ＝ストロースは「手を加えていないもの」ではなく、「燻製にしたもの」を配置したため、最初の三角形と同一の四面体モデルに統合することはできないのである。

レヴィ＝ストロースの構造分析の根本には二項対立があり、例えば神話分析は「先験的な［文化／自然］という二項対立から出発して、概念の抽象レベルを下げながら概念を二分する形で行われている」（木村 1996: 52）。料理の三角形も同様に、文化／自然、を二項対立の基本として採用している。この点に関し木村は次のように鋭く指摘している。

レヴィ＝ストロースの「恒久的本質主義」、これは神話研究のうえではすべての本質に［文化と自然の対立］をおくものだが、これをそのまま認めてしまえば、現実の神話語りにまつわる問題は副次的なものになってしまう。そして、［文化と自然の対立］がヨーロッパ文化に深く根ざした対立概念であり、それがすべての文化に適用できるかどうかは実は疑わしいのだから、レヴィ＝ストロースのいう［恒久的本質］を認め、神話の語り手の自由を看過するとしたら、これが植民地主義でなくてなんだろう。（木村 1996: 53）

レヴィ＝ストロースは自らの定義した構造の概念と矛盾する解釈を施している。あくまで構造は関係性に注目して分析すべきであり、自然／文化という意味上の対立を解釈にはじめから導入すべきではない。しかし、いかなる表象に変換されても、構造が二項対立の組み合わせによって成立しているという事実は残る。どのような二項対立が採用され、組み合わされるかは、社会的、歴史的文脈によって異なる。アンデスにおける共時面上の二項対立は「男／女」、「上／下」と示すことができても、それを「文化／自然」と示すことはできない。

註

（1）なぜ時間上の二項対立を設定する必要があるかを理解するには、例えばクスコ内部で四つのスユの区分とパナカの対応関係において、クンティスユにパナカが位置するインカ帝国の創始者マンコ・カパックのみが過去に属するという事実を思いだせばよい。

（2）異質的双分制をモデル化するのに、静に対応する赤点を中心部に据えては、両者の関係は適切に説明できない。なぜなら赤辺を一点で重なる角度で三角形として写しても、白色の二点は共時面に置き換えられると同一となるため、二項対立を示すことはできず、線を形成しないからである。ここからは同心円は生まれない。

（3）また「金製ジャガー・双子鼻飾り」（図5－11）の上半分を見直してみると、時計回りに九〇度回転させれば、上から牙のはえた右向きの横顔が、反時計回りに回転させれば、下から牙のはえた左向きの横顔が現れる。したがって、計四つの横顔が表現されていることになる。

（4）アンデスでは武器が戦いの属性を持つと同時に儀礼的な属性を備える。槍と同様に武器として用いられる投石器は、稲妻を呼ぶ道具としても利用される（Augustino 1992[1560]:18; Cobo 1964[1653]: 160）。

（5）テーヨのオベリスクで、ジャガーの横に口から三匹の蛇が出ているスポンディルス貝が描かれていることは示唆的である（図5－23：A－2）。

（6）蛇はケチュア語で「アマル」である。インカ王の一人アマロ・トパがカヤウの王であることが示すように、蛇はカヤウに対応する。コリャナの王パチャクティによって設計されたクスコは、ネコ科動物ピューマの身体と呼ばれた（Betanzos 1996[1557]: 74）。例えばサクサイワマンの丘はピューマの頭に（図7－4）、太陽神殿コリカンチャよりも下はピューマの尻尾に対応する（本書三六四頁参照）。そのためネコ科動物はコリャナに対応すると考えられる。鳥がパヤンに対応するという状況証拠を挙げることができないが、ティワナクにおける図像でコンドルはチュリャとならない、ということと矛盾しない。

（7）スペイン語で「arriba」は、ある対象よりも上にあることを示す副詞、「encima」は、特定の対象の直上の位置を意味する副詞である。英語では前者が「up」、後者が「above」に近い。

（8）あるいは「大地の上／大地の内部」というイメージで捉えることもできる。

（9）形成期後期においては構造上の要素の配置のあり方は一つのみであった。

（10）日本語訳では「マークのない」、「マークがある」となっている。しかしレヴィ＝ストロースが言語学の概念を意識的に活用しているため、「無標」「有標」と訳すのが適当であろう。

（11）「煮たもの」となっているが明らかに「火にかけたもの」の間違いである（レヴィ＝ストロース 2007[1968]: 562）。

終章　先スペイン期アンデスにおける社会動態と構造

本章では構造に注目し、先スペイン期アンデスの社会動態モデルを構築する。

従来インカは、先行社会を統合し大政治組織を築いた、つまり各地方にあったルパカ社会、チンチャ社会などの政体を征服し、それらをある程度温存し、間接統治したモザイク状の政治体制と考えられてきた。近年のインカ研究では、インカは一枚岩の国家ではなかったと主張する、あるいはインカの地方の多様性を強調する論調が強い。しかしモザイク状、多様性と見えるのは、インカ帝国の支配下に組み込まれるプロセスが地方によって異なるためである。多様なのはインカ期より前の状況であり、インカ帝国は画一的な制度に従って成員を支配した。地方ごとに異なった統治方法を適用したわけではない。

インカ帝国は、統一した国作りの設計図を各地に適用した。それに近かった地域、集団はそれほど手を加えず理想的な形となったが、かけ離れていたところでは、国家が手を入れて労働力を動員して大規模に再編成した。インカの持ち込んだ青写真に近かった場では先インカ期からインカ期にかけて連続性が目につく。ルパカ社会やチンチャ社会をインカ以前から存続した強大な社会と捉える研究者がいるが、インカの支配下でその枠組みに合わせて調整され、大規模化したことは間違いない。一方、インカの求めた制度と異なっていた地域では、変化は非常にダイナミックであり、先インカ期とインカ期との間には、連続性よりも断絶が目立つ。インカは独自の原理に従って、征服した地方を再編成し一つの政治組織の下にまとめ上げたのであり、各地に存在する地方社会の姿はインカ期に大きな変革を受け形成された結果であるといえる。では短期間にこれがなぜ可能であったのか。

第II部の構造の議論では、図像やセケ体系など、当該社会の人々によって表象された対象を扱った。本章では、こうした表象に認められる構造と、実際の社会の構造との間に平行関係があると仮定し、実験的に社会動態モデルを構築する。そして社会構造を扱う際に、議論の手続き上、政治構造と儀礼構造を分け、両者の相関関係に注目する。分析単位として設定する所与の社会において、政治構造の広がりと儀礼構造によって結びつけられる紐帯《ちゅうたい》の範囲が必ずしも一致するとは限らない。両者の重なり合い、ないしずれは、それぞれの文脈に照らし合わせて理解する必要がある。また社会動態を論じるため、社会の質的変化と量的変化を分けることにする。

九・一　インカの拡大——社会の質的変化・量的変化

インカ帝国が外部に拡大を開始したのはパチャクティ王の治世下においてであった。彼はクーデターによってサパ・インカの座を奪取したコリャナの王であった。カヤウの王ではないため、カヤウ（クンティスユ）のマンコ・カパックとの直接的結びつきによって、つまり過去との連続性によって、自らの王位の正統性を示すことはできない。そのため、それまで権力の基準点となってきたインカ王朝の創始者マンコ・カパックをカヤウ（アンティスユ）と同じ枠に置き、それによって生じた構造上の空白、即ち平面上の四つの枠の一つを、自らの分身であるワウキを作り出し埋めた（図8－6）。その結果、政治構造から「過去」は除かれ、共時面上で構造が示されるようになった。パチャクティ以降のコリャナのサパ・インカは、太陽の子を名乗り、そして戦士としての属性を備え、戦争によって各地の征服を行い[1]、支配下の人間の数を増やすなど政治面で自らの立場を誇示した。トパ・インカ・ユパンキ、ワイナ・カパックと続くコリャナのインカ王はいずれも戦士であり、常に征服活動を行った一因は、彼らが王位の正統性を過去に求めることができないという点にある。王権の基盤を確立するため、政治面での優位を確保する必要があった。従ってインカ期の社会動態は、構造における時間の操作と連動していると言える。

一方、儀礼構造は変化せず、カヤウがチュリャであった。サパ・インカにマスカパイチャを授与した太陽の神官ビリャ・ウマは、アンティスユ（カヤウ現在）に属し、自らをクンティスユ（カヤウ過去）のマンコ・カパックと重ね合わせた。

四面体モデルを用いて説明してきた構造上におけるコリャナ、パヤン、カヤウの三つの範疇の位置関係の変換は、いわばインカの王族内に起こった動きである。しかし、インカ帝国は複数の民族集団を組み込んだ大規模な社会であり、いかに各地の諸民族、諸社会を取り込み一つの政治組織の下にまとめ上げたかを理論的に説明するためには、別の角度からの分析が必要である。つまりインカ帝国の政治構造を理解するためには、インカ王権の構造上の範疇の位置関係の組み換えによって生じた質的変化のみでなく、量的変化に注目する必要がある。

インカ帝国では同じ構造が、クスコ内部、クスコ周辺部、帝国全土と、少なくとも三つのレベルにおいて認められ、こうした構造の重層性が社会の量的変化を説明する一つの鍵となろう。そして社会の量的変化を通事的に理解するためには、対象とする社会を静態的に捉えるだけではなく、前後の時期と比較する必要がある。

ここでは先スペイン期の諸社会の錯綜した興亡の過程を説明する一つのモデルを構築したい。このモデルは、エドモンド・リーチの研究に大きなヒントを得ている。

九・二　リーチの社会動態モデル

イギリス社会人類学における政治組織の代表的研究として、一九四〇年にマイヤー・フォーテスとエドワード・エヴァンズ＝プリチャードが編集した『アフリカの伝統的政治体系』がある（1972[1940]）。そこでは、アフリカの諸社会における政治組織の類型化を行っており、一端に中央集権型、もう一端に無頭型を位置づけ、その軸上の相対的位置を基準として政治組織が分類された。換言すれば前者は中央集権的な国家社会であり、後者は国家を持たない社会である。中央集権型社会には階層化された政治制度が存在し、一方、無頭型社会には明確な階層は認めれず、分節集団の集まりと捉えられる。(2) そして分節制についてエヴァンズ＝プリチャードは『ヌアー族』のなかで次のように述べている。

政治的諸価値は相対的なものであること、そして、政治体系は、分裂と融合、つまり、すべての集団が分節し、かつまたすべての集団が同次元にある他の分節と結合する、という相反する両傾向のあいだの均衡なのである。融合する傾向は、ヌアーの政治構造の分節的性格に内在するものである。というのは、集団はすべて対立する諸部分に分裂する傾向を有しているが、これら集団自体がより大きな分節体系の一部分をなしているから、他集団との関係においては融合せざるをえないのである。したがって、政治集団にみられる分裂と融合は同一の分節原理の表裏をなすものであって、ヌアーの部族とその諸分節は、これら二つの、矛盾してはいるが相補的な傾向のあいだの均衡関係として理解されるべきである。（エヴァンズ＝プリチャード 1997[1940]: 257）

諸分節は統合する方向性を備えていると同時に、分裂する志向性も伴う。当然ながらこうした現象が起こる前提として、あるまとまりの集団が分節化されている必要がある。そして中央集権型／無頭型という分類は、社会構造を固定的に捉えた分類であり、このことはアルフレッド・ラドクリフ＝ブラウンの次の一節に典型的に示されている。

社会構造は静態学として考えられるべきではなく、生物有機体の生化学的ホモスタシスのように、継起的な再生によってのみ存続する一つの平衡状態として考えるべきである。この平衡を何らかの仕方で崩そうとする事件が起こると、とかくそれを元に戻そうとする社会的反作用が続いて起こる。一つの体系がしばらくの間比較的不変のまま存続し得ることも間々あるが、一旦平衡が崩されそうになると、いつもそのあとに反作用が起こって、まさに以前の状態にそれを引き戻そうとするのである。しかし、平衡が崩され、そのあとに反作用が起こると、その結果体系が一部変形され得ることもあろうし、また新たな平衡は、以前にあったものとは違ったものになる。平衡がひとたび大きく崩されると、それに伴ってなされる再調整の過程は長いことかかるだろう。（ラドクリフ＝ブラウン 1972[1940]: 15; 傍線は引用者）

一方、リーチはフォーテスらのアフリカの諸社会についての議論を受け、ビルマのカチン族の社会の構造を、グムサ型社会（中央集権型社会）とグムラオ型社会（無頭型社会）の間をいったりきたりする振り子運動になぞらえて説明し、次のように述べている。

私の考えでは、現実のカチン社会は固定した階級と明確に定まった役職からなる厳密に構造化されたヒエラルキーをもって構成されたものではなく、たえざる可動性をもち、時には急速に変動するような社会体系をもつ。可動性の様式は二つある。一つは、軽視されがちな小さな役職を保持する者が影響力の操作によってより高い権威をもつ地位にのぼる様式、第二は、そうした者が革命派になり、上位の役職の権威を一切否定してしまう様式である。これは本質的にはグムサ型組織とグムラオ型組織との相違であり、そのことをつぎに検討しなければならない。（リーチ 1987[1954]: 212; 傍線は引用者）

グムサ－グムラオのモデルに従えば、中央集権型社会や無頭型社会といった分類は固定され、併置されるべきものではなく、相互置換可能で連続的である。それらはいわば一つの社会構造の表れ方の二つの極を示し、同一構造の複数の表象として理解される。中央集権度が高まった時は常に分裂する方向性を備えており、逆に無頭型に近い時は統合する傾向を内包している。リーチは、もう一つ上のレベルで抽象化を行い、社会動態モデルを構築したのである。その後ヴィクター・ターナーも、分裂している状態こそが統合の必要条件であるというモデルを提示している（Turner 1996[1957]）。

フォーテスらが示した類型では分節制は中央集権型社会ではなく無頭型社会に伴うとされる。しかしリーチはカチン族を事例として、分節制は必ずしも並列的均衡関係にあるのではなく階層制を形成しうることを示し、フォーテスらの枠組みの脆弱性を指摘している。このことについてリーチは次のように述べている。

> 人類学上とりわけ興味深いカチンの特徴は、その社会が分節的であり同時にまた階級的に成層化していることである。これまで、ある程度詳しい記述が行われてきた他の社会のリニージ体系の諸類型を見ると、多くの場合リニージの分節化過程から産み出されるのは、諸分節間の「均衡的対立」であって地位の上下の序列ではない。フォーテスとエヴァンズ＝プリチャードがアフリカ諸社会についてしめした興味深い類型論によっては、カチン・グムサ社会を説明できないのは、何よりこのためである。
>
> ファースが叙述したティコピア島社会には、階級的ヒエラルキーの観念をともなった「純粋」リニージ体系と考えうるものが、たしかに存在する。だがここでは、社会活動総体の規模が、類推を許さないほど小さい。私の考えでは、世界中にはたくさんのカチン・グムサ型類型に属する社会があるのだが、社会人類学者はまだそれらを観察する機会に恵まれていないのだと思われる。（リーチ 1987[1954]: 175-176; 傍線は引用者）

分節制と階層制が併存するというリーチの指摘は、四面体モデルで説明されるインカの社会構造にも当てはまる。そして、序列が形成される線形三分制を理解できる。次にリーチの非常に示唆的なモデルをヒントにして、インカ帝国の成立過程を説明する社会動態モデルを構築してみたい。

カチン族についてのモデルも、それが置かれている地理的歴史的文脈を考慮し、分析の対象範囲をより広くとり、外部社会との関係を考慮すれば、その意味づけは変化するであろう。このことは、エヴァンズ＝プリチャードによるヌアー族のモデルなどについてもいえる。一方で、全ての要因を分析の対象に含めることはできず、どこかで区切る必要もある。ここで提出するモデルは、対象範囲を中央アンデス南部の形成期上層以降とする。

九・三　中央アンデス南部における形成期上層以降の社会動態モデル

ある社会の政治組織は、その社会自体の性格だけでなく、それを含む諸社会間関係を示している。完全に孤立した閉鎖的な社会は存在せず、常に他の社会との関係の網の中に位置しているため、対象とする分析単位を切り離して単独で扱うことはできず、それが置かれている全体的文脈の中で把握する必要がある。また同時にいかなる社会も完全に静態的に捉えることはできない。ある時点での分析の対象とする社会は歴史の一過程を示しているのであって、それを前後の時代と比較することによってその本質を浮き彫りにすることができる。そして、社会動態を長い時間幅において分析し、比較するためには、抽象度を上げ議論を行う必要がある。つまり、対象社会をモデル化し、その理念型を相互に見比べる必要がある。

諸社会を比較するためには、それらを位置づける共通の枠組みが必要である。ここでは政治構造に注目し、中央集権の程度によって社会を分類し、その程度の変化を通事的に捉えたい。中心性が明示され、肥大した社会を中央集権的と形容し、中央集権の相対的度合いによって社会を類型化する。また同じ構造が認められ、その重なりの程度が高い場合、高度に構造化されていると説明する。(3)

個別社会を記述する場合、社会の規模、中央集権の程度については、物質化された特徴から掴みやすいため、考古学データの基準を示しやすい。社会の中心となる遺跡の規模や複雑さ、政治的リーダーの墓の大きさ、副葬品の豊かさなどから中央集権的社会の存在が想定できるし、逆にそうした傾向が顕著でなく小規模遺跡が分散する場合には中央集権の程度は低いと想定できる。

例えばインカ帝国やティワナクは中心が明示され、強調される中央集権的社会の代表例である。また形成期末期のプカラ社会の中心も明確である。一方、プカラ崩壊後の時期（後二〇〇－六〇〇）やアルティプラノ期には、いくつかの土器様式のまとまりが想定できるが、中央集権的傾向は明らかではなく、社会の規模は小さい（図6－1）。スタニッシュは、アルティプラノ期のティティカカ湖周辺の社会を分節政治組織という概念を用いて説明している（Stanish 2003: 15）。中央集権の度合いで形成期上層以後アンデス南部の展開を大きく捉えれば、中央集権的社会が出現する時期（形成期上層のプカラ社会が繁栄した時期、ティワナク期、インカ期）と、そうでない時期（プカラ崩壊後ティワナク期以前、アルティプラノ期）が相互に繰り返しているようだ。また、プカラよりもティワナク、ティワナクよりもインカが政治組織としての規模が大きいのは一目瞭然である。このように中央集権の程度という基準で諸社会を同一軸上に並べた場合、リーチの表現を借りれば、形成期上層以降の中央アンデス南部における社会動態は、その軸上をいったりきたりする振り子運動とイメージすることができる。それも時間軸に沿って次第にその振幅が増大していくように見える。

形成期後期からインカ期にかけて、四面体モデルで示される同一構造が連続的に存続した可能性を示した。それが当てはまる規模や重なりの程度は時代によって異なる。重要な点は、統合の方向に進んだ時、つまり中央集権の度合いが高まったときに、同じ構造が基本となったということである。

統合分裂の流れを繰り返し、最後に出てきたのがインカである。そしてインカ帝国においては広い範囲に同一構造が広まっているだけでなく、高度に構造化されている。換言すれば、構造の重層性が認められる。そして中央集権化が進んだ時には構造が顕在化する一方、そうでない時期には同様の構造が現れるかどうかは不明である。もし現れないならば、振り子運動を構造と反構造の間の揺れと捉えることもでき、いわば回帰的な構造が認められるといえる。逆に、同一構造が認められるが、規模が小さい場合は、構造と反構造の間の揺れではなく、同一構造上での社会規模、中央集権度の変化という別の説明が必要となる。

中央集権的政治組織をいったん経験した後、再び中央集権化の傾向が強まれば、それ以前に到達した規模を上回ることが可能であることは容易に想像できる。インカ帝国の場合、その成員が単一の民族集団ではなく、一〇〇以上もの集団から構成されており、それがインカの支配下で創出、整理されたと考えられることは、中央集権のあり方が、単位集団の増大と連動しているということを如実に物語っている。そして成立した中央集権的政治組織が崩壊する際には、元々の規模が大きいだけに分裂化の程度も大きくなる。社会の最小単位が同じ規模だとすれば、本来の統合度が高ければ高いほど、分裂後の単位数は多くなるためである。こうして振り子の振幅は増大していった。

先に述べたように、個々の社会の動態を分析するためには、それらを単独に取り上げるべきではなく、その歴史的背景、全体的文脈に照らして考察する必要がある。ここでは分析の対象をカチン族などのように単一の民族集団に限定せず、中央アンデス南部というかなり広い地域を対象として設定し、数百年単位で諸社会の動態モデルを組み立てた。その時空間には複数の民族集団が包摂されているが、その間に存在するはずの差異を捨象し、かなりの程度理想化している。第I部ではインカ帝国が急速に拡大し、地方社会を再編成したことを示した。それを可能とした前提条件が構造の共通性であり、そのため個別の社会の動きが互いに連動し、連鎖反応がおこり、各集団間に平行現象が認められるのではないか。

筆者の社会動態モデルを明確化するため、次にマーカスの動態モデルを比較対象として取り上げ検討してみたい。

九・四　マーカスの動態モデル

ジョイス・マーカスは、中米のマヤ中部低地と北部低地を射程に入れ、古典期と後古典期におけるマヤ王朝の盛衰を、静態的にではなく動態的に捉えた。核となる複数の王朝の相互関係、優越関係の変化を論じたが、政治構造をどのように図式化できるかはどの時点を対象にするかによって決定されるという。これが動態モデルと呼ばれる（Marcus 1993, 1998）。さらにマーカスは、アンデスに動態モデルを応用し、モチェ、ワリ、チムー、インカを同一の枠組みで捉えている（図9－1）。

しかしマーカスの動態モデルとアンデスの振り子モデルは議論の前提、単位が全く異なる。振り子モデルが問題とするのは、中米のケースに当てはめていうならば、そうしたマヤ王朝の核となる複数の政体がいかにして成立したかである。またアンデスでは、中央集権性が強まった時に中心は一つであるという点でも異なる。例えばインカは同時に割拠した複数の王朝の集合ではないし、ティワナクも然りである。競い合う古典期マヤの各王朝間の関係自体が一つの平衡状態であり、マーカスの動態モデルは一つの平衡状態のなかでの相対的変化、つまりある所がへこんだら、違うところが浮かび上がってくる、ということを示している。換言すれば、動態モデルは、量的相対関係を問題としており、質的変化を説明してはいない。

マーカスが提示したアンデス地域に関する動態モデルは、喩えればメソアメリカ地域でメキシコ中央高原とマヤ地域をいっしょくたにして構築したモデルである。メソアメリカの諸社会を例にすれば、モチェはマヤ古典期、チムーはマヤ後古典期、ワリはテオティワカン、そしてインカはアステカに対応する。しかし形成期後期以降のペルー北海岸、中央海岸で繁栄した諸社会（モチェ、チムー）は、明らかに南高地の諸社会（ワリ、インカ）とは別の流れを形成したため、少なくとも南と北を切り離してモデル化する必要がある。

ところが、中央アンデス北部と南部を分ければ筆者の振り子モデルと合致するかというとそうではない。マーカスの動態モデルが同系統の人間集団を前提とするのに対し、振り子モデルはそれを前提とせず同一構造という共通性によって対象となる各集団を結びつけ、構築したモデルである。

マヤ地域における社会動態は同系統の民族の都市国家間の抗争として捉えられるが、インカ帝国は複数の異民族をその支配下に編入、創出した政体である。マヤ地域では同系統の民族集団内部での差異化、分裂化の傾向が強く、一方アンデスでは一つの政体の支配下に併呑されることによって、複数の民族集団が共存することが可能となった。マヤ地域とアンデスをこのように比較すると、政治的統合の度合いと民族集団の均質度との間には反比例関係が認められるのである。

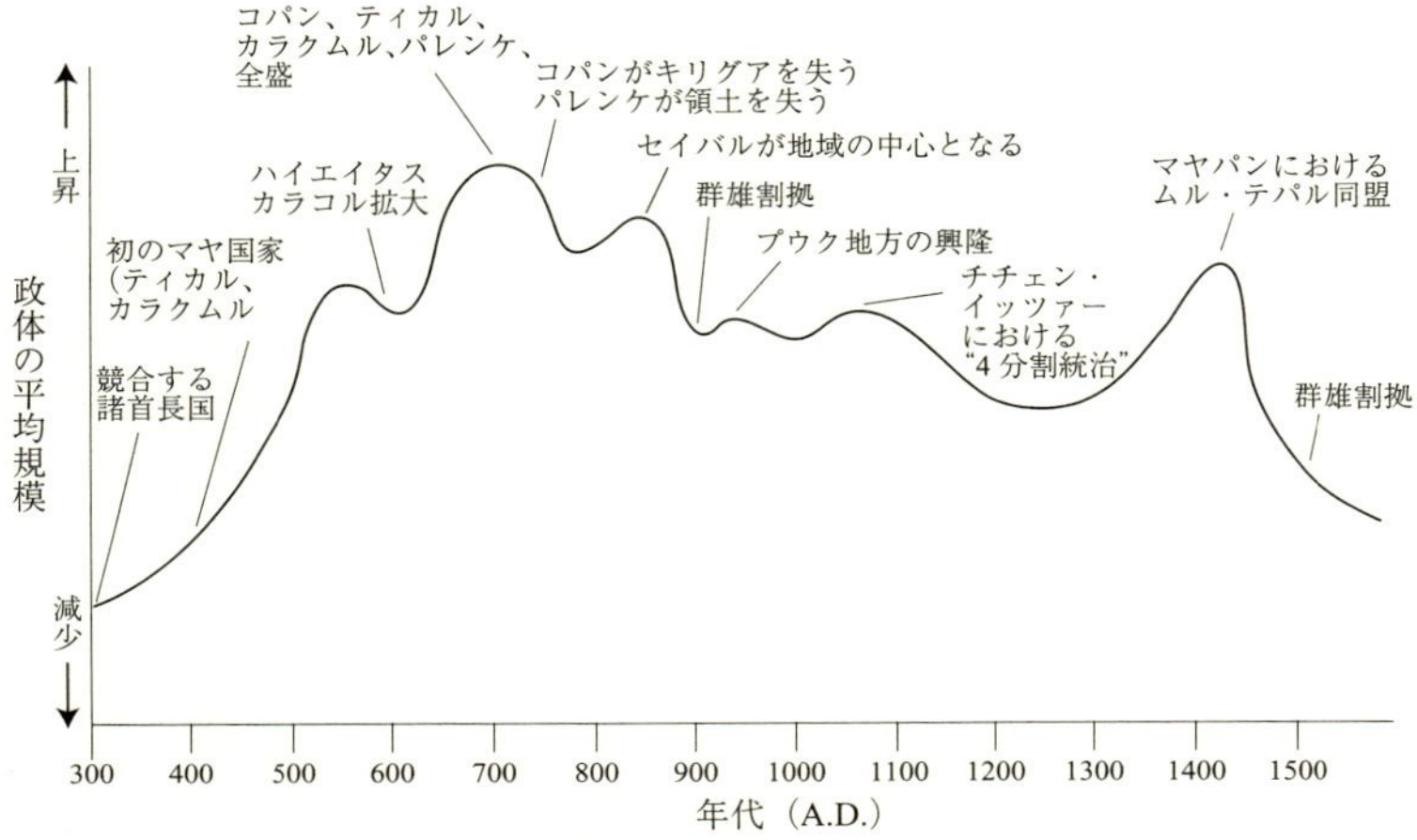

A. マヤ地域の動態モデル

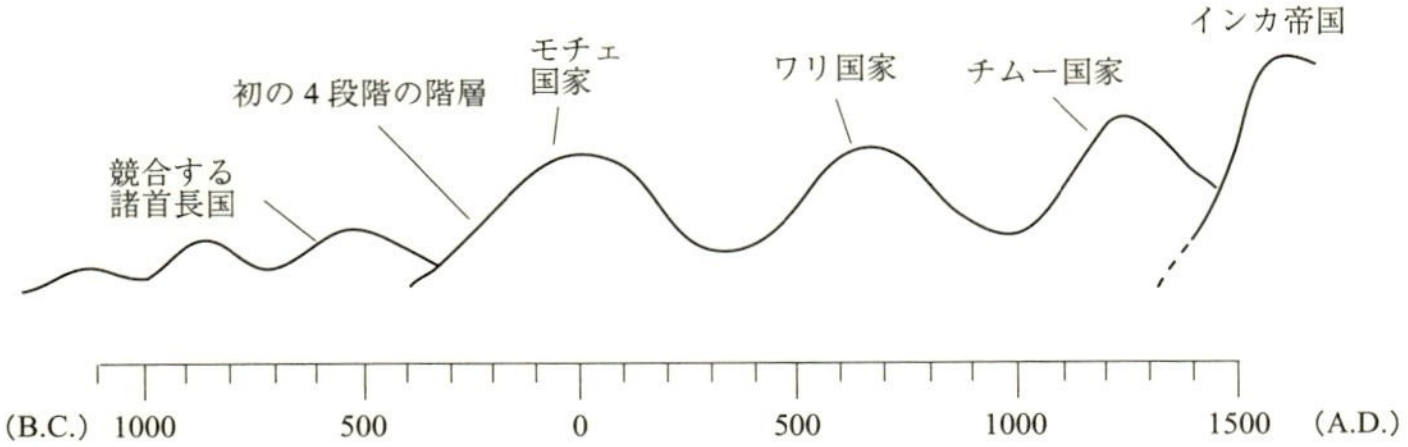

B. アンデス地域の動態モデル

図9-1　マーカスの動態モデル（Marcus 1998を改変）

九・五　構造と社会動態

社会はつねに変化の契機を孕《はら》んでいる一方で、変化を被りつつも存続し平衡状態を保とうとする傾向がある。そして社会の平衡状態には、複数のあり方がある。

パチャクティ王によるクーデター以降、コリャナのインカ王がサパ・インカとなり、インカ王は戦士として常に各地に征服に出かけ、世俗面において成果を上げ、その統治の正統性を示す必要があった。この場合いわば戦争をしている状態が一つの平衡状態であって、征服活動を停止すればそれは崩れてしまう。常に拡大して新たな人間、要素を取り込む状態こそが構造の平衡であって、それを維持するため征服が続けられたのであり、その結果として中央集権度が高まったと言える。

また逆に中央集権の程度が弱く、小規模集団が多数併存している時も、常に緊張状態にあり争いを繰り返し、一部が突出することのないように、全てが同じような規模に保たれることによって平衡状態が維持される。それがインカ期前のアルティプラノ期などの状態であった。

静態的にではなく、ある時間幅で動態的に見ることによって社会の理念形、いわば社会の志向性とでもいえる側面が明らかになる。社会は常に統合と分裂の二つの方向にベクトルが向いており、どちらの方向に進むかはそれぞれの文脈に照らし合わせ考察する必要がある。そして社会の平衡状態が崩れる時に、社会が質的、量的に変化する。例えばインカ社会におけるパチャクティ王によるクーデターは社会の質的変化を示しているし、地方を征服して新たな人間集団を支配下に取り込むことによって量的変化が起こる。

インカ期以前のアルティプラノ期の中央アンデス南部では、小規模な社会が多く存在していた。逆説的だが、基本単位の規模が小さくその数が多いという状況は、社会が短期間に大規模化する前提条件であった（cf. Turner 1996[1957]）。社会のまとまりの痕跡が明確でない時にこそ、つまりある政体の先行形態に制約されない方が、社会が短期間に統合しやすいと説明できる。ティワナクにしろ、インカにしろ、その先行形態を認定しにくいため、小さい集団が次第に大きくなったのではなく、突然大規模化したといえる。

中央アンデス南部にこうした動きが生じたのは、社会が大規模化した時には同じ構造が認められるという歴史的背景から理解するべきである。仮にインカ期以前、中央アンデス南部にインカの構造とは全く異なった構造がモザイク状に広まっていたとしたら、社会の大規模化と、平衡状態への到達という二つのことが短期間に達成されることはなかったであろう。

九・六　南と北の二つの流れ

先に提示した振り子モデルは形成期上層以降の中央アンデス南部を対象としているが、北部では異なった社会展開がみられた。

形成期社会は神殿という場を中心に統合された、共に祭祀《さいし》を執り行う人間集団であった。その活動は全て祭祀に関わっており、儀礼による紐帯が肥大化した社会であった。そして、クントゥル・ワシやチャビン・デ・ワンタルで認められた四面体構造は儀礼構造を示していると考えられる。

ペルー北、中央海岸、北高地における、形成期後期から形成期末期を経て地方発展期へ至る変化は、非常に顕著である。そして形成期から地方発展期への移行に伴い、神殿が機能を停止し、その後国家社会が興ったと説明されるが（cf. 関 2003: 229）、もう少し丁寧に説明する必要がある。

ペルー北海岸では形成期中期末（前八〇〇）に神殿の多くが放棄され、その後神殿は建設されなかった。形成期末期のサリナール文化の大遺跡の多くは住居跡であり、集住化が進んだことを示している。その後の地方発展期に、アンデス最初の国家と認定されるモチェがペルー北海岸に繁栄した。つまり神殿の建設、維持中止とモチェ国家の成立との間には数百年の断絶がある。そして北海岸においては、モチェ崩壊以後もランバイェケ（シカン）、チムーという中央集権的社会が連続的に発展した。それは例えば中国における王朝の交代と類似している。また地方発展期のペルー中央海岸ではリマ文化が栄えアドベ（日干しレンガ）製の大建築物が建設された。

一方ペルー北高地のカハマルカ盆地では、形成期後期に大神殿が建設され、形成期末期にも引き続き神殿が継続して建設された。その後地方発展期以降インカ期までのカハマルカ盆地には土器様式に統一性が認められるが、モチェのような中央集権的社会は成立しなかったと考えられる。

形成期後期から地方発展期までの社会展開を俯瞰すれば、神殿の建設に最後（形成期末期）までこだわっていた地域（ペルー北部高地）には非中央集権的社会が、早い時期に建設を中止した地域（ペルー北海岸・中央海岸）では中央集権的社会が興ったと概括できる。この事実から、地方発展期における政治組織の統合度と、それ以前の形成期の神殿を媒介とした儀礼的統合度には反比例関係が認められる。

形成期末期以降の中央アンデス北部において南部と同じ構造が存在したのかどうか、確証はない。北の諸社会は、神殿、図像の放棄という意味で、前時代の否定の上に成立したため、そうした構造自体も同時に破棄されてしまった可能性もあろう。

一方、中央アンデス南部では、図像を施した多彩色土器などの古くからの伝統を継承した流れが起こり、プカラ、ティワナクといった社会はその系譜上に位置づけられる。南では形成期上層以降、儀礼構造と政治構造はどちらも同じく形成期後期に認められる四面体構造に従っている。つまり古い時代の儀礼構造と同じ構造の上に政治構造が成立した。地方発展期には北に政治的側面が相対的に強いリーダーが支配するモチェ社会があり、南海岸で発展したナスカ社会ではそうした政治権力を有した人物の証拠は乏しく、むしろ共同体が祭祀を執り行うという儀礼的側面がきわめて強い。例えばナスカの大遺跡カワチは巡礼センターとして性格づけられている（Silverman 1994）。

形成期末期以降のアンデス諸社会の展開は、南と北の二つの流れの相互関係から解き明かすべき対象であり、片方に注目するだけではその本質は見えてこない。従来のように、二つの系統の差異を捨象しアンデス全体を一括りにして、時代ごとに区切って説明するべきではなく、北の諸社会と南の諸社会の並立、せめぎ合いとしてみるべきである。アンデス諸社会の統合度をはかる場合、儀礼的側面と政治的側面の両方を基準とするべきであり、その重なり合い、ずれを北と南を対比させながら理解することが有効である。

確実なのは、中央アンデス南部において、社会は統合と分裂を繰り返しその程度が次第に大きくなっていったということである。それは、ペルー北海岸で興ったモチェ、ランバイェケ（シカン）、チムーという中央集権的社会の連続的発展とは明らかに異なり、また中央集権的社会が興らなかった北高地のカハマルカ盆地の状況とも違っている。

しかし二つの流れが常に平行していたわけではなく、両者を統合しようとする動きがしばしば起こった。先のモデルで考えれば、南において中央集権の程度が高まる極に振り子が近づいた時が、南と北が攪拌される時期に対応する。そして、南と北の間の壁を突き破り、両方の要素が融合する契機を生んだのは常に南の社会（ティワナクとワリ、インカ）であった。その意味で、南の流れから興ったインカを一つの基準点として、アンデスの社会動態を考察することは意義があり、北の事例を組み込み、モデルを精緻化することが今後の課題となる。

九・七　インカ帝国の構造

先スペイン期最後に台頭したインカ帝国は、一見政治的側面が非常に目立つが、同時に儀礼的要素も強い。インカは形成期後期から連綿と繋がる古い構造を継承し、政治組織を作り上げていった。ロウが指摘するように、クスコの性格はいわゆる旧大陸の都市のカテゴリーに当てはまらず、儀礼的側面が強い（Rowe 1967）。

インカ帝国の首都クスコの空間構造は、四面体構造を基本とし、それが重なり合い構成されている。しかしインカが各地へ拡大を開始し、地方の政治組織を再編成した際には、同じ構造を単純に当てはめるのではなく、それぞれの地域の実情に合わせて組織化した。

北のチンチャイスユでは十進法が基本であり、各地の人間集団は入れ子状にその体系に組み込まれた。(4) 例えばカハマルカ地方は七つのワランガから構成されていた。こうした十進法に従った政治組織は、チンチャイスユが主で、南の方には多くないため(Pärssinen 1992: 408-409)、形成期末期以降の中央アンデス北部の流れの上に形成されたシステムであろう。インカ帝国の首都クスコにおいて、十進法に伴うワランガやパチャカといった単語が存在しないことがそのことを如実に示している。しかし十進法を表す単語はないものの、南部においてもインカ期に十進法が実際に機能していたことは、チュクイート地方に関する巡察記録の分析から裏付けられている(Julien C. J. 1982, 1988)。

一方、中央アンデス南部の政治組織には、クスコと同様に、ハナンサヤ/ウリンサヤなどの双分制、三分制が認められる。特に三分制は南に集中し、北では三分制が存在した証拠は明らかではない。

地方統治のためにインカは画一的な支配体制を適用した。インカが採用した戦略とは、四面体構造にせよ、十進法にせよ、同じ制度を首尾一貫して重層的に適用し、征服した地域の人間を同じ枠組みの中に組み込むことであった。つまりインカ帝国は高度に構造化された社会であったといえる。十進法の採用はいわば四面体構造の翻訳であって、同一構造の積み重ねという点において両者の適用の仕方は同じなのである。ただし十進法は入れ子状に機能したが、四面体構造はクスコ内部、クスコ近郊、帝国全土と各レベルで並列され、小さい単位が集まってより大きな単位を構成するわけではない。

インカ帝国は首都クスコを中心とした極端な中央集権的社会であったことは明らかである。しかしそれは、貴族、平民、奴隷、といった階層によって分類されるような階層化された社会ではない。インカ族がリーダーシップをとるのだが、その下に続く階層差はそれほど明確ではない(渡部 2009a)。インカの政治組織は、インカ族とそれ以外に大きく二分された仕組みと説明するのが適切である。地方は各行政単位に分けられ、その下部組織はワランガ、パチャカといった単位で入れ子状に構成された。地方は首都クスコとインカ道によって直接結びつけられ、首都クスコからは役人が派遣され、地方では首長が任命され蝶番《ちょうつがい》としての役割を担った。また、各地の行政単位はほぼ同じ単位に分割され、各地の民族は分断統合され、ある場合には出身地から他の地方へ移動させられ同じ枠のなかに閉じこめられ、均一化された。インカ期に広大な地域が一つの政治組織の下に編入され、その内部が攪拌されることによって、ある種の文化的等質性が認識されることになった。それを現在我々はアンデスと呼んでいる。

九・八　おわりに

本書の目的は、スペイン人到来前のアンデス地帯において興亡を繰り返した諸社会を事例として、社会動態と構造の相互関係について人類学的観点から考察することにあった。設定したテーマは非常に大きく深い。論点は多岐にわたり、各章で扱った問題はそれぞれより深く掘り下げていくべきものであるが、本書では全体の流れを優先し、かなり大胆に、そして実験的に論じた。それは細部に至るまで検証された緻密な議論では決してない。方法も確立されたものではなく、今後の研究の新たな方向性を示すことを意図している。脆弱な点が非常に多いことは十分承知している。であるから、決して本書の内容を所与のものとして受け取らないでいただきたい。それはむしろこれから批判にさらされ、それを受け改変させていく叩き台といえる。記述は非常に乱暴であり、慎重な研究者ならば、もっと議論に含みを持たせることであろう。より完成度の高い、守りの堅い作品を仕上げることはこれからの課題である。

昨今の状況を振り返れば、研究が進むにつれそれぞれの調査者が扱うテーマはより限定されていく傾向が顕著である。しかし一方で、詳細なデータを総合し、俯瞰し、個別の事例を解釈する枠組みを提示する必要性は常に存在する。木を見て森を見ず、という言葉があるが、本書ではまさに森を見ることを目指したのである。

註

（1）ロストウォロフスキは、インカの拡大を、互酬制に基づく支配構造から生じた物資の需要を満たす必要性と絡めて論じている（2003[1988]: 59）。しかし、戦争、拡大はインカの政治構造から説明するべきであり、それに付随した効果として物資の需要の増大を捉えるべきである。

（2）「『分節』（segment）という語は、デュルケムが環節動物の構造に似た、大きな単位集団が小さな単位集団と同じ構成をもつような社会を表現するのに用いた」（長島 1997: 452）。エミール・デュルケムは『社会分業論』の中で「分節社会」という名称を用いている（デュルケム 1989[1893]）大きな政治単位がより小さな単位に分かれ、それがまた同じ構成をもつ場合、それが分節化と呼ばれる。また、エヴァンズ＝プリチャードは、ヌアー族の地域的広がりと結びついた最小政治単位自体を分節と呼んでいる。

（3）フォーテスらの議論との混同をさけるため、分節制という言葉は用いないことにする。分節制では、同じ構造が入れ子状に認められるが、四つのスユは、クスコ内部、クスコ周辺部、帝国全土の三つのレベルで認められる。各スユがさらに四つに分割されるわけではない。

（4）ペルー北海岸では四分制政治組織が存在したが（Netherly 1990, 1993）、クスコと同じ構造に従っているかは不明である。

あとがき

日本人によるアンデス考古学研究には五〇年以上の歴史がある。その主眼はアンデス文明形成期に置かれ、現在でも日本のアンデス研究者の多くは形成期の専門家である。一方、世界にはインカの研究者が数多くいる。私は人口が多いところはあまり好きではないので、まだあまり明らかになっていないその間の時代のワリ文化、ティワナク文化をテーマとして選び、卒業論文、修士論文を書いた。しかし博士課程に進学しようとする私は、指導教官の大貫良夫先生から、ペルー南部やボリビアでワリやティワナク文化の遺跡の発掘をするのは難しいからペルー北部のカハマルカで調査をするようにと勧められた。

大貫先生の指導に従い、博士論文のテーマとしてインカの地方支配を選定し、カハマルカ地方を事例とする構想を練った。植民地時代の文書と考古資料を突き合わせ、インカ期の社会動態を解明するというスタンダードな研究を行う計画を立て、地道に調査を積み重ねた。一九九九、二〇〇〇年に大貫先生の名前でペルー文化庁から許可を取っていただき、キャンプ生活をしながらタンタリカ遺跡で発掘調査をした。二〇〇一年には関雄二先生の調査プロジェクトの一部としてサンタ・デリア遺跡の発掘を行った。その結果が本書の第I部にあたる。

発掘調査を手がけ、出土データを分析する傍ら、同時にサブテーマとして進めていた図像研究が思わぬ展開をしていった。

一九九五年、私は初めてペルーの地を踏んだ。そして大貫先生が発掘調査を指揮していたクントゥル・ワシ遺跡に行き、中央広場の四つの石彫について説明を聞いた。「南には赤色で角目の石彫、北には赤色で蛇目の石彫、東には白色で蛇目の石彫、だから西には白色で角目の石彫があるに違いないと考えたが、一九九三年に発掘したら出土した石彫は白色で蛇目であった。この謎を解いてみろ」と先生に言われた（たぶん本人は覚えていらっしゃらないだろう）。今思うと、これが本書第II部の始まりだった。

博士課程三年目の一九九九年、加藤泰建先生が担当された大学院の授業で「食べられた魚」というタイトルでティワナクの図像について発表した。ティワナク遺跡の石彫に彫り込まれたピューマ、コンドル、魚の三つのキャラクターに注目すると、ピューマが中心の石彫よりも魚が主の石彫の損傷が激しく、それはティワナク社会の変容と連動しているのではないかという、非常に乱暴な議論であったが、加藤先生はそれを否定するのではなく、「構造分析を行い、魚が中心の石彫の製作時代が異なることを証明する」という研究の方向性を示された。そのコメントがずっと私の頭の中に残った。

その後二〇〇〇年から二〇〇一年にかけクントゥル・ワシの展覧会が日本で開催された。私は二〇〇一年二月にギャラリートークのため大阪の阪神百貨店に行った。石彫のレプリカが展示され、ペルーでいつも見る機会があったにもかかわらずあまりしっかり見ていなかった石彫の図像をじっくり観察した。すると石彫46－1の片面の人物の手がひっくり返っていることに初めて気づいた（他の人はとっくに知っていたのかもしれないが）。その時、ティワナク遺跡のベネットの石彫、ポンセの石彫の片手が同様の特徴を持つことを思い出した。それではティワナクと同様「三」という数字がクントゥル・ワシでも重要なのではないか。「三」という数字を導き出すにはどうしたらいいのか。頭の中でパズルが動き始めた。

しかし、博士論文のテーマであったインカ期の社会動態を、先インカ期の図像分析と結びつける予定はなかったし、そんなことは思いつきもしなかったので、二つのテーマは混じり合わない平行関係にあった。ところがその後インカ研究という同じ土俵で二つのテーマは接合されていくことになる。

インカについての勉強を本格的に始めてから、マルッティ・ペルシネンの『タワンティンスユ――インカ国家とその政治組織』（1992）という本を多くの研究者が参照していることが分かったが、残念ながら日本の大学図書館には所蔵されていなかった。二〇〇一年四月から二年間ペルーに滞在することになり、ペルー・カトリック大学に研究員として所属した。さっそくペルシネンの本を借りて読んだ。明快な論旨、膨大な史料の深い読みに基づく彼の魅力的なインカ観に触れ、どんどん引き込まれていった。とりわけ、その中に書かれていたインカ王三人説と出会った時には、ある種の知的衝撃といえる感覚を経験した。三人のインカ王は私の頭の中で、すぐさまティワナクの三種類の動物と重なり合った。またアンデスにおける三分制が一対二に分かれることや、チュリャという概念もこの本で初めて知った。

私が解こうとしていたのは、予想よりもはるかに大きなパズルだったのではないか。そう思った。しかし出版から一〇年近く経つのに、他の研究者がペルシネン説を積極的に検討していないのはなぜなのか。まだ勉強不足だったから、直感だけでなくその外堀を埋める必要があった。

二〇〇二年八月にペルー・カトリック大学でインカについての国際シンポジウムが開かれ、私もそこで初めてスペイン語で発表する機会を与えられた。世界中の第一線の研究者が集まり、その中にスキンヘッドのペルシネン博士もいた。昼食の際近くの席に座り、インカ王三人説が非常に興味深く、私がティワナクの三種類のキャラクターとの類似性を認めているという話をしたら、博士も同じことを考えているというのでうれしくなった。調子に乗ってクントゥル・ワシの図像分析のアイディアの一部を披露したら、ペルシネン博士は、「それはおもしろい説だから早く出版しなさい」と私に勧められた。

タンタリカ遺跡、サンタ・デリア遺跡の膨大な量の発掘資料の分析にめどをつけ、二〇〇三年三月末に日本に帰ってきた。そして一気にクントゥル・ワシの図像分析の章を書き上げた。加藤先生にお願いして五月一日に埼玉大学で研究会を開催していただき、そこで初めて議論の骨子を発表した。加藤先生、井口欣也先生、そしてコメンテーターを務めてくれた鶴見英成氏、芝田幸一郎氏から好意的な意見をもらい、博士論文を急ピッチで仕上げていった。一〇月末に木村秀雄先生に第一稿を渡し、その後修正原稿を大貫先生、網野徹哉先生にチェックしていただき、厳しいコメントを受けながら計七回の書き直しを経て、課程博士の期限内になんとか論文の提出が認められた。

私が敬意を表するペルシネン博士は一九八七年に私のフィールドであるカハマルカで調査を行っており、本書で展開したインカ王権論も彼の説を発展させたものである。私は彼の歩いた道を途中まで追いかけてきたと言える。ペルシネン博士の先に進むことができたかどうかは、これから本書をスペイン語か英語に訳して、世界の研究者に問わなくてはならない。

図像や建物、あるいはクロニカの記述の中に二項対立を見つけ出し、その組み合わせを考えるという方法は、レヴィ＝ストロースが神話分析に用いた手法と同じである。周知の通り彼の研究対象はアマゾンが中心でありアンデスには手を伸ばしていない。なぜ構造が強く支配する無文字世界アンデスで南米最大の帝国インカの成立という、ダイナミックな歴史が生み出されたのかについて、本書では一つの視点を提示したが、まだ議論は尽くされていない。それは今後の課題として残されている。

本書は二〇〇四年三月二九日に東京大学大学院総合文化研究科超域文化科学専攻文化人類学コースに提出した博士学位論文を大幅に加筆、修正したものである。同年七月一四日に最終試験が行われ、一〇月二八日付けで学位が授与された。アンデス研究の泰斗ジョン・ムラが三九歳の誕生日に博士論文を提出したということを知り、あやかって私も誕生日に提出し、そのちょうど六年後に本書が出版されることになった。博士論文の審査委員であった、大貫良夫、伊藤亜人、並木頼寿、木村秀雄（主査）、網野徹哉の各先生には執筆の様々な段階でご指導をいただいた。

本書出版のため、南山大学学術叢書出版助成を受けた。査読の労をとってくださったのは、関雄二先生、網野徹哉先生、井口欣也先生である。三人のアンデス研究者からの極めて建設的なコメント、助言は、本書を書き直す心強い指針となった。また本書の内容に関わる調査は私が研究代表者となった以下の助成金、制度によって遂行された。一九九九－二〇〇〇年度高梨学術奨励基金、二〇〇一－二〇〇二年度日本学術振興会海外特別研究員制度、二〇〇三－二〇〇五年度科学研究費補助金（特別研究員奨励費）、二〇〇六年度科学研究費補助金（若手研究（スタートアップ））、二〇〇七－二〇〇九年度科学研究費補助金（若手研究（A））、二〇〇六－二〇〇九年度南山大学パッヘ研究奨励金I－A－2。さらに、一九九八年から二〇〇〇年まで、加藤泰建先生が研究代表者の科学研究費補助金プロジェクトに研究協力者として参加し、タンタリカ遺跡の発掘調査はそのプロジェクトの一部として実施された。

最後にこれまでお世話になった多くの方々に謝辞を述べさせていただきたい。

私はアンデス研究を志し、大学に入学、大貫良夫先生に師事した。多くのペルー人の友人を持つ先生の弟子というだけで、私はどれだけ恩恵を受けてきたか分からない。これまでの教えに感謝するとともに、七〇歳を超えてもなおアンデスに足繁く通う先生の姿をこれからの目標にしたい。

大貫先生が一九九八年三月に退職された後、中国史が専門である並木頼寿先生に指導教員をお引き受けいただいた。多くの学生に慕われながら、昨二〇〇九年に鬼籍に入られ、残念ながら本書出版の報告をできなかった。先生からいただいた心温まる励ましに、この場を借りて感謝の意を表したい。

二〇〇一年四月から二〇〇三年三月まで、日本学術振興会海外特別研究員、ペルー・カトリック大学人文学部研究員として研究に没頭した。受け入れ教員であったペーター・カウリケ先生は博覧強記の研究者であり、いつもその知識に圧倒された。糖尿病を患っているため以前のように大酒を飲みながら議論をできなくなったのは残念であるが、今でも先生に研究の報告をするのが楽しみである。

二〇〇三年四月から二〇〇六年三月まで、日本学術振興会特別研究員PDとして、受け入れ教官である木村秀雄先生にお世話になった。多忙の身でありながら、学位論文執筆の際には、暴走しようとする私を常に適切に導いてくださった。南米神話の研究者であり、レヴィ＝ストロースの『神話論理』の訳者の一人である木村先生に、議論に関わる根本的なアドバイスをいただいたおかげで、四面体モデル構築までたどり着くことができた。

二〇〇六年四月から、南山大学人文学部にお世話になっている。大塚達朗先生は私の学位論文を読まれ、早く出版するようにいつも叱咤激励してくださった。なかなか出版の準備が進まなかったが、大塚先生が結婚式のスピーチでも出版のことを言われたので、いよいよエンジンがかかり、ようやく何とか宿題を終えることができた。また考古学専門の西江清高先生、黒沢浩先生には普段から研究のために様々な便宜を図っていただいている。私は本当に恵まれた環境で研究をさせていただいている。

アンデス研究に足を踏み入れてから様々なすばらしい人たちと出会い、そして導かれ今日までやってきた。これまで議論を重ね、刺激を受け、お世話になった方々の名前を挙げることで謝意を表したい。またここで一人一人名前を記すことはしないが、数多くのペルー人の友人にお礼を述べたい。

天野博物館、浅見恵理、網野徹哉、荒田恵、井口欣也、鵜澤和宏、丑野毅、蝦名大助、岡本年正、加藤隆浩、加藤泰建、坂井正人、佐藤吉文、芝田幸一郎、清水正明、清家大樹、関雄二、竹内繁、津田ウーゴ・カルメン夫妻、鶴見英成、土井正樹、徳江佐和子、中嶋直樹、西澤弘恵、長谷川悦夫、広田健、松本雄一、峰和治、宮野元太郎、村上達也、八木百合子、山本睦、吉田邦夫、米田穣、若林大我（敬称略）。

井口欣也先生には印刷中論文の図版を引用する許可をいただいた。宮野元太郎さんにはチャビン・デ・ワンタルの建築編年図を作成していただいた。井下知香さんにはクントゥル・ワシの中央広場の四つの石彫の図面などのトレース作業をお願いした。また、編集を担当された春風社の寺地洋了さんには、ペルーから電子メールで初稿を送るなど、手を煩わせた。図版が多くて大変であったと思うが、きめ細かいチェックをこなされ、建設的な提案をされ、大変読みやすくしていただいた。

最後になるが会津の山奥でいつも私の研究を見守ってくれている両親、研究のため幼い子供を残し留守にしがちな私の生活を理解し支えてくれている妻、そして妻の両親にお礼を申し上げる。

索引

ア

カ

サ

タ

ナ

ハ

マ

ヤ

ラ

ワ

引用文献

一次史料

Acosta, J. de（ホセ・デ・アコスタ）

1966[1590]　『新大陸自然文化史』（増田義郎訳）、（上）・（下）、大航海時代叢書 III・IV、岩波書店、東京。

Agustinos

1992[1560]　*Relación de la Religión y Ritos del Perú Hecha por los Padres Agustinos*. Fondo Editorial de la Pontificia Universidad Católica del Perú, Lima.

Anónimo（無名征服者）

1966[1534]　「ペルー征服記」（増田義郎訳）、『新大陸自然文化史』（下）、pp. 473-513、大航海時代叢書 IV、岩波書店、東京。

Anónimo（B. Valera）

1968[ca.1615] Relación de las costumbres antiguas de los naturales del Perú. In *Crónicas Peruanas de Interés Indígena*, edited by F. Esteve Barba, pp. 151-189. Biblioteca de Autores Españoles, vol. 209. Ediciones Atlas, Madrid.

Anónimo

1989[ca.1575] Aviso de el modo que havia en el govierno de los indios en tiempo del inga y como se repartían las tierras y tributos. In *Costa Peruana Prehispánica*, edited by M. Rostworowski de Diez Canseco, pp. 232-238. Segunda edición. Instituto de Estudios Peruanos, Lima.

Arriaga, P. J. de（パブロ・ホセ・デ・アリアーガ）

1984[1621]　「ピルーにおける偶像崇拝の根絶」（増田義郎訳）、『ペルー王国史』、pp. 363-606、大航海時代叢書第 II 期 16、岩波書店、東京。

Barrientos, C. de

1986[1540]　Visita de las siete guarangas de la provincia de Caxamarca. In *Historia de Cajamarca 2: Etnohistoria y Lingüística*, edited by F. Silva Santisteban, W. Espinoza Soriano and R. Ravines, pp. 354-362. Instituto Nacional de Cultura - Cajamarca, Cajamarca.

Bertonio, L.

2006[1612] *Vocabulario de la Lengva Aymara*. Ediciones El Lector, Arequipa.

Betanzos, J. de

1996[1557] *Narrative of the Incas*. Translated and edited by R. Hamilton and D. Buchanan from the Palma de Mallorca manuscript. University of Texas Press, Austin.

Cabello Valboa, M.

1951[1586] *Miscelánea Antártica: Una Historia del Perú Antiguo*. Instituto de Etnología, Facultad de Letras, Universidad Nacional Mayor de San Marcos, Lima.

Caruarayco, L.

1955[ca.1606] Filiación, ascendencia y descendencia del linaje de don Luis caruarayco cacique y S.or principal de toda la provincia de caxamarca por linea reta de varon para relacion mas clara del ynterrogatorio de la ymformacion que pretende hazer en rrazon del dicho cacicazgo que va escripta en capitulos. In *Los Caciques de Cajamarca: Estudio Histórico y Documentos*, edited by H. Villanueva Urteaga, pp. 7-15. Universidad Nacional de Trujillo, Trujillo.

Castro, C. de and D. de Ortega Morejon

1974[1558] Relaçion y declaraçion del modo que ete valle de Chincha y sus comarcanos se governavan antes que oviese yngas y despues que los vuo hasta que los cristianos entraron en esta tierra, edited by J. C. Crespo, *Historia y Cultura* 8: 93-104.

Cieza de León, P. de（ペドロ・デ・シエサ・デ・レオン）

1993[1553] 『激動期アンデスを旅して』（染田秀藤訳）、アンソロジー新世界の挑戦 5、岩波書店、東京。

1995[1553] *Crónica del Perú. Primera Parte*. Tercera edición. Fondo Editorial de la Pontificia Universidad Católica del Perú, Lima.

2006[1553] 『インカ帝国史』（増田義郎訳）、岩波書店、東京。

2007[1553] 『インカ帝国地誌』（増田義郎訳）、岩波書店、東京。

Cobo, B.（ベルナベ・コボ）

1964[1653] *Historia del Nuevo Mundo*. Biblioteca de Autores Españoles, vols. 91-92. Ediciones Atlas, Madrid.

1995[1653] 「『新世界の歴史』第 12 巻第 1-17 章」（高橋均訳）、『外国語科研究

紀要』42(4): 1-98.

Diez de San Miguel, G.

1964[1567] *Visita Hecha a la Provincia de Chucuito*. Casa de la Cultura del Perú, Lima.

Garcilaso de la Vega, I.（インカ・ガルシラーソ・デ・ラ・ベーガ）

2006[1609] 『インカ皇統記』（牛島信明訳）、（一）－（四）、岩波書店、東京。

González Holguín, D.

1989[1608] *Vocabulario de la Lengua General de Todo el Perú Llamada Lengua Qquichua o del Inca*. Universidad Nacional Mayor de San Marcos, Lima.

Guaman Poma de Ayala, F.

1987[ca.1615] *Nueva Crónica y Buen Gobierno*, edited by J. V. Murra, R. Adorno and J. L. Urioste. 3 vols. Historia 16, Madrid.

Herrera, A. de

1952[1615] *Historia General de los Hechos de los Castellanos en las Islas y Tierra Firme del Mar Océano. Tomo X.* Academia de la Historia, Madrid.

Las Casas, B. de

2006[1562-64] *De las Antiguas Gentes del Perú*. Linkgua ediciones S.L., Barcelona.

Lira, J. A.

1944 *Diccionario Kkechuwa-Español*. Instituto de Historia, Lingüística y Folklore XII, Universidad Nacional de Tucumán, Tucumán.

Martínez Compañon, B. J.

1991[1789] *Trujillo del Perú, vol. IX*. Agencia Española de Cooperación Internacional, Madrid.

Molina, C. de, el chileno（o B. de Segovia）

1968[1552] Relación de muchas cosas acaecidas en el Perú. In *Crónicas Peruanas de Interés Indígena*, edited by F. Esteve Barba, pp. 57-95. Biblioteca de Autores Españoles, vol. 209. Ediciones Atlas, Madrid.

Molina, C. de, el cuzqueño

1989[1575] Relación de las fábulas i mitos de los Ingas. In *Fábulas y Mitos de los Inca*, edited by H. Urbano and P. Duviols, pp. 47-134. Historia 16, Madrid.

Murúa, M. de

2004[ca. 1590] *Códice Murúa: Historia y Genealogía, de los Reyes Incas del Perú del*

Padre Mercenario Fray Martín de Murúa. Testimonio Compañía Editorial, Madrid.

2008[1616] *Historia General del Perú: Facsimile of J. Paul Getty Museum Ms. Ludwig XIII 16*. Getty Research Institute, Los Angeles.

Ortiz de Zúñiga, I.

1967/1972[1562] *Visita de la Provincia de León de Huánuco*. 2 vols. Universidad Hermilio Valdizán, Huánuco.

Pachacuti Yamqui Salcamaygua, J. de S. C.

1993[1613] *Relación de Antigüedades deste Reyno del Pirú*. Estudio etnohistórico y lingüístico de Pierre Duviols y César Itier. Travaux de L'Institut Français d'Études Andines 74. Archivos de Historia Andina 17. Institut Français d'Études Andines, Lima. Centro de Estudios Regionales Andinos Bartolomé de Las Casas, Cuzco.

Pérez Bocanegra, J.

1631 *Ritual Formulario; e Institución de Curas para Administrar a los Naturales de Este Reyno...* Geronymo de Contreras, Lima.

Pizarro, P.（ペドロ・ピサロ）

1984[1571] 「ピルー王国の発見と征服」（増田義郎訳）、『ペルー王国史』、pp. 1-297、大航海時代叢書第 II 期 16、岩波書店、東京。

Polo de Ondegardo, J.

1916[1559] Los errores y supersticiones de los indios, sacadas del tratado y aueriga-cion que hizo el licenciado Polo. In *Informaciones acerca de la Religión y Gobierno de los Incas*, edited by H. H. Urteaga and C. A. Romero, pp. 3-43. Colección de Libros y Documentos Referentes a la Historia del Perú, 1ra. serie, tomo III, Lima.

1990[1571] *El Mundo de los Incas*, edited by L. González y A. Alonso. Historia 16, Madrid.

Quipucamayos（キープカマーヨ）

1995[1542/1608] 「歴代インカ王の系譜、その統治および征服に関する報告書」（染田秀藤訳）、『大航海時代における異文化理解と他者認識——スペイン語文書を読む』、pp. 200-240、渓水社、広島。

Rostworowski, M. and P. Remy (editors)

1992[1571-72/1578] *Las Visitas a Cajamarca 1571-72/1578*. 2 vols. Instituto de Estudios Peruanos, Lima.

Santillán, H. de

1968[1563?] Relación del origen, descendencia, política y gobierno de los Incas. In *Crónicas Peruanas de Interés Indígena*, edited by F. Esteve Barba, pp. 97-149. Biblioteca de Autores Españoles, vol. 209. Ediciones Atlas, Madrid.

Santo Tomás, D. de

1951[1560] *Lexicón o Vocabulario de la Lengua General del Perú*. Universidad Nacional Mayor de San Marcos, Lima.

Sarmiento de Gamboa, P.

1943[1572] *Historia de los Incas*. Segunda edición, enteramente revisada. Emecé Editores, Buenos Aires.

Titu Cussi Yupangui（ティトゥ・クシ・ユパンギ）

1987[1570] 『インカの反乱——被征服者の声』（染田秀藤訳)、岩波書店、東京。

Xerez, F. de（フランシスコ・デ・ヘレス）

2003[1534] 「パナマよりカハマルカまで」（増田義郎訳)、『インカ帝国遠征記』、pp. 7-137、中公文庫、東京。

現代の研究書

Agurto Calvo, S.

1980 *Cusco: La Traza Urbana de la Ciudad Inca*. Proyecto Per 39, UNESCO. Instituto Nacional de Cultura del Perú, Lima.

網野徹哉

1995 「植民地体制とインディオ社会——アンデス植民地社会の一断面」、『近代世界への道——変容と摩擦』（歴史学研究会編)、pp. 127-157、講座世界史 2、東京大学出版会、東京。

1997a 「インカ、百年の王国」「征服されたインディオ」「成熟する植民地社会」「インカを探して」、『ラテンアメリカ文明の興亡』（高橋均・網野徹哉)、pp. 53-240、世界の歴史 18、中央公論社、東京。

1997b 「17 世紀アンデス社会考——流動する時代」、『アンデス文化を学ぶ人のために』（友枝啓泰・染田秀藤編)、pp. 54-92、世界思想社、京都。

1998　「アメリカ古代帝国の生成――インカをめぐる諸問題」、『帝国と支配』、pp. 141-165、岩波講座世界歴史 5、岩波書店、東京。

2008　『インカとスペイン――帝国の交錯』、講談社、東京。

Ballesteros Gaibrois, M.

1994　Estudio de la obra de Martínez Compañon enviada al rey de España. In *Trujillo del Perú, Apéndice III*, edited by B. J. Martínez Compañon, pp. 9-48. Edición de Cultura Hispánica. Agencia Española de Cooperación Internacional, Madrid.

Bauer, B. S.

1998　*The Sacred Landscape of the Inca: The Cusco Ceque System*. University of Texas Press, Austin.

Bennett, W. C.

1934　Excavations at Tiahuanaco. *Anthropological Papers of the American Museum of Natural History* 34(3): 359-494.

Berenguer, J. R.

1987　Consumo nasal de alucinogenos en Tiwanaku: una aproximación iconográfica. *Boletín del Museo Chileno de Arte Precolombino* 2: 33-53.

Bird, R. M.

1987　A Postulated Tsunami and Its Effects on Cultural Development in the Peruvian Early Horizon. *American Antiquity* 52(2): 285-303.

Brennan, C. T.

1980　Cerro Arena: Early Cultural Complexity and Nucleation in North Coast Peru. *Journal of Field Archaeology* 7: 1-22.

1982　Cerro Arena: Origins of the Urban Tradition on the Peruvian North Coast. *Current Anthropology* 23(3): 247-254.

Bronk Ramsey, C.

1995　Radiocarbon Calibration and Analysis of Stratigraphy: The OxCal Program. *Radiocarbon* 37(2): 425-430.

2001　Development of the Radiocarbon Calibration Program OxCal. *Radiocarbon* 43(2A): 355-363.

2006　OxCal v. 4.0.1.

Burger, R. L.

1992 *Chavín and the Origins of Andean Civilization*. Thames and Hudson, London.

2008 Chavín de Huántar and Its Sphere of Influence. In *Handbook of South American Archaeology*, edited by H. Silverman and W. H. Isbell, pp. 681-703. Springer, New York.

Burger, R. L. and L. C. Salazar

2008 The Manchay Culture and the Coastal Inspiration for Highland Chavín Civilization. In *Chavín: Art, Architecture and Culture*, edited by W. Conklin and J. Quilter, pp. 85-105. Monograph 61. Cotsen Institute of Archaeology, University of California, Los Angeles.

Carrión Cachot, R.

1948 La Cultura Chavín. Dos nuevas colonias: Kuntur Wasi y Ancón. *Revista del Museo Nacional de Antropología y Arqueología* 2(1): 99-172.

Cerrón-Palomino, R.

2002 Hurin: un espejismo léxico opuesto a hanan. In *El Hombre y los Andes: Homenaje a Franklin Pease G. Y.*, edited by J. Flores Espinoza and R. Varón Gabai, tomo I, pp. 219-235. Fondo Editorial de la Pontificia Universidad Católica del Perú, Lima.

Chávez, S. J.

1988 Archaeological Reconnaissance in the Province of Chumbivilcas, South Highland Peru. *Expedition* 30(3): 27-38.

1992 *The Conventionalized Rules in Pucara Pottery Technology and Iconography: Implications for Socio-Political Developments in the Northern Lake Titicaca Basin*. Ph.D. Dissertation, Department of Anthropology, Michigan State University.

2002 Identification of the Camelid Women and Feline Man Themes, Motifs, and Designs in Pucara Style Pottery. In *Andean Archaeology II: Art, Landscape, and Society*, edited by H. Silverman and W. H. Isbell, pp. 35-69. Kluwer Academic/Plenum Publishers, New York.

Cock, C. G. and M. E. Doyle

1979 Del culto solar a la clandestinidad de Inti y Punchao. *Historia y Cultura* 12: 51-73.

Conklin, W. J.

1991　Tiahuanaco and Huari: Architectural Comparisons and Interpretations. In *Huari Administrative Structure: Prehistoric Monumental Architecture and State Government*, edited by W. H. Isbell and G. F. McEwan, pp. 281-291. Dumbarton Oaks Research Library and Collection, Washington, D.C.

Cook, N. D.

2003　Introducción. In *Collaguas II, Lari Collaguas: Economía, Sociedad y Población, 1604-1605*, edited by D. J. Robinson, pp. xv-xxxv. Fondo Editorial de la Pontificia Universidad Católica del Perú, Lima.

Cummins, T. B. F.

2002　*Toasts with the Inca: Andean Abstraction and Colonial Images on Quero Vessels*. University of Michigan Press, Ann Arbor.

D'Altroy, T. N.

2002　*The Incas*. Blackwell, Malden, MA.

Donnan, C. B.

1997　A Chimu-Inka Ceramic-Manufacturing Center from the North Coast of Peru. *Latin American Antiquity* 8(1): 30-54.

Donnan, C. B. and L. J. Castillo Butters

1994　Excavaciones de tumbas de sacerdotisas Moche en San José de Moro, Jequetepeque. In *Moche: Propuestas y Perspectivas*, edited by S. Uceda and E. Mujica, pp. 415-424. Actas del Primer Coloquio sobre la Cultura Moche. Travaux de l'Institut Français d'Etudes Andines 79. Instituto Francés de Estudios Andinos, Lima. Universidad Nacional de la Libertad, Trujillo. Asociación Peruana para el Fomento de las Ciencias Sociales, Lima.

Durkheim, E.（エミール・デュルケム）

1989[1893]　『社会分業論』（井伊玄太郎訳）、（上）・（下）、講談社、東京。

Duviols, P.

1979a　La dinastía de los Incas: ¿Monarquía o diarquía? Algumentos heurísticos a favor de una tesis estructuralista. *Journal de la Société des Américanistes* 66: 67-83.

1979b　Datación, paternité et idéologique de la "Declaración de los Quipucamayos a Vaca de Castro" (Discurso de la descendencia y gobierno de los Ingas). In *Les Cultures Ibériques en Devenir: Essais Publiés en Hommage à la Mémoire de*

Marcel Bataillon (1895-1977), pp. 583-591. La Fundation Singer-Polignac, Paris.

1980 Algunas reflexiones acerca de la tesis de la estructura dual del poder incaico. *Histórica* 4(2): 183-196.

Elera, C. G.

1993 El complejo cultural Cupisnique: antecedentes y desarrollo de su ideología religiosa. In *El Mundo Ceremonial Andino*, edited by L. Millones and Y. Onuki, pp. 229-257. Senri Ethnological Studies No. 37. National Museum of Ethnology, Osaka.

Espinoza Soriano, W.

1977a La poliginia señorial en el reino de Caxamarca, siglos XV y XVI. *Revista del Museo Nacional* 43: 399-466.

1977b Los cuatro suyos del Cuzco, siglos XV y XVI. *Boletín del Instituto Francés de Estudios Andinos* 6(3-4): 109-122.

1986[1967] El primer informe etnológico sobre Cajamarca: 1540. In *Historia de Cajamarca 2: Etnohistoria y Lingüística*, edited by F. Silva Santisteban, W. Espinoza Soriano and R. Ravines, pp. 343-364. Instituto Nacional de Cultura - Cajamarca, Cajamarca.

1986[1970] Los mitmas yungas de Collique en Cajamarca, siglos XV, XVI y XVII. In *Historia de Cajamarca 2: Etnohistoria y Lingüística*, edited by F. Silva Santisteban, W. Espinoza Soriano and R. Ravines, pp. 247-290. Instituto Nacional de Cultura - Cajamarca, Cajamarca.

1986[1973] La pachaca de Puchu en el reino de Cuismancu, Siglo XV y XVI. In *Historia de Cajamarca 2: Etnohistoria y Lingüística*, edited by F. Silva Santisteban, W. Espinoza Soriano and R. Ravines, pp. 151-182. Instituto Nacional de Cultura - Cajamarca, Cajamarca.

1986[1977] La pachaca de Pariamarca en el reino de Caxamarca, siglos XV-VVIII. In *Historia de Cajamarca 2: Etnohistoria y Lingüística*, edited by F. Silva Santisteban, W. Espinoza Soriano and R. Ravines, pp. 113-148. Instituto Nacional de Cultura - Cajamarca, Cajamarca.

Evans-Pritchard, E. E.（エドワード・エヴァンズ=プリチャード）

1997[1940] 『ヌアー族』（向井元子訳）、平凡社、東京。

Florián, M.

1977 *EL Pueblo Chimú-Serrano Contumacino: Épocas Preinkaika e Inkaika*. Biblioteca Contumacina, vol. 2. Editorial “Fidel Ramírez Lazo”, Lima.

Fortes, M. and E. E. Evans-Pritchard (editors)（フォーテス・エヴァンス＝プリッチャード編）

1972[1940] 『アフリカの伝統的政治体系』（大森元吉・安藤勝美・細見真也・星昭・吉田昌夫・林晃史・石井章訳）、みすず書房、東京。

Fuchs, P. R., R. Patzschke, C. Schmits, G. Yenque and J. Briceño

2008 Investigaciones arqueológicas en el sitio de Sechín Bajo, Casma. *Boletín de Arqueología PUCP* 10(2006): 111-135.

Gibson, C.（チャールズ・ギブソン）

1981[1966] 『イスパノアメリカ――植民地時代』（染田秀藤訳）、平凡社、東京。

Goldstein, P.

2000 Exotic Goods and Everyday Chiefs: Long-Distance Exchange and Indigenous Sociopolitical Development in the South Central Andes. *Latin American Antiquity* 11(4): 335-361.

Gose, P.

1993 Segmentary State Formation and the Ritual Control of Water under the Incas. *Comparative Studies in Society and History* 35(3): 480-514.

1996 The Past is a Lower Moiety: Diarchy, History, and Divine Kinship in the Inka Empire. *History and Anthropology* 9(4): 383-414.

Guillén, S.

2002 The Mummies of the Laguna de los Cóndores (Las momias de la Laguna de los Cóndores). In *Chachapoyas: El Reino Perdido*, edited by E. González and R. León, pp. 344-387. AFP INTEGRA, Lima.

Guillén Guillén, E.

1991 Dos notas históricas y un documento inédito. In *Cultures et Sociétés Andes et Méso-Amérique: Mélanges en Hommage à Pierre Duviols*, edited by R. Thiercelin, vol. 2, pp. 421-439. Université de Provence, Provence.

Hagen, A. von

2002a *Los Chachapoya y la Laguna de los Cóndores*. Museo Leymebamba, Leymebamba.

2002b Chachapoya Iconography and Society at Laguna de los Cóndores, Peru. In *Andean Archaeology II: Art, Landscape, and Society*, edited by H. Silverman and W. H. Isbell, pp. 137-155. Kluwer Academic/Plenum Publishers, New York.

Hagen, A. von and S. Guillén

1998 Tombs with a View. *Archaeology* 51(2): 48-54.

Hampe Martínez, T.

1982 Las momias de los incas en Lima. *Revista del Museo Nacional* 46: 405-418.

Harris, O.

1986 From Asymmetry to Triangle: Symbolic Transformations in Northern Potosí. In *Anthropological History of Andean Polities*, edited by J. V. Murra, N. Wachtel and J. Revel, pp. 260-279. Cambridge University Press, Cambridge.

Hayashida, F. M.

1999 Style, Technology, and State Production: Inka Pottery Manufacture in the Leche Valley, Peru. *Latin American Antiquity* 10(4): 337-352.

Hemming, J.

1993[1970] *The Conquest of the Incas*. Papermac, London.

Horkheimer, H.

1985[1941] El Distrito de Trinidad, nueva región arqueológica. In *Historia de Cajamarca 1: Arqueología*, edited by F. Silva Santisteban, W. Espinoza Soriano and R. Ravines, pp. 147-150. Instituto Nacional de Cultura - Cajamarca, Cajamarca.

Hyslop, J.

1976 *An Archaeological Investigation of the Lupaca Kingdom and Its Origins*. Ph.D. Dissertation, Department of Anthropology, Columbia University.

1984 *The Inka Road System*. Academic Press, New York.

1990 *Inca Settlement Planning*. University of Texas Press, Austin.

1993 Factors Influencing the Transmission and Distribution of Inka Cultural Materials throughout Tawantinsuyu. In *Latin American Horizons*, edited by D. S. Rice. Dumbarton Oaks, Washington, D.C.

Inokuchi, K.（井口欣也）

1999 La cerámica de Kuntur Wasi y el problema Chavín. *Boletín de Arqueología*

PUCP 2(1998): 161-180.

2001　「神殿と図像——中央アンデス地帯形成期のクントゥル・ワシ神殿における図像表現の変容プロセス」、『国立民族学博物館研究報告』25(3): 385-431。

2008　Cronología del Período Formativo en la sierra norte del Perú: implicancias del caso de Kuntur Wasi. Paper presented at the "Centro" y Procesos Sociales: Conceptos vs. Contexto en los Estudios sobre la Civilización Andina para los Períodos Arcaico y Formativo, Museo Nacional de Etnología, Osaka.

印刷中　La arquitectura de Kuntur Wasi : secuencia constructiva y cronología de un centro ceremonial del Período Formativo. *Boletín de Arqueología PUCP* 12(2008).

井口欣也・鶴見英成・伊藤裕子

2007　「クントゥル・ワシ神殿の構造」、『先史アンデス社会の文明形成プロセス』（加藤泰建編）、平成 14-18 年度科学研究費補助金［基盤研究（S)］研究成果報告書、pp. 21-48。

Instituto Nacional de Cultura-Cajamarca

1997　*Defensa, Conservación y Levantamiento Topográfico del Monumento Arqueológico Tantarica - Contumazá*. Informe - I etapa. Instituto Nacional de Cultura - Cajamarca, Cajamarca.

Isbell, W. H.

1978　Cosmological Order Expressed in Prehistoric Ceremonial Centers. In *Actes du XLII Congrès International des Américanistes*, vol. 4, pp. 269-297, Paris.

1983　Shared Ideology and Parallel Political Development: Huari and Tiwanaku. In *Investigations of the Andean Past*, edited by D. H. Sandweiss, pp. 186-208. Latin American Studies Program. Cornell University, Ithaca.

1987　Conchopata, Ideological Innovator in Middle Horizon 1A. *Ñawpa Pacha* 22-23(1984-1985): 91-126.

1997　*Mummies and Mortuary Monuments: A Postprocessual Prehistory of Central Andean Social Organization*. University of Texas Press, Austin.

2001　Huari y Tiahuanaco, arquitectura, identidad y religión. In *Los Dioses del Antiguo Perú 2*, edited by K. Makowski Hanula, pp. 1-37. Colección Arte y Tesoros del Perú. Banco Crédito del Perú, Lima.

Isbell, W. H. and P. J. Knobloch

2009 SAIS-The Origen, Development, and Dating of Tiahuanaco-Huari Iconography. In *Tiwanaku: Papers from the 2005 Mayer Center Symposium at the Denver Art Museum*, edited by M. Young-Sánchez, pp. 165-210. The Mayer Center for Pre-Columbian & Spanish Colonial Art at the Denver Art Museum, Denver.

Izumi, S. and T. Sono (editors)

1963 *Excavations at Kotosh, Peru, 1960*. Kadokawa-Shoten, Tokyo.

Izumi, S. and K. Terada (editors)

1972 *Excavations at Kotosh, Peru, 1963 and 1966*. University of Tokyo Press, Tokyo.

Jaeckel, P. and A. Melly Cava

1987 Untitled summary of 1984 fieldwork. *Willay: Newsletter of the Andean Anthropological Research Group* 25: 7-9.

Janusek, J. W.

2008 *Ancient Tiwanaku*. Cambridge University Press, Cambridge.

Jiménez de la Espada, M.

1896 La huaca Tantalluc. *Historia y Arte*, tomo II: 89-91, Madrid.

Julien, C. J.

1982 Inca Decimal Administration in the Lake Titicaca Region. In *The Inca and Aztec States 1400-1800: Anthropology and History*, edited by G. A. Collier, R. I. Rosaldo and J. D. Wirth, pp. 119-151. Academic Press, New York.

1983 *Hatunqolla: A View of Inca Rule from the Lake Titicaca Region*. University of California Publications in Anthropology, vol. 15. University of California Press, Berkeley.

1988 How Inca Decimal Administration Worked. *Ethnohistory* 35(3): 257-279.

1991 *Condesuyo: The Political Division of Territory under Inca and Spanish Rule*. Bonner Amerikanistische Studien, Bonn.

2000 *Reading Inca History*. University of Iowa Press, Iowa City.

Julien, D. G.

1988 *Ancient Cuismancu: Settlement and Cultural Dynamics in the Cajamarca Region of the North Highlands of Peru*. Ph.D. Dissertation, Department of

Anthropology, University of Texas at Austin.

1993 Late Pre-Inkaic Ethnic Groups in Highland Peru: An Archaeological-Ethnohistorical Model of the Political Geography of the Cajamarca Region. *Latin American Antiquity* 4(3): 246-273.

Kantner, M.

2003 Acercamiento a la iconografía de Tiahuanaco. *Arqueológicas* 26: 219-235.

Kato, Y.（加藤泰建）

1993a 「アンデス形成期の祭祀建築」、『民族藝術』 9: 37-48。

1993b Resultados de las excavaciones en Kuntur Wasi, Cajamarca. In *El Mundo Ceremonial Andino*, edited by L. Millones and Y. Onuki, pp. 203-228. Senri Ethnological Studies No. 37. National Museum of Ethnology, Osaka.

1995 Conjunto arquitectónico ceremonial de Kuntur Wasi; Las tumbas de la fase Kuntur Wasi; Los monolitos de Kuntur Wasi. In *Kuntur Wasi y Cerro Blanco: Dos Sitios del Formativo en el Norte del Perú*, edited by Y. Onuki, pp. 7-22. Hokusen-Sha, Tokio.

2010 「大神殿の出現と変容するアンデス社会——形成期後期のクントゥル・ワシ神殿」、『古代アンデス——神殿から始まる文明』（大貫良夫・加藤泰建・関雄二編）、pp. 105-152、朝日新聞出版、東京。

加藤泰建（編）

2007 『先史アンデス社会の文明形成プロセス』、平成 14-18 年度科学研究費補助金［基盤研究（S)］研究成果報告書。

加藤泰建・井口欣也

1998 「コンドルの館」、『文明の創造力——古代アンデスの神殿と社会』（加藤泰建・関雄二編）、pp. 163-224、角川書店、東京。

加藤泰建・関雄二（編）

1998 『文明の創造力——古代アンデスの神殿と社会』、角川書店、東京。

Kaulicke, P.（ペーター・カウリケ）

1991 「チャビン芸術と図像表現」（関雄二訳）、『古代アンデス美術』（増田義郎・島田泉編）、pp. 47-69、岩波書店、東京。

川田順造

1995 「肖像と固有名詞——歴史表象としての図像と言語における意味機能と指示機能」、『アジア・アフリカ言語文化研究』 48-49: 495-537。

Kembel, S. R.

2001 *Architectural Sequence and Chronology at Chavín de Huántar, Peru.* Ph.D. Dissertation, Department of Anthropological Sciences, Stanford University.

2008 The Architecture at the Monumental Center of Chavín de Huántar: Sequence, Transformations, and Chronology. In *Chavín: Art, Architecture and Culture*, edited by W. Conklin and J. Quilter, pp. 35-81. Monograph 61. Cotsen Institute of Archaeology, University of California, Los Angeles.

木村秀雄

1996 『響きあう神話——現代アマゾニアの物語世界』、世界思想社、京都。

Kolata, A. L.

1993 *The Tiwanaku: Portrait of an Andean Civilization*. Blackwell, Cambridge MA, Oxford UK.

2003 Tiwanaku Ceremonial Architecture and Urban Organization. In *Tiwanaku and Its Hinterland: Archaeology and Paleoecology of an Andean Civilization, Vol. 2, Urban and Rural Archaeology*, edited by A. L. Kolata, pp. 175-201. Smithsonian Institution Press, Washington and London.

熊井茂行

1996 「『インカ帝国』概念の形成と展開——『インカ帝国』像についての予備的考察」、『明治学院論叢』584（総合科学研究 54）: 43-78。

Lathrap, D. W.

1977[1973] Gifts of Cayman: Some Thoughts on the Subsistence Basis of Chavín. In *Pre-Columbian Art History*, edited by A. Cordy-Collins and J. Stern, pp. 333-351. Peek Publications, Palo Alto.

1985 Jaws: The Control of Power in the Early Nuclear American Ceremonial Center. In *Early Ceremonial Architecture in the Andes*, edited by C. B. Donnan, pp. 241-267. Dumbarton Oaks Research Library and Collection, Washington, D. C.

Lau, G. F.

2000 Espacio ceremonial Recuay. In *Los Dioses del Antiguo Perú*, edited by K. Makowski Hanula, pp. 178-197. Colección Arte y Tesoros del Perú. Banco Crédito del Perú, Lima.

2002 Feasting and Ancestor Veneration at Chinchawas, North Highlands of Ancash,

Peru. *Latin American Antiquity* 13(3): 279-304.

Leach, E. R.（エドモンド・リーチ）

1987[1954]　『高地ビルマの政治体系』（関本照夫訳）、弘文堂、東京。

Lechtman, H.

2007　The Inka, and Andean Metallurgical Tradition. In *Variations in the Expression of Inka Power*, edited by R. L. Burger, C. Morris and R. Matos Mendieta, pp. 313-355. Dumbarton Oaks Research Library and Collection, Washington, D.C.

Lévi-Starauss, C.（クロード・レヴィ＝ストロース）

1968[1967]　「料理の三角形」（西江雅之訳）、『レヴィ＝ストロースの世界』、pp. 41-63、みすず書房、東京。

1972[1956]　「双分組織は実在するか」（生松敬三訳）、『構造人類学』、pp. 148-179、みすず書房、東京。

1976[1962]　『野生の思考』（大橋保夫訳）、みすず書房、東京。

1979　『構造・神話・労働』（大橋保夫編）、みすず書房、東京。

2007[1968]　『食卓作法の起源』（渡辺公三・榎本譲・福田素子・小林真紀子訳）、神話論理 III、みすず書房、東京。

Lumbreras, L. G.（ルイス・ルンブレラス）

1970　*Los Templos de Chavín*. Cooperación Peruana del Santa, Lima.

1977[1974]　『アンデス文明――石期からインカ帝国まで』（増田義郎訳）、岩波書店、東京。

1993　*Chavín de Huántar: Excavaciones en la Galería de las Ofrendas*. Materialien zur Allgemeinen und Vergleichenden Archäologie, Band 51. Verlag Philipp von Zabern, Mainz am Rhein.

2001　Uhle y los asentamientos de Chincha en el siglo XVI. *Revista del Museo Nacional* 49: 13-87.

2007　*Chavín: Excavaciones Arqueológicas*. 2 vols. Universidad Alas Peruana, Lima.

Makowski Hanula, K.

2000　El obelisco Tello y los dioses de Chavín. In *Los Dioses del Antiguo Perú*, edited by K. Makowski Hanula, pp. 70-87. Colección Arte y Tesoros del Perú. Banco Crédito del Perú, Lima.

2002　Los personajes frontales de báculos en la iconografía tiahuanaco y huari: ¿

tema o convención? *Boletín de Arqueología PUCP* 5(2001): 337-373.

Marcus, J.

1993 Ancient Maya Political Organization. In *Lowland Maya Civilization in the Eighth Century A.D.*, edited by J. A. Sabloff and J. S. Henderson, pp. 111-183. Dumbarton Oaks Research Library and Collection, Washington, D.C.

1998 The Peaks and Valleys of Ancient States: An Extension of the Dynamic Model. In *Archaic States*, edited by G. M. Feinman and J. Marcus, pp. 59-94. School of American Research Press, Santa Fe.

Martínez Cereceda, J. L.

1995 *Autoridades en los Andes, los Atributos del Señor*. Fondo Editorial de la Pontificia Universidad Católica del Perú, Lima.

増田義郎

1979 「解説」、『インカ帝国史』(シエサ・デ・レオン)、pp. 429-492、岩波書店、東京。

Matsumoto, R.

1982 Classification of Pottery; Seriated Sequence of Pottery Types. In *Excavations at Huacaloma in the Cajamarca Valley, Peru, 1979*, edited by K. Terada and Y. Onuki, pp. 93-179. Report 2 of the Japanese Scientific Expedition to Nuclear America. University of Tokyo Press, Tokyo.

1993 Dos modos de proceso socio-cultural: el Horizonte Temprano y el Período Intermedio Temprano en el valle de Cajamarca. In *El Mundo Ceremonial Andino*, edited by L. Millones and Y. Onuki, pp. 169-202. Senri Ethnological Studies No. 37. National Museum of Ethnology, Osaka.

松本亮三・寺田和夫

1983 「カハマルカ文化伝統の編年——ペルー北部山地、カハマルカ盆地の発掘概報」、『東海大学文明研究所紀要』 4: 19-41。

松本雄一

2009 「カンパナユック・ルミとチャビン問題——チャビン相互作用圏の周縁からの視点」、『古代アメリカ』12: 65-94。

松村博文

1994 「埋葬された人たち」、『古代アンデス文明——クントゥル・ワシの黄金と芸術』、p. 43、群馬県立歴史博物館、高崎。

McCormac, F. G., A. G. Hogg, P. G. Blackwell, C. E. Buck, T. F. G. Higham and P. J. Reimer

2004 SHCal04 Southern Hemisphere Calibration, 0-11.0 cal kyr BP. *Radiocarbon* 46(3): 1087-1092.

Menzel, D.

1959 The Inca Occupation of the South Coast of Peru. *Southwestern Journal of Anthropology* 15(2): 125-142.

1966 The Pottery of Chincha. *Ñawpa Pacha* 4: 77-153.

Menzel, D. and J. H. Rowe

1966 The Role of Chincha in Late Pre-Spanish Peru. *Ñawpa Pacha* 4: 63-76.

Mesia M., C. J.

2007 *Intrasite Spatial Organization at Chavín de Huántar during the Andean Formative: Three Dimensional Modeling, Stratigraphy and Ceramic*. Ph.D. Dissertation, Department of Anthropological Sciences, Stanford University.

Moore, J. D. and C. J. Mackey

2008 The Chimú Empire. In *Handbook of South American Archaeology*, edited by H. Silverman and W. H. Isbell, pp. 783-807. Springer, New York.

Morris, C.

1998 Más allá de las fronteras de Chincha. In *La Frontera del Estado Inca*, edited by T. D. Dillehay and P. J. Netherly, pp. 106-113. Fundación Alexander von Humboldt, Editorial Abya-Yala, Quito.

Morris, C. and J. I. Santillana

2007 The Inka Transformation of the Chincha Capital. In *Variations in the Expression of Inka Power*, edited by R. L. Burger, C. Morris and R. Matos Mendieta, pp. 135-163. Dumbarton Oaks Research Library and Collection, Washington, D.C.

Morris, C. and D. E. Thompson

1985 *Huánuco Pampa: An Inca City and Its Hinterland.* Thames and Hudson, London.

Moseley, M. E.

1992 *The Incas and Their Ancestors: The Archaeology of Peru*. Thames and Hudson, London.

Murra, J. V.

1968 An Aymara Kingdom in 1567. *Ethnohistory* 15(2): 115-151.

1972 El "control vertical" de un máximo de pisos ecológicos en la economía de las sociedades andinas. In *Visita de la Provincia de León de Huánuco en 1562*, by Iñigo Ortiz de Zúñiga, vol. 2, pp. 429-476. Documentos para la Historia y Etnología de Huánuco y la Selva Central. Universidad Nacional Hermilio Valdizán, Huánuco.

1980[1955] *The Economic Organization of the Inka State*. Research in Economic Anthropology, Supplement 1. JAI Press, Greenwich.

2002 *El Mundo Andino: Población, Medio Ambiente y Economía*. Fondo Editorial de la Pontificia Universidad Católica del Perú, Lima. Instituto de Estudios Peruanos, Lima.

長島信弘

1997 「解説」、『ヌアー族』（エヴァンズ＝プリチャード）、pp. 448-459、平凡社、東京。

Netherly, P. J.

1990 Out of Many, One: The Organization of Rule in the North Coast Polities. In *The Northern Dynasties: Kingship and Statecraft in Chimor*, edited by M. E. Moseley and A. Cordy-Collins, pp. 461-487. Dumbarton Oaks Research Library and Collection, Washington, D.C.

1993 The Nature of the Andean State. In *Configurations of Power: Holistic Anthropology in Theory and Practice*, edited by J. S. Henderson and P. J. Netherly, pp. 11-35. Cornell University Press, Ithaca.

Noack, K.

2001 Los caciques ante el notario: transformaciones culturales en el siglo XVI. In *América bajo los Austrias: Economía, Cultura y Sociedad*, edited by H. Noejovich Ch., pp. 191-204. Fondo Editorial de la Pontificia Universidad Católica del Perú, Lima.

Nowack, K.

1998 *Ceque and More: A Critical Assessment of R. Tom Zuidema's Studies on the Inca*. Bonner Amerikanistische Studien 31. Verlag Anton Sauerwein, Markt Schwaben.

Ogburn, D. E.

2008 Becoming Saraguro: Ethnogenesis in the Context of Inca and Spanish Colonialism. *Ethnohistory* 55(2):287-319.

Onuki, Y.（大貫良夫）

1992 「中央アンデス先土器時代と形成期の神殿」、『ジャガーの足跡——アンデス・アマゾンの宗教と儀礼』（友枝啓泰・松本亮三編）、pp. 95-122、東海大学出版会、東京。

1993a 「先史アンデス文明の宗教芸術のはじまり」、『民族藝術』9: 25-36。

1993b Las actividades ceremoniales tempranas en la cuenca del Alto Huallaga y algunos problemas generales. In *El Mundo Ceremonial Andino*, edited by L. Millones and Y. Onuki, pp. 69-96. Senri Ethnological Studies No. 37. National Museum of Ethnology, Osaka.

1998 Ocho tumbas especiales de Kuntur Wasi. *Boletín de Arqueología PUCP* 1(1997): 79-114.

2000 『アンデスの黄金』、中央公論新社、東京。

2001 Cupisnique en la sierra de Cajamarca. *Arqueológicas* 25: 67-81.

Onuki, Y. (editor)

1995 *Kuntur Wasi y Cerro Blanco: Dos Sitios del Formativo en el Norte del Perú.* Hokusen-sha, Tokio.

大貫良夫・加藤泰建

1991 「クントゥル・ワシの墓——ペルー北部山地の発掘調査から」、『ラテンアメリカ研究年報』11: 1-21。

大貫良夫・加藤泰建・関雄二（編）

2000 『クントゥル・ワシ神殿の発掘——アンデス最古の黄金芸術』、日本経済新聞社、東京。

Pease G. Y., F.

1978 *Del Tawantinsuyu a la Historia del Perú*. Instituto de Estudios Peruanos, Lima.

1992 *Perú: Hombre e Historia. Volumén II: Entre el Siglo XVI y el XVIII*. Fundación del Banco Continental para el Fomento de la Educación y la Cultura, Lima. Ediciones Edubanco, Lima.

1995 *Las Crónicas y los Andes*. Pontificia Universidad Católica del Perú, Lima.

Fondo de Cultura Económica, Lima.

Pease G. Y., F.（フランクリン・ピース）・増田義郎

1988 『図説インカ帝国』、小学館、東京。

Platt, T.

1986 Mirrors and Maize: The Concept of Yanantin among the Macha of Bolivia. In *Anthropological History of Andean Polities*, edited by J. V. Murra, N. Wachtel and J. Revel, pp. 228-259. Cambridge University Press, Cambridge.

Posnansky, A.

1945 *Tihuanacu: The Cradle of American Man.* I and II. J. J. Augustin, New York.

1957 *Tihuanacu: The Cradle of American Man.* III and IV. Ministerio de Educación, La Paz.

Protzen, J.-P. and S. E. Nair

2000 On Reconstructing Tiwanaku Architecture. *Journal of the Society of Architectural Historians* 59(3): 358-371.

2002a Pumapunku: plataformas y portales. *Boletín de Arqueología PUCP* 5(2001): 309-336.

2002b The Gateways of Tiwanaku: Symbols or Passages? In *Andean Archaeology II: Art, Landscape, and Society*, edited by H. Silverman and W. H. Isbell, pp. 189-223. Kluwer Academic/Plenum Publishers, New York.

Pärssinen, M.

1992 *Tawantinsuyu: The Inca State and Its Political Organization*. Studia Historica 43. Societas Historica Finlandiae, Helsinki.

1997 Investigaciones arqueológicas con ayuda de fuentes históricas: experiencias en Cajamarca, Pacasa y Yampará. In *Saberes y Memorias en los Andes: In Memorium Thierry Saignes*, edited by T. Bouysse-Cassagne, pp. 41-58. Institut des Hautes Études de l'Amérique Latine, Paris. Institut Français d'Études Andines, Lima.

2003 Copacabana: ¿el nuevo Tiwanaku? Hacia una comprensión multidisciplinaria sobre las secuencias culturales post-tiwanacotas de Pacasa, Bolivia. In *Los Andes: Cincuenta Años después (1953-2003). Homenaje a John Murra*, edited by A. M. Lorandi, C. Salazar-Soler and N. Wachtel, pp. 229-280. Fondo Editorial de la Pontificia Universidad Católica del Perú, Lima.

Pärssinen, M. and J. Kiviharju (editors)

2004 *Textos Andinos: Corpus de Textos Khipu Incaicos y Coloniales, Tomo I.* Acta Ibero-Americana Fennica, Series Hispano-Americano 6. Instituto Iberoamericano de Finlandia, Madrid. Departamento de Filología Española I, Facultad de Filología, Universidad Complutense de Madrid, Madrid.

Quilter, J. and G. Urton (editors)

2002 *Narrative Threads: Accounting and Recounting in Andean Khipu.* University of Texas Press, Austin.

Radcliff-Brown, A. R.（アルフレッド・ラドクリフ=ブラウン）

1972[1940] 「まえがき」、フォーテス・エヴァンス=プリッチャード編『アフリカの伝統的政治体系』（大森元吉・安藤勝美・細見真也・星昭・吉田昌夫・林晃史・石井章訳）、pp. 1-17、みすず書房、東京。

Ramírez, S. E.

1982 Retainers of the Lords or Merchants: A Case of Mistaken Identity? In *El Hombre y Su Ambiente en los Andes Centrales*, edited by L. Millones and H. Tomoeda, pp. 123-136. Senri Ethnological Studies No. 10. National Museum of Ethnology, Osaka.

1995 Exchange and Markets in the Sixteenth Century: A View from the North. In *Ethnicity, Markets, and Migration in the Andes: At the Crossroads of History and Anthropology*, edited by B. Larson, O. Harris and E. Tandeter, pp. 135-164. Duke University Press, Durham.

1996 *The World Upside Down: Cross-Cultural Contact and Conflict in Sixteenth-Century Peru.* Stanford University Press, Stanford.

1997 Un mercader...es un pescador: reflexiones sobre las relaciones económicas y los múltiples roles de los indios americanos en el Perú del siglo XVI. In *Arqueología, Antropología e Historia en los Andes: Homenaje a María Rostworowski*, edited by R. Varón Gabai and J. Flores Espinoza, pp. 729-735. Instituto de Estudios Peruanos, Lima.

1998 Rich Man, Poor Man, Beggar Man, or Chief: Material Wealth as a Basis of Power in Sixteenth-Century Peru. In *Dead Giveaways: Indigenous Testaments of Colonial Mesoamerica and the Andes*, edited by S. Kellogg and M. Restall, pp. 215-248. University of Utah Press, Salt Lake City.

2001 El concepto de "cominudad" en el siglo XVI. In *América bajo los Austrias: Economía, Cultura y Sociedad*, edited by H. Noejovich Ch., pp. 181-189. Fondo Editorial de la Pontificia Universidad Católica del Perú, Lima.

2002 Don Melchior Caruarayco: A Kuraka of Cajamarca in Sixteenth-Century Peru. In *The Human Tradition in Colonial Latin America*, edited by K. J. Andrien, pp. 22-34. Scholarly Resources, Wilmington.

2005 *To Feed and Be Fed: The Cosmological Bases of Authority and Identity in the Andes*. Stanford University Press, Stanford.

2006 Historia y memoria: la construcción de las tradiciones dinásticas andinas. *Revista de Indias* 66(236): 13-56.

Ravines, R.

1985 *Cajamarca Prehispánica: Inventario de Monumentos Arqueológicos*. Inventarios del Patrimonio Monumental del Perú 2. Instituto Nacional de Cultura - Cajamarca, Cajamarca.

Regalado de Hurtado, L.

1996 *La Sucesión Incaica: Aproximación al Mando y Poder entre los Incas a Partir de la Crónica de Betanzos*. Segunda edición. Fondo Editorial de la Pontificia Universidad Católica del Perú, Lima.

Reichlen, H. and P. Reichlen

1949 Recherches archéologiques dans les Andes de Cajamarca: premier rapport de la Mission Ethnologique Française au Pérou Septentrional. *Journal de la Société des Américanistes* 38: 137-174.

1985[1949] Reconocimientos arqueológicos en los andes de Cajamarca. In *Historia de Cajamarca 1: Arqueología*, edited by F. Silva Santisteban, W. Espinoza Soriano and R. Ravines, pp. 29-54. Instituto Nacional de Cultura - Cajamarca, Cajamarca.

Remy S., P.

1983 Tasas tributarias pre-toledanas de la provincia de Cajamarca. *Historia y Cultura* 16: 67-82.

1986 Organización y cambios del reino de Cuismancu 1540-1570. In *Historia de Cajamarca 2: Etnohistoria y Lingüística*, edited by F. Silva Santisteban, W. Espinoza Soriano and R. Ravines, pp. 35-68. Instituto Nacional de Cultura -

Cajamarca, Cajamarca.

1992 La visita a Cajamarca de 1571-72/1578. In *Las Visitas a Cajamarca 1571-72/1578*, vol. 1, pp. 37-108. Instituto de Estudios Peruanos, Lima.

Rick, J. W.

2005 The Evolution of Authority and Power at Chavín de Huántar, Peru. In *Foundations of Power in the Prehispanic Andes*, edited by K. J. Vaughn, D. Ogburn and C. A. Conlee, pp. 71-89. Archaeological Papers of the American Anthropological Association, Number 14. University of California Press, Berkeley.

2008 Context, Construction, and Ritual in the Development of Authority at Chavín de Huántar. In *Chavín: Art, Architecture and Culture*, edited by W. Conklin and J. Quilter, pp. 3-34. Monograph 61. Cotsen Institute of Archaeology, University of California, Los Angeles.

Rick, J. W., S. R. Kembel, R. M. Rick and J. A. Kembel

1999 La arquitectura del Complejo Ceremonial de Chavín de Huántar: documentación tridimensional y sus implicancias. *Boletín de Arqueología PUCP* 2(1998): 181-214.

Rivera, M. A.

1991 Prehistory of Northern Chile: A Synthesis. *Journal of World Prehistory* 5(1): 1-47.

Roe, P. G.

1974 *A Further Exploration of the Rowe Chavín Seriation and Its Implications for North Central Coast Chronology*. Studies in Pre-Columbian Art and Archaeology 13. Dumbarton Oaks Research Library and Colections, Washington, D.C.

2008 How to Build a Raptor: Why the Dumbarton Oaks "Scaled Cayman" Callango Textile Is Really a Jaguaroid Harpy Eagle. In *Chavín: Art, Architecture and Culture*, edited by W. Conklin and J. Quilter, pp. 181-216. Monograph 61. Cotsen Institute of Archaeology, University of California, Los Angeles.

Rostworowski de Diez Canseco, M. (マリア・ロストウォロフスキ)

1982 Testamento de don Luis de Colán. *Revista del Museo Nacional* 46: 507-543.

1983 *Estructuras Andinas del Poder: Ideología Religiosa y Política*. Instituto de Estudios Peruanos, Lima.

1989[1970] Mercaderes del valle de Chincha en la época prehispánica: un documento

y unos comentarios. In *Costa Peruana Prehispánica*, pp. 213-238. Segunda edición. Instituto de Estudios Peruanos, Lima.

1989[1982] Testamento de don Luis de Colán, curaca en 1622. In *Costa Peruana Prehispánica*, pp. 175-209. Segunda edición. Instituto de Estudios Peruanos, Lima.

1992 Etnias forasteras en la visita toledana a Cajamarca. In *Las Visitas a Cajamarca 1571-72/1578*, vol. 1, pp. 9-36. Instituto de Estudios Peruanos, Lima.

1993[1960] Sucesiones, correinado e incesto real entre los incas. In *Ensayos de Historia Andina: Elites, Etnías, Recursos*, pp. 29-39. Instituto de Estudios Peruanos, Lima.

1993[1977] Estratificación social y el hatun curaca en el mundo andino. In *Ensayos de Historia Andina: Elites, Etnías, Recursos*, pp. 41-88. Instituto de Estudios Peruanos, Lima.

2001 Addendum: cincuenta años después. In *Pachacutec Inca Yupanqui*, pp. 311-342. Historia Andina 23. Obras Completas de María Rostworowski 1. Instituto de Estudios Peruanos, Lima.

2003[1988] 『インカ国家の形成と崩壊』（増田義郎訳）、東洋書林、東京。

Rostworowski, M. and C. Morris

1999 The Fourfold Domain: Inka Power and Its Social Foundations. In *The Cambridge History of the Native Peoples of the Americas, Volume III: South America, Part 1*, edited by F. Salomon and S. B. Schwartz, pp. 769-863. Cambridge University Press, Cambridge.

Rowe, J. H.

1946 Inca Culture at the Time of the Spanish Conquest. In *Handbook of South American Indians, vol. 2*, edited by J. H. Steward, pp. 183-330. Bureau of American Ethnology, Bulletin 143. Smithsonian Institution, Washington, D.C.

1967 What Kind of a Settlement Was Inca Cuzco? *Ñawpa Pacha* 5: 59-76.

1977[1962] Form and Meaning in Chavín Art. In *Pre-Columbian Art History*, edited by A. Cordy-Collins and J. Stern, pp. 307-332. Peek Publications, Palo Alto.

1979 An Account of the Shrines of the Ancient Cuzco. *Ñawpa Pacha* 17: 1-80.

1981 Una relación de los adoratorios del antiguo Cuzco. *Histórica* 5(2): 209-261.

1982 Inca Policies and Institutions Relating to the Cultural Unification of the Em-

pire. In *The Inca and Aztec States 1400-1800: Anthropology and History*, edited by G. A. Collier, R. I. Rosaldo and J. D. Wirth, pp. 93-118. Academic Press, New York.

1985a La constitución Inca del Cuzco. *Histórica* 9(1): 35-73.

1985b Probanza de los Incas nietos de conquistadores. *Histórica* 9(2): 193-245.

1994 La supuesta "diarquía" de los Incas. *Revista del Instituto Americano de Arte del Cusco* 14: 99-107.

Rowe, J. H. and C. T. Brandel

1971 Pucara Style Pottery Designs. *Ñawpa Pacha* 7-8(1969-1970): 1-16.

Sandweiss, D. H.

1992 *The Archaeology of Chincha Fishermen: Specialization and Status in Inka Peru*. Bulletin of Carnegie Museum of Natural History, Number 29. Carnegie Museum of Natural History, Pittsburgh.

Sandweiss, D. H., K. A. Maasch, C. F. T. Andrus, E. J. Reitz, J. B. Richardson, III, M. Riedinger-Whitmore and H. B. Rollins

2007 Mid-Holocene Climate and Culture Change in Coastal Peru. In *Climate Change and Cultural Dynamics: A Global Perspective on Mid-Holocene Transitions*, edited by D. G. Anderson, K. A. Maasch and D. H. Sandweiss, pp. 25-50. Elsevier, London.

Schwörbel H., G.

2001 Un entierro con metal de Kuntur Wasi 1946. *Arqueológicas* 25: 83-94.

Seki, Y.（関雄二）

1997 『アンデスの考古学』、同成社、東京。

1999 El Período Formativo en el valle de Cajamarca. *Boletín de Arqueología PUCP* 2(1998): 147-160.

2003 「古代アンデスにおける国家の起源」、『古代王権の誕生 II ――東南アジア・南アジア・アメリカ大陸編』、pp. 211-231、角川書店、東京。

2006 『古代アンデス――権力の考古学』、京都大学学術出版会、京都。

Seki, Y., J. Ugaz and S. Watanabe

2001 *Informe Preliminar del Proyecto de Investigaciones Arqueológicas en el Valle de Cajamarca, Perú*. Instituto Nacional de Cultura, Lima.

Seki, Y. and J. Ugaz

2002 *Informe Preliminar del Proyecto de Investigaciones Arqueológicas en el valle de Cajamarca, Perú (Temporada 2002)*. Instituto Nacional de Cultura, Lima.

Seki, Y. and C. Tejada

2003 *Informe Preliminar del Proyecto de Investigaciones Arqueológicas en el valle de Cajamarca, Perú (Temporada 2003)*. Instituto Nacional de Cultura, Lima.

芝田幸一郎

2004 「ペルー、ネペーニャ河谷セロ・ブランコ神殿の第一次発掘調査」、『古代アメリカ』7: 1-18.

Silva Santisteban, F.

1982 El reino de Cuismanco. *Revista del Museo Nacional* 46: 293-315.

2001 *Cajamarca: Historia y Paisaje*. Antares Artes y Letras, Lima.

Silverman, H.

1994 The Archaeological Identification of an Ancient Peruvian Pilgrimage Center. *World Archaeology* 26(1): 1-18.

染田秀藤

1995 『大航海時代における異文化理解と他者認識――スペイン語文書を読む』、渓水社、広島。

1998 『インカ帝国の虚像と実像』、講談社、東京。

2008 「クロニスタにみる『インカ帝国』言説と『ローマ理念』」、『他者の帝国――インカはいかにして「帝国」となったか』(関雄二・染田秀藤編)、pp. 61-89、世界思想社、京都。

染田秀藤・友枝啓泰

1992 『アンデスの記録者ワマン・ポマ――インディオが描いた《真実》』、平凡社、東京。

Stanish, C.

1992 *Ancient Andean Political Economy*. University of Texas Press, Austin.

2003 *Ancient Titicaca: The Evolution of Complex Society in Southern Peru and Northern Bolivia*. University of California Press, Berkeley.

Stübel, M. A. and M. Uhle

1892 *Die Ruinenstaette von Tiahuanaco im Hochlande des Alten Perú: Eine Kulturgeschichtliche Studie auf grund Selbstaendiger Aufnahmen*. Verlag von Karl W. Hiersemann, Leipzig.

Tello, J. C.

1942 Origen y desarrollo de las civilizaciones prehistóricas andinas. In *Actas y Trabajos Científicos del XXVII Congreso de Americanistas (Lima, 1939)*, pp. 589-720. vol. 1, Lima.

Terada, K. and R. Matsumoto

1985 Sobre la cronología de la Tradición Cajamarca. In *Historia de Cajamarca 1: Arqueología*, edited by F. Silva Santisteban, W. Espinoza Soriano and R. Ravines, pp. 67-89. Instituto Nacional de Cultura - Cajamarca, Cajamarca.

Terada, K. and Y. Onuki (editors)

1982 *Excavations at Huacaloma in the Cajamarca Valley, Peru, 1979*. University of Tokyo Press, Tokyo.

1985 *The Formative Period in the Cajamarca Basin, Peru: Excavations at Huacaloma and Layzon, 1982*. University of Tokyo Press, Tokyo.

1988 *Las Excavaciones en Cerro Blanco y Huacaloma, Cajamarca, Perú, 1985*. Andes Chosashitsu, Departamento de Antropología Cultural, Universidad de Tokio, Tokio.

Topic, J. R.

1998 Ethnogenesis in Huamachuco. *Andean Past* 5: 109-127.

Turner, V. W.

1996[1957] *Schism and Continuity in an African Society: A Study of Ndembu Village Life*. Berg, Oxford.

Urteaga, H. H.

1942 Algunas provisiones de Pizarro sobre encomiendas. *Revista del Archivo Nacional del Perú* 15(1): 7-24.

Urton, G.

1996 The Body of Meaning in Chavin Art. *RES* 29/30: 237-255.

2001 A Calendrical and Demographic Tomb Text from Northern Peru. *Latin American Antiquity* 12(2): 127-147.

2003 *Signs of the Inka Khipu: Binary Coding in the Andean Knotthed-String Records*. University of Texas Press, Austin.

Valcárcel, L. E.

1934a Sajsawaman redescubierto. *Revista del Museo Nacional* 3(1-2): 3-36.

1934b Sajsawaman redescubierto II. *Revista del Museo Nacional* 3(3): 211-233.

1935a Sajsawaman redescubierto III. *Revista del Museo Nacional* 4(1-2): 1-24.

1935b Sajsawaman redescubierto IV. *Revista del Museo Nacional* 4(3): 163-204.

Van de Guchte, M.

1996 Sculpture and the Concept of the Double among the Inca Kings. *RES* 29/30: 256-268.

Villanueva Urteaga, H.

1955 *Los Caciques de Cajamarca: Estudio Histórico y Documentos*. Universidad Nacional de Trujillo, Trujillo.

1975 *Cajamarca: Apuntes para Su Historia*. Editorial Garcilaso, Cuzco.

Vranich, A.

2002 La pirámide de Akapana: reconsiderando el centro munumental de Tiwanaku. *Boletín de Arqueología PUCP* 5(2001): 295-308.

Wachtel, N.（ナタン・ワシュテル）

1973[1966] Estructuralismo e historia: a propósito de la organización social del Cuzco. In *Sociedad e Ideología: Ensayos de Historia y Antropología Andinas*, pp. 21-58. Instituto de Estudios Peruanos, Lima.

1973 *Sociedad e Ideología: Ensayos de Historia y Antropología Andinas*. Instituto de Estudios Peruanos, Lima.

1984[1971] 『敗者の想像力』（小池佑二訳）、岩波書店、東京。

Watanabe, S.（渡部森哉）

2004a El reino de Cuismancu: orígenes y transformación en el Tawantinsuyu. *Boletín de Arqueología PUCP* 6 (2002): 107-136.

2004b 『先スペイン期アンデスにおける社会動態と構造』、博士学位論文、東京大学大学院総合文化研究科。

2005 「ペルー北部高地、タンタリカ遺跡第三次発掘調査―― 2004 年」、『古代アメリカ』 8: 51-70.

2007a 「インカ国家における地方支配――ペルー北部高地カハマルカ地方の事例」、『国立民族学博物館研究報告』 32(1): 87-144.

2007b 「ペルー北部高地、パレドネス遺跡の発掘調査―― 2006 年」『古代アメリカ』 10: 67-98.

2008 「インカ帝国成立モデルの再検討」、『他者の帝国――インカはいかに

して「帝国」となったか』（関雄二・染田秀藤編）、pp. 165-184、世界思想社、京都。

2009a　「インカ帝国における多民族・多文化状況」、『地球時代の多文化共生の諸相——人が繋ぐ国際関係』（浅香幸枝編）、pp. 197-218、行路社、大津。

2009b　「ペルー北部高地、エル・パラシオ遺跡の発掘調査—— 2008 年」、『古代アメリカ』12: 123-139.

Wiener, C.

1993[1880]　*Péru y Bolivia: Relato de Viaje*. Translated by E. Rivera Martínez. Instituto Francés de Estudios Andinos, Lima. Universidad Nacional Mayor de San Marcos, Lima.

Willey, G. R.

1948　A Functional Analysis of "Horizon Styles" in Peruvian Archaeology. In *A Reappraisal of Peruvian Archaeology*, edited by W. C. Bennett, pp. 8-15. Memoirs of the Society for American Archaeology, No. 4. Menasha, Wisconsin.

1971　*An Introduction to American Archaeology, Vol. 2, South America*. Prentice Hall, Englewood Cliffs.

山本紀夫

2004　『ジャガイモとインカ帝国——文明を生んだ植物』、東京大学出版会、東京。

Ziółkowski, M. S.

2001　Los wakakuna de los cusqueños. In *Los Dioses del Antiguo Perú 2*, edited by K. Makowski Hanula, pp. 269-303. Colección Arte y Tesoros del Perú. Banco Crédito del Perú, Lima.

Zuidema, R. T.

1964　*The Ceque System of Cuzco: The Social Organization of the Capital of the Inca*. E. J. Brill, Leiden.

1977　The Inca Kinship System: A New Theoretical View. In *Andean Kinship and Marriage*, edited by R. Bolton and E. Mayer, pp. 240-281. A Special Publication of the American Anthropological Association No. 7, Washington, D.C.

1989　*Reyes y Guerreros: Ensayos de Cultura Andina*. FOMCIENCIAS, Lima.

1989[1977]　El parentesco inca: una nueva visión teórica. In *Reyes y Guerreros: Ensayos de Cultura Andina*, pp. 54-116. FOMCIENCIAS, Lima.

1990[1986] *Inca Civilization in Cuzco*. Translated by J.-J. Decoster. University of Texas Press, Austin.

1992 An Andean Model for the Study of Chavín Iconography. In *Gifts to the Cayman: Essays in Honor of Donald W. Lathrap*, edited by E. C. Engwall, M. van de Guchte and A. Zighelboim, pp. 37-54. Journal of the Steward Anthropological Society 20(1-2).

2002 La organización religiosa del sistema de panacas y memoria en el Cuzco incaico. In *Incas e Indios Cristianos: Elites Indígenas e Identidades Cristianas en los Andes Coloniales*, edited by J.-J. Decoster, pp. 19-37. Centro de Estudios Regionales Andinos Bartolomé de Las Casas, Cuzco. Instituto Français d' Edudes Andines, Lima. Asociación Kuraka, Cuzco.

先スペイン期アンデスの編年

<table>
<tr><th></th><th colspan="5">中央アンデス北部</th></tr>
<tr><th></th><th>本書</th><th>アメリカの研究者</th><th>カハマルカ盆地</th><th>クントゥル・ワシ</th><th>北海岸</th></tr>
<tr><td>A.D. 1532</td><td>インカ期</td><td>後期ホライズン</td><td rowspan="2">カハマルカ晩期</td><td>クイスマンク王国</td><td>インカ</td></tr>
<tr><td>A.D. 1450</td><td rowspan="2">地方王国期</td><td rowspan="2">後期中間期</td><td rowspan="8"></td><td>チムー</td></tr>
<tr><td>A.D. 1200</td><td rowspan="2">カハマルカ後期</td><td rowspan="2">ランバイェケ
（シカン）</td></tr>
<tr><td>A.D. 1000</td><td rowspan="3">ワリ期</td><td rowspan="3">中期ホライズン</td></tr>
<tr><td></td><td rowspan="2">カハマルカ中期</td><td>ワリ</td></tr>
<tr><td></td><td rowspan="4">モチェ</td></tr>
<tr><td>A.D. 600</td><td rowspan="2">地方発展期</td><td rowspan="4">前期中間期</td><td>カハマルカ前期</td></tr>
<tr><td></td><td rowspan="2">カハマルカ早期</td></tr>
<tr><td>50 B.C.</td><td rowspan="2">形成期末期</td></tr>
<tr><td></td><td>ライソン期</td><td>ソテーラ期</td><td>サリナール</td></tr>
<tr><td>250 B.C.</td><td rowspan="2">形成期後期</td><td rowspan="2">前期ホライズン</td><td>EL 期</td><td>コパ期</td><td rowspan="2">「海岸空白」</td></tr>
<tr><td></td><td rowspan="2">後期ワカロマ期</td><td>クントゥル・ワシ期</td></tr>
<tr><td>800 B.C.</td><td rowspan="2">形成期中期</td><td rowspan="5">草創期</td><td>イドロ期</td><td rowspan="2">クピスニケ</td></tr>
<tr><td></td><td rowspan="2">前期ワカロマ期</td><td>セロ・ブランコ期</td></tr>
<tr><td>1200 B.C.</td><td rowspan="3">形成期前期</td><td rowspan="2">ラ・コンガ期</td><td rowspan="4"></td></tr>
<tr><td>1500 B.C.</td><td rowspan="3"></td></tr>
<tr><td></td><td rowspan="2"></td></tr>
<tr><td>1800 B.C.</td><td>形成期早期</td><td>先土器後期</td></tr>
<tr><td>3000 B.C.</td><td></td><td></td><td></td><td></td><td></td></tr>
</table>

中央アンデス南部

<table>
<tr><th></th><th>南海岸</th><th>ティティカカ湖北岸</th><th>ティティカカ湖南岸</th><th>南の標準編年</th></tr>
<tr><td>A.D. 1532</td><td>チンチャ王国</td><td colspan="2">アイマラ王国</td><td>インカ期</td></tr>
<tr><td>A.D. 1450</td><td rowspan="2">イカ</td><td colspan="2"></td><td>アルティプラノ期</td></tr>
<tr><td>A.D. 1100</td><td colspan="2" rowspan="3">ティワナク</td><td rowspan="3">ティワナク期</td></tr>
<tr><td></td><td>ワリ</td></tr>
<tr><td></td><td rowspan="3">ナスカ</td></tr>
<tr><td>A.D. 400</td><td>ワニャ前期</td><td>ケヤ期</td><td rowspan="5">形成期上層</td></tr>
<tr><td>A.D. 200</td><td rowspan="2">プカラ</td><td rowspan="2">カラササヤ期</td></tr>
<tr><td></td><td>パラカス
ネクロポリス期</td></tr>
<tr><td>200 B.C.</td><td>パラカス
カベルナス期</td><td rowspan="2">?</td><td rowspan="3">チリパ後期</td></tr>
<tr><td></td><td></td></tr>
<tr><td>500 B.C.</td><td></td><td rowspan="3">カルユ</td><td rowspan="3">形成期中層</td></tr>
<tr><td></td><td></td><td>チリパ中期</td></tr>
<tr><td></td><td></td><td rowspan="2">チリパ前期</td></tr>
<tr><td>1300 B.C.</td><td></td><td></td><td rowspan="2">形成期下層</td></tr>
<tr><td></td><td></td><td></td><td></td></tr>
<tr><td>2000 B.C.</td><td></td><td></td><td></td><td></td></tr>
</table>

渡部森哉（わたなべ しんや）

1973年3月福島県会津地方に生まれる。専門はアンデス考古学、文化人類学。1995年から毎年ペルーで調査を続けている。
東京大学文学部卒業、東京大学大学院総合文化研究科修士課程修了、同博士課程単位取得満期退学。博士（学術）。2006年4月より南山大学人文学部専任講師。

南山大学学術叢書

インカ帝国《ていこく》の成立《せいりつ》

——先《せん》スペイン期《き》アンデスの社会動態《しゃかいどうたい》と構造《こうぞう》

二〇一〇年三月二九日　初版発行

著者　渡部森哉
発行者　三浦衛
発行所　春風社
横浜市西区紅葉ヶ丘五三　横浜市教育会館三階
電話　〇四五・二六一・三一六八
ＦＡＸ　〇四五・二六一・三一六九
http://www.shumpu.com
info@shumpu.com
振替　〇〇二〇〇・一・三七五二四

装丁　糟谷一穂
印刷・製本　シナノ書籍印刷株式会社

 ISBN 978-4-86110-205-9 C0022 ¥7619E